도래할 책
Le livre à venir

모리스 블랑쇼 Maurice Blanchot, 1907~2003 | 젊은 시절 몇 년간 저널리스트로 활동한 것 이외에는 평생 모든 공식 활동으로부터 물러나 글쓰기에 전념하였다. 작가이자 사상가로서 철학·문학비평·소설의 영역에서 방대한 양의 글을 남겼다. 문학의 영역에서는 말라르메를 전후로 하는 거의 모든 전위적 문학의 흐름에 대해 깊고 독창적인 성찰을 보여 주었고, 또한 후기에는 철학적 시론과 픽션의 경계를 뛰어넘는 독특한 스타일의 문학작품을 창조했다. 철학의 영역에서 그는 존재의 한계·부재에 대한 급진적 사유를 대변하고 있으며, 한 세대 이후의 여러 사상가들에게 큰 영향을 주는 동시에 그들과 적지 않은 점에서 여러 문제들을 공유하였다. 주요 저서로 『토마 알 수 없는 자』, 『죽음의 선고』, 『원하던 순간에』, 『문학의 공간』, 『도래할 책』, 『무한한 대화』, 『우정』, 『저 너머로의 발걸음』, 『카오스의 글쓰기』, 『나의 죽음의 순간』 등이 있다.

옮긴이 심세광 | 성균관대학교 불어불문학과를 졸업하고, 동대학교 대학원에서 석사 학위를, 프랑스 파리 10대학에서 「미셸 푸코에 있어서 역사·담론·문학」이라는 논문으로 박사학위를 받았다. 옮긴 책으로 『이성의 역사』, 『주체의 해석학』, 『나, 피에르 리비에르』, 『미셸 푸코의 휴머니즘』 등이 있다.

Le livre à venir by Maurice Blanchot

Copyright © Editions Gallimard 1959
All Rights Reserved.
Korean translation copyright © 2011 by Greenbee Publishing Company.
This translation of Le livre à venir is published by arrangement with
Editions Gallimard through Shin Won Agency Co.

모리스 블랑쇼 선집 03
도래할 책

초판1쇄 펴냄 2011년 11월 20일
초판4쇄 펴냄 2024년 2월 19일

지은이 모리스 블랑쇼
옮긴이 심세광
펴낸이 유재건
펴낸곳 (주)그린비출판사
주소 서울시 마포구 와우산로 180, 4층
대표전화 02-702-2717 | **팩스** 02-703-0272
홈페이지 www.greenbee.co.kr
원고투고 및 문의 editor@greenbee.co.kr

편집 이진희, 구세주, 송예진, 김아영 | **디자인** 이은솔, 박예은
마케팅 육소연 | **물류유통** 류경희

이 책의 한국어판 저작권은 신원 에이전시를 통한 저작권자와의 독점계약으로 (주)그린비출판사에 있습니다.
저작권법에 의하여 한국 내에서 보호를 받는 저작물이므로 무단전재와 무단복제를 금합니다.
책값은 뒤표지에 있습니다. 잘못 만들어진 책은 구입처에서 바꿔 드립니다.
ISBN 978-89-7682-365-6 04100 | 978-89-7682-320-5(세트)

독자의 학문사변행學問思辨行을 돕는 든든한 가이드 _(주)그린비출판사

블랑쇼 선집 3

도래할 책

Le livre à venir

모리스 블랑쇼 지음 심세광 옮김

그린비

Maurice Blanchot, Selected Works

『모리스 블랑쇼 선집』을 간행하며

모리스 블랑쇼는 철학자이자 작가로서 이 시대에 하나의 사상적 흐름을 형성하였다. 그는 말라르메의 시학의 영향 아래에서 현대 철학과 문학의 흐름을 창조적·비판적으로 이어가는 '바깥의 사유'를 전개시켰다는 점에서 전통에 위치한 사상적 매듭인 동시에, 다음 세대의 (푸코·들뢰즈·데리다로부터 낭시·라쿠-라바르트·아감벤에 이르기까지의) 뛰어난 철학자들에게 끊임없이 영감을 주어 온 사상적 원천이다. 이는 그의 사유를 한때의 유행이 아니라 지속적으로 참고해야 할 준거점으로 받아들여야 한다는 요구가 부당하지 않은 하나의 근거가 될 수 있을 것이다. 그러나 블랑쇼가 진정으로 중요한 이유는, 삶이 사상보다 중요하다는 단순하지만 명백한 사실에 비추어 볼 때, 다른 데에 있다.

그는 종종 '소크라테스 이전의 사상가'라고 불리어 왔다. 그 사실은 그의 사유가 아카데미의 학문적 역사와 배경을 넘어서서 자신의 삶의 체험을 바탕으로 여러 삶의 양상을 직접적으로 표현한다는 것을 의미한다. 우리는 그의 언어가 궁극적으로 우리의 학문적·지적 호기심이 아니라 우리 각자에게, 우리 각자의 삶에 호소하고 있다는 사실을 경험하게 될 것이다. 그의 언어는 우리가 반복하고 추종해야 할 종류의 것이 아니라, 몸으로 받아들여야 할 종류의 것, 익명의 몸과 마음으로 느껴야 할 비인칭의 언어 또는 공동의 언어이다. 따라서 블랑쇼를 읽는다는 것은, 그가 생전에 원했던 대로 '모리스 블랑쇼'라는 개인의 이름(동시에 사회에서 받아들이고 칭송하는 이름, 나아가 역사적 이름)을 지워지게 하는 동시에 어떤 공동의 '우리'에 참여하는 것이며, 나아가 그 귀결점은 또 다른 공동의 언어로 열리고 그것을 생성하게 하는 데에 있다. 아마 거기에 모리스 블랑쇼를 읽는 가장 중요한 이유가 있으며, 결국 거기에 독자의 마지막 몫이 남아 있을 것이다.

『모리스 블랑쇼 선집』 간행위원회

Maurice Blanchot, *Le livre à venir*
C · O · N · T · E · N · T · S

『모리스 블랑쇼 선집』을 간행하며 4

I부_세이렌의 노래 11

1장_ 상상적인 것과의 만남 12
이야기의 감춰진 법칙 16 | 오디세우스가 호메로스가 될 때 20 | 변신 23

2장_ 프루스트의 경험 27
1. 글쓰기의 비밀 27
네 개의 시간 29 | 쓰는 행위의 시간 32 | 조금씩 그러나 즉시 37 | 미지의 것의 부름 40

2. 놀라운 참을성 41
순수한 이야기의 좌절 43 | 작품의 공간, 구체(球體) 47 | 연기(延期) 51

II부_문학적 물음 55

1장_ 행복하게 죽을 수 있을 것 같지가 않다 56
어둡고 모호한 요구 57 | 그 자신보다도 오히려 63 | 시인의 말(parole)이지 주인의 말(parole)은 아니다 67

2장_ 아르토 70
사유하기의 불가능성이라는 사유 72 | 어떤 싸움에 대한 묘사 76 | 괴로워하기, 사유하기 81

3장_ 루소 83
방황하는 정념 86 | '새로운 언어(langage)를 만들어 내는 것' 90 | 극한적인 것들의 현혹 96

4장_ 주베르와 공간 99

    1. 책 없는 저자, 저작 없는 작가 99

    왜 그는 쓰지 않는가? 105 | 사물을 공간 내에서 번역하기 110

    2. 스테판 말라르메의 첫번째 버전 113

    아득함을 통해, 그리고 공허를 통해 115 | 책, 하늘 119 | 빛 속에서의 휴식 128

5장_ 클로델과 무한 131

    '무한, 무시무시한 말' 139 | '나는 불가능한 존재입니다' 145 | 또 하나의 말 149

6장_ 예언적인 말 155

    사막과 바깥 156 | '나의 멈추지 않는 말' 160 | 문자 그대로 164

7장_ 골렘의 비밀 170

    상징적 경험 171 | 왜 순수예술은 존재하지 않는가 177 | 이미지의 행복과 불행 180

8장_ 문학적 무한, 『알레프』 184

    생성의 의미 185

9장_ 악마의 좌절, 소명 190

    거대한 고뇌 191 | '현실성' 195 | 불성실한 소명 197 | '나는 좌초한다' 203

III부_ 미래 없는 예술에 대하여 205

1장_ 최극단에서 206

    예외와 규칙 209

2장_ 브로흐 214

    1. 『몽유병자들』, 논리적 현기증 214

    맥락 없이 조각 난 인간 215 | 한 사람 속 여러 작가 219 | 운명은 논리다 222

2. 『베르길리우스의 죽음』, 통일성의 탐구 224
   마지막 날의 내적 언어 227 | 통일성의 유혹 231 | 작품의 특징들 236
3장_ 『나사의 회전』 242
   '주제가 모든 것이다' 243 | 모든 이야기의 악의 있는 핵심 249 | '신성한 압력' 253
4장_ 무질 258
   1. 무관심의 정념 258
   중심적 주제 264 | 가능한 인간 268
   2. '다른 상태'의 경험 271
   근대인에 관한 두 가지 해석 273 | 완성되지 않는 완성 276 | 비인칭적인 것의 위협 아래에서 283 | 문학과 사유 286
5장_ 대화의 고뇌 290
   말로 293 | 헨리 제임스 296 | 카프카 297 | 대화는 드물다 300
6장_ 소설의 밝음 307
   맹점 308 | 시간의 공간으로의 변형 312 | 잠시 개인 하늘 314
7장_ H. H. 318
   1. 자기자신의 탐색 318
   『데미안』 326 | 『황야의 이리』 331
   2. 유희의 유희 334
   새로운 예술 336 | 카스탈리엔을 넘어서서 340 | 늙어 버린 정신 347
8장_ 일기와 이야기 351
   자기화(磁氣化)된 장소 352 | 일기의 함정 354 | 비밀의 주변들 358
9장_ 이야기와 스캔들 362

IV부_ 문학은 어디로 가는가? 367

1장_ 문학의 사라짐 368
난해하고 번민에 찬 탐구 369 | 문학, 작품, 경험 375 | 비(非) 문학 378

2장_ 영도(zéro point)의 탐구 381
흩어짐 383 | 언어체계(langue), 문체(style), 글쓰기(écriture) 387 | 전체적 경험 391

3장_ 지금 어디에? 지금 누가? 396
방황의 영역에서 397 | 『이름 붙일 수 없는 것』 400 | 주네 404 | 중성적 언어에 접근하기 406

4장_ 마지막 작가의 죽음 410
비밀 없는 비밀의 말 411 | 독재자 415 | 근대문학 416

5장_ 도래할 책 420
1. 이 책을 보라 420
여러 권으로 이루어진 책 420 | ……우연 없이 422 | ……비인칭화된 425 | '만들어지고, 존재하다' 430 | '기억해야 할 위기' 436
2. 문학의 공간의 새로운 이해 439
분산을 통한 회집 440 | 시적인 공간과 우주적 공간 440 | 작품과 생성의 비밀 451 | 읽는다는 것, "조작" 456 | '아마도'라는 고지에서 459

6장_ 권력과 영광 462

후기 473

옮긴이 해제 476
모리스 블랑쇼 연보 506 | 모리스 블랑쇼 저작목록 512
찾아보기 515

| 일러두기 |

1 이 책은 Maurice Blanchot의 *Le livre à venir*, Editions Gallimard, 1959를 완역한 것이다.
2 본문의 주석은 대부분 지은이의 것이다. 옮긴이의 주석은 '──옮긴이'라고 표기하여 구분하였다.
3 독자의 이해를 돕기 위해 옮긴이가 첨가한 내용은 대괄호([ ])로 표시했다.
4 단행본·정기간행물에는 겹낫표(『 』)를, 논문·단편에는 낫표(「 」)를 사용했다.
5 외국 인명이나 지명, 작품명은 2002년 국립국어원에서 펴낸 외래어표기법을 따랐다.

I부

세이렌의 노래

1장

상상적인 것과의 만남

세이렌들(Sirènes). 확실히 그녀들은 노래하고 있었던 것 같지만, 그것은 사람을 만족시키는 방식이 아니라 노래의 진짜 원천과 진짜 행복이 어떠한 방향으로 열려 있는지를 듣게 하기 위한 방식일 뿐이었다. 하지만 그녀들은 아직 도래할 노래에 불과한 그 불완전한 노래를 통해, 노래하는 행위가 진실로 시작된다고 여겨지는 바로 그곳, 그 공간으로 뱃사람을 이끌어 갔다. 그러므로 그녀들은 뱃사람을 속인 것이 아니라 실제로 목적지를 향해 이끌어 갔던 것이다. 그러나 일단 그곳에 도착하고 났을 때 어떻게 됐을까? 그곳은 어떤 장소였을까? 그곳은 사라지는 것 외에는 할 수 있는 일이 없는 그런 장소였다. 왜냐하면 이 원천적이고 근원적인 영역에서는 음악 그 자체가 세계 속의 다른 어떤 지점에서보다도 더욱더 완벽하게 사라져 있기 때문이다. 즉 그 영역은 생명존재들이 귀를 막은 채로 가라앉아 버리는 바다이며, 세이렌들도 또한 자신들의 선의의 증표로서 언젠가는 그곳에서 사라지지 않으면 안 될 바다인 것이다.

세이렌들이 부르는 노래의 본성은 어떤 것이었을까? 그 결함은 어떤 점에 있었을까? 그 결함은 왜 그녀들의 노래를 이토록 강력하게 만들었던 것일까? 어떤 사람들은 언제나 이런 식으로 답하곤 했다. 그것은 사람의 노래가 아니었다고. 아마도 자연이 발하는 소리(그것 말고 다른 소리가 있을까?)였지만 자연의 주변에서 울리는 소리였고, 어떻게 보더라도 이질적이고 인간과는 관련이 없는 더없이 낮은 소리였으며, 삶의 통상적인 조건에서는 인간을 만족시킬 수 없는, 추락해 가는 극한의 기쁨에 눈뜨게 하는 소리였다고 말이다. 또 다른 사람들은 이렇게도 말한다. 하지만 그 매혹은 더 기이한 것이었다고. 즉 그 노래는 인간들의 흔해 빠진 노래를 재현하고 있을 뿐인데, 여성의 아름다움을 반영하고 있다는 사실 때문에 더없이 아름답긴 해도 결국은 요컨대 동물에 불과한 세이렌이 인간과 똑같이 노래할 수 있었기 때문에, 그녀들의 노래는 아주 기이한 것이 되어 버렸고, 그것을 듣는 사람으로 하여금 사람이 부르는 모든 노래도 비인간적인 것이 아닐까라는 의문을 품게 했다고 말이다. 그렇다면 자기자신의 노래에 흠뻑 취해 있던 사람들이 절망에 의해 무너져 갔다는 것인가? 법열法悅과 종이 한 장 차이인 절망에 의해서 말이다. 이 현실의 노래, 진부하며 은밀한 노래, 단순하고 일상적인 노래 속에는 뭔가 불가사의한 것이 있었던 것이고, 그들은 그것이 자신과는 전혀 관련이 없고 이질적인, 소위 상상적인 힘에 의해 비현실적으로 불려졌을 때, 돌연 이 불가사의한 것을 인정할 수밖에 없었다. 다시 말해 이것은 한번 귀에 들어오면 모든 말 속에서 심연을 열고, 사람을 사라지게 만드는 그곳으로 강렬하게 꾀어가는 심연의 노래인 것이다.

  무시되어서는 안 되는 것이 있다. 이 노래가 위험과 대담한 행동을 업業으로 삼는 사람들, 즉 뱃사람들을 위해 불려졌다는 사실이다. 그리고 이 노래 자체가 하나의 항해이기도 했다. 즉 이것은 하나의 거리이며 그것이 만천하에 드러내고 있었던 것은 이 거리를 두루 돌아다닐 수 있는 가능성, 노래를 노래로 향하는 움직임으로 바꾸어 이 움직임을 가장 큰 욕망의 표현으로 만들 수 있는 가능성이었다. 기괴한 항해다. 그런데 이것은 어느 목적지로 향하는 항해일까? 이 경우에도 역시 이 목적지에 가까이 간 사람들이 언제나 그저 가까이 다가갔을 뿐인데도 성급히 미처 다 도착하기도 전에 "여기다. 난 여기 닻을 내리겠다"라고 단언하고, 그래서 난파당해 버렸다고 생각할 수 있었다. 그런데 다른 사람들의 말에 따르면, 사정은 오히려 그 반대로 닻을 너무 늦게 내렸다는 것이다. 즉 언제나 목적지를 지나쳐 버렸다는 것인데, 매혹은 어떤 수수께끼 같은 약속으로 사람들을 그들 자신에 대해서, 스스로의 인간적인 노래에 대해서, 아니 그 정도가 아니라 그 노래의 본질에 대해서까지 불성실하게 만들었고 그들로 하여금 어떤 불가사의한 저 너머(au-dela)에 대한 희망과 희구에 눈뜨게 했다. 그리고 저 너머는 어떤 사막을 표현하고 있을 뿐이었다. 마치 음악의 모태적 영역이 음악을 완전히 빼앗긴 유일한 곳이기라도 하듯이 말이다. 그곳은 침묵이 소리처럼 울려 퍼지고 여태까지는 자기 의지대로 노래할 수 있었던 사람들 내부의 노래로 열리는 길을 모조리 태워 버린 건조한 사막과 같다. 그렇다면 이 심연의 유혹 속에서 뭔가 나쁜 원리가 작동하고 있었던 것일까? 세이렌은 세상의 습관이 우리로 하여금 믿게 만들었던 것처럼, 들어서는 안 되는 거짓된 목소리에 지나지 않았던 것이었을까? 불성실하고 교활한 사람들만이 저항할 수 있었던 유혹의 속임수에 지나지 않는 것일까?

고귀하다고는 할 수 없는 노력이지만, 인간들은 언제나 세이렌에게 기만이라는 진부한 비난을 퍼부으며 그녀들에 대한 신뢰를 실추시키려고 애써 왔다. 그녀들이 노래하면 기만이었고 한숨을 쉬면 속임수였으며 손에 닿으면 허구(fiction)의 것이었다. 즉 모든 점에서 비존재이며, 게다가 오디세우스의 상식으로 충분히 말살할 수 있을 정도의 유치한 비존재성밖에는 갖고 있지 않다는 것이다.

분명 오디세우스는 그녀들을 이겼다. 하지만 어떤 방식으로 이겼는가? 오디세우스, 오디세우스의 완고함과 조심스러움. 어떤 위험도 없이, 그리고 결과를 받아들이지도 않고 세이렌을 바라보며 즐기는 그 불성실함. 일찍이 『일리아드』의 영웅에는 발끝에도 못 미치는, 쇠퇴기의 그리스인에게나 어울릴 법한 그 비겁하고 보잘것없으며 신중한, 게다가 정도를 벗어나지 않는 쾌락(Plasir)이라니. 그 행복하고 안전한, 요컨대 어떤 특권적 지위에 뿌리를 둔 비겁함. 그는 이 특권적 지위에 의해 공통의 조건으로부터 제외되고 있는데, 다른 사람들은 엘리트의 행복을 맛 볼 수 있는 권리를 갖지는 못하고, 그저 자신들의 주인이 공허 속에서 황홀하게 얼굴을 찡그리며 우스꽝스러운 모습으로 몸을 비비 꼬고 있는 모습을 보고 즐길 권리밖에는, 이런 식으로 그들을 지배하는 자를 지배하면서 만족하는 권리밖에는 갖고 있지 않은 것이다(아마도 이것이 그들이 배운 가르침일 것이다. 그들에게는 이것이 세이렌의 진짜 노래일 터이다). 오디세우스의 이런 태도, 들리는 데도 들은 척하지 않는 이 놀라운 귀머거리는 이제까지는 인간들만의 것이었던 절망을 세이렌에게 안겨 주고, 이 절망을 통해 그녀들을 현실의 아름다운 처녀로 만들기에 충분하다. 단 한 번 현실적이 되고 자신들의 약속에 어울리는 것이 된 처녀, 그리하여 그 노래의 진실과 심연 속으로 모습을 감출 수 있게 된 처녀, 그런 처녀가 되기에 충분하다.

세이렌은 비현실의(하늘에서 온) 힘과 언제나 아무런 위험 없이 유희하고자 하는 기술의 힘에 의해 타파되긴 했지만, 그럼에도 불구하고 오디세우스는 그녀들의 힘을 피할 수 없었다. 그녀들은 그를 그가 도망치고 싶지 않아 하는 곳으로 끌고 갔다. 그녀들의 무덤이 된 『오디세이아』 안에 몸을 숨기고, 그나 혹은 다른 많은 사람들을 저 행복하면서도 불행한 항해로 끌어들인 것이다. 이것이 이야기(récit), 즉 이미 직접적이지 않고 이야기된 것이며, 그로 인해 얼핏 아무 위험도 없는 것처럼 보이게 된 노래의 항해이다. 에페이소디온(Epeisodion)이 된 오드(Ode)의 항해이다.

이야기의 감춰진 법칙

이것은 여기서 알레고리가 아니다. 모든 이야기와 세이렌의 만남, 즉 그 결함 때문에 강력한 강력한 저 수수께끼 같은 노래 사이에는 아주 은밀한 싸움이 벌어지고 있다. 이 싸움에서는 오디세우스의 신중함, 그 안에 있는 인간적 진리나 신비화, 결코 신들처럼 굴지 않겠다는 집요한 태도 등의 것이 언제나 이용되고 개량되어 왔다. 사람들이 소설(roman)이라고 부르는 것은 이러한 싸움으로부터 태어난 것이다. 소설의 경우, 전경前景에 있는 것은 예비적 항해, 즉 오디세우스를 만남의 지점까지 이끌어 가는 항해이다. 이 항해는 지극히 인간적인 이야기(histoire)이며, 인간들의 시간에 관심을 갖고 인간들의 정념과 연결되면서 실제적으로 생겨나고 있다. 그리고 화자의 모든 힘과 모든 주의력을 빨아들이기에 충분할 정도로 풍성하며 다양하다. 이야기가 소설이 되었을 때, 그것은 빈곤함을 드러내는 것이 아니라 오히려 어떤 탐색의 풍부함과 충만함이 된다. 때로 이 탐색은 내가 항해해 가는 끝없는 전개를 둘러싸고, 때로는 배다리 위의 작은 방에 한정된다. 또 때로는 여태까지 바다의 희망이 무엇인지 전혀 알 수 없었던 배의 깊은 곳으로 내려간다. 항해자들이 잊지 말고 명심해야 할 바는 결코 목표라든지 목적을 암시해서는 안 된다는 사실이다. 확실히 이것은 당연한 말이다. 카프리^{Capri} 섬으로 가려는 확고한 의지를 갖고 출항하는 일은 누구에게도 불가능하다. 누구도 이 섬으로 향할 수 없다. 누군가가 그러한 결심을 했다 하더라도 그는 그저 우연히 가게 될 뿐이다. 이해하기 곤란한 교감을 통해 연결된 우연을 통해서 이르게 될 뿐인 것이다. 이리하여 명령어가 되는 것은 침묵, 신중, 망각이다.

    운명이 예정된 이 겸양, 아무것도 바라지 않고 어떤 것에도 다다르려 하지 않는 이 욕망, 이것들이 많은 소설을 무엇 하나 흠잡을 데 없는 책으로 만들고, 소설이라는 장르를 모든 장르 중에서도 가장 호감이 가는 장르로 만들기에 충분했다는 것을 인정해야 한다. 이 소설이라는 장르는 그 신중성과 즐거운 허무성(nullité)에 힘입어 다른 모든 장르가 본질적인 것이라 명명함으로써 파괴하고 있는 것을 잊어버리는 일에 열중해 왔다. 기분 전환(divertissement)이야말로 소설의 깊은 내면의 노래이다. 끊임없이 방향을 바꾸고, 마치 아무 생각이 없는 것처럼 나아가며 어떤 불안한 움직임, 행복한 방심으로 변형되는 움직임을 통해 모든 목표를 피해 가는 것, 이것이 소설이 소설임을 정당화하는 첫번째로 가장 확실한 증거였다. 인간적 시간을 어떤 유희로 만드는 것, 그 유희를 모든 직접적인 이해관계나 모든 유용성으로부터 해방된, 본질적으로 표면적이지만 그럼에도 불구하고 이 표면의 움직임을 통해서 존재의 모든 것을 빨아들일 수 있을 것 같은 자유로운 작업으로 만드는 것, 이것은 쉬운 일이 아니다. 소설이 오늘날 이와 같은 역할을 충분히 수행하고 있지 않다고 한다면 분명히 그것은 기술이 인간의 시간과 그 시간으로부터 기분 전환을 하는 수단들을 변형시켜 버렸기 때문이다.

이야기는 소설이 실제로 나아가지는 않지만 그 거부와 충일^{充溢}한 무관심을 통해 이르게 되는 장소에서 시작한다. 이야기는 영웅적이며 매우 자부심에 가득 차 있지만, 이는 단 하나의 에피소드, 요컨대 오디세우스와 세이렌들의 불충분하지만 매혹적인 노래와의 만남이라는 에피소드만을 전하는 이야기이다. 이 장대하면서도 소박한 자부심을 차치한다면, 아무것도 바뀐 것은 없다. 이야기는 그 형태를 통해, 이야기한다라는 언제나 변함없는 작업을 계속하고 있는 것처럼 보인다. 이렇게 해서 『오렐리아』(*Aurelia*)는 어떤 만남의 단순한 보고^{報告}인 체하고 있다. 『지옥의 계절』(*Une saison en Enfer*)도 그렇고 『나자』(*Nadja*)도 그러하다. 무엇인가가 일어난 것이다. 사람들은 그것을 체험하고 이어서 그것을 이야기한다. 그것은 마치 오디세우스가 그 사건을 겪고, 이어서 호메로스가 되어 그것을 이야기하기 위해 그 사건 이후까지 살아 남아야 했던 것과 마찬가지이다. 확실히 이야기는 일반적으로 일상적 시간의 형태들이나 통상적 진실세계, 아마도 모든 진실세계도 벗어나 있는 듯한 예외적인 사건의 이야기이다. 그렇기 때문에 이야기는 그것을 허구가 가지는 경박함과 유사하게 만들 위험이 있는 그 모든 것을 그토록 집요하게 거부하는 것(이와 반대로 믿을 수 있는 것, 친숙한 것밖에 말하지 않는 소설은 어떻게든 허구적인 것으로 여기고자 한다)이다. 플라톤은 『고르기아스』(*Gorgias*)에서 이렇게 말하고 있다. "아름다운 이야기에 귀를 기울여라. 자네는 이것을 하나의 우화라고 생각하겠지. 하지만 나는 이것이 하나의 이야기라고 말하겠다. 이제부터 자네에게 말하는 것을 나는 하나의 진실로서 이야기할 작정이다." 그렇지만 그가 말하고 있는 것은 최후의 심판의 이야기인 것이다.

그렇지만 이야기의 이런 성격은 사람들이 그 이야기 속에서 현실에서 일어났고, 그것을 말로 전하려고 시도하는 어떤 예외적인 사건의 진실된 보고를 보고 있는 경우에는 결코 예감되지 않는다. 이야기는 사건의 보고가 아니라, 사건 그 자체인 것이다. 이 사건에의 접근이며, 다가오게 될 사건으로서의 이 사건이 발생하게 되어 있는 장소이다. 이야기 그 자체도 또한 그 흡인력을 통해서 자기실현을 기대할 수 있는 장소이다.

이것은 여기서 매우 미묘한 관계이며, 아마도 일종의 정상성을 벗어난 상태이지만 이것이 바로 이야기의 은밀한 법칙인 것이다. 이야기란 어느 지점으로 향하는 운동인데, 그 지점은 그저 아무도 모르거나, 사람의 눈이 미치지 않거나 혹은 낯선 지점인 것만은 아니다. 이 운동에 앞선다거나 또 이 운동을 떠나서는 어떠한 종류의 현실성도 가질 수 없는 그런 지점이다. 그러나 또한 이 지점은 이야기가 그저 그것으로부터만 그 매력을 이끌어 내고, 그것에 이르기 전에는 '시작'하는 것조차 불가능한 절대적으로 긴급한 지점이다. 그러나 이야기와 이야기의 예측할 수 없는 운동, 바로 이 지점이 강력하며 흡인력 있는 현실의 지점이 되는 그런 공간을 부여하는 것이다.

오디세우스가 호메로스가 될 때

만약 오디세우스와 호메로스가 편리하게 역할을 나누어 가진 두 명의 다른 인간이 아니라 유일하고 동일한 존재라면, 또 만약 호메로스의 이야기가 세이렌의 노래를 통해 열리는 공간 한가운데에서 오디세우스가 수행한 운동에 다름 아니라면, 도대체 어떻게 되는 것일까? 호메로스가 이야기하는 힘을 가지는 것은 그가 오디세우스라는 이름으로, 그것도 움직일 수 없게 된 주제에 여러 질곡으로부터 해방된 오디세우스라는 이름으로, 말하는 힘이나 이야기하는 힘이 거기서부터 그에게 약속되어 있다고 여겨지는 장소로, 단 그곳에서 사라지는 것을 조건으로 약속되어 있는 그 장소로 나아가는 한에서라면 어떻게 되는 것일까?

이것이 바로 이야기가 가지는 기괴한 특징 중 하나, 말하자면 그 요구 중 하나이다. 이야기는 자기자신만을 '상술'(relate)할 뿐이며, 그리고 그 상술은 그것이 행해짐과 동시에 자신이 이야기하고 있는 것을 산출하며, 그것은 이 상술 안에서 일어나고 있는 것을 현실화하는 경우에만 상술로서 가능하게 된다. 왜냐하면 그때 상술은 이야기가 '기술'(décrit)하는 현실성이 이야기로서의 자신의 현실성과 끊임없이 일체화되어 그것을 보증하며, 또 거기서 스스로의 보증을 발견해 낼 수 있는 지점 및 지면을 갖기 때문이다. 하지만 이것은 순진한 광기가 아닐까? 어떤 의미에서는 그러하다. 그렇기 때문에 이야기는 존재하지 않고, 그렇기 때문에 이야기는 부재하지 않는 것이다.

세이렌들의 노래를 듣는다는 것은 과거에는 오디세우스에 속하는 것이었으나 오늘날에는 호메로스가 되는 것이다. 그러나 오디세우스가 여러 요소들의 힘과 심연의 목소리와 관계를 맺는 인간이 되는 이 현실적인 만남이 이루어지는 것은 오직 호메로스의 이야기 속에서만 가능하다.

　이것은 매우 이해하기 어려운 것처럼 보일 수 있다. 이것은 자신의 눈을 뜨게 하는 힘을 가진 저 '**빛이 있으라**'(Fiat lux)라는 신의 말을, 자신이 창조되기 위해 스스로 너무나 인간적인 방식으로 말해야만 했던 상황에 봉착한 최초의 인간이 느꼈을 당혹감을 상기하게 한다.

　사태를 이런 식으로 표현하는 것은 사실 사태를 지나치게 단순화시키는 것이다. 요컨대 이 사태로부터 해방된 인공적이거나 이론적인 복잡화의 공간은 여기서 기인한다. 확실히 에이하브가 모비딕과 만나는 것은 단지 멜빌(Herman Melville)의 책 속에서일 뿐이다. 그러나 이 만남이 비로소 멜빌로 하여금 그 책을 쓸 수 있게 해주었다는 것 또한 확실하다. 이 만남은 그것이 일어나는 모든 면을 초월해서 사람들이 그것을 위치 설정하려고 하는 모든 시간을 초월한 만남, 이 책이 시작되기 훨씬 이전에 일어났다고 생각될 만큼 너무나도 압도적이고 엄청나며 독특한 만남인데, 그것은 또한 작품의 미래 속에서 그에 상응한 일개의 대양이 된 한 작품이 체현하게 되는 저 바다 속에서 단 한 번만 일어날 수 있는 만남인 것이다.

　에이하브와 고래 사이에서는 아주 애매한 방식으로 말하자면 형이상학이라는 말로 형용할 수 있는 어떤 연극이 펼쳐지고 있는데, 같은 싸움이 세이렌과 오디세우스 사이에서도 일어나고 있다. 이 연극이나 싸움의 한 부분을 이루고 있는 각 당사자는 자신이 전체가 되려 하고 절대적인 세계가 되려고 한다. 그리고 이것이 상대방의 절대적 세계와의 공존을 불가능하게 하는데, 어느 쪽도 이 공존이나 만남 이상으로 더 큰 욕망을 품고 있지는 않다. 에이하브와 고래를, 세이렌과 오디세우스를 동일한 공간 안에서 다시 연결하는 것, 이것이 바로 오디세우스를 호메로스로, 에이하브를 멜빌로 만드는 은밀한 염원이다. 바로 이것이 이 결합으로부터 생겨나는 세계를, 가능한 모든 세계들 가운데서 가장 위대하며 가장 무시무시하고 가장 아름다운 세계로 만드는 비밀스러운 염원인 것이다. 안타깝게도 이 세계는 한 권이며, 이 책 이외에 그 무엇도 아닌 것이다.

에이하브와 오디세우스 중에서 가장 큰 권력의지를 가진 자가 가장 분방하게 행동하고 있는 것은 아니다. 오디세우스에게는 아주 사려 깊은 완고함이 있고 이것은 세계 지배로 귀결된다. 그의 교활함은 자신의 능력에 제한을 가하는 척하는 데 있다. 다른 힘과 대면하는 경우에 자신이 여전히 할 수 있는 것을 냉정하게 계산하여 추구하는 데 있다. 만약 그가 어떤 한도를 넘지 않고, 현실세계와 세이렌의 **노래**가 그를 유혹하여 편력하게 만드는 상상적 세계 간의 간극을 유지한다면 그는 전체가 될 것이다. 그 결과는 그에게는 일종의 승리이고, 에이하브에게는 일종의 암울한 패배이다. 이것은 부정할 수 없는 일인데, 오디세우스는 에이하브가 본 것을 몇 번인가 들었다. 하지만 그는 이렇게 들으면서도 완강하게 저항한 반면에 에이하브는 자신이 본 이미지 속으로 빨려 들어가 사라져 버린 것이다. 이것은 한쪽이 변신을 거부했던 반면, 다른 쪽은 변신 속으로 빨려 들어가 거기서 사라졌다는 것을 의미한다. 이 시련 후에 오디세우스는 예전과 똑같은 자신으로 되돌아가고, 세계는 아마도 이전보다도 빈곤해졌지만, 보다 확고하고 확실한 것으로서 다시금 나타난다. 에이하브는 다시 나타나지 않는다. 그리고 멜빌 자신에게 세계는, 단 하나의 이미지가 주는 매혹이 그를 끌어당기는 저 세계 없는 공간으로 끊임없이 빨려 들어가게 하는 것이다.

변신

이야기는 오디세우스와 에이하브가 암시하고 있는 이 변신(métamorphose)과 연결된다. 이야기가 현존시키는 활동은 변신이가 닿을 수 있는 모든 면 위에서 변신이 하는 활동이다. 어쨌든 편의상─왜냐하면 이러한 주장이 정확하지는 않기 때문에─사람들은 소설을 진전시키는 것이 집단적인 것이든 개인적인 것이든 간에 일상적인 시간이라 해도, 보다 정확하게는 그러한 시간에게 발언권을 주려는 욕구라고 말한다고 해도, 이야기는 진전되기 위해서 저 **다른** 시간, 저 다른 항해를 갖고 있다. 이 항해는 현실의 노래로부터 상상적인 노래로의 이행이며, 현실의 노래를 조금씩이지만 곧장(이 '조금씩이지만 곧장'이야말로 변신의 시간 그 자체이다) 상상적인 것, 수수께끼 같은 노래가 되게 하는 운동이다. 이 수수께끼 같은 노래는 언제나 먼 거리에 있지만 이 거리를 편력해야 할 공간으로서 제시하고, 자신이 도달해야 할 지점을, 노래한다는 행위가 어떤 함정이기를 중단하는 지점으로서 제시하고 있다.

    이야기는 이 공간을 편력遍歷하고 싶어 한다. 그리고 이 공간의 공허한 충일充溢이 요청하는 변형이 이야기를 움직이게 하는 것이다. 이 변형은 모든 방향으로 작용하면서 아마도 쓰는 이를 강력하게 변형시키겠지만, 그에 못지않게 이야기 그 자체와 이야기 속에서 활동하고 있는 모든 것을 변형시키는 변형이다. 어떤 의미에서는 이 이행 그 자체를 제외하면 이야기 속에서는 아무 일도 일어나고 있지 않다고 할 수 있다. 그렇지만 멜빌에게 모비딕과의 만남 이상으로 중요한 것이 있을까? 이것은 현실에서 지금 일어나고 있는 만남이지만 '그와 동시에' 언제나 다가올 만남이며, 이렇게 해서 그는 집요하게 정상성을 벗어난 추구를 통해서 이 만남으로 부단히 향해 나아간다. 그러나 이 만남은 근원과의 관련도 그에 못지않게 갖고 있기 때문에 그를 과거의 심연으로 되돌려 보내려고 하는 것이다. 요컨대 이것은 프루스트(Marcel Proust)가 그 환상 속에서 체험했던 경험, 그 일부를 쓰는 데 성공한 그런 경험이다.

    사람들은 다음과 같은 식으로 반론하려 할지도 모른다. 요컨대 그렇게 말해도 멜빌이나 네르발(Gérard de Nerval)이나 프루스트가 말하고 있는 사건은 우선 그들의 '삶'에 속해 있는 것이 아닌가? 그들이 이미 오렐리아와 만났기 때문에, 비로소 또 울퉁불퉁한 포석에 부딪히거나 세 개의 종각을 보았기 때문에 비로소 그들은 쓰기 시작할 수 있었던 것이 아닌가? 그들은 자신들의 현실의 인상을 우리들에게 전하기 위해서 기술을 총동원하고 있다고 말이다. 그리고 우리에게 그들이 본 비전(vision)에 가까운 것을 함께 맛볼 수 있게 해주기 위해서 형태나 이미지나 이야기나 말에서의 어떤 등가물을 발견했다는 점에서 그들은 예술가라고 말이다. 하지만 불행하게도 사정은 그리 단순하지 않다. 모든 애매모호함은 지금 이곳에서 작동하기 시작하고 있는 시간의 애매모호함으로부터 발생하는 것이며, 시간의 이 애매모호함은 경험의 매혹적인 이미지가 어느 순간에는 현전하지만 그 현전이 어떠한 현재에도 속하고 있지 않을 뿐만 아니라 그것이 들어간다고 생각되는 현재를 파괴하기까지 한다고 말하고 경험하는 것을 가능하게 하는 것이다. 확실히 오디세우스는 현실에서 항해하고 있었다. 그리고 어느 날, 어느 날짜를 가진 날에 저 수수께끼 같은 노래와 만난 것이다. 그러므로 그는 "지금이다. 지금 이 일이 일어났다"고 말할 수 있다. 하지만 지금 도대체 무엇이 일어났다는 것인가? 여전히 다가올 노래에 불과한 어떤 노래의 현전이 일어난 것이다. 또한 그는 이 현재 속에서 무엇을 접촉한 것일까? 현재가 되어 버린 만남이라는 사건이 아니라, 만남 그 자체인 이 무한한 운동의 시작과 접촉한 것이다. 이 만남 그 자체는 그것이 명확히 드러나는 장소나 순간으로부터 언제나 떨어져 있다. 왜냐하면 그것은 이 간극 자체이기 때문이다. 거기서 부재가 실현되고 그리고 이 부재의 끝에서 처음으로 사건이 일어나기 시작하는 저 상상적인 거리, 거기서 만남의 본래적인 진실이 성취되고 만남을 발설하는 언어가 언제나 그로부터 생겨 나려고 하는 지점이기 때문이다.

언제나 여전히 도래해야 하는 것, 언제나 이미 지나간 것, 또한 언제나 숨을 끊어 놓을 정도로 험난한 어떤 시작 내에 현전하고 있는 것, 그리고 또한 영겁의 회귀와 영겁의 반복으로서 전개되는 것, ― 괴테는 말하고 있다. "아아, 과거에 살았던 여러 때에 그대는 나의 누이였고, 나의 아내였다." ― 이야기가 그것으로 접근하지 않을 수 없는 사건은 이러한 것이다. 이 사건은 시간이 가지는 여러 관계를 붕괴시키지만, 다른 한편으로는 시간 그 자체를 확립한다. 시간은 서술자의 지속 속에 그 지속을 변형시키는 형태로 개입해 오는 이야기 고유의 시간으로서, 또 다양한 시간적 법열이 어떤 상상적 동시성 속에서, 그리고 예술이 실현을 목표로 하는 공간의 형태하에서 동시에 발생하는 변신의 시간으로서 자신을 성취하는 어떤 독특한 방법을 확립한다.

2장

프루스트의 경험

1. 글쓰기의 비밀

순수한 이야기라는 것이 가능할까? 예를 들어 진중함을 위한 것에 불과할지라도 모든 이야기는 소설적인 심연 속에 몸을 숨기려고 하는 것이다. 프루스트는 이러한 은폐의 거장 중 한 명이다. 이야기라는 상상적인 항해는 다른 작가들을 반짝반짝 빛나는 어느 공간이 가지는 비현실성으로 이끄는데, 마르셀 프루스트의 경우 마치 이 이야기라는 항해가 그의 현실적 삶이라는 항해와 적절하게 서로 겹쳐지는 것처럼 모든 일이 일어나고 있다. 이 현실적 삶이라는 항해는, 그가 이 세상의 여러 함정을 빠져나가고 파괴적인 시간의 작용을 통해서 모든 이야기를 가능하게 하는 저 사건과 만나는 가공의 지점에까지 그를 이끌어 갔던 것이다. 더욱이 이 만남은 그를 심연의 허공에 방치하는 것이 아니라, 그에게 그의 실존의 운동이 포함될 수 있을 뿐만 아니라 복권될 수 있고 실제로 체험될 수 있으며, 실제로 수행될 수 있는, 그러한 유일한 공간을 제공하고 있는 것 같다. 오디세우스와 같이 세이렌들의 섬을, 그녀들의 비밀스러운 노래가 들리는 저 섬을 바라보고 있을 때 비로소 그의 길고 슬픈 방랑이 이 방랑을, 사라져 가고는 있지만 여전히 현전하게 만드는 여러 가지 진실의 순간을 통해 모조리 현실화시키는 것이다. 운 좋은 놀라운 일치이다. 그러나 이 경우 그 이전의 불모의 이동이 그를 그러한 장소로 이끌어 갈 수 있는 현실적이고 진실된 움직임이 되기 위해서 분명히 그가 이미 그곳에 있어야만 한다고 하면, 대체 어떻게 해서 '그곳에 도달할 수' 있단 말인가?

그것은 프루스트가 이야기에 고유한 시간적 특성들, 그의 삶 속으로 침투하는 특성들로부터 어떤 매혹적인 혼합을 통해서 그로 하여금 현실의 시간을 구해 낼 수 있게 해주는 수단들을 이끌어 내고 있기 때문이다. 그의 작품 내에는 기만적일 수 있지만 그래도 경이로운 시간의 모든 형태의 교착이 존재한다. 그가 환기하는 사건이 어떠한 시간에 속하는지 우리는 결코 알 수 없으며, 그 자신도 또한 아주 신속하게 알 수 없게 되어 버린다. 그것이 그저 이야기의 세계에서만 일어나는 것인지, 아니면 그것은 이미 일어난 일이 현실이 되고 진실이 되는 이 이야기의 시간을 발생시키기 위해 일어나는 것인지, 우리나 그나 모두 알 수 없다는 것이다. 마찬가지로 프루스트는 시간에 대해서 말하고 또 자기가 말하는 것을 살아 내고, 그리고 자기 속의 말을 다름 아닌 이 다른 시간을 통해서밖에 이야기할 수 없었으며, 이렇게 해서 그는 시간이 시간으로 되기 위한 모든 가능성, 모든 모순, 모든 방법을 때로는 의도적으로, 때로는 몽상적인 혼합물로서 한데 섞었던 것이다. 이렇게 그는 마침내 이야기의 시간의 양태에 기초해서 살게 되는 것이고, 그때 자기의 생활 속에서 여러 가지 마술적인 동시성(les simultanéité magiques)을 보기 시작하는 것이다. 이 동시성은 그로 하여금 자기 생활을 말하게 해준다. 적어도 자기 생활 속에서 생활이 그것을 통해서 작품 쪽으로, 바로 그곳에서 생활이 성취되는 작품의 시간 쪽으로 향하게 되는 저 변형운동을 인정할 수 있게 해준 것이다.

네 개의 시간

시간. 이것은 그저 한 단어에 불과하지만, 그 속에는 더할 나위 없이 다양한 경험이 침전되어 있다. 물론 그는 이 경험들을 주의 깊은 성실함을 가지고 구별하고 있지만, 이 경험은 서로 중첩되면서 변형되고 어떤 새롭고도 거의 신성화된 현실을 만들어 내고 있다. 이 형태들 가운데 몇몇만이라도 상기해 보자. 우선 첫번째로 현실의 시간, 죽음과 망각에 의한 죽음을 만들어 내는 저 무시무시한 신 몰렉^{Molech}, 저 파괴적인 시간. (도대체 어떻게 이러한 시간을 신뢰할 수 있다는 것인가? 어떻게 이러한 시간이 현실성 없는 그 어디도 아닌 어떤 곳으로 우리를 이끌어 간다는 것인가?) 또 이러한 시간도 있다. 원래 이것도 같은 시간이지만 이 시간은 그 파괴적인 작용을 통해서, 그것이 우리들로부터 빼앗아 가는 것을 우리에게 부여해 주기도 한다. 아니, 한없이 더욱 많은 것을 부여해 준다. 왜냐하면 이 시간은 사물이나 사건이나 사람들을 어떤 비현실적인 현전이라는 형태로 우리에게 부여해 주기 때문이다. 이 현전은 그것들을 그것들이 우리들의 마음을 움직이는 지점으로까지 고양시키고 있는 것이다. 하지만 이것은 아직 자연 발생적인 추억의 행복에 불과하다.

시간은 더욱 기괴하게 작동할 수도 있다. 예를 들어 아무런 의미도 없는 어떤 우발적 사건이 있다고 하자. 이 사건은 이미 어느 때에 일어났던 일, 즉 예전 일이며 지금은 잊혀져 가고 있고, 잊혀져 가고 있을 뿐만 아니라 전혀 생각나지 않게 되어 가고 있다. 그러다 돌연히 시간의 흐름이 이 사건을 추억으로서가 아니라 현실의 사건으로서 되돌리는 것이다.* 이것은 어떤 새로운 시점에서 새롭게 일어난다. 이렇게 해서 게르망트 가 안뜰의 울퉁불퉁한 포석에 걸려 넘어진 한 걸음이 돌연 ─ 이 이상 갑작스러운 것은 결코 없다 ─ 예전에 산 마르코 사원 세례장의 울퉁불퉁한 포석에 걸려 넘어진 한 걸음이 된다. 이것은 "동일한 한 걸음이고 지나간 어느 감각의 그림자나 메아리가 아니라 …… 그 감각 그 자체이며", 사소하긴 하지만 모든 것을 전복시키는 힘을 가진 사건이고, 그것은 시간의 씨줄을 자르고 그 단절을 통해 우리를 어떤 다른 세계로 이끌어 가는 것이다. 시간의 바깥으로라고 프루스트는 서둘러 말한다. '그렇다. 이제 시간은 소거되어 버렸다. 왜냐하면 나는 베네치아에서의 한순간과 게르망트 가에서의 한순간을 하나의 과거와 하나의 현재로서가 아니라, 지속의 흐름 전체에 의해 분리된 양립할 수 없는 여러 순간들을 어떤 감각적인 동시성 속에서 공존하게 하는 어떤 동일한 현전으로서, 일시적이긴 하지만 부정할 수 없는 현실적인 포착방식으로서 동시에 포착하고 있기 때문이다'라고 단언한다. 이렇게 해서 여기에는 시간 그 자체에 의해 사라져 간 시간이 있다. 여기에는 죽음이 있는데, 이 죽음은 중단되고 중성화되며 비어 있는 무

---

* 물론 프루스트와 프루스트의 말에서는 그 자신이 말하고 있듯이 어떤 심리적 사실이나 감각이 문제이다.

해한 시간의 작용인 것이다. 이 얼마나 대단한 순간이란 말인가! 이것은 "시간의 질서로부터 해방된" 순간이고, 내 안에 "시간의 질서로부터 해방된 인간"을 재창조하는 순간인 것이다.

하지만 곧 프루스트는 시간 바깥에 있는 이 순간에 대해서 방금 말이 헛 나왔다고 말하는 것처럼 이렇게 쓰고 있다. 매우 모순된 일인데 그는 이 모순을 거의 눈치채지 못하고 있다. 그 정도로 이 모순은 그에게 있어서 필요 불가결하며 또한 그에게 주는 것이 많은 것이다. 요컨대 그 순간은 그에게 "번개만큼의 지속을―그가 결코 포착할 수 없는 것, 즉 순수상태에 있는 약간의 시간을―손에 넣고 격리하여 움직이지 못하게 하는 것"을 허락했다는 것이다. 왜 이러한 역전이 일어나는 것일까? 왜 시간 바깥에 있는 것이 순수시간을 자유롭게 운용할 수 있는 것일까? 베네치아에서의 한 걸음과 게르망트 가에서의 한 걸음, 과거의 그때와 현재의 지금을, 서로 겹쳐 놓아야 할 두 개의 지금으로 묶어 내는 이 동시성을 통해서, 시간을 소거시키는 두 현재의 이러한 결합을 통해서, 프루스트는 시간의 황홀경에 대한 독특하고 탁월한 경험을 했기 때문이다. 시간의 소멸을 **체험하는 것**, 한없이 멀리 떨어진 두 순간("곧장이긴 하지만 차차")이 서로 만나기에 이르는 이 운동, 욕망의 변신을 통해서 마침내 서로 동일화되는 두 현존으로 결합되는 이 운동을 체험하는 것, 이것은 시간의 모든 현실을 편력함으로써 시간을 공허한 공간 혹은 장소로서, 요컨대 항시 평소에 그것을 채우는 여러 사건으로부터 자유로운 공간 혹은 장소로서 체험하는 것이다. 어떤 사건도 없는 순수한 시간, 운동하는 공백, 움직임을 멈추지 않는 거리, 시간의 여러 가지 황홀경이 어떤 매혹적인 동시성 속에서 배열되고 생성하는 내적 시간, 이것들 모두는 대체 무엇일까? 하지만 이것이 바로 이야기의 시간 그 자체이며, 이 시간은 시간의 **바깥에**(hors)는 없지만, 어떤 공간의 형태로 예술이 그곳에서 자신의 수단들을 이끌어 내고 배열하는 이 상상적 공간의 형태하에서 **바깥으로서**(dehors) 체험되는 것이다.

쓰는 행위의 시간

프루스트의 이 경험은 그가 그것에 부여하고 있는 중요성 때문에 언제나 신비적인 양상을 보여 왔다. 이 경험은 여러 가지 현상에 기초하고 있는데, 이 현상들은 아마도 이미 니체를 위험한 정도로까지 열광시켰음에도 불구하고, 심리학자들은 이 현상들에 어떤 종류의 예외적 가치도 부여하고 있지 않다. 하지만 그가 쓰고 있는 이 경험을 푸는 열쇠가 되는 '감각'들이 무엇이든지 간에, 이 경험을 본질적인 것으로 만들고 있는 것은, 그것이 그에게는 시간의 근원적인 구조에 대한 경험이기 때문이다. 그것은 (그는 어느 순간에는 그것을 강하게 의식한다) 쓰는 것의 가능성과 연관되어 있으며, 마치 이렇게 해서 열려진 구멍이 그를 이야기의 저 고유한 시간 속으로 갑자기 이끌고 들어가기라도 한 듯하다. 이 시간이 없어도 물론 그는 쓸 수 있고 쓰는 것을 게을리하지도 않는다. 하지만 그럼에도 불구하고 아직 쓰기 시작하지는 않았던 것이다. 이 결정적인 경험, 이것이 바로 『되찾은 시간』(*Le Temps retrouvé*)의 위대한 발견이며, 그의 세이렌의 노래와의 만남이다. 그리고 이 경험으로부터 그는 보기에 매우 부조리한 방식으로, 자신은 이제 한 사람의 작가라는 확신을 끌어 내고 있다. 왜냐하면 아주 행복하며 심란한 것이기까지 한 이 무의식적 상기(réminiscence)라는 현상, 그가 갑자기 입 속에서 느끼는 과거와 현재의 맛이 도대체 어떻게 그가 단언하는 것처럼, 그에게서 그때까지 그를 괴롭혀 왔던 자신의 문학적 재능에 대한 의문을 벗겨 낼 수 있었던 것일까? 어느 날 길 위에서 무명의 레이몽 루셀(Raymond Roussel)을 흥분시키고 그에게 단숨에 영광과 영광에 대한 확신을 주는 그 감정이 정말 부조리하게 보일 수 있듯이, 이것도 부조리한 것은 아닐까? "내가 마들렌을 맛보았을 때처럼, 미래에 대한 모든 불안이나 모든 지적인 의혹은 해소되고 있었다. 문학적 재능의 현실성이나 문학 그 자체의 현실성과 관련해 방금 전까지도 나를 괴롭히고 있던 의혹은 마법에 걸린 것처럼 일소되어 있었다."

주지하시는 바이겠지만 그에게는 자신의 천직에 대한 확신이나 자신의 재능에 대한 긍정뿐만 아니라 문학의 본질 그 자체도 동시에 주어졌던 것이다. 그는 시간이 상상적 공간(이미지에 고유한 공간), 운동하는 부재로 변형되는 것을 체험함으로써 이 문학의 본질과 접했다. 요컨대 그는 사건들이 이 문학의 본질을 은폐하지도 않고 현존이 이 본질을 가로막지도 않는, 항시 생성 중에 있는 공허로 시간이 변형되는 것을 체험함으로써 순수 상태의 문학의 본질과 접하고 체험한 것이다. 여러 가지 변신이나 프루스트가 은유(métaphore)라 부르는 것의 장과 원리를 구성하는 이 먼 곳, 이 주변부, 여기서는 이미 심리학을 하는 것 따위는 문제가 아니고 게다가 이미 여기에는 내면성(intériorité)이 존재하지 않는다. 왜냐하면 모든 내적인 것이 여기서는 외부에 전개되어 있으며 이미지라는 형태를 취하고 있기 때문이다. 그렇다. 이 시간에서는 모든 것이 이미지가 된다. 그리고 이미지의 본질은 어떠한 내밀성(intimité)도 갖지 않지만 내심의 사유보다도 훨씬 다가가기 어려운 신비적인 것으로서, 전적으로 외부(au-dehors)에 있다는 것이다. 이것은 어떠한 의미작용도 갖지 않지만 가능한 모든 의미를 품은 심연을 갈구하는 것, 발현되어 있지 않지만 명백하며, 세이렌의 미혹하는 힘과 매혹을 만들어 내는 현전이면서 부재라는 성격을 갖고 있다.

프루스트는 쓰인 것이 갖는 비밀을 발견했다고 의식하는데, 그의 말을 빌자면 글쓰기 이전에 발견했다는 것이다. 또한 자신을 사물의 흐름으로부터 떨어뜨리는 분리운동에 의해, 거기에는 시간 그 자체가 사건 속으로 사라져 가는 일 없이 스스로 쓰기 시작하는 것과 같은 이 글쓰기의 시간 속에 위치를 점했다고 생각하는데, 이것은 그가 네르발, 샤토브리앙(F. R. Chateaubriand), 보들레르(C. P. Baudelaire) 등, 자신이 존경하는 다른 작가들 내에서도 동일한 경험을 발견해 내려고 시도했던 사실로부터도 분명히 엿볼 수 있다. 그러던 것이 게르망트 가의 연회에서 일종의 역전적逆轉的 경험을 하고 있는 것처럼 생각하면서도(왜냐하면 나이가 희극적인 가면으로 위장되어 있는 사람들의 얼굴 위에서 시간이 '외재화外在化'하는 것을 보게 되기 때문이다), 어떤 의문이 그의 마음속에서 생겨난다. 시간의 변형된 내면성 덕분에 문학의 본질과의 결정적인 접촉이 가능해진다 하더라도, 지금 그가 그 무시무시한 변용력을 보고 있는 이 파괴적인 시간 때문에 더욱더 확실한 위협, 즉 언젠가는 자신도 쓰는 행위의 '시간'을 빼앗기리라는 위협을 받는다는 그러한 괴로운 생각이 그의 마음에 떠오르는 것이다.

너무나 괴로운 의문이지만 그는 이 의문을 더 심화시키지는 않는다. 왜냐하면 그는 죽음 속에서 갑자기 자신의 책의 완성에 중대한 장애가 되는 것을 발견하게 되고, 또한 죽음이 그저 단순히 자신의 생애의 끝이 아니라 자신의 인격의 모든 간헐상태 내에서도 작동하는 것을 알고 있지만, 이 죽음이야말로 그가 신성하다고 부르는 이 상상력의 중심이기도 한 것이 아닐까라고 자문하는 것을 회피하고 있기 때문이다. 그런데 우리는 다른 의문, 다른 물음에 봉착한다. 즉 그의 전 작품과 연관되어 있는 이 극히 중요한 경험이 성취된 조건에 관한 의문에 봉착하게 된다. 이 경험은 어디서 생겨난 것일까? 어떤 '시간' 속에서 일어난 것일까? 어떤 세계 속에서 일어난 것일까? 이 경험을 체험한 자는 누구일까? 그 자는 프루스트일까? 현실의 프루스트, 아드리앵 프루스트(Adrien Proust)의 아들인 저 프루스트인 것일까? 이미 작가가 되어 15권의 방대한 작품 속에서 자신의 천직이 저 성숙과정——이 성숙과정이 의지가 부족하고 특이한 감수성을 가진 불안한 소년을, 이제는 자신에게 남아 있는 생명과 간직되어 온 소년시대의 모든 것과 서로 소통되는 저 팬을 향해 단호하게 집중하고 마음을 기울이고 있는 이상한 남자로 만들어 버린다——덕분에 차츰차츰 형성되어 가는 과정을 이야기하는 프루스트인 것일까? 분명히 그렇지 않다. 이 프루스트들은 결코 문제가 되지 않는다. 만약 필요하다면 날짜를 생각해 보더라도 그것은 분명하게 증명될 수 있을 것이다. 『되찾은 시간』에서 아직 쓰이지 않은 작품에 시동을 걸어 주는 결정적 사건으로서 시사되고 있는 저 계시적 사건은 이 책에서 1차대전 중에 일어나고 있는데, 그 무렵에는 이미 『스완네 집 쪽으로』(*Du côté de chez Swann*)는 출판되어 있었고 작품의 대부분은 구성되어 있었다. 그렇다면 프루스트는 진실을 말하고 있지 않은 것일까? 그러나 그는 우리에게 이러한 진실을 말할 의무도 없고, 말하려고 해도 말할 수 없을 것이다. 그가 이 진실을 표명하고 그것을 현실적이고 구체적인 진실로 만들 수 있는 것은 그것을 저 시간 속에 투사해 냈을 때, 진실은 시간의 활동화이며 작품이 시간으로부터 그 필연성을 획득하는 그런 시간 자체 내에 투사해 냈을 때뿐일 것이다. 이 이야기의 시간에서는 예를 들어 그가 '**나는**'이라고 말한다 해도, 말하는 힘을 갖는 것은 이미 현실의 프루스트도 아니고 작가 프루스트도 아니다. 그것은 이 책의 '등장인물'이 된 화자로서 저 그림자와 같은 존재로 변신한 어떤 것이다. 이 화자가 이야기 속에서 작품 그 자체에 다름 아닌 하나의 이야기를 쓰고, 그는 이번에는 다양한 '**자아**'라는 다른 여러 가지 변신을 만들어 내며 이 다양한 자아의 경험을 이야기하는 것이다. 이렇게 해서 프루스트는 손에 잡히지 않게 되었다. 왜냐하면 그는 책으로부터 작품으로 향하는 운동에 다름 아닌 이 4중의 변신과 분리 불가능한 것이 되었기 때문이다. 또 마찬가지로 그가 이야기하고 있는 사건은 이야기의 세계, 즉 허구를 통한 진실밖에는 가지지 않는 저 게르망트 가의 사교계에서 일어나는 사건일 뿐만 아니라, 그것은 이야기 그 자체의 발생이며 도래이고 이야기 속에서의 이야기의 이 근원적 시간의 실현인 것이다. 그는 이러한 시간의 매혹적 구조, 즉 과거와 현재를 어느 동일한 허구적 지점에서 공존시키는 저 능력을 결정화하고 있을 뿐이다. 게다가 프루스트가 이것을 무시하는 것 같지만, 그는 미래도 또한 공존시킨다. 왜냐하면 이 지점에서는 작품의 모든 미래가 현전하고 있고, 문학과 함께 주어져 있기 때문이다.

조금씩 그러나 즉시

프루스트의 저작을 이른바 **성장소설**(Bildunsroman)과 같이 취급하는 것이 아주 마음을 끄는 일이기는 해도, 사실 이 양자는 전혀 다른 것이라는 것을 첨언해 두어야만 한다. 확실히 『되찾은 시간』 전 15권은 이 15권의 책을 쓰는 인물이 어떤 식으로 형성되었는지를 탐색하는 것으로 시종일관 지속되고 있으며, 글쓰기라는 천직과 관련된 다양한 일화들을 서술하고 있다. "그러니까 이제까지의 내 모든 생활은 천직이라는 제목으로 요약될 수 있었을 수도 있고, 없었을 수도 있다. 문학이 내 생활 속에서 어떤 역할도 하지 않았다는 의미로는 요약될 수 없었을 것이다. 내 생활이나 생활상에서의 여러 가지 슬픔이나 기쁨의 추억이 식물이 밑씨 속에 있으면서 밑씨가 씨앗이 되기 위한 양분을 그곳에서 빨아들이는 저 배젖과 같은 어떤 비축물을 형성하고 있었다는 점에서는 그렇게 요약될 수 있을지도 모른다……." 하지만 엄밀하게 이러한 해석에만 머무른다면 그에게 본질적인 것, 즉 그 계시를 못 보고 지나치게 된다. 그 계시를 통해서 그는 어떤 다른 종류의 시간을 포착하고, 단번에, 차츰차츰이긴 해도 곧장 시간의 변형된 내밀성으로 이끌려 들어간다. 그리고 거기서 그는 순수한 시간을 여러 가지 변신의 원리로서 자유롭게 운용하고, 상상적인 것을 이미 글쓰는 힘의 현실성이 된 공간으로서 자유롭게 운용한다.

확실히 프루스트가 작품이라는 상상적인 항해가 그것과 함께 시작하는 저 독특한 순간에 이르기 위해서는 그의 생활의 모든 시간과 현실적 항해의 모든 시간이 필요하다. 이 순간은 이 작품 속에서는 작품이 당도하여 끝나는 절정을 보여 주면서, 그와 함께 작품을 쓴다고 여겨지는 사람이 그를 부르는 허무와 이미 자신의 정신과 기억을 황폐화시키고 있는 죽음에 직면하면서, 이제 작품을 쓰기 시작해야 하는 아주 낮은 지점 또한 보여 주고 있다. 이러한 비현실의 운동에 이르기 위해서는 모든 현실적 시간이 필요하다. 하지만 생성의 이 두 형태 사이에 아마도 포착할 수 없고 또 프루스트 자신도 결국 포착하기를 단념하고 있는 어떤 관계가 있다 하더라도, 그가 단언하고 있듯이 이러한 계시는 결코 어느 점진적 발전의 필연적인 결과가 아니다. 요컨대 그것은 우연이 갖는 불규칙성을 갖고 있으며, 장시간에 걸친 사려 깊은 심화작용에 조금도 보답하지 않는 과분한 증여가 발생시키는 은혜의 힘을 갖추고 있다. 『되찾은 시간』은 모든 것을 지속에 빚지고 있는 어떤 천직의 이야기이다. 그러나 이 천직이 모든 것을 지속에 빚지고 있는 이유는 어떤 예견하기 어려운 비약에 의해 갑자기 지속을 벗어나 버렸기 때문이고, 또 상상적 공간이 되어 버린 순수한 내밀성이 모든 사물에 이 "투명한 통일성"을 주기 때문이다. 거기서 사물은 "사물로서의 최초의 모습을 잃고", "같은 빛에 침투되어 일종의 질서 속에서 서로에게 병렬되며……", "…… 단조롭게 빛나는 거대한 표면을 가진 하나의 실체로 바뀌어질" 수 있는 것이다. "어떠한 불순성도 남아 있지 않다. 표면은 반사적인 것이 되어 있다. 거기서 모든 것이 묘사되고 있지만, 그것은 반영을 통해서이지 그 동질의 실체를 바꾸는 일은 없다. 예전에는 달랐던 모든 것이 변환되어 흡수되고 있다."[*]

---

[*] Marcel Proust, *Le Balzac de M. de Guermantes*, Ides et Calendes, 1950. 여기서 프루스트는 자기자신의 심미적 이상을 발자크와 대립시키고 있다.

프루스트가 체험한 상상적 시간의 경험은 어떤 종류의 상상적 시간 속에서, 또 거기에 몰두하는 인간을 상상적인 존재로 변화시킴으로써 그리고 앙드레 브르통(André Breton)이 말한 아름다움처럼 언제나 그곳에 있으면서도 언제나 부재하고, 언제나 고정되어 있으면서도 경련적으로 방황하는 이미지가 됨으로써만 비로소 생겨날 수 있는 것이다. 이 경험은 시간의 변신이며 그것은 그것이 생겨난다고 생각되는 현재 그 자체를 우선 먼저 변신시키고, '현재'가 '과거'를 되풀이하는 것 같은 무한정의 심연으로 현재를 끌고 간다. 그러나 이 심연에서 과거는 미래를 향해 열려 있고 미래를 되풀이하고 있다. 도래하는 것을 언제나 새롭게 만들고, 또 새롭게 다시 도래하는 것으로 만들기 위한 것이다. 확실히 계시는 지금 여기에서 처음으로 일어나고 있다. 그러나 여기서 처음으로 우리에게 현전하는 이미지는 '이미 예전에 한 번'의 현전이며, 이 이미지가 우리에게 보여 주는 것은 '지금'이 '언젠가'라는 사실이다. 여기도 또한 어느 다른 장소, 언제나 다른 곳인 장소라는 것이다. 이 장소에서 사람은 바깥쪽으로부터 냉정하게 이 변형작용에 참여할 수 있다고 믿고 있지만, 그가 이 변형작용을 능력으로 바꿀 수 있는 것은 그가 이 변형작용에 의해 자신의 바깥으로 끌려 나와서 자신의 일부, 무엇보다도 먼저 쓰고 있는 저 손이, 소위 상상적인 것이 되는 저 움직임 속으로 끌려 들어간 경우에 한에서이다.

프루스트는 어떤 단호한 결심을 통해 이러한 점진적인 변화를 과거를 부활시키는 운동으로 만들려고 하였다. 그러나 그는 무엇을 복원한 것일까? 무엇을 구해 낸 것일까? 이미 완전히 상상적이 되어 **나**의 흔들거리고 쉽게 움직이는 한 묶음의 전체에 의해 그 자신으로부터도 분리된 어떤 존재의 상상적 과거이다. 이 일련의 '나'가 이 존재로부터 조금씩 자기를 빼앗아서 과거로부터도 해방시키고, 이 영웅적 희생을 통해서 그를 상상적인 것의 권한에 맡긴 것이며, 그때 그도 역시 상상적인 것을 자유롭게 사용할 수 있었던 것이다.

미지의 것의 부름

하지만 그는 이 현기증 날 정도의 움직임과 관련해서 그것이 휴지나 휴식을 허락하지 않는다는 것을 인정하려고 하지 않았다. 그것이 반짝반짝 빛나는 동일성이라는 관계를 통해서 실제적인 과거의 어느 순간을 현재의 어느 순간에 연결시키고, 이렇게 해서 실제적인 과거의 어느 순간 위에 고정되어 있는 것처럼 보이는 경우에도, 그것도 역시 현재를 현재의 밖으로 끌어내고 과거를 국한된 현실성의 밖으로 끌어내기 위해서라는 것을 인정하려 하지 않았다. 또 이 열려진 관계를 통해서 우리를 사방팔방으로 언제나 보다 더 멀리 이끌어 가고 우리를 먼 곳에 맡기며, 또한 모든 것이 언제나 주어져 있고 모든 것이 끊임없이 소거되는 저 먼 곳을 우리에게 맡기기 위해서라는 것을, 그는 인정하려 하지 않았다. 하지만 적어도 한 번 프루스트는 이 미지의 것의 부름과 마주친 적이 있었다. 그가 가만히 응시하기는 하지만 지금 막 눈을 뜨고 있다고 느껴지는 인상 혹은 추억과 그것들을 잘 연결시키지 못하고, 저 세 그루의 나무 앞에서 결코 잡히지 않지만 그곳에 있는 것, 그의 안과 그의 주변에 있는 것, 그러나 미지의 무한한 운동을 통해서만 받아들일 수 있는 것, 바로 이것의 낯섦에 다가갔을 때 마주친 것이다. 여기서 교류관계는 미완성인 채로 머무르고 있고 열려진 채로 있으며 그에게 실망과 불안을 주지만, 아마도 이 경우 이 소통은 다른 어떠한 소통보다도 덜 가식적이며 모든 소통의 요청에 보다 더 근접해 있다.

2. 놀라운 참을성

『장 상테유』(Jean Santeuil)라는 이름으로 출판된 초고가 『되찾은 시간』의 저 궁극적인 경험의 이야기에 비견될 만한 이야기를 포함하고 있다는 것은 이미 지적한 바 있다. 이것에 입각해 사람들은 우리가 거기서 아드리앵 프루스트의 아들, 마르셀 프루스트에 의해 실제로 체험된 사건의 원형을 손에 넣을 수 있었다고 결론 내리기까지 한 바 있다. 요컨대 위치를 정해 줄 수 없는 것에 위치를 정해 주려는 욕구는 그 정도로 큰 것이다. 한편 이것은 제네바 호수로부터 머지 않은 곳에서 일어났다. 장 상테유는 지루한 산책 도중에 갑자기 들판 끝에서 이 호수를 발견하고 가슴이 터질 듯한 행복감의 엄습과 더불어, 예전에 그가 근처에 머물렀던 적이 있는 베르메유^{Bergmeil} 바다의 모습을 거기서 발견하게 되지만, 당시에 그 바다는 그에게 어떤 감동도 없는 풍경에 불과했다. 장 상테유는 이 새로운 행복에 대해 자문해 본다. 그가 거기서 보는 것은 자연 발생적인 추억에서 비롯되는 단순한 기쁨이 아니다. 왜냐하면 여기에서는 어떤 종류의 추억이 문제가 아니라, "추억을 직접 느낄 수 있는 현실로 변화시키는 것"이 문제이기 때문이다. 이 사실로부터 그는 자신이 지금 매우 중요한 어떤 것을 앞에 두고 있다고 결론짓는다. 이 무엇인가는 현재와의 소통도 아니고 과거와의 소통도 아닌 소통, 즉 현재와 과거 사이에 그 장이 펼쳐져 있는 상상력의 분출과 같은 소통이다. 이렇게 해서 그는 이러한 순간을 다시 되살리기 위해서만, 혹은 이와 같은 환희의 움직임이 자신에게 주는 영감^{靈感}에 답하기 위해서만 앞으로 글을 쓰기로 결심한다.

실제로 이것은 대단히 인상적인 일이다. 『잃어버린 시간을 찾아서』(À la recherche du temps perdu)의 거의 모든 경험이 여기에서 발견된다. 요컨대 무의식적 상기라는 현상, 이 현상이 보여 주는 변신(과거의 현재로의 변환), 거기에 상상력의 본래적인 영역으로 열린 문이 있는 것 같다는 느낌, 그리고 마지막으로 이러한 순간들에 의해 조명되면서 이러한 순간들을 밝은 곳에 내놓기 위해 글을 쓰겠다고 하는 결심이 그것이다.

그러므로 다음과 같이 소박하게 자문할 수 있을 것이다. 이 순간 이후 예술의 열쇠를 쥐고 있던 프루스트가 그의 진짜 작품이 아닌 『장 상테유』밖에 쓰지 않고, 그런 의미에서 계속해서 쓰지 않는 일은 도대체 왜 생겨나는 것일까라고 말이다. 이러한 물음에 대한 답은 소박할 수밖에 없다. 그 해답은 바로 이 초안적^{草案的} 저작 속에 있다. 프루스트는 그토록 책을 쓰고 싶었고 또 작가로 인정받고 싶어 했지만, 그 프루스트가 아무런 주저 없이 이 초안을 버려 버린다. 그뿐인가. 그야말로 그것이 쓰인 적이 없다는 듯 잊어버리고 마는 것이다. 또한 마찬가지로 그는 자신이 말하고 있는 경험은 그것이 그를 바로 그 경험에 다름 아닌 저 움직임의 무한 속으로 끌고 들어가지 않은 한, 아직 실제로 일어나지 않는다고 예감하게 된다. 『장 상테유』는 아마도 『잃어버린 시간을 찾아서』의 화자보다도 그것을 쓰고 있는 현실의 프루스트에 가까울 것이다. 그러나 이 근접성은 그가 아직 구체(sphère, 球體)의 표면에 머무르고 있는 사실, 그리고 흔들리는 감각의 반짝임으로 인해 살짝 엿보이는 새로운 시간 속에 정말로 들어가 있지는 않다는 사실의 표식에 다름 아니다. 그러므로 그는 쓰고는 있지만, 그것은 특히 생 시몽(Saint-Simon)이나 라 브뤼예르(Jean de La Bruyère)나 플로베르(Gustave Flaubert)가 그를 대신하여 쓰고 있는 것이거나 아니면 적어도 교양인 프루스트가 쓰고 있는 것이다. 즉 자신이 위험이나 재난을 만났을 때 상상적인 것이 요구하며 무엇보다도 먼저 자신의 언어에 작용을 미칠 것이 분명한 저 변형작용에 몰두하는 대신에, 이것은 필연적인 것이지만 여러 선배 작가의 예술에 의지한 인간이 쓰고 있는 것이다.

순수한 이야기의 좌절

그러나 『장 상테유』의 이 페이지 및 이 책 전체는 우리에게 다른 것을 가르쳐 준다. 당시 프루스트는 아무것도 채워 넣지 않고 의지적인 회상이나 지성에 의해 형성되고 재파악된 일반적 질서에 속하는 진실들에 호소하지 않는 이야기, 오로지 그 순간들에만 집중된 보다 순수한 이야기를 생각하고 있었던 것 같다. 훗날 그는 자신이 작품 속에서 이러한 진실들에 중요한 위치를 부여했다고 생각하게 된다. 즉 별들 이외에는 공허밖에 없는 하늘처럼, 자신이 태어난 이 몇 개의 점으로만 이루어진 것 같은 '순수한' 이야기 말이다. 우리가 분석한 『장 상테유』의 이 페이지는 대체로 그 사실을 단언하고 있다. "왜냐하면 그것(상상력)이 우리에게 주는 기쁨은 그 우월성의 표시이며, 내가 이 표시를 충분히 신뢰했기 때문에 내가 보거나 생각하거나 추리하거나 한 것을 곧 바로 쓰지 않고, 과거가 어떤 냄새나 풍경 속에 갑자기 되살아나서 그것들을 작열시키고 그 과거 위에 상상력이 고동치며 꿈틀거리고 있을 때, 이 기쁨이 나에게 영감을 주고 있을 때 비로소 쓰는 것이다." 프루스트는 영감에 응답하기 위해서만 글을 쓰려고 한다. 그리고 이 영감은 무의식적 상기 현상이 그에게 불러일으키는 환희에 의해 주어지는 것이다. 그에게 영감을 불어넣는 이 환희는 그의 말에 의하면, 이 현상들의 중요성과 본질적인 가치의 표시이기도 하다. 이 현상들 속에서 상상력이 자신을 드러내고 우리의 삶의 본질을 포착한다는 표시이기도 하다. 그러므로 그에게 글을 쓸 수 있는 능력을 주는 이 기쁨은 아무것이나 마구 쓰는 것을 허락하지 않고, 이 기쁨에 가득 찬 순간들과 이 순간들의 배후에서 "고동치며 꿈틀거리는" 진실을 소통시키는 것만을 허용할 뿐이다.

그가 여기에서 지향하고 있는 예술은 짧은 순간들로 이루어질 수밖에 없다. 요컨대 환희는 순간적이며 이 기쁨을 가치 있게 만드는 순간들은 그저 순간들일 뿐이다. 순수한 인상에 충실하기, 이것이 바로 프루스트가 당시에 소설이라는 문학에 요구했던 바이다. 하지만 그렇다고 해서 그가 상투적인 인상주의가 갖는 확실성에만 머물러 있었다는 것은 아니다. 왜냐하면 그는 어느 특별한 인상, 과거의 감각의 회귀로 인해서 상상력이 떨며 움직이기 시작하는 그런 어떤 인상들에만 몰두하려 하기 때문이다. 그러나 그가 다른 예술들에서 찬미한 인상주의가 그의 눈에는 하나의 범례로 비치고 있었다는 것은 여전히 문제다. 또 특히 그가 본질적 순간들이 아닌 것을 모두 배제한 책을 쓰려 했었다는 것은 분명 문제이다(이것은 부분적이긴 하지만 페유라Albert

Feuillrat 씨의 논문에 의해 입증되고 있다. 그에 의하면 이 작품의 최초의 초고는 그 전개도, '심리해부'도, 너무나 부족했고 무의식적 상기가 유발시키는 일시적인 매혹에서만 그 수단을 얻어 내려 하는 예술을 추구하고 있었다는 것이다). 확실히 프루스트는 『장 상태유』를 통해 그러한 책을 쓰려는 포부를 품고 있었다. 적어도 초고로부터 발췌되어 주석된 문장이 우리에게 상기시키는 것은 그러한 것이다. "나는 이 책을 소설이라고 부를 수 있는 것일까? 아마도 이것은 그 이하이면서 동시에 훨씬 그 이상의 것이기도 하다. 그것이 흘러나오는 틈과 같은 이 수시간 속에서 아무것도 섞이지 않고 모인 나의 본질이다. 이 책은 결코 만들어진 것이 아니라 수집된 것이다." 이러한 표현들은 어느 것이나 『장 상태유』의 저 페이지가 우리에게 제안한 생각에 상응하고 있다. 순수한 이야기라는 것은 그것이 '아무것도 섞이지 않고', 본질적인 것 이외에, 존재의 관습적인 표면이 파열되는 저 특별한 순간들 내에서 글쓰기에 전해지는 저 본질 이외에 어떠한 다른 소재도 포함하고 있지 않기 때문이다. 그리고 프루스트는 자동기술을 떠오르게 하는 자발성에 대한 고심을 통해 자신의 책을 작업의 결과로 만들어 버릴 수 있는 모든 것을 배제하려고 한다. 요컨대 그것은 정교하게 만들어진 저작이 아니라 선물이라는 형태로 주어지는 작품, 그에 의해 만들어진 작품이 아니라 그로부터 다가온 작품이 될 것이다.

그러면 『장 상태유』는 이러한 이상idéal에 부응하고 있는 것일까? 전혀 그렇지 않다. 아마도 그는 이 이상에 부응하려고 노력하면 할수록 이상으로부터 멀어지게 될 것이다. 그는 한편으로는 진부한 소설적 소재나 정경, 인물, 일반적인 관찰 등에 계속해서 가장 중요한 위치를 부여하고 있다. 회상록(생 시몽) 저자의 소재나, 모럴리스트(라 브뤼예르)의 예술이 고등학교나 살롱으로 가거나 드레퓌스 사건의 목격자가 되고 있는 그의 생활로부터 이러한 일반적 관찰을 이끌어 내게 하고 있다. 하지만 다른 한편으로 그는 확실히 이야기가 갖는 외면적인 '사건'의 통일성을 피하려고 노력하고 있다. 이 점에서 그는 자기 생각에는 충실하다고 생각하고 있는 것이다. 이 책의 파편적인 성격은 단지 우리가 단편적인 책을 상대하고 있기 때문만은 아니다. 인물이 나타났다 사라지고, 정경이 다른 정경과 엮이려고도 하지 않는, 이 단편들은 소설적인 불순한 이야기 방식을 피하려는 기획에 부응하고 있는 것이다. 또한 여기저기에 '시적'인 페이지도 있는데, 이것은 그가 순식간에 우리를 근접시키고 싶어 하는 저 매혹적인 순간의 반영인 것이다.

    이 책의 좌절에 우리가 놀라는 까닭은 그가 여러 '순간들'을 우리에게 감지할 수 있는 것으로 만들려고 노력하다 못해, 그것들을 정경으로서 묘사해 버렸다는 사실 때문이다. 인물을 그들의 나타남을 통해 포착하는 대신 정반대로, 요컨대 초상으로 만들어 버린 것이다. 하지만 특히 다음과 같은 것이 문제다. 요컨대 초안과 이것에 이어지는 작품을 간단히 구별하길 원한다면, 우선 이런 식으로 말할 수 있다는 것이다. 즉 『장 상테유』는 삶이 서로 분리된 시간들로 이루어졌다는 느낌을 우리에게 전달하기 위해, 공허 그 자체가 형태로 표현되지 않고 공허인 채로 머물고 있는 듯한 세분화된 구상을 고집하고 있는 반면, 『잃어버린 시간을 찾아서』는 역으로 꽉 짜여서 끊기지 않는 이 작품이 별처럼 아로새겨진 점들에 충만으로서의 공허를 더하고, 특히 이번에는 이 별들을 경이롭게 빛나게 하는 데 성공했다고 말이다. 왜냐하면 이미 별들에게는 공간의 공허가 끝없이 펼쳐져 있기 때문이다. 그 결과 이 작품은 가장 조밀하고 가장 실질적인 지속을 통해서 가장 비연속적인 것을 표현하는 데 성공했다. 그가 글을 쓸 수 있는 가능성이 기원하는 저 빛으로 가득 찬 순간의 단속(斷續)을 재현하는 데 성공했다.

작품의 공간, 구체(球體)

왜 그럴까? 이 성공은 무엇에서 유래하는 것일까? 이것도 또한 아주 간략히 말할 수 있을 것이다. 요컨대 프루스트는──그리고 그것이 이 경험에의 그의 점진적인 침투였다고 생각하는데──비시간적인 것이 빛나고 있는 이 순간들이 한편으로는 어느 회귀를 단언함으로써 시간의 변신 가운데 가장 내밀한 움직임을 표현하고 있었다는 것과 그것이야말로 '순수한 시간'(temp pur)이라는 것을 예감하였다. 이때 그는 발견했다. 작품의 공간은 당연히 지속을 갖는 모든 힘을 동시에 지탱하게 된다는 것을. 그것은 작품이 작품 자체로 향하는 움직임, 자신의 근원에 대한 본래적인 탐구에 다름 아닌 것이 된다는 것을. 요컨대 저 상상적인 것의 장이 된다는 것을. 그러므로 프루스트는 여기서 형상적 비유를 사용하는 것에 만족할 수 있었다고 할 수 있으며 이 작품의 공간이 '**구체**'의 본질에 가까운 것임에 틀림없다는 것을 천천히 체험하게 되었다. 사실 그의 책 전체, 그의 언어 사용, 완만한 굴곡과 유동적인 무게와 투명한 밀도를 갖고 있으며, 언제나 움직이고 거대한 선회운동의 끝없이 다양한 리듬을 표현하는 데 불가사의할 정도로 잘 맞는 저 문체, 이러한 것들은 구체의 신비와 두께, 그 회전운동을 나타내고 있다. 이 구체에는 상부와 하부가 있다. 천상적(이것은 유년기의 낙원이고 본질적인 순간의 낙원)인 반구와 지옥적(이것은 『소돔과 고모라』*Sodome et Gomorrhe*이며 파괴적인 시간이고, 모든 환상과 모든 가식적인 인간적인 위로가 적나라한 상태로 드러나는 곳)인 반구가 있다. 하지만 이 두 반구는 어느 순간에는 역전되고 그 결과 이전까지 상부에 있었던 것이 내려가며, 또 지옥과 시간에 관한 니힐리즘까지도 이번에는 행운을 가져다주게 되고 지복至福에 가득 찬 순수한 빛을 떨칠 수 있는 것이다.

그러므로 프루스트는 이 특별한 순간들이 일회성의 현실성을 갖춘 단 한 번으로 허무하게 소멸해 가는 점진적 소멸로서 표시되어야 하는 부동의 시점들은 아니라는 것을 발견한다. 그것들이 구체의 표면으로부터 중심을 향해 반복해서 이행하고, 그것들이 진실로 실현시키는 내밀성을 향한 단속적이지만 끊임없는 나아감, 그것들의 비현실성으로부터 그것들의 숨겨진 깊은 곳으로 나아가는 것을 발견한다. 그것들이 이 감추어진 깊은 곳에 도달할 때, 이 구체의 상상적인 감추어진 중심에 도달하는 것이고, 이때 이후로 이 구체는 그것이 완결될 때 다시 새롭게 생겨나는 것 같다. 그뿐만 아니라 더 나아가 프루스트는 자기 작품의 성장법칙도 발견했다. 즉 이 구체적인 농밀화와 증대화의 요청이며 그 과잉상태이다. 또 그 자신이 말하고 있듯이, 작품이 요구하고 작품에 가장 '불순한' 소재를, '정념이나 성격, 풍속에 관한 진실들'을 도입하게 해주는 과정의 공급이다. 하지만 실제로 그는 이 진실들을 '진실'로서, 안정된 부동의 단언으로서 도입하는 것이 아니라, 그것을 어느 부드러운 포위운동을 통해 끊임없이 발전되고 진전되는 것으로서 도입하고 있다. 즉 그것은 중심적 지점 주변을 언제나 조금씩 더 조여 가는 원을 이루며 집어삼키지 않고 빙글빙글 돌고 있는 가능적인 것의 노래이다. 이 지점은 유일한 지상^{조上}의 현실이며, 당연히 모든 가능성을 넘어서고 있다. 즉 이것은 저 순간인 것이다(하지만 이 순간은 또한 구체 전체가 응축된 것이다).

페유라 씨는 여러 가지 것이 차례로 더해지는 것('심리해부'나 지적인 설명)을 통해 시적 순간들만으로 이루어진 소설을 쓰려는 계획이 중대하게 변경되었다고 생각하는데, 이런 의미에서 그는 장 상테유가 소박한 방식으로 생각하고 있었던 것을 생각하고 있었던 것이다. 그러나 그는 프루스트의 성숙에 대한 비밀, 저 경험의 성숙에 대한 비밀을 지나쳐 버리고 있다. 이 경험에서 소설적 상상계라는 공간은 한없이 연기된 움직임 덕분에 본질적인 순간에 의해 생겨난 한 개의 구체인 것이다. 이 본질적 순간 그 자체도 또한 언제나 생성상태에 있고 그 본질은 점적인 것이 아니라 저 상상적인 지속이다. 프루스트는 자신의 작품의 말미에 이 지속이 바로 저 반짝반짝 빛나는 신비한 현상의 실체라는 것을 발견하고 있다.

『장 상테유』에서는 시간이 거의 결여되어 있다(예를 들어 이 책이 젊은이가 아버지의 얼굴에서 발견하는 노화의 흔적의 환기로 끝나고 있다고 해도 이 사정은 변하지 않는다. 기껏해야 『감정교육』*L'Éducation sentimentale*의 경우에서처럼 장^{chapter}과 장 사이에 남겨진 공백이 거기에서 일어나고 있는 사항의 배후에 뭔가 다른 일이 일어나고 있는 것을 우리에게 상기시켜 줄 수 있을 정도이다). 그러나 시간은 무엇보다도 먼저 그 빛나는 순간들로부터 결여되어 있다. 이야기는 그 순간들을 정적인 방식으로 나타내고 있고, 이야기 자체가 자신의 근원으로 나아가려고 하는 그 순간을 향해 나아감으로써, 또 말하도록 강요당하는 유일한 것인 움직임을 이들 순간들로부터 끌어냄으로써만 비로소 실현될 수 있다는 것을 우리에게 결코 예측할 수 없게 만드는 것이다. 아마도 프루스트는 이 순간들을 비시간적인 것의 표시로 해석하는 것을 결코 단념한 적이 없었다. 그리고 언제나 거기서 시간의 질서로부터 해방된 어느 현전을 계속 보게 될 것이다. 그 순간들을 체험함으로써 그가 체험하는 경이로운 충격, 자신을 잃어버리고 난 후에 다시 자신을 되찾을 수 있다는 그 확신, 그 재인식이 그가 결코 의심하려 하지 않고 소유한 신비한 진리이다. 이것은 그의 신앙이고 종교이다. 또한 마찬가지로 그는 예술이 그 표현을 도와줄 수 있는 비시간적인 본질의 세계가 존재한다는 것을 믿으려 하고 있다.

 이 관념들로부터 그의 구상과는 너무나 다른 소설의 구상도 생겨날 수 있었을 것이다. 조이스에게서 때때로 발견되는 것처럼, 거기에는 영원한 것에 대한 관심이 위계화된 개념들의 질서와 감각적 현실들의 세분화 사이의 어떤 다툼을 불러일으키는지도 모른다. 그런데 그러한 일은 하나도 일어나지 않았다. 왜냐하면 프루스트는 자기자신을 거스르면서까지 그의 어떤 경험의 진실에 언제나 순순히 따랐기 때문이다. 이러한 경험은 그를 그저 일상의 시간으로부터 해방시켰을 뿐만 아니라 어떤 **다른** 시간, 즉 결코 지속이 선적으로 이루어지지 않고 결코 사건들로 환원되지 않는 저 '순수한' 시간에 연루시키는 것이다. 그러므로 이야기는 어떤 신변 이야기의 단순한 전개이기를 거부하고, 마찬가지로 지나치게 명확하게 한정되고 형상화된 '정경'과도 잘 양립하지 않는다. 프루스트는 옛날부터 고전적인 장면들에 대한 어떤 종류의 취향을 갖고 있어서 그것을 항시 단념하지 않는다. 그뿐인가. 결말의 저 엄청난 고전적 장면은 극단적일 정도로까지 특별해서, 그 정경이 우리로 하여금 믿게 만들려는 시간의 해체작용에 어떻게 해도 꼭 들어 맞지는 않는다. 그러나 『장 상테유』나 『수첩』(Carnet)을 통해 남겨진 여러 다른 판본 등이 우리에게 가르쳐 주는 것은 그가 그의 묘사들에서 지나치게 날카로운 모서리를 깎아 내고, 여러 정경을 생성으로 되돌리기 위해 끊임없이 추구한 놀라운 변형 작업이다. 이 장면들은 고정되고 응고된 시선이 되는 대신에 쉬지 않는 어떤 운동에 이끌려 조금씩, 시간 속에서 늘어나고 전체 속으로 가라앉으며 녹아 드는 것이다. 이 움직임은 표면적인 움직임이 아니라 심원하고 밀도 있는 거대한 운동이며, 거기에는 너무나 다양한 시간이 겹쳐져 있고 시간이 갖는 서로 모순된 힘이나 형태가 각인되어 있다. 이렇게 몇몇 에피소드, 이를테면 샹젤리제에서의 놀이는 아주 다른 여러 연령으로 동시에 살고 있는 것 같다. 어떤 삶 전체의 간헐적인 동시성 속에서 순수한 순간으로서가 아닌 공 모양의 시간이 갖는 유동적인 밀도 속에서 반복해서 살고 있는 듯하다.

연기(延期)

프루스트의 작품은 완성되어 있는 동시에 완성되어 있지 않은 작품이다. 『장 상테유』나 무수한 중간적인 다른 판본들을 읽으면,—거기서는 그가 어떻게든 형태를 부여하려고 하는 여러 가지 주제가 차례로 닳아 해져 간다—독자는 프루스트가 저 파괴적인 시간 자체 속에서 구원을 찾으려고 하는 것에 놀라게 된다. 그의 시간은 그의 안에 있으면서 그를 거스르고 그의 작품의 공범자가 되어 온 것이다. 그의 작품은 무엇보다도 먼저 조급한 완성에 위협당하고 있었다. 작품은 공을 들이면 들일수록 자기자신으로부터 멀어져 간다. 책의 운동 속에는 그것을 잡아 두는 이 연기 작용이 발견된다. 마치 자신의 생애를 기다리고 있는 죽음을 예감하고, 그것을 피하기 위해 자기자신의 흐름을 거스르려고 시도하고 있는 듯하다. 우선 처음에는 게으름이 프루스트 안에서 여러 가지 안이한 야심과 싸우고 있다. 이어서 이 게으름이 인내로 변한다. 그리고 이 인내가 싫증 내지 않고 일하는 태도, 시간이 다 되었을 때 시간과 싸우는 열병과 같은 성급함이 된다. 1914년에는 작품이 완성 직전에 있다. 하지만 1914년은 전쟁이 시작된 해이다. 어느 알 수 없는 시간의 시작이다. 그리고 이 시간이 프루스트를 그 안에서 자족하고 있던 작가로부터 해방시키면서 그에게 끝없이 글을 쓸 기회를 부여하는 것이다. 부단히 반복되어 계획되는 일을 통해서 자신의 책을 저 회귀의 장으로 만드는 기회가 그에게 부여되는 것이다. 이제 그는 이 장을 표현해야만 한다(이렇게 해서 시간 중에서 가장 파괴적인 것, 즉 전쟁이 더할 나위 없이 비밀스러운 방식으로 그의 작품에 협력하고, 작품이 그것에 거역해 자신을 구축하려고 하는 바로 이것, 즉 저 보편적인 죽음을 구조선으로 빌려 주는 것이다).

『장 상테유』는 이 놀라운 참을성의 최초의 귀결이다. 『즐거움과 나날』(*Les plaisirs et les jours*)이라는 좀 덜 중요한 책의 출판을 서두른 프루스트가, 이미 3권에 달했던 이 초고를 중단하고 망각하며 땅에 묻는 데 성공했던 것은 어째서일까? 여기에서 그의 영감의 깊이, 자신의 영감을 그 무한의 운동 내에 잡아 두면서 그것을 따라가려고 하는 그의 결의가 나타나는 것이다. 『장 상테유』가 완성되어 출간되어 있었다면 프루스트는 실종되었을 것이고, 그의 작품은 불가능하게 될 것이며, 시간은 결정적으로 어딘가에서 길을 잃어버렸을 것이다. 그러니까 다시 태양의 눈을 본 이 저작 속에는 뭔가 잘 알 수 없는 불가사의한 것이 있다. 이 저작은 가장 위대한 작가들이 자신에게 지워진 것을 극한으로 더듬어 가기 위해 얼마나 위협에 노출되는지, 그들에게 얼마나 기력, 무기력, 무위, 주의력, 방심이 요구되는지를 우리에게 보여 준다. 바로 이 점에 있어서 『장 상테유』는 우리에게 프루스트에 대해서, 프루스트의 경험에 대해서, 그가 그것을 통해서 시간을 자신의 것으로 만든 저 내밀하고 은밀한 참을성에 대해서 진실로 말하는 것이다.

II부

문학적 물음

1장
행복하게 죽을 수 있을 것 같지가 않다

"나라는 자는", 젊은 괴테(Johann W. von Goethe)는 생각했다. "행복하게 죽을 수 있을 것 같지가 않다." 하지만 『젊은 베르테르의 슬픔』(*Die Leiden des jungen Werthers*)을 쓴 뒤 이와는 반대되는 확신, 요컨대 자신은 파멸의 운명을 갖고 있지 않다는 확신이 생겨났다. 그가 악마적 힘이라 부르는 것과의 화합을 체험했기 때문인지, 혹은 좀더 은밀한 이유에 의한 것인지, 아무튼 그는 더 이상 자신의 쇠락을 믿지 않았다. 이것만으로도 이미 기묘한 일인데, 가장 기괴한 것은 다음과 같은 점이다. 즉 자신이 난파의 운명을 피할 수 있다는 확신을 얻었는지 어쨌든지, 그는 자신의 시적인 힘이나 지적인 힘을 대하는 태도를 바꾼 것이다. 그때까지는 그 힘들을 함부로 낭비하고 있던 그가 갑자기 검소하고 신중해졌으며 자신의 천재성을 낭비하지 않도록, 그리고 운명과의 친밀한 관계가 보장해 주기는 하지만 그래도 그 행복한 삶이 더 이상의 위험에 노출될 일이 없도록 세심하게 마음을 쓰게 되었다.

이런 이상한 태도에 대해 여러 가지로 설명할 수 있을 것이다. 구원받았다는 감정이 『베르테르』를 쓸 당시 그를 위협하던 파멸의 기억과 연결되어 있었다고 말할 수도 있으리라. 『베르테르』를 쓰기 전의 그는 정당화를 추구하지 않는 거친 존재였고, 자신의 내적 법칙에 대해서도 아무런 거리낌이 없었다고 말할 수 있을지 모른다. 그러다 모든 것이 한꺼번에 그에게 주어졌다. 철저한 파멸을 만났을 때의 동요, 이 시련 속에서 생겨난 자신의 몰락 불가능한 행복한 천재성에 대한 확신, 그리고 즉각적으로 이 불가능성에 대한 존중, 그 이후로 깨닫게 되는 이 불가능성에 대한 책임. 이것이 계약이었다. 괴테에게 있어 악마란 이 한계였다. 즉 소멸 불가능성과 소멸의 부정 그리고 쇠퇴되도록 방치되는 것의 거부이다. 여기서부터 그에게는 이 성공의 확신이 생겨났는데, 그는 이 확신을 위해 어떤 다른 실패를 그 대가로 지불해야 했다.

어둡고 모호한 요구

본질적인 것은 그러나 늘 어둡고 모호하다. 여기서 이 어둡고 모호하다는 것은 규범이 우리를 저버리고 도덕이 입을 다문, 그리고 더 이상의 의무나 권리도 없고 가책이 일기도 하는 그런 양심이 위로나 후회로 이어지지 않는 영역으로 우리를 끌어들이는 것이다. 문학언어의 기이함과 어떤 식으로든 관계를 갖는 사람들은 언제나, 일반적 법칙에 관한 어떤 불분명한 입장과 태도를 마치 어떤 자유로움과도 같은 것으로서 은연중에 인지해 왔다. 그리고 이러한 태도 때문에 다른 법칙들은 더욱 곤란하고 불확실하다는 것도 인지해 왔다. 그러나 이것이 무엇인가를 쓰는 사람에게 그 귀결을 피해 갈 권리가 있다는 것을 뜻할 수는 없다. 격정에 사로잡혀 사람을 죽인 사람이 그 격정을 변명거리로 삼는다 한들 그 격정을 변하게 할 수 없듯이. 글을 쓰면서 글쓰기는 존경이라는 것을 할 수 없다는 어떤 진실에 부딪힌 사람에게는 아마 아무런 책임도 없을 터. 그러나 그는 그러면 그럴수록 더더욱 이 책임 없음에 대한 책임을 져야 하는데, 이 책임 없음을 의심하지 않고 또한 그것을 배신하지 않으면서 책임 없음에 대한 책임을 져야만 한다. 이 것은 자기자신에게조차 감추어져 있는 것이다. 그를 지키는 결백함은 그의 것이 아니라 그가 점유하고 있는 장소의 결백함인데, 그는 그 장소를 잘못 점유하고 있으며 결코 그 장소와 일치하지 않는다.

예술가의 삶 속으로 환원될 수 없는 몇몇 부분을 상정하는 것으로는 충분하지 않다. 그의 품행도 더 이상 중요하지 않으며, 여러 문제들로 자신을 지키거나 혹은 역으로 자신의 실존으로 그것들을 덮어 버리는 그런 수법도 마찬가지다. 누구든지 자신이 할 수 있고 또 하고자 하는 방식으로 답하고 있다. 어느 한 사람의 답은 다른 그 누구에게도 적절하지 않고 어떤 적절성도 갖지 않으며, 우리가 필연적으로 무지한 것에 이 해독 불가능하고 결코 전형적이 될 수 없는 의미에서만 답하고 있다. 즉 예술은 우리에게 수수께끼들을 보여 주지만, 다행히 그 어떤 영웅도 보여 주지 않는다.

그렇다면 도대체 무엇이 중요한가? 예술작품은 일반적인 인간관계들에 대해 우리에게 밝혀 줄 수 있을 어떠한 것을 우리에게 가르쳐 줄 수 있을까? 거기서는 도대체 어떠한 요청이 예고되어 있는가? 그것은 현재 통용되고 있는 그 어떤 도덕 형태로도 포착될 수 없는, 그것을 위반한 자를 죄인으로 여기지도 않고 그것을 완수했다고 착각하는 자를 무고하다고 여기지도 않는, 또 **해야 한다**라는 모든 명령으로부터, **하**

고 **싶**다라는 모든 주장으로부터, 그리고 **할 수 있**다라는 모든 수단으로부터 우리를 해방시키는 요청이다. 이것은 우리를 자유롭게 내버려 두기 위함인가? 그러나 그것은 우리를 자유롭지도 않고 자유를 빼앗기지도 않은 채로 두는 것이다. 이 요구는 마치 우리를 가능성의 기미조차도 고갈되어 버리고 벌거벗은 관계가 보이는 지점으로 끌어당기기라도 하는 것 같다. 이 관계는 어떤 종류의 능력이 아니며 모든 관계의 가능성에 선행하는 것이다.

여기서 이 요구라는 단어를 도입한 것은 이 말이 애매모호하고 이 요구는 여기서는 어떤 요구도 갖지 않는 요구이기 때문인데, 이 요구를 어떻게 파악해야 좋을까? 시작품은 어떠한 형식으로도, 그것이 정치적인 것이든, 도덕적인 것이든, 인간적인 것이든, 아니면 그렇지 않든, 일시적인 것이든 영원한 것이든지 간에 법으로부터 자기를 국한하는 결정성이나 자기에게 체류를 강요하는 권고를 받아들일 수 없다는 것을 보여 주는 것은 확실히 더 쉬운 일이다. 예술작품은 법을 조금도 겁내지 않는다. 법이 공격하고 추방하며 타락시키는 것은 문화이고, 예술에 대해서 사람들이 생각하는 것이며, 여러 가지 역사적 습관이자 이 세계의 흐름이며 책이나 미술관이고, 또한 때로는 예술가들이다. 그런데 어째서 그들은 이러한 폭력을 피하려 하는 것일까? 어떤 정체政體가 예술에 대해서 보여 주는 가혹함은 우리에게 그 정체에 대한 두려움을 줄지도 모르지만, 예술에 대한 두려움을 품게 하지는 않는다. 예술이란 그 자신의 역사적 흥망성쇠와 관련해 가장 가혹한 것, 다시 말해 무관심과 망각이기도 하다.

앙드레 브르통이 트로츠키(Leon Trotskii)와 함께 작성하고 "예술에서 모든 것을 허용한다는 정식을 지키려는 단호한 의지"를 표명하는 선언을 우리에게 상기시킬 때, 물론 그것도 중요한 것이긴 하지만 그뿐만이 아니라 이 두 인물의 만남, 이 정식이 주장되고 있는 그 같은 페이지에서 하나로 묶인 그들의 문장은 많은 세월이 흐른 지금에 와서 더욱 흥미로운 기호로 존속되고 있다.* 하지만 "예술에서 모든 것을 허용하는" 것은 지금까지도 일차적인 필요성에 불과하다. 그것은 어떠한 언어도 — 그것이 실현해야 하는 인간적 질서에 속하는 것이든, 주장해야 하는 진리에 속하는 것이든, 아니면 지켜야 하는 초월에 속하는 것이든 — 언제나 보다 더 근원적이 되어 가는 예술의 언어와 관련해서는 아무것도 할 수 없다는 의미이다. 그 언어들은 예술의 언어를 자유로운 형태로 방치할 수밖에 없다는 의미이다. 왜냐하면 이 모든 언어들이 예술의 언어와 결코 만나지 않기 때문이다. 요컨대 이 언어들이 예술에서 모습을 드러내는 보다 시원적 관계가 이미 사라져 버렸거나 다시 은폐되었을 때, 비로소 작동하기 시작하는 상관관계의 질서를 명확히 표현하고 있기 때문이다. 자유라는 말은 또한 우리에게 이 시원적인 관계를 예감하게 하기에 충분할 정도로 자유롭지는 않다. 자유는 가능적인 것과 연결되어 있고, 인간적 능력의 극단을 지지하고 있다. 그러나 어떤 종류의 능력은 아닌 관계, 능력으로 완수되지 않는 교류관계나 언어활동이 여기서 문제인 것이다.

릴케(R. M. Rilke)는 젊은 시인이 자기자신과 마주 보고 "나는 진실로 글을 쓰도록 강요당하고 있는가"라고 자문할 수 있기를 바라고

---

* André Breton, *La Clé des champs*, Livre de Poche, 1953.

있었다. "그렇다, 쓰지 않으면 안 돼"라는 답을 듣기 위해서 말이다. "그리고 당신은 이 필연성에 따라 당신의 삶을 구축하세요"라고 그는 결론짓는다. 이것은 쓴다는 운동을 도덕으로까지 고양시키기 위한 우회적 수단이다. 하지만 불행하게도 쓰인 것은 하나의 수수께끼이긴 하지만, 이 수수께끼는 어떠한 신탁도 말해 주지 않는다. 그 누구도 이 수수께끼를 향해 이러쿵저러쿵 질문할 수 없다. "나는 진실로 글을 쓰도록 강요당하고 있는가"라고 던져진 질문에 형태를 부여하기 위한 모든 시원적 언어를 결여하고 있는 인간, 그에게 시련을 주고 변형시키고 확실한 **나**(이 나에 입각해 그는 자신이 진지하게 물음을 던질 수 있다고 생각한다)로부터 쫓아내는 저 무한의 운동을 통해서 비로소 이 물음과 마주칠 수 있는 인간, 이러한 인간이 도대체 어떻게 자기자신에게 물음을 던질 수 있는 것일까? "당신 자신 속으로 들어가는 것입니다. 당신으로 하여금 쓰도록 하는 욕구를 찾아 보는 것입니다." 하지만 물음은 그를 그 자신으로부터 멀리 내보내는 것 외에는 할 수가 없다. 욕구가 있다면 오히려 어떤 권리도 정당함도 척도도 없이 존재하는 것으로부터 도망치는 것이 욕구인 듯한 장소로 그를 끌고 들어가는 것 외에는 아무것도 할 수 없다. 쓰지 '않으면 안 된다'는 답은 실제로 확실히 들리고 있는지도 모르고, 심지어 끊임없이 들려오고 있는지도 모른다. 하지만 그 '않으면 안 된다'라는 것 자체는 들리지 않는다. 그것은 드러나지 않는 물음, 그것에 대한 접근이 답을 중단시키고 답으로부터 그 필연성을 빼앗아 가는 물음에 대한 답인 것이다.

"그것은 하나의 위탁인 것입니다. 나는 나의 본성대로 누군가 나에게 행하지도 않은 위탁을 받아들이는 수밖에 없습니다. 이런 모순

속에서, 언제나 어떤 모순 속에서만, 나는 살 수 있는 것입니다."* 작가를 기다리고 있는 모순은 더욱더 강력해진다. 그것은 위탁이 아니고, 그는 그것을 받아들일 수 없다. 또한 아무도 그에게 그런 위탁을 하지 않았다. 다시 말해 그가 이 위탁을 맞이하려고 생각하면 아무것도 아닌 자여야만 하는 것이다. 이것은 그가 그 속에서 살 수 없는 모순이다. 그러므로 어떤 작가도, 설령 괴테라 하더라도 자신을 예감하는 작품에 대해서 자신의 삶의 자유의 유지를 주장할 수 없다. 또한 어느 누구라도 우스꽝스러워지지 않고는 작품에 몸을 던지려는 결심을 할 수 없다. 작품을 위해 자신을 지킨다는 것은 더더욱 그러하다. 작품은 훨씬 더 그 이상의 것을 요청한다. 작품에 마음이 흔들리지 않고, 작품을 목적으로 추구하지 않으며, 작품에 대한 무관심이나 무시라는 더욱 깊은 관계를 갖도록 요구하는 것이다. 프리드리히로부터 도망가는 인물은 자유로워지고자 도망가는 것이 아니다. 그는 그 순간만큼 자유롭지 않은 적이 없었다. 왜냐하면 그를 이런 저런 연관관계들로부터 해방하는 것이 그를 도망이라는 자살 계획보다도 더 위험한 계획으로 이끌었기 때문이다. 그러므로 맹세한 말에 대한 불충실을 창조에 대한 충실함 탓으로 돌리는 것은 너무 단순한 사고방식이다. 마찬가지로 또한 로렌스는 대성당 앞에서 한 여자아이가 놀고 있는 것을 보고, 만약 파괴된다면 자신은 어느 쪽을 구하고 싶은지를 자문하고 여자아이 쪽을 선택하는 자신에 대해 놀라게 되는데, 이 경우 이 놀라움은 가치에의 의지로 인해 예술에 도입되는 모든 혼란을 분명히 보여 주고 있다. 그런 식

---

* 카프카.

으로 놀라는 것을 보면, 저울 쟁반에 올려놓았을 때 놓고 있는 여자아이보다도 언제나 가벼워지는 것이야말로 이 거대한 유적 ─ 아니 그뿐만 아니라 모든 거대한 유적들, 함께 결합된 모든 책들 ─ 의 고유한 현실성에 속하지 않기라도 하듯이 말이다. 작품의 무한한 무거움이 이 가벼움, 이런 가치의 결여 속에 집중되어 있기라도 하듯이 말이다.

그 자신보다도 오히려

르네상스 시대 이후로 낭만주의에 이르기까지 놀랍고도 많은 경우 숭고하기까지 한 노력이 계속되어 왔다. 이것은 예술을 천재로 환원하고, 시를 주관적인 것으로 환원하려는 노력이다. 시인이 표현하는 것은 자기자신이고 그의 가장 본래적인 내밀성이며 그의 인격 가운데 숨겨진 심연이고, 분명히 말해서 나타나지 않고 또한 말로 표현할 수 없는 그의 멀리 떨어진 **나**라는 것을 이해시키려고 하는 노력이다. 화가는 회화를 통해 자신을 실현하고, 소설가는 자신이 명시될 수 있는 하나의 비전을 작중인물이라는 형태로 구체화하는 것이다. 그러면 작품의 요청은 표현해야 하는 내밀성의 요청이 된다. 요컨대 시인은 들려주어야 하는 자신의 노래를 갖고 있고, 작가는 전해야 하는 자신의 메시지를 갖고 있다. '나에게는 말해야만 하는 것이 있다'는 것인데, 이것은 결국 예술과 작품의 요청과의 여러 관계 속에서 가장 낮은 단계이고, 그 가장 높은 단계는 아무런 이유도 발견할 수 없는 격렬한 창조의 폭풍인 것 같다.

    시작품(poème) 속에서 말라르메(Stéphane Mallarmé)가 자신을 표현하고 있다거나 「해바라기」(Tournesols) 속에서 반 고흐가 자신을 명시하고 있다는 생각(그렇다 해도 이 경우에 전기상의 반 고흐가 아니다)은 우리에게 작품의 요구가 갖는 절대적인 것을 분명히 해주는 것처럼 보이고 또 한편으로 이 요구의 어떠한 일반적 의무로도 환원될 수 없는 사적인 특질을 또한 분명히 해주는 것처럼 보인다. 이것은 예술가와 그 자신 간에 일어나는 사항이고 외부의 어떤 사람도 개입할 수 없다. 이것은 비밀이고 어떠한 외적 권위도 비판을 하거나 이해할 수 없는 정념과도 같은 것이다.

하지만 그런 것일까? 세잔(Paul Cézanne)에게 화필을 쥔 채로 죽도록 요청하는 그 열정, 어머니를 매장하기 위해 그림을 하루 정도 그리지 않는 것도 허락하지 않는 집요하게 반복되는 저 과묵한 열정이 자기 표현의 욕구 이외의 어떤 원천도 갖지 않는다고 생각하는 것만으로 도대체 우리는 만족할 수 있는 것일까? 그가 추구하고 있는 비밀은 그 자신보다도 오히려 그림과 관계가 있다. 그리고 만약 그 그림이 세잔에게 세잔에 대해서만 말하고, 회화와 그가 다가갈 수 없는 회화의 본질에 대해서 말하지 않는다면, 그것이 세잔에게 어떤 흥미도 불러일으키지 않으리라는 것은 자명한 일이다. 그러므로 우리는 이 요구를 회화라고 부르자. 그것을 작품 혹은 예술이라고 부르자. 하지만 그런 식으로 불러 본다 한들, 이 요구가 어디로부터 그 권위를 끌어내는지는 우리에게 조금도 명확해지지 않는다. 또한 왜 이 '권위'가 그것을 지지하고 있는 자에게 아무것도 요구하지 않고 그의 전체를 끌어들여 그의 전체를 폐기하는 것인지, 왜 어떤 인간도 어떤 도덕도 요청할 수 없는 정도의 것을 그에게 요청하면서, 동시에 어떤 점에 있어서도 그에게 강요하지 않으면서, 어떤 점에 있어서도 그에게 불만을 말하지 않고, 어떠한 점에 있어서도 특별 취급하지 않는 것인지, 또 왜 이러한 관계를 갖도록 그에게 요구하면서도 그와 관계를 갖지 않고, 이렇게 그를 한없는 기쁨으로 고통받게 하고 동요시키는 것인지, 이러한 것은 조금도 분명해지지 않는 것이다.

 작가를 모든 것에 앞서는 일종의 수치감에 노출시키는 것은 우리 시대의 부담 가운데 하나이다. 그는 양심의 거리낌을 느껴야만 하고, 다른 모든 행위에 앞서서 자신이 오류에 빠져 있다고 느껴야만 한다. 그가 글을 쓰기 시작하자마자 누군가가 즐겁다는 투로 이렇게 말하는 것을 그는 듣게 되는 것이다. '자, 이제 너는 파멸이다.'──'그러면 나는 그만두어야만 하나?'──'그렇지 않아. 만약 네가 그만둔다면 너는 파멸이다.' 이런 식으로 악마는 말하는데, 이 악마는 예전에 괴테에게도 말을 걸었고, 괴테가 자기자신을 넘어서는 방식으로 그의 삶과 관련되든 그렇지 않든 그를 비인칭적이고 몰락할 수 없는 존재로 변화시킨 것이다. 왜냐하면 몰락이라는 이 최상의 능력을 이미 그는 상실했기 때문이다. 이 악마의 힘은 그 목소리를 통해서 극히 상이한 여러 가지 단계들을 말하고 있고, 그런 연유로 사람들은 '너는 파멸이다'라는 말이 무엇을 의미하는지 결코 알지 못한다는 점에 있다. 그것은 어떤 때에는 세계이고 일상생활의 세계이며, 행동의 필연성이고 노동의 법칙이며, 사람들에 대한 배려이고 여러 욕구의 추구이다. 세계가 무너져 내릴 때에 말한다는 것이 말하고 있는 인간에게 각성시킬 수 있는 것은, 그 자신의 경박함에 대한 의심뿐이다. 적어도 유용하고 진실하며 소박한 말을 발언함으로써 자신의 언어를 통해 순간이 갖는 무거움에 가까이 가고 싶다는 욕망만을 일깨울 뿐이다. '너는 파멸이다'는 다음과 같은 의미의 것이다. '너는 어떤 필요도 없는데 말하고 있으므로 필요로부터 벗어나고 있다. 공허하고 자만한 유죄의 언어이다. 사치스럽고 게다가 빈곤한 언어다.'──'그러면 나는 그만두어야만 하나?'──'그렇지 않아. 만약 네가 그만둔다면, 너는 파멸이다.'

이렇게 되면 이것은 또 한 명의 더욱 숨겨진 악마이다. 결코 친숙하지는 않지만 결코 부재하지도 않고, 오류와 닮은 가까운 거리에 있는 악마이다. 하지만 이 악마는 결코 자기를 주장하지 않고, 쉽게 망각된다(하지만 이 망각이 가장 중대한 점이다). 또 어떤 권능도 갖지 않고 무엇 하나 명령하지 않으며, 무엇 하나 책망하지 않고 무엇 하나 용서하지도 않는다. 이 세상의 법칙이 갖고 있는 목소리와 비교하자면, 이것은 얼핏 부드러운 친밀함을 갖춘 조용한 목소리이다. '너는 파멸이다'라는 이 언어 자체도 그 부드러움을 갖추고 있다. 이것은 또한 하나의 약속이기도 하다. 거의 느껴지지 않을 정도의 비탈을 미끄러지듯 움직여 가는 것 같은 초대이기도 하다. 올라가기 위함인가? 아니면 내려가기 위함인가? 그것은 알 수 없다. '너는 파멸이다'라는 언어는 누구에게도 향하지 않는 가볍고 쾌활한 언어이고, 그 말을 들은 자는 이 말 옆에 있으면서 자기자신이라고 불려지고 있는 것의 고독을 떠나 저 다른 하나의 고독, 분명히 모든 개인적 고독, 모든 고유의 장소 모든 목적이 결여된 고독 속으로 들어가는 것이다. 확실히 거기에는 이미 과오는 없지만 순진함 또한 없다. 나를 속박하거나 해방할 수 있는 것, '내'가 책임을 지지 않으면 안 되는 것, 그러한 것은 아무것도 존재하지 않는다. 왜냐하면 가능한 것을 버려 버린 자에게 도대체 무엇이 요구될 수 있는가? 아무것도 없다. 혹은 다음과 같은 이 이상 더 기괴할 수 없는 요청만이 있을 뿐이다. 즉 그를 통해서 어떤 능력도 갖고 있지 않는 것이 말하게 하는 요청이다. 이것으로부터 시작해 언어 자체가 권력의 부재, 벌거벗음, 무력, 그러나 또한 최초의 소통의 움직임인 불가능성으로서 자기자신을 알린다.

시인의 말(parole)이지 주인의 말(parole)은 아니다
인간은 무엇을 할 수 있을까라고 테스트 씨는 묻는다. 이것은 근대인에 대해 자문하는 것이다. 언어(langage)는 이 세상에서는 무엇보다 먼저 권력(pouvoir)인 것이다. 말하는 자는 역량을 갖춘 자이며 폭력을 행사하는 자이다. 이름을 붙인다는 것은 이름 붙여진 것을 멀리 떨어뜨려 놓고 그것을 하나의 이름이라는 편리한 방식으로 소유하는 폭력적 행위이다. 이름을 붙인다는 행위만으로도 인간은, 다른 생명존재들은 물론이고, 침묵한다고 이야기되는 고독한 신들까지도 곤혹스럽게 하는, 불안과 경악을 불러일으키는 기괴한 존재로 변하는 것이다. 이름 붙인다는 행위는 존재하지 않을 수 있는 존재에게만 주어졌다. 그 무(néant)를 하나의 권력으로 만드는 존재, 그리고 그 권력으로 자연을 절단하고 열고 지배하며 강제하는 결정적인 폭력으로 만드는 존재, 그러한 존재에게만 부여되었다. 그러므로 언어는 우리를 저 주인과 노예의 변증법 속으로 던져 넣고, 이 변증법이 언제나 우리에게 붙어 다니는 것이다. 주인은 죽음의 위험을 무릅쓰고 마지막까지 그 길을 따라갔으므로 말할 수 있는 권리를 얻었다. 그러므로 오직 주인만이 명령과 다름 없는 언어로서 말하는 것이다. 노예는 언제나 그저 들을 뿐이다. 말하는 것, 바로 여기에 중요한 점이 있다. 들을 수밖에 없는 인간은 말해진 언어에 좌우되기 때문에, 언제나 이차적인 존재에 불과하다. 그러나 듣는다는 이 종속적이고 이차적이며 축복받지 못한 측면이, 결국 마지막에는 권력의 장이며 진정한 주인성의 원리로서 모습을 드러내는 것이다.

사람들은 시인의 언어가 주인의 언어라 생각하고 싶어 한다. 즉 시인이 말할 때, 말해지는 것은 어떤 최상의 말이다. 위험에 몸을 던지고 아직 말해지지 않은 것을 말하며, 자신이 듣지 못하는 것에 이름을 붙이고 언제나 그저 한결같이 말하며, 이렇게 해서 자신이 무엇을 말하고 있는지도 모르는 그러한 인간의 말이라는 것이다. 니체는 다음과 같이 단언하고 있다. "그러나 예술은 어떤 무시무시한 엄숙함으로 만들어져 있다! …… 우리는 당신들을 전율시키는 이미지로 당신들을 둘러싸리라. 우리에게는 그러한 힘이 있다! 귀를 막아라. 당신들의 눈은 우리의 수많은 신화를 볼 것이며 우리의 주문은 당신들을 엄습할 것이다!" 그가 이렇게 단언할 때, 시인의 말은 주인의 말인 것이다. 그리고 아마도 이것은 피할 수 없는 일인데, 니체를 둘러싼 광기는 아마도 이 점에서 나타나며, 그것은 이 주인적인 말을 주인을 갖지 않는 말로 만들고 그리고 들리지 않는 지고성으로 만드는 것이다. 횔덜린의 노래의 경우도 마찬가지인데, 그것은 그 찬가의 너무나도 격렬한 번쩍임이 있은 후에 그 광기 속에서 다시금 계절들의 순진무구한 노래가 되는 것이다.

그러나 예술이나 문학의 말을 이런 식으로 해석하는 것은 그것을 배신하는 것이다. 그 말 속에 존재하는 요청을 무시하는 것이다. 그것을 그 원천으로 거슬러 올라가 찾으려 하지 않고, 그것이 주인과 노예의 변증법 속으로 빨려 들어가 이미 하나의 강력한 도구가 되어 버린 후에 그것을 탐구하는 것이다. 그러므로 문학작품 속에서 말이 그곳에서는 아직 아무런 힘도 갖지 않는 관계인 장소를, 모든 주인성이나 노예성과는 무관한 적나라한 관계의 말인 장소를 회복하도록 시도해야 한다. 그리고 또한 이 말은 가진다거나 힘을 휘두르기 위해서는 말하지 않는 인간, 알거나 소유하기 위해서는 말하지 않는 인간, 주인이 되거나 지배하기 위해서는 말하지 않는 인간, 즉 거의 인간적이지 않은 인간만이 말할 수 있는 것이다. 확실히 이것은 어려운 탐구이다. 그럼에도 우리는 시나 시적 경험을 통해, 이 탐구의 바람 속에 있는 것이다. 뿐만 아니라 욕구와 노동과 권력의 인간인 우리는 이 장소의 접근을 예감할 수 있게 해주는 위치를 획득하는 수단들을 갖고 있지 않은지도 모른다. 아마도 또한 지극히 단순한 무엇인가가 문제인 것 같다. 아마도 이 단순함이 혹은 적어도 이와 동일한 어떤 단순함이 언제나 우리에게 현전하고 있는 것 같다.

2장

아르토

앙토냉 아르토(Antonin Artaud)는 27살에 어느 잡지(『누벨 르뷔 프랑세즈』, *NRF*)에 여러 편의 시를 보낸다. 이 잡지의 편집장은 그 시들을 정중하게 거절한다. 그러자 아르토는 왜 자신이 결함이 많은 이 시들을 고집하는지에 대해 설명하려고 한다. 자신이 사유의 포기로 인해 고통받고 있다는 것이다. 자신의 중심에서 생겨난 이 비존재에 의거하여 획득된, 불충분하기까지 한 형식을 소홀히 방치할 정도로 심한 포기로 인해 고통받고 있기 때문이라는 것이다. 이렇게 해서 획득된 시작품에는 어떠한 가치가 있는 것인가? 특히 두 사람 사이에는 편지가 몇 통 교환되었고, 그 잡지의 편집장이었던 자크 리비에르(Jacques Rivière)는 갑자기 이 출판할 수 없는 시를 둘러싸고 쓰인 편지를 발표하자고 이야기한다(당연히 이번에는 그 시들 중 일부를 예증 내지는 증거로서 부가한다는 것은 인정되었다). 아르토는 이것을 받아들이는데, 단 사실을 왜곡하지 않을 것을 조건으로 달았다. 이것이 그 유명한 자크 리비에르와의 서신인데, 이것은 아주 의미심장한 사건이다.

    자크 리비에르는 이 일의 이상함을 깨닫고 있었을까? 시에 대해 그는 그것들이 불충분해서 출판할 수 없다고 판단하고 있지만, 그것들이 그 불충분성의 경험에 대한 이야기로 보충되면 더 이상 그렇지 않게 된다. 그것들이 결여하고 있는 것, 즉 그 시들의 결점이 그 결점을 공공연하게 표현하고, 그 결여의 필연성의 심화를 통해 풍부함으로 변하고 완성되기라도 하듯이 말이다. 자크 리비에르는 작품 그 자체보다도 바로 작품의 경험, 작품에 이르는 움직임에 흥미를 갖고 있다. 작품이 서투른 형태로 표현하는, 누구의 것인지도 알 수 없는 막막한 궤적에 흥미를 갖고 있다. 이 좌절은 나중에 글을 쓰는 사람들이나 읽는 사람들을 매료시키지는 않지만, 이 좌절이야말로 정신의 중심부에서 일어나고 있는 사건의 분명한 표식이 되는 것이며, 아르토의 여러 가지 설명은 이 사건에 관해 놀라운 빛을 던지고 있다. 이렇게 우리는 문학뿐만 아니라 예술까지가 그것과 연결되어 있는 듯한 어떤 현상 가까이에 있다. 시로서의 완성을 그 암묵적이거나 공공연한 '주제'로 삼지 않는 시는 존재하지 않고, 또 한편 작품이 거기서부터 발생하는 움직임이 그것을 지향함으로써 작품이 때로는 실현되고, 때로는 희생되는 듯한 것이라고 한다면 말이다.

여기서 우리는 이보다 15년 정도 전에 쓰인 릴케의 다음과 같은 편지를 상기할 수 있을 것이다. "멀리까지 나아가면 나아갈수록 삶은 보다 개성적이고 독자적인 것이 됩니다. 예술작품은 이 독자적인 현실의 필연적이고 부정할 수 없는 언제나 결정적인 표현인 것입니다. …… 예술작품을 만들어 내도록 강요당하고 있는 인간에게 예술작품이 초래하는 이 놀라운 구원은 바로 이 점에 있습니다. …… 이 점으로부터 분명하게 나타나듯이 우리들은 더할 수 없는 시련에 몸을 맡겨야만 하는 것입니다. 하지만 또한 우리의 작품이 몸을 침범하기 전에 그 시련에 대해 단 한 마디도 해서는 안 되며, 수다를 떪으로써 그 시련들을 약화시켜서는 안 된다는 것도 분명히 보여 주고 있는 것 같습니다. 왜냐하면 이 독자적인 것, 다른 누구도 이해할 수 없고 이해할 권리도 없다고 생각되는 이것, 우리에게 고유한 이 일종의 착란, 이것은 우리의 작업 속에 들어와서 그곳에서 예술의 투명성만이 가시적인 것으로 변화시킬 수 있는 근원적 구상이라는 자신의 법칙을 분명히 할 때, 처음으로 가치 있는 것이 될 수 있기 때문입니다."

그렇다면 릴케는 작품이 그곳에서부터 우리에게 다가온다고 생각되는 경험을 결코 직접적으로 말하지 않겠다는 것이다. 이 경험, 즉 이 극단의 시련은 작품 속에 깊이 침투한 형태로 비로소 가치와 진실성을 가지며 작품 안에서 비로소 이 시련은 예술이라는 멀리 떨어진 빛 아래에서 보이지만 보이지 않는 것으로서 모습을 드러내는 것이다. 하지만 릴케 자신은 언제나 이러한 유보를 유지했던 것일까? 그가 이러한 유보를 표명한 것은 분명히 이 유보를 유지하면서도 그것과 단절하기 위한 것은 아니었을까? 아니 자기자신뿐만 아니라 그가 아닌 그 누구도 이 유보를 부숴 버릴 수 없고 그저 그것과 관계를 맺을 뿐이라는 것을 알고 있으면서도 그것과 단절하려 했던 것은 아니었을까? 우리에게 고유한 이 일종의 착란…….

사유하기의 불가능성이라는 사유
자크 리비에르의 이해력이나 주의력, 감수성에는 흠잡을 곳이 없다. 그러나 이 대화 속에 있는 오해의 부분은 어디서부터 어디까지라고 확실히 말하기 곤란하긴 해도 언제나 분명하게 포착할 수 있다. 아르토는 당시에는 여전히 매우 끈기 있게 끊임없이 이 오해에 신경 쓰고 있다. 그는 상대방이 현재 그에게 결여되어 있는 긴밀한 일관성이 장래에는 얻어질 수 있을 것이라 예고하거나, 정신의 여린 면은 정신에 필연적인 것이라고 지적하면서 그를 안심시키려는 것을 목격한다. 하지만 아르토는 누군가가 자신을 안심시키는 것 따위는 바라지 않는다. 그는 그 쇠퇴를 견디지 못할 만큼 중대한 어떤 것과 접촉하고 있는 것이다. 이것은 그가 자신의 사고의 붕괴와 그러한 "진정한 붕괴"에도 불구하고 쓸 수 있었던 시와의 사이에서 그에게는 거의 믿을 수 없을 정도의 이상한 상관관계를 또한 느끼고 있다는 것이다. 자크 리비에르는 한편으로는 이러한 사건의 예외적인 성질을 무시하고, 다른 한편으로는 정신에 의한 이 작품들, 그것도 정신이 부재하게 되고서야 비로소 만들어지는 이 작품들 속에 있는 극단적인 것을 무시하고 있다.

 아르토는 상대방에게 강한 감명을 주는 침착한 통찰력으로 리비에르에게 편지를 쓰고 있는데, 그때 그는 현재 자신이 말하고 싶은 바를 그 의미 그대로 말할 수 있다는 사실에 대해서 조금도 놀라지 않는다. 그는 사유의 심각한 상실상태에 고통받고 있지만, 그를 이러한 상태에 빠뜨린 것은 그의 시작품뿐인 것이다. 후에 그는 이 불안을 여러 가지 날카로운 표현 방식으로 상기시키고 있다. 예를 들어 이런 식으로 말이다. "지금 나는 구멍이 입을 열고 있는 듯한 부재상태에 대해서 말하고 있다. 싸늘하고 아무런 이미지도 없고 어떠한 감정도 없는 고뇌에 대해서 말하고 있는 것이다. 이것은 수많은 유산流産의 뭐라 표현할 길 없는 충돌과도 같은 것이다." 그렇다면 그는 대체 왜 시를 쓰는 것인가? 왜 통상적인 여러 목적을 갖춘 언어를 사용하는 인간임에 만족하지 않는가? 모든 것은 시가 그에게는 "사유의 본질적이며 동시에 변하기 쉬운 일종의 부식"과 연관되어 있고, 그러므로 본질적으로 이 중심적인 상실상태에 빨려 들어간 것이면서도, 그것이 또한 이 상실상태를 표현하는 유일한 것일 수 있다는 확신을 그에게 주고 있다는 것도 보여 준다. 어느 정도이긴 하지만, 이 상실상태 그 자체의 구출과 잃어버린 것으로서의 그의 사유의 구출을 그에게 약속하고 있다는 것도 보여 준다. 특히 그는 참을성 없음과 오만함이 넘치는 몸짓으로 이렇게 말하게 된다. "나는 사고와의 관계들 속에서 내 언어가 나타내는 아연실색할 정도의 혼란을 누구보다도 먼저 느껴 왔던 인간이다. …… 나는 사람이 꿈을 꾸는 것처럼, 사람이 갑자기 자신의 사유 속으로 돌아가는 것처럼, 진실로서의 자신의 사유 속에서 자신을 상실한다. 나는 이러한 상실을 속속들이 알고 있는 인간이다."

    그에게 "바르게 생각하고 바르게 보는 것" 따위는 중요한 게 아니다. 확실하게 연결되어서 충분히 자신의 것이 되고 확실하게 표현된 사유, 자신이 갖고 있는 것을 알고 있는 모든 재능, 그러한 것은 중요하지 않다. 그러므로 그는 친구들이 "자네는 사실 훌륭하게 사유하고 있네. 말이 제대로 찾아지지 않는 일 따위는 흔히 있는 일이야"라고 말하거나 하면 화가 나는 것이다("사람들은 내가 나의 불충분함이나 심각한 결함, 무능력을 추궁하지만, 그 표현 방식상에서는 때로 너무 재기 발랄해서 그것이 공상적이고 완전히 날조된 것이라고는 도저히 믿을 수 없다고 생각하고 있다"). 그는 고통의 경험이 그에게 부여하는 깊은 통찰 덕분에 생각한다는 것이 사유를 가지는 것이 아니라는 것을 잘 알고 있다.

자신이 실제로 갖고 있는 사유는 자신이 "아직 생각하기 시작하지" 않은 것을 느끼게 하는 것에 불과하다는 것도 잘 알고 있다. 바로 여기에 그가 그의 진행 방향을 바꾸게 되는 중대한 고뇌가 있다. 소위 그는 자기자신을 거슬러 어떤 비장한 방황의 길을 따라감으로써 ─ 그의 절규는 여기로부터 나오는 것이다 ─ 사유하는 것이 언제나 그 이전부터 아직 사유할 수 없는 것, 그의 언어에 의하면 '힘 없음'(impouvoir)으로 변하는 듯한 지점에 이르게 된 것이다. 이 지점은 사유에서는 본질적 지점이지만, 그것은 사유를 극도로 고통스러운 결여로 변화시키고, 이 중심에 닿자마자 즉시 빛나기 시작하는 어떤 쇠퇴로 변화시킨다. 그리고 그것은 그가 생각하는 것의 물리적 실체를 모조리 소진시키면서 모든 단계에서 수많은 특수한 불가능성으로 분할되는 것이다.

시가, 사유하기의 불가능성이라는 사유와 연결되어 있다는 것, 이는 드러날 수 없는 진실이다. 왜냐하면 이것은 언제나 벗어나고 멀어지고 있으며, 그에게 그것을 진실로 체험하는 지점 아래 쪽에서 체험하도록 강요하기 때문이다. 이것은 단순히 형이상학적인 곤란함이 아니라 어떤 고뇌가 만드는 황홀이다. 그리고 시는 이 부단한 고뇌이고 "어둠"이며, "영혼의 밤"이고 "절규하기 위한 목소리의 결여"이다.

20년쯤 지나서 ─ 그 당시 그는 그를 다가가기 어려운 불타오르는 듯한 존재로 만든 수많은 시련들을 거쳐온 터인데 ─ 쓴 어떤 편지에서 더할 수 없이 간결하게 그는 다음과 같이 쓰고 있다. "나는 전혀 쓸 수 없었다는 것을 말하기 위해 책을 몇 권 쓰는 것으로 문학을 시작했습니다. 뭔가 써야만 하는 것이 있을 경우, 나의 사유는 나에게 가장 거절당한 것이었습니다." 더 나아가 또한 이렇게도 말한다. "나는 언제나 내 자신은 아무것도 하지 않았고, 아무것도 할 수 없다는 것, 실제로 뭔가 하고 있어도 실은 아무것도 하고 있지 않다는 것, 그런 것을 말하기 위해서만 글을 써 왔습니다. 내 모든 작품은 무^{無} 위에 구축되었고, 무 위에 구축될 수밖에 없어요······." 하지만 상식은 즉시 이렇게 물을 것이다. 하지만 자신에게 아무것도 말할 것이 없다면, 왜 정말 아무것도 말하지 않은 채로 있지 않는 거냐고 말이다. 그것은 이 아무것도 없음이 대략적인 것에 불과한 경우에 사람들은 아무것도 말하지 않는 것으로 만족하기 때문이다. 하지만 이 경우에는 어떤 급진적인 무가 문제인 것 같다. 이 무는 너무나 급진적이기 때문에 그것이 나타내는 기상천외성과 그것이 그것으로의 접근인 곳의 위험과 그것이 환기하는 긴장을 통해서, 소위 마치 그곳에서 자유로워지려고 하는 듯이 어느 시원적인 언어의 형성을 요청한다. 그리고 이 형성에 의해서 무언가를 표현하려는 말을 멀리하게 되는 것이다. 아무것도 말할 것 없는 인간이 어떻게 하면 말하기 시작하고 자신을 표현하기 시작하려고 노력하지 않을 수가 있을까? "그렇습니다. 어떻게든 쓰고 싶고 내 생각을 표현하고 싶다고 생각하는 것이 나의 약점이며, 나의 어리석음인 것입니다. 나는 정신의 문제로 몹시 괴로워해 온 인간입니다. 그러므로 나에게는 말할 권리가 있습니다."

어떤 싸움에 대한 묘사

물론 그것은 어느 한 작품을 일컫는 것은 아니지만,* 아무튼 아르토의 작품이 찬미하고 고발하며 관통하고 지키게 되는 이 공허(vide), 그의 작품이 만족시키고, 그의 작품을 만족시키게 되는 이 공허, 아르토는 고유한 권능을 갖춘 운동을 통해, 이 공허에 가까이 가게 된다. 처음 이 공허에 가까이 가기 이전의 그는 아직 확실히 자신에게 있다고 생각되는 어떤 충만을 재포착하려고 시도한다. 이 충일이 그를 그의 자발적인 풍부함이나 감정의 온전함, 이미 그의 안에서 시로서 결정화(結晶化)될 정도로 완벽한 사물의 연속성에의 점착상태와 관계를 맺게 할 것이다. 이 심오한 자연스러움을 그는 갖고 있으며, 갖고 있다고 믿어 버리고 있다. 그것을 표현하는 데 적합한 형식이나 말의 풍부함도, 그는 갖고 있다고 믿는다. "하지만 영혼이 내 풍부함이나 여러 가지 발견을 조직하려고 할 때, 사물이 막 발생하려고 하는 이 무의식적인 순간에 저 계시가, 강력한 악의적 의지가 황산처럼 영혼을 상하게 하고 말과 이미지의 총체를 상하게 하며 감정의 총체를 상하게 하는 것입니다. 그리고 이 나를, 바로 삶의 문간에 서 있기라도 하듯이, 그저 헐떡거리게 내버려 두는 것입니다."

아르토는 여기서 직접적인 것의 환영에 희생되고 있다고 말할 수 있다. 이렇게 말하기는 쉽다. 그러나 모든 것은 그가 '삶'이라고 부르는 이 직접적인 것으로부터 그가 멀어질 때와 같은 형태로 시작하는 것이다. 즉 꿈이 향수를 불러일으키며 사라지거나, 알게 모르게 꿈에서 깨어나는 것과 같은 방식으로 시작되는 것이 아니다. 오히려 역으로 그가 갖는 가장 본래적인 것으로 변화한 부단한 일탈의 확립과 그의 진정한 본성의 갑작스러운 출현과 같은 것을 그의 중심부에 도입할 정도

---

* "그리고 말씀드린 적이 있었겠지만, 작품도 없고, 언어도 없고, 말도 없고, 정신도 없고, 아무것도 없는 것입니다. 아무것도요. 멋진 **신경의 추**를 제외하고는 말입니다.

로 명백한 어떤 파괴를 통해서 모든 것이 시작되는 것이다.

이렇게 확실하고 고뇌에 찬 심화작용을 통해서 그는 이 운동의 항을 역전시키고, 비소유^{非所有}를 첫번째 위치에 두기에 이른다. 이제는 "직접적인 총체성"을 첫번째 것으로 삼지 않는 것이다. 그리고 이 비소유는 처음에는 이 "직접적인 총체성"의 단순한 결여로 생각되고 있었다. 첫번째로 위치하는 것은 존재의 충일이 아니라 균열이며, 금이 간 곳이다. 부식이고 파열이다. 계속성이며 침식적인 박탈작용이다. 존재는 존재가 아니라 이러한 존재의 결여이다. 삶을 쇠퇴시키고 포착하기 힘든 무참한 금단으로부터 나오는 절규로밖에는 표현하기 어려운 것으로 만드는 살아 있는 결여인 것이다.

아마도 아르토는 "구별할 수 없는 현실성"의 충일성을 갖고 있다고 믿었던 경우에도 이 공허에 의해 그의 배후에 드리워진 그림자의 두께를 인지하기만 했던 것이다. 왜냐하면 그의 안에서 이 전체적인 충일을 증명하는 것은 그것을 부정하는 무시무시한 역능뿐이기 때문이다. 언제나 활동하고 공허를 무한히 증식시키는 역능을 갖춘 과도한 부정작용뿐이기 때문이다. 이것은 실제로 무시무시한 압력이고, 그가 이 압력의 표현을 산출하고 유지하는 데 온몸을 바치도록 요구하면서도 그 자신을 표출하는 것이다.

그러나 자크 리비에르와 서신을 주고 받던 시기, 요컨대 아직 시 작품들을 쓰고 있을 즈음에 그는 명백하게 자기자신과 같아지리라는 희망을 여전히 계속해서 품고 있다. 시작품에 의해 파괴되지만, 바로 그 순간 복구되도록 운명지워져 있는 듯한 같음 말이다. 그는 당시 "나는 낮은 수준에서 생각하고 있습니다"라고 말하고, "나는 자기자신에게 도달해 있지 않습니다. 나는 그걸 이미 알고 있고, 그것 때문에 괴로워하고 있습니다"라고 쓴다. 나중에는 더 나아가 다음과 같이 말한다. "내 심오한 자연스러움과 내 외면의 까다로움 사이의 이 이율배반이 목숨이 걸릴 정도의 고뇌를 만들어 내는 것입니다." 이 순간 그가 불안을 품고 자신에게 죄가 있다고 느낀다면, 그것은 자신의 사유에 이르지 못하는 장소에서 생각하고 있기 때문이다. 그는 이 사유를 자신의 배후에, 이상적인 완전함이라는 확고함 속에서 유지하고 있다. 그것은 ── 그것을 단 한마디로만 표현한다면 ── 그가 그 자신의 절대적인 증인으로서 그 진실한 위대함 속에서 드러나는 것과 같은 사유인 것이다. 고뇌는 그가 자신의 사유로부터 빌린 것을 돌려줄 수 없다는 것에서 유래한다. 시는 이 부채를 사라지게 하는 희망으로서 그의 안에 머물러 있는 것인데, 그는 자신의 존재의 한계 이상으로 이 부채負債를 확대할 수밖에는 없는 것이다. 우리는 때때로 자크 리비에르와 주고받은 서신에서 리비에르가 시작품에 대해 별로 흥미가 없었다는 사실과 아르토가 언제나 극단적으로 말하려 하는 중심적인 불안에 대해서는 리비에르가 흥미를 보였다는 사실에서, 쓰는 행위의 중심을 이동시키고 있다는 인상을 받는다. 아르토는 공허를 거스르고 공허로부터 벗어나기 위해 쓰고 있었다. 그런데 이제는 공허에 몸을 내맡기고 공허를 표출하며, 공허로부터 표현을 이끌어 내려고 쓰고 있다.

『저승의 배꼽』(*L'Ombilic des limbes*), 『신경의 추』(*Le Pèse-nerfs*) 등이 표현하고 있는 이러한 중심의 이동은 그가 모든 환영을 방기하고, 이제는 단 하나의 점에만 주의를 집중하도록 강요한다. "부재와 공허의 지점"이다. 그는 그 주위를 일종의 짓궂은 명민함과 교활한 상식을 갖고 방황하고 이어서는 여러 가지 고통의 운동에 떠밀려 가면서 방황한다. 그곳에서는 일찍이 유일하게 사드(Alphonse F. de Sade)가 내뱉을 수 있었던 비참한 절규가, 다시금 사드와 마찬가지로 결코 동의를 표명하지 않는 절규가 들려오는 것이다. 게다가 이 방황은 그가 꼭 껴안은 이 공허와 부단히 상응하는 전투적인 힘으로 행해지는 것이다. "나는 이 부재와 공허의 지점을 넘어서고 싶습니다. 이런 식으로 그저 제자리걸음하는 것으로서는 난 아무것도 할 수 없고 누구보다도 못난 인간, 약한 인간이 되어 버리기 때문입니다. 나에게는 삶이 없어요. 삶이라는 것이 없단 말입니다! 내 안의 부글거림은 죽어 버리고 말았습니다 …… 나는 사유에 이르지 못하는 것입니다. 이 공동空洞, 이 강도 높게 지속되는 무를 이해하시겠습니까? …… 나는 나아가지도 못하고 물러나지도 못합니다. 나는 언제나 동일한 어느 지점 주위에 묶여서 빙글빙글 돌기만 하고 있습니다. 내 책은 모두 이 지점을 표현하고 있는 것입니다."

그가 우리에게 보여 주고 있는 확실하고 미세한 곳까지 미치는 수없이 많은 정확한 묘사를 어떤 심리적 상태의 분석으로 해석하는 잘못을 저질러서는 안 된다. 묘사는 묘사이지만, 이는 어떤 싸움에 대한 묘사인 것이다. 이 싸움은 그에게 부분적으로는 멈출 수 없는 어떤 것이다. '공허'는 '활동하는 공허'이다. "나는 생각할 수가 없어요. 나는 사유에 이르지 못하는 것입니다"라는 말은 보다 깊은 사유의 부단한 압력, 잊혀지는 것을 용인할 수 없지만 보다 완전한 망각을 요청하는 망각의 부름인 것이다. 생각하는 것은 이제 언제나 뒤쪽으로 내딛는 걸음이 된다. 그가 언제나 실패하는 이 싸움은 언제나 보다 아래쪽에서 반복된다. 무력은 결코 충분한 무력이 아니고, 불가능은 불가능하지 않다. 하지만 동시에 이 싸움은 아르토가 추구하려는 싸움이기도 한 것이다. 왜냐하면 이 싸움에서 그는 결코 그가 '**삶**'이라고 부르는 것(이 분출, 이 빛나는 생기)을 단념하지 않기 때문이다. 그는 이 삶의 상실을 묵과할 수 없으며 이 삶을 자신의 사유와 연결시키고 싶어 하고 있다. 장대하고 무시무시한 집요함으로 이 삶과 자신의 사유를 구별하기를 절대적으로 거부하고 있는데, 사유란 이 삶의 '**침식**' 이외에 그 무엇도 아니다. 이 삶의 '**쇠약**' 이외에 그 무엇도 아니다. 삶도 사유도 없지만 그것을 통해 보다 결정적인 부정(négation)의 요청과 이미 확립된 근본적 결여의 극심한 고통이 있는, 파열과 쇠퇴의 내밀성 이외에 그 무엇도 아닌 것이다. 그리고 모든 것은 다시 시작된다. 왜냐하면 아르토는 분리로서 이해된 사유의 본질에 관해서, 또 사유가 그 무한한 힘에 대한 한계로서 자기자신에게 거스르며 확립한 이 불가능성에 관해, 예전에 이루어진 가장 직접적이고 가장 거친 경험에 처한 경우조차도 삶으로부터 분리된 사유라는 스캔들을 결코 받아들이지 않기 때문이다.

괴로워하기, 사유하기
아르토가 우리에게 말하는 것을 횔덜린이나 말라르메가 말하는 것, 즉 영감이란 무엇보다도 먼저 영감이 결여된 순수한 지점에 있다는 생각과 근접시키는 것은 매우 매혹적일 수 있다. 그러나 너무나 일반적인 단언을 유도하는 이러한 유혹에는 저항해야만 한다. 모든 시인이 같은 말을 하지만 그것은 같은 것이 아니다. 각자가 독자적이고 우리는 그것을 느끼고 있다. 아르토의 몫은 그에게 고유하다. 그가 말하는 것은 우리로서는 견딜 수조차 없는 격렬함을 지니고 있다. 여기서는 모든 깊이, 모든 환영, 모든 희망을 거부하지만, 그러나 한편으로 이 거부 안에 있으면서 사유에 "새로운 공간의 에테르"를 부여하고 있는 듯한 하나의 고뇌가 말하고 있는 것이다. 우리가 이 페이지들을 읽을 때 우리는 결코 알 수 없을 것을 체득하게 된다. 즉 사유한다는 사실은 모든 것을 전도시킨다는 것이다. 사유한다는 것은 사유 안에 있으면서도 사유로부터 멀어져 가며, 사유 속에서 끊임없이 사용되어 닳아 가는 것이다. 괴로워하기와 사유하기는 비밀스러운 방식으로 연관된다. 왜냐하면 괴로움이 극에 달하게 되면, 괴로워하는 능력을 파괴하기 때문이다. 시간 속에 있으면서 언제나 자기자신에 앞서고, 그것이 괴로움으로서 확실히 파악되고 성취되는 시간을 파괴하기 때문이다. 사유에 대해서도 아마도 마찬가지로 말할 수 있을 것이다. 기괴한 관계이다. 극단적인 사유와 극단적인 괴로움은 같은 지평을 여는 것일까? 괴로워한다는 것은 궁극적으로는 사유한다는 것일까?

3장

루소

장-자크 루소(Jean-Jacques Rousseau)가 생전에 자신이 그렇게 믿었었던 만큼 박해받았는지 아닌지 나는 잘 모르겠다. 하지만 그의 사후에 그에 대한 박해가 끊이지 않았다는 것은 명백하며, 적의로 가득 찬 정념을 초래하고 있다. 최근에는 한 술 더 떠서 겉으로 보기에 이성적인 사람들까지도 그를 미워하고, 그의 모습을 왜곡시키기 위해 기를 쓰며 비난을 퍼붓고 있다. 그렇다면 일찍이 그가 뭐라 설명도 하지 못한 채로, 자신을 그 희생자로 느꼈던 그 적의에 가득 찬 음모에도 진실한 점이 있었다고 생각해야 할 것이다. 루소의 적들은 극단적으로 그를 경시하고 있는데, 이 극단성이 바로 루소를 변호하는 근거가 되는 것이다. 모라(Charles Maurras)는 루소를 심판하면서 그가 루소가 그러하다고 비난하는 것과 동일한 방식으로 사실에 대한 불순한 왜곡에 몰두하고 있다. 그에게 오로지 호의만을 품고 자신을 그의 동료라고 대번에 느낄 수 있는 사람들의 경우에는 어떤가 하면, 장 구에노(Jean Guéhenno)의 예를 보더라도 루소를 공평하게 다루는 것이 그들에게 얼마나 곤란한 일인지를 우리는 잘 알 수 있는 것이다. 그의 안에는 신비스럽게 왜곡된 무엇인가가 있는 듯하다. 그리고 이것이 그를 좋아하지 않는 사람들을 격노하게 하고, 그에게 괴로움을 줄 거라고는 생각하지 않는 사람들을 당혹케 하는 것인데, 그것은 그들이 그 결함의 존재를 믿을 수 있었기 때문이 아니라 바로 그 결함의 존재를 믿을 수 없기 때문이다.

이 깊고 포착하기 어려운 악덕 덕분에 우리가 문학을 생산해 내고 있는 것은 아닌지, 나는 언제나 의심을 품어 왔다. 루소는 시작始作과 자연과 진리에 속하는 인간이지만, 그는 쓰는 행위를 통해 비로소 그러한 관계들을 완결할 수 있는 인물인 것이다. 쓰는 것을 통해 그는 그가 그것들에 대해 갖고 있는 확신으로부터 그것들을 벗어나게 할 수밖에 없다. 그는 이러한 일탈에 괴로워하며 폭발적으로 그리고 절망적으로 이 일탈을 거부하지만, 이 일탈을 통해 그는 문학이 오래된 여러 관습에서 벗어나 자기자신을 의식하도록 돕는 것이다. 이의나 여러 모순 한가운데에서 새로운 엄정성을 형성하도록 돕는 것이다.

물론 루소의 모든 운명이 이 점으로 설명되는 것은 아니다. 하지만 그가 품었던 진실하고자 하는 욕구와 그것의 어려움, 근원을 향한 정념, 직접적인 것의 행복과 그에 이어지는 불행, 고독으로 역전되는 소통의 욕구, 유배의 추구와 방랑의 선언, 마지막으로 색다른 말과 행동에 대한 정념, 이 모든 것은 문학적 경험의 본질 중 일부를 이루고 있으며 이 경험을 통해서 한층 더 읽힐 수 있는 것으로서, 한층 더 중요한 것으로서, 한층 더 비밀스럽게 근거 지어지는 것으로서 우리 앞에 출현하는 것이다.

장 스타로뱅스키의 주목할 만한 논문은 이러한 관점을 확인하고 풍부한 고찰을 통해 그것을 강조하고 있는 것 같다. 그 고찰은 단지 루소뿐만 아니라, 그와 함께 태어난 문학이 가지는 여러 특이성에 대해 우리에게 아주 많은 것들을 가르쳐 준다.* 다음과 같은 점은 이미 명백하다. 즉 대작가가 아닌 사람이 없고 자연스럽고 교묘한 솜씨를 발휘하여 쓰지 않는 자가 거의 없는 시절에, 루소는 권태와 어떤 실패의 감정을 갖고 썼던 최초의 인간이었다.** 그리고 그는 이 감정으로부터 벗어나려고 노력함으로써 끊임없이 그것을 확대시키는 상황에 몰리는 것이다. "……그리고 그때부터 나는 파멸하였다." 너무나 극단적인 말이지만 이 극단성이 우리들에게 수상쩍은 것은 아니다. 또 동시에 만약 그의 불행한 생활이 아카데미 프랑세즈$^{Académie\ française}$의 콩쿠르에 응모하려고 생각한 혼란한 순간부터 시작된 것 같다고 여겨진다 하더라도 새로운 것이 된 그의 생활의 모든 풍부함은 그가 "다른 세계를 보고, 다른 사람이 된" 이 변화의 시기에서 그 기원을 갖는 것이다. 뱅센^{Vincenne}에서 그를 비춘 이 계시는 "완전히 천상적인 불"이며 그는 자신이 이 불에 의해 불타는 것을 느끼게 되는데, 이것은 문학이라는 소명의 신성한 성격을 상기시킨다. 쓴다는 행위는 한편으로는 고통이다. 그 이유는 문학이라는 허위 속으로, 문학상의 습관의 공허함 속으로 들어가는 것이기 때문이다. 하지만 다른 한편으로 그것은 영혼을 빼앗는 어떤 변화를 행하는 힘을 얻는 것이다. "진리와 자유와 미덕의" 새로운 열광적 관계 속으로 들어가는 일이다. 이러한 것은 지극히 가

---

* Jean Starobinski, *Jean-Jacques Rousseau: la transparence et l'obstacle*, Gallimard, 1976.
** "생각하는 것을 뺀다면 글을 쓰는 것만큼 나를 피곤하게 하는 것은 없다."

치 있는 일일까? 아마도 그럴 것이다. 하지만 이것은 자기자신을 잃는 것이기도 하다. 왜냐하면 여태까지의 자신과는 다른 사람이 되는 것을 통해, 즉 다른 세계, 다른 인간이 되는 것을 통해 이후로 그는 자신의 진짜 본성(그가 좋아하는 그 게으름이나, 무신경이나, 산만한 만물상적 성향)에 대해서 소홀해지게 되기 때문이다. 그리고 어떤 탐구로 끌려가야만 하기 때문이다. 그런데 이 탐구는 그 자신 이외의 어떤 목적도 갖지 않는 것이다. 루소는 쓴다는 행위가 불러일으키는 소외를 놀라울 정도로 분명히 의식하고 있다. 이 소외는 설령 그것이 선^善을 목표로 한 소외라 할지라도 여전히 나쁜 소외이며, 이러한 소외에 따르는 인간에게는 지극히 불행한 소외이다. 이는 그 이전에도 모든 **예언자**(prophète)들이 그들에게 이러한 소외를 준 **신**을 향해 예외 없이 탄식하며 호소했다는 사실로부터도 명백할 것이다.

오늘날 우리들은 모두 '문예(Lettres)에 거슬러 말하는 문필가'로서 쓰는 것에 거슬러 쓰는 것에 열중하고, 문학(Littérature)으로부터 벗어나기를 염원하며 문학에 몰두하고, 이미 아무것도 전달할 가능성이 없는 데도 불구하고 쓰기를 멈추지 않는 종류의 작가들이 다소간 되어 버렸는데, 장 스타로뱅스키는 루소가 이런 종류의 작가의 시작이 된다는 것을 훌륭하게 지적하고 있다.

방황하는 정념

여기서 놀라운 점은 애초에는 극히 명확하고 단호했던 결의가 그가 그 위협에 노출됨으로써 자기자신과의 일체의 안정된 관계를 서서히 잃어 가는 어떤 기괴한 역능과 연결된 것으로서 나타나고 있다는 점이다. 그의 정념은 바로 방황하는 정념인데, 이 정념 속에서 그는 몇몇 독자적인 단계를 통과한다. 젊은 시절의 그는 순진하게 걸어 다녔지만 그후 이 성(城)에서 저 성으로 돌아다니는 명사가 된다. 그는 그 성공 속에 안주할 수 없다. 성공은 그를 몰아세우고 그를 따라다닌다. 명성에 의한 이러한 방랑생활은——살롱에서 살롱으로 돌아다닌 폴 발레리(Paul Valéry)의 경우도 마찬가지지만——그를 이끌어 글을 쓰도록 만드는 저 계시와는 완전히 상반되는 것이기 때문에, 그는 눈길을 끄는 모범적인 도주를 통해 이 방랑생활로부터 벗어나려 한다. 사교계로부터의 사교적 도망, **숲**에서 생활하기 위한 공적인 은퇴가 그것이다. 이 '개성개혁'의 시험 속에서 어디까지가 진심인지 신뢰할 수 없는 여러 동기를 발견하기는 쉬운 일이다. 게다가 결국 이러한 겉모습상에서의 단절이나 고독은 대체 무엇을 위한 것일까? 더 쓰기 위함이다. 새로운 여러 작품을 쓰고 세상과의 사이에 새로운 연결고리를 확립하기 위함이다. "내가 기획하고 있던 작품은 절대적인 형태로 은거하지 않으면 쓸 수 없는 것이었다."

사회적 거짓말을 고발하기 위해 문학적 거짓말을 이용하는 것은, 확실히 회의주의자들과 견유주의자들로부터 전해지는 아주 오래된 특권이다. 그러나 루소는 이 고대인들로부터 그가 알고 있는 한 전통을 빌려 쓰고는 있지만, 그와 동시에 문학이 그와 더불어 그를 고독한 도전으로 내몲으로써 새로운 모험에 참여하고, 여러 기괴한 힘을 현시하려는 것도 예감하고 있는 것이다. 그는 거의 교육적이라고까지 말해야 할 방법적인 결정을 통해 은거를 결심하는데, 이 은거에서 이미 그는 문학의 현전이라는 이 한없는 부재의 힘, 문학의 현전이라는 이 단절을 통한 소통의 구속을 받고 있는 것이다. 요컨대 투명한 존재이기를 원하고 있는 그는 몸을 숨기고, 사람들이 모르는 존재가 되어야 한다. 타인들의 낯섦에 저항하기 위해 타인에 대해서 낯선 존재가 되어야 할 뿐만 아니라 결국은 자기자신에 대해서도 이질적인 존재가 되어야 한다. "내 마음에 정한, 글을 쓰고 몸을 숨기려는 결심……"에 이어서 이 단절의 결심이 불길한 방식으로 그를 덮쳐 오는 어떤 격리가 된다 해도, 그가 다소 단정적으로 떠났던 세계가 부재와 격리에 의해 위조된 세계로서 그의 앞에 되돌아온다 해도, 그리고 또 그가 자신의 침묵하는 특이성을 사람들에게 들려주기 위해 글을 쓰고 난 후에 저 "깊고 보편적인 침묵"에 부딪친다 해도, 그로부터 그가 체현하고 있던 신비를 빼앗아 가는 "무시무시하고 공포스러운 침묵"에 부딪힌다 해도, 아마도 정상성을 벗어난 이 삽화 속에서 그가 추구해야 했던 그 움직임의 극단적 진실성을 간파하는 데는 어떤 문제도 없다. 그가 누구보다 먼저 그것을 문학의 경험과 분리할 수 없는 것으로 만든 저 방황하는 필연성의 의미를 간파하는 데는 아무런 장애도 없다.

    글쓰기의 무책임한 경박함이 불러일으키는 일련의 경솔함, 언제나 한층 더 중대해지는 책임성을, 이처럼 잘 보여 주는 사람이 또 있었을까? 그 무엇이 이보다 쉽게 시작될 수 있단 말인가. 사람들은 세상에 가르침을 주기 위해 쓰고, 그와 동시에 세상으로부터 기분 좋은 명성을 얻는다. 이어서 이 유희에 몰두하고 어느 정도 세상을 단념한다. 써야만 하고, 몸을 숨겨 자신을 멀리 해야만 쓸 수 있기 때문이다. 결국 "이제 더 이상 아무것도 가능하지 않다." 벌거숭이가 되려는 의지는 의지에 의거하지 않는 소유권 박탈로 변화한다.

용감무쌍한 은거는 무한한 이주 방랑의 불행으로 변화한다. 고독한 산보는 멈추지 않고 서성거려야 하는 이해할 수 없는 필연으로 변화한다. "어둠 속으로 더욱더 헤매게 만드는 가짜 길밖에는 볼 수 없는 이 끝없는 미로" 속에서, 그토록 자유의 유혹에 사로잡힌 이 인물의 마지막 기대는 대체 무엇일까? "내가 선택할 수 있었던 모든 은신처로부터 차례로 나를 몰아내고, 이 지상을 끊임없이 헤매게 할 정도라면, 차라리 나를 언제나 붙잡아 두고 원하는 대로 다루었으면 좋겠다고 나는 바라고 또 제안하였다." 의미심장한 고백이다.

최대의 자유에 마음을 빼앗기고 조작 없는 실현작용을 통해 상상 위에서 모든 것을 자기 마음대로 다루는 이 인물이, 설령 영원한 감옥에 집어넣기 위해서라도 좋으니, 자신을 붙잡아 국한해 주기를 바라고 있는 것이다. 이런 감옥이 오히려 자신의 자유의 극단보다는 견딜 만하다고 생각하는 것이다. 혹은 또한 그는 자신의 고독의 공간 속에서 두리번거려야만 할 것이다. 이 고독은 이미 고독의 언어가 무제한 적으로 반복되는 메아리일 뿐이다. "이국에서 친구도 없이, 조언도 없이, 경험도 없이, 자기자신에게 맡겨져서······." "혼자 이방인으로, 고독하고, 기댈 곳도 없고, 가족도 없고······." "혼자 기댈 곳도 없고, 친구도 없고, 지켜 주는 이도 없고······." "이방인으로 친척도 없고, 기댈 곳도 없고, 나 혼자······."*

---

* 스타로뱅스키는 강박적인 이 시구(詩句)들의 형식 그 자체가 '버팀목의 결여, 사물에 대한 확실한 파악의 부재라는 인상을 구체적으로' 부여한다고 지적한다.

'새로운 언어(langage)를 만들어 내는 것'

자신을 오만하게 고무시킬 정도의 새로운 성격을 갖는 솔선행위를 통해, 자기자신에 대해 거짓 없이 말하려고 기획했을 때, 처음으로 루소는 전통적인 문학이 가지는 불충분성과 자신의 계획과 같은 정도로 새로운 다른 문학을 만들어 내고 싶다는 욕구를 발견하게 되는 것이다.*
대체 이 계획에는 어떤 특이한 점이 있을까? 그가 자신의 생활에 대한 이야기나 묘사를 바라지 않는다는 점이 그것이다. 그는 사실을 말하지만 아무튼 일종의 서술이라는 수단을 통해 자기자신과 직접 접촉하면서 자신이 그것에 관한 전례 없는 감정을 품고 있는 이 직접적인 것을 현시하기를 바라고 있다. 자신을 남김 없이 백일하白日下에 드러내고 그 백일 안에, 자신의 내적인 근원인 백일의 투명성 안으로 걸어 들어가기를 바라고 있다. 성 아우구스티누스(Saint Augustinus), 몽테뉴(Michel E. de Montaigne), 그리고 다른 사람들도 이런 부류에 속하는 어떤 것도 시험하지는 못했다. 성 아우구스티누스는 신이나 교회와 관련해 고백한다. 그는 매개자로서의 **진실**(Vérité)을 갖고 있다. 그러므로 그는 직접 자신을 말하고자 하는 오류를 범하지는 않을 것이다. 몽테뉴는 외부의 진실을 믿지 않는 것과 마찬가지로 자신의 진실한 내면 등의 것도 믿지 않는다. 직접적인 것은 아마도 어디에도 존재하지 않는다. 불확실이라는 것, 이것이 우리들을 우리 자신에게 드러내 줄 수 있는 유일한 것이다. 그러나 루소는 직접적인 것의 행복, 모든 발단을 이루는 빛을 가지는 행복을 단 한 번도 의심하지 않았다. 이 빛

---

* "내가 말해야 하는 것을 위해서는 내 계획만큼이나 새로운 언어를 창조해야 할 것이다."

은 그의 그 자신에의 현전이며, 그는 자기자신을 그리고 더 나아가서는 자기 안의 투명성을 입증하기 위해, 이 빛을 드러내는 것 이외에는 그 어떤 할 일도 없는 것이다. 자신이 기획하는 것이 전례 없는 것이며, 아마도 어떤 희망도 품을 수 없다라는 생각은 여기서 생겨난다. 자기자신에 대해서 어떻게 이야기하는가, 자기자신에 대해서 어떻게 거짓없이 말하는가, 자기자신에 대해 이야기하면서 어떻게 직접적인 것에 머무를 것인가. 어떻게 문학을 근원적 경험의 장으로 변화시킬 것인가. 실패는 피할 수 없지만 이 실패로부터의 우회들은 시사적이다. 왜냐하면 이 모순이 바로 문학적 노력의 현실이기 때문이다.

루소는 필연적으로 그 『고백』(Les Confessions)에서 모든 것을 말하려고 할 것이다. 모든 것은 무엇보다 먼저 그의 모든 이야기이며, 그의 모든 생활이다. 모든 것을 말했기 때문에 그는 비난받는 것인데, 오직 그것만이 그가 용서받을 수 있는 가능성이기도 하다. 모든 것은 상스러운 것과 저급한 것, 부정한 것이며, 그것은 또한 무의미한 것, 애매모호한 것, 그리고 무가치한 것이기도 하다. 가까스로 시작했을 뿐인데, 그렇게 시작하는 것만으로도 이미 파문을 불러일으키는 미친 짓인 것이다. 그리고 그는 그 일을 위해서 일반적으로 받아들여지는 이야기 방식의 모든 규칙과 관계를 끊어야겠다고 통감한다. 그리고 동시에 그는 다음과 같은 것을 의식한다. 모든 것을 이야기한다는 것이 불가능한 전체적 이야기라는 형태로 자신의 경험과 모든 성격을 다 고갈시키는 것도 아닐뿐더러, 모든 것이 이전부터 주어지고 모든 것이 가능한 것처럼 원초적인 소박함을 갖춘 순간을 자신의 존재나 언어 안에서 찾으려 하는 것도 아니라는 것을 말이다. 그는 자기자신에 대해 쓰기를 멈추지 않고, 끊임없이 중단하면서도 어떤 시기가 되면 싫증을 내지도 않고 다시 그 자서전을 쓰기 시작한다. 그것은 그가 끊임없이 열정적으로 그 시작을 추구하고 있기 때문이다. 아무것도 표현하지 않고 있는 동안에는 이 처음의 평온하고 행복한 확실성을 느끼고 있지만, 일단 표현하기 시작하면 그것은 언제나 떨어져 나가고 마는 것이다. "나는 누구인가?" 『고백』은 이런 식으로 시작하는데, 거기서 그는 자신을 "모조리 대중에게" 보여 줄 뿐만 아니라 "끊임없이 그들의 시선 앞에" 있기를 바라고 있다. 이것은 그에게 "아주 작은 틈"도 "아주 작은 공허"도 불가능하게 하기 위해, 결코 글쓰기를 멈추지 말도록 강요할 것이다. 이어서 『대화』(Dialogues de Rousseau juge de Jean-Jacques)가 쓰여지기 시작한다. 거기서는 '모든 것을 이야기한' 인물이 "만약 내가 어떤 것을 말하지 않은 채로 둔다면, 사람들은 전혀 나를 알 수 없겠지"라는 강박에 의해, 이전에 단 한 번도 이야기한 적이 없는 것처럼 다시 모든 것을 이야기하기 시작한다. 그 다음에 오는 것이 『몽상』(Les Rêveries du promeneur solitaire)이다. "나 자신이란 도대체 누구인가? 바로 이것이 내가 여전히 추구해야 할 문제이다." 만약 쓴다는 행위가 그치지 않는 것에 대한 기이한 정념이라면, 말에 의해 들볶여서 쓰는 것에 지치고 싫증이 나면서도, 이제 그만 닥치라는 도전에 부딪히면서도 여전히 "서두르자. 종이 위에 중단되어 있는 말들"을 내던지는 이 인물만큼, 우리에게 이 사실을 백일하에 드러내 주는 이가 또 있을까? 그에게는 가까스로 이 몇 마디를 "다시 읽을 시간만큼 글을 수정할 시간은 더욱 부족"한 것이다.

그러므로 중요한 것은 예를 들어 마음이 더듬어 가는 역사라 해도, 아무튼 역사 속에서 전개되고 발전하는 전체가 아니다. 그것은 직접적인 것이 갖는 전체이며, 이 전체가 갖는 진실성인 것이다. 여기서 루소는 어떤 발견을 하는데, 이 발견은 위험한 방식으로 그를 돕는다. 근원의 진실은 사실들의 진실과는 서로 섞이지 않는다. 이 근원의 진실은 그것이 포착되고 이야기되어야 하는 차원에서는 아직 진실이 아니며, 적어도 확고한 외적 현실과 부합하는 것으로서 보증을 얻을 수 없는 것이다. 이렇게 우리는 이런 종류의 진실을 이야기했다는 확신을 결코 가질 수 없을 것이다. 오히려 역으로 언제나 새롭게 그것을 이야기해야 한다고 확신하게 되는데, 그렇다고 해서 우리가 그런 종류의 진실을 표현하고 그것을 변질시켜 날조하게 된다 하더라도 결코 그것을 허위라고 믿지는 않는 것이다. 왜냐하면 이 진실은 정확함이라는 외견을 가졌을 때보다도, 비현실적인 것 안에서 한층 더 현실적이기 때문이다. 그것은 정확함이라는 외관에서 응고되어서 그 본래의 명백함을 잃는다. 루소는 상이성을 갖지 않는 예술의 정당성을 발견하고, 방황 그 자체 안에 있는 문학의 진실을 확인한다. 재현하는 것이 아니라 창조적 부재의 힘을 통해 현전시키는 것에 다름 아닌 문학의 힘을 확인한다. "나는 이렇게 믿는다. 즉 자기자신을 묘사한 초상이 제일 잘 묘사된 것이라고 말이다. 설령 그 초상이 자신과 조금도 닮아 있지 않다 하더라도." 스타로뱅스키가 지적한 대로 우린 이미 진실의 영역에 있지 않고 이제 본래성(authenticité)의 영역에 있다. 다음은 그의 주목할 만한 주석이다. '본래적이라는 말은 이제 이미 존재하는 소여^{所與}의 모방을 강요하지 않는다. 자기자신의 법칙에 충실한 한에서 자유롭게 뒤틀고 발명할 수 있다. 그런데 이 내적 법칙은 모든 제어로부터 그리고 모든 토의로부터도 벗어나 있다. 본래성이라는 법칙은 아무것도 금지하지 않지만 결코 만족되는 일도 없다. 이 법칙이 추구하는 것은 이미 있던 현실을 말이 **재창조**하는 것이 아니라, 자유롭고 끊어지지 않는 발전 속에서 말 자신의 진실을 **창조**하는 것이다.'

하지만 어떤 문학이 이런 말을 보호하고 그 창조적 자발성을 보존할 수 있을까? 일정하고 동일하며 규칙적인 형식으로 통상 사람들이 책을 쓰는 기준이 되는 고전적 이상에 따라, 주의 깊고 솜씨 있게 쓰는 것은 더 이상 문제가 되지 않는다. "여기서 문제는 나 자신의 초상이었던 책이 아니다. 말하자면 나는 어두운 방에서 일하고 싶다 ……. 나는 사건을 대할 때와 마찬가지로 문체에 대해서도 확실한 태도를 정하지 않는다. 나는 문체를 동일화하려는 노력을 결코 하지 않을 것이다. 언제나 생성되는 대로 문체를 사용하고, 기분 내키는 대로 아무렇지 않게 문체를 바꿀 것이다. 모든 사물을 느끼는 그대로, 보이는 그대로, 꾸미지 않고 내 멋대로, 그 어수선함에 당황하지 않고 이야기할 것이다. …… 균일하지 않고 자연스러운 나의 문체는, 어떤 때에는 빠르고 또 어떤 때에는 길게 늘어지며, 어떤 때에는 총명하고 어떤 때에는 미친 듯하고, 어떤 때에는 무겁고 또 어떤 때에는 쾌활하다. 이 문체 자체가 내 이야기의 일부를 이룰 것이다." 이 마지막 지적은 매우 흥미롭다. 루소는 문학이 이야기하는 방식이라는 것을, 방식을 통해 이야기한다는 사실을 완전히 꿰뚫고 있다. 또 마찬가지로 형식이라는 것에 말이 갖고 있는, 사람을 기만하는 의미작용이 숨기고 있는 모든 것이 말을 거슬러서 전달되는, 어떤 의미와 진리와 내용과 같은 것이 있다는 것을 그는 파악하고 있는 것이다.

아무렇게나 거리낌 없이 꾸밈없이 쓴다는 것이 그리 만만한 것은 아니다. 루소는 그것을 온몸으로 우리에게 보여 주고 있다. 정성의 결여, 거리낌 없음, 수다는 레스티프 드 라 브르톤(Restif de la Bretonne)과 함께 이미 문학 안에서 그 지위를 점하기에 이르렀지만, 그러기 위해서는 역사의 증가 법칙에 따라 비극적인 장 자크에 이어서 희극적인 장 자크가 태어나기를 기다려야 할 것이다. 그리고 그 결과는 별로 설득력이 없을 것이다. 루소는 자신의 생활이라는 소재를 공개하고, 그 요소들로부터 한 작품을 만들어 내는 배려는 독자들에게 맡기는데 ─ 이것은 본질적으로 근대적 계획이다* ─ 이러한 기획에서 그를 당혹하게 한 것은 다음과 같은 점이다. 즉 그는 자신의 생활이 이해할 수 없는 소송으로 변하는 것을 느끼고 있고, 인정할 수 없는 죄의 선고에 위협받고 있는데, 이 재판에서 그는 마지못해 항변하고 고전문학이 갖는 웅변적 특질에 도움을 구해야만 하는 것이다(설득해야 할 재판관 앞에 섰을 때는 그 재판관이 사용하는 언어, 즉 미사여구를 사용해야 한다). 단 루소는 뛰어난 웅변의 재능을 갖추고 있기 때문에, 그의 경우에는 사정을 역전시켜서 다음과 같이 말해야 한다. 즉 물론 이것은 어느 정도의 이야기지만 그를 상대로 한 고소라던가 그에게 내려진 선고라던가, 그가 그 앞에서 자신의 이야기를 해서 끊임없이 자신을 정당화해야 하는 법정이라는 관념은 그가 그곳에서 탁월한 힘을 보여 주고 있는 문학형식을 통해, 또 그곳에서 그의 사유가 고소처럼 그에게 가

---

* "이 요소들을 모아 그것들이 구성하는 존재를 규명하는 것은 그(독자)의 몫이다. 즉 결과는 독자의 작품이어야 한다."

해지는 그 요청들을 강박관념이 될 정도로 받아들이고 있는 문학형식을 통해서 그에게 부과되고 있는 것이다. 이런 의미에서 이것은 여전히 고전적이고 키케로적이며, 정당화를 목표로 바르게 어떤 것을 고려하고 긍지로 삼는 문학적 언어와 근원적으로나 직접적으로 정당화되지 않고 어떠한 정의에도 속하지 않고, 그래서 근본적으로 순진한 언어 사이의 분열이며 불일치이다. 그리고 이 순진한 언어 때문에 작가는 때때로 자신이 루소라고 느끼게 되며, 때로는 장 자크라고 느끼게 되고, 이어서 그가 감탄할 만한 정념을 갖고 체현하고 있는 이중성 안에 있다고, 또 동시에 이 양자라고 느끼게 되는 것이다.

극한적인 것들의 현혹

최근 루소의 사유에 헌정된 책 중 가장 신뢰할 만한 것 중 하나는 피에르 뷔르줄랭의 저서이다.* 단지 체계적인 외양을 갖추었을 뿐이라고 여겨지는 이 탐구 전체에 어떤 일관성을 부여하는 데 있어서 모든 주석가들이 경험한 곤란——어떤 사람들은 그것을 즐겼고, 또 어떤 사람들은 어떻게든 손을 대려고 시도했지만——은 이 책에서 볼 수 있는 바와 같이 여러 가지 방식으로 설명된다. 내 생각에 그 설명들 중 하나는 루소의 사유가 아직은 사유가 아니라고 설명하는 방식인 것 같다. 즉 그의 사유의 깊이나 마르지 않는 풍부함, 디드로(Denis Diderot)가 그 속에서 발견하고 있는 궤변적인 상태는 그 사유들이 문학의 단계에서 주장되고 있으면서 문학적 현실과 연결된 저 보다 근원적인 순

---

* Pierre Burgelin, *La philosophie de l'existence de J.-J. Rousseau*, PUF, 1952.

간, 이 선재적先在的 요구를 보여 주고 있다는 것으로부터 생겨난다. 이 요구가 그의 사유가 개념이라는 형태로 전개되는 것을 금지하고, 그것에 관념으로서의 명석함을 거부하는 것이다. 그리고 사유가 행복한 종합이라는 형태로 조직되기를 추구할 때마다 그것을 억제해서, 극한적인 것의 매혹에 빠지게 하는 것이다. 우리는 언제라도 루소의 관념들을 변증법적으로 해석할 수 있다고 느끼고 있다. 『사회계약론』(*Du contrat social*), 『에밀』(*Émile*)에서도 그러하다. 『쥘리』(*Julie*)에서조차도 그러하다. 그러나 또한 우리는 언제나 직접적인 것의 계시와 반성적 생활의 변성은 그것들이 어떠한 해결도 없는 알력 속에서 서로를 국한시키는 대립을 통해서만 의미를 가진다는 것을 예감하고 있다. 사람들은 질병이 바로 장 자크의 사유를 부동의 반대명제 속에 응고시키는 것이라고 말할지도 모른다. 나는 이 질병도 또한 문학이라고 말하겠다. 확고한 명철과 강한 용기를 통해 그는, 생각하려 하면 부조리한 것이 되고 받아들여 보려고 하면 지속될 수 없는 모든 모순된 의도와 이 문학을 구별한 것이다. 언어를 직접적인 것의 거처이면서 매개의 장으로 만드는 것, 근원의 파악이면서 소외와 이상성(*l'étrangeté*)의 운동이기도 한 것으로 만드는 것, 언제나 시작되기만 하는 것의 확실함이면서 언제나 반복되기만 하는 것의 불확실함이기도 한 것으로 만드는 것, 아직 진실이 아닌 것을 절대적 진실로 만드는 것, 도대체 이 이상 부조리한 것이 또 있을까? 사람들은 이 부조리를 이해하고 정리하려 시도할 수는 있다. 뛰어난 작품 속에서 그것을 성취할 수도 있다. 기괴한 정념 속에서 그 삶을 살 수도 있다. 그러나 대부분의 경우 이 세 역할은 확실하게 구별되어 있다. 루소는 누구보다도 먼저 이 세 역할을 이해했지만, 그는 이것들을 하나로 묶으려 했던 거의 유일한 인물 중 한 명이며 무모하게도 그것들 중 어느 것이라도 **되려 했던** 까닭에, 이후 사상가들로부터도 그리고 작가들로부터도 의심의 눈초리를 받게 된 것이다.

4장
주베르와 공간

1. 책 없는 저자, 저작 없는 작가

조제프 주베르(Joseph Joubert)의 이름을 들을 때 우리는 그를 친근한 작가로, 그와 동시대 문학의 위대한 이름들보다도 더 친근한 작가로 생각하지만, 이런 식으로 생각하는 것은 그가 특출한 자질을 갖추었으면서도 무명으로 살았고, 무명인 채로 죽었으며 사후에도 그러했다는 이유 때문만은 아니다. 스탕달(Stendhal)이 바랐던 것처럼 사후한두 세기 후에 빛나기 위해서는 생전에 약한 빛을 받았던 이름이었다는 것만으로는 충분하지 않다. 그뿐 아니라 어떤 위대한 작품의 경우, 후세의 인간이 어느 날 감사의 마음이 넘쳐서 그것을 백일하에 되돌려 놓게 되기 위해서는, 그것이 위대하고 고독한 자기를 주장하고 있다는 것만으로는 충분하지 않은 것이다. 인류는 언젠가 모든 것을, 존재들이나 진실들, 또 세계들을 인식할 수 있게 될지도 모른다. 하지만 그 경우에도 역시 어떤 예술작품이 있어서 ──아마도 예술 전체가 있어서 ──그것은 이 보편적인 인식 밖으로 떨어져 나갈 것이다. 이것이 예술적 활동의 특권이다. 많은 경우 이 활동이 만들어 내는 것에 대해서는 신조차도 그것을 모를 것임에 틀림없다.

많은 작품들이 과도한 찬사 속에서 너무나 일찍 해져 버린 것도 사실이다. 작가나 예술가는 나이를 먹으면 영광이라는 거대한 불꽃을 즐기게 되고, 이것은 그들의 죽음을 맞아 마지막을 불사르는데, 이 영광의 불꽃이 그들 속의 어떤 실체를 모조리 태워 버리고, 이후 그들의 작품에서는 이 실체가 빠지게 된다. 젊은 폴 발레리는 사람들 입에 오르내리는 모든 책들 중에서 그 책을 세상에 알리는 실수를 범했다. 자못 귀족적인 판단이다. 하지만 많은 경우 사람들은 자기자신에게 남겨진 작품에 결국 죽음이 침묵과 고요를 가져올 것이라는 느낌을 갖고 있다. 하기야 초연하고 무관심한 작가라도 살아 있는 동안은 자신의 책을 위해 싸운다. 그가 살아 있다는 것만으로 충분한 것이다. 그는 그에게 남아 있는 그 삶을 통해 그 책들의 배후에 서고 그 삶을 책에 현전하게 한다. 하지만 그의 죽음은 설령 그렇게 보이지 않는다 하더라도, 다시금 비밀을 확립하고 다시금 사유를 폐쇄하는 것이다. 이렇게 폐쇄된 사유는 고독해지면서 전개되는 것일까? 아니면 제한되는 것일까? 발견되는 것일까? 아니면 결여되는 것일까? 게다가 사유라는 것은 언젠가는 고독해지는 것일까? 이전에는 극히 조심스러운 자질을 갖춤으로써 망각되기에 적합하다고 여겨지던 사람들이라도 이 망각이라는 응보를 반드시 받는다고 말할 수는 없다.

주베르는 그런 자질을 갖추고 있었다. 그는 일찍이 책을 한 권도 쓰지 않았다. 그는 한 권의 책을 쓸 준비를 하고, 그것이 간신히 가능하게 될 조건들을 단호한 결의로 추구했을 뿐이다. 이어서 그는 이 계획조차 잊어버린다. 더 정확히 말하자면 이렇다. 요컨대 그가 추구하고 있는 것, 쓰는 행위가 발생하는 그 원천, 그곳에서 써야만 하는 공간, 공간 속에 국한시켜야 하는 그 빛, 이러한 것이 그에게 그를 통상적인 의미에서의 모든 문학적 작업에 부적절하게 만들고 그것으로부터 벗어나게 하는 성향을 요구하고, 그의 안에 그 성향을 확립한 것이다. 이리하여 그는 구체球體보다 중심을 좋아하고, 결과를 희생시켜 그러한 결과를 만들어 내는 조건의 발견에 몰두한다. 지극히 근대적인 작가 중 첫번째 사람이 된 것이다. 그는 차례차례로 책을 만들어 내기 위해 쓰는 것이 아니라, 그에게는 거기서부터 모든 책이 생겨난다고 여겨지는 지점, 일단 발견하고 나면 책을 쓸 필요도 없게 되는 '지점의 주인이 되기' 위해 쓰는 것이다.

하지만 명료하고 한눈 팔지 않는 의지로 그가 이 사유을 실행했다고 생각하는 것도 역시 잘못일 것이다. 그는 이 사유를 조금씩 발견해 나갔을 뿐이며, 때때로 놓치고 또 애매한 것으로 변하게 만들어 버리는 것이다. 더 나중이 되면 그것을 예지銳智로 변형시킴으로써 간신히 지지할 수 있게 되었을 뿐이다. 니체가 프랑스의 문학을 사랑한 것은 격언의 저자들 때문인데, 주베르를 그런 격언 저자 중 한 명으로 혼동하는 것은 그런 의미에서 지극히 쉬운 일이다. 그의 출판인들은 거의 모두, 때로 오늘날의 출판인들까지도 그의 『수첩』(Carnets) 속의 여러 고찰들을 격언풍의 배열로 삼고 싶어 하고, 더없이 공허하며 애매한 철학으로부터 빌려 온 일반적인 제목하에서 우리에게 보여 주고 있다. 가족과 사회, 예지와 미덕, 진실과 과오, 생과 사, 문학적인 판단 등의 종류인데, 이리하여 그들은 세상의 오해를 조장하고 그의 탐구 속에 있는 본질적으로 새로운 것을, 아니 그뿐만 아니라 예견적인 것조차도 무시해 버렸다. 아직까지도 사유할 수 없는 사유의 도정道程, 자기자신으로 거슬러 올라가려 시도하고 있는 시적 언어의 도정을 말이다.

주베르는 샹포르(Nicolas Chamfort)도, 보브나르그(Marquis de Vauvenargues)도, 라 로슈푸코(François de La Rochefoucauld)도 아니다. 그는 짤막한 사유를 담은 적절한 말을 사용하지는 않는다. 철학을 주조한 적도 없다. 회의적이며 괴로워하는 고결한 모럴리스트들은 자신들의 절대적 의혹을 표현하기 위해 거친 단언력을 사용하지만, 그는 응축된 말솜씨를 사용하면서도 이러한 힘을 찬탈하지 않는다. 그가 쓴 것은 그가 거의 매일 적어 둔 것이다. 그는 그것에 날짜를 적어 넣고, 자신을 위해서는 이 날짜 외에 그 어떤 표시도 하지 않으며, 이런 문자를 그에게 가져다준 매일매일의 움직임 이외에 어떤 시점도 부여하지 않는 것이다. 그가 쓴 것은 그런 식으로 읽어야 한다. 앙드레 보니에(André Beaunier)의 책이 나왔을 때 우리가 전혀 다른 주베르를 계시받은 것은, 보니에가 그때 처음으로 그의 성찰들을 전체로서 출판(그 이전의 출판인들에 의해 다소간 변형이 있긴 했어도 결코 그것들은 중대한 것이 아니었다. 그저 그것들을 왜곡시키는 듯한 순서로 배열되어 있었을 뿐이다)했기 때문만은 아니다. 그것은 그가 주베르의 성찰에 일기적 성격을 부여하였기 때문이다. 사유는 이렇게 다시금 일상적이 되고 이제 일상생활에 닿아 있으면서도 거기서부터 해방되고, 거기서부터 다른 날을, 여기저기서 투명하게 빛나는 다른 빛을 해방시키는 것이다. 이러한 관점은 모든 것을 바꾼다. 주베르의 **팡세**(*pensées*)를 모은 다수의 책은 점잖 빼고 세심하지만, 서늘한 예지를 분명히 보여 주고 있는 것처럼 보인다. 그러나 어떤 삶 전체의 흐름 안에서 쓰인 그대로의 모습으로 편집되어 삶의 우연이나 압력과 섞여 있는 형태로 우리에게 돌아온 『수첩』은 마찬가지로 분명하게 읽는다는 행위에 열정적으로 부여되어 있고, 그 우연한 움직임을 통해 우리를 두 구름 사이로 잠시 드러나는 햇볕 속에서 제거하는 드문 순간에만 발견되는 어떤 목표로 이끌고 가는 것이다.

 『수첩』에 붙은 부제「주베르의 내면의 일기」는 우리를 헤매게 하긴 하지만 오해하게 하지는 않는다. 우리에게 이야기되고 있는 것은 바로 가장 깊은 내밀성이며, 이 내밀성에 대한 탐구이고 그곳으로 다다르기 위한 길이며, 결국에는 그것이 틀림없이 하나로 녹아들게 될 말의 공간인 것이다. "모든 것은 깊은 안쪽에서 생겨난다. 아주 사소한 말의 표현도 모두 그렇다. 이것은 아마도 불편한 일이지만 하나의 필연성인 것이다. 나는 이 필연성에 따른다." 주베르는 이 필연성 때문에 괴로워했다. 그는 "자신이 생각하고 있는 것 안으로 빠져 들어가거나 너무 깊게 말려 들어가는 정신"이 아니면 좋겠다고 생각했을 것이다. 그에 따르면 그런 경향은 그의 세기世紀의 독특한 결점인 것이다. 그러나 이것은 특별한 결점으로, 그는 그저 가끔 이 결점으로부터 자신의 언어를 지키려고만 한다. 이어서 어느 날 그는 다음과 같은 말을 슬프게 적지 않으면 안 되었다. "나에게는 이미 표면이 없다." 이것은 글을 쓰려고 생각하는 사람에게는 그것도 특히 예술이라는 형태로만, 이미지와의 접촉을 통해서만, 이미지를 통해 접촉할 수 있게 되는 공간을 통해서만 쓸 수 있는 인간에게는 괴로운 확인이다. 그런데 이 유일한 심연 속으로부터 시작해, 요컨대 모든 것이 거칠고 험하며 불규칙한 이 안쪽 깊은 곳에 처박힌 상태에서 어떻게 이야기할 수 있을까? 내 적인 것은 안쪽 깊숙이 있는 것이다. "내적인 것을 묘사할 때 사람들은 안쪽 깊숙이 있는 것을 묘사하는 것이다. 그런데 이 안쪽 깊숙한 장소는 설령 그것을 어떻게 비출 수 있다 하더라도 어떤 표면의 한결같은 생생한 광채를 결코 보여 줄 수 없는 것이다." 그런데 주베르는 표면의 광채를 사랑하고, 그가 내려가서 자신을 구축하는 그 거대한 심연을, 원래의 표면 위에 무제한적으로 덧붙여진 또 하나의 표면으로 여기기를 그만두려고 하지 않는 것이다.

이 일기에는 우리가 내면생활 혹은 공적인 생활 등으로 부르는 것에 대한 세세한 기술은 거의 보이지 않는다. 그러나 곳곳에 조심스러운 암시가 보이고, 그것들은 언제나 어떤 환기력을 갖고 있다. 1801년에는 이런 기술이 있다. "보나파르트라는 이름이 붙어 있는 그 젊은이." 어머니를 잃었을 때에는 이렇게 쓴다. "밤 10시 가여운 어머니! 가여운 어머니!" 1월에는 이렇다. "눈이 녹은 풀 위, 여기저기 흩어져 있는 눈." 5월에는 이에르^{Hyères}에서 이렇게 쓴다. "여름 동안의 서늘함." 10월에는 이렇게 쓴다. "굴뚝청소부의 비명, 매미의 노래." 때때로 아직 주위의 상황과 뒤섞인 채로 사유의 성긴 울타리와 같은 것이 발견된다. "누군가 멀리서부터 나를 알아본다는 것의 기쁨." "시간이 흘러가는 것을 바라본다는 것." 혹은 그 알려지지 않은 기원 안에 아직 가라앉아 있는 여러 가지 이미지들. "무덤 속 검은 머리카락." "끊임없이 움직이는 물길…… 대기와 빛의 흐름…… 밝게 빛나는 수면…… 내 영혼은 언젠가 지상의 이 지점으로부터 날아오를 것이다." 그는 자기자신에 대해서도 말하지만, 자기가 한 것, 자기에게 일어난 것에 대해서 말하는 것이 아니라 자신의 안쪽 깊은 곳에 있는 것, 자신의 정신의 여러 요청에 대해서 말하는 것이다. 더 나아가 그 정신의 배후에 있는 자기자신의 영혼이라고 이름 붙여져 있는 것에 대해서 이야기하는 것이다. 이것은 내밀성이지만 간신히 그의 내밀성일 뿐, 언제나 그에게서 멀어지는 형태로, 이 거리로부터도 멀어지는 형태로 머물러 있으며, 많은 경우 자기자신을 삼인칭으로 고찰할 것을 스스로에게 강요한다. 그가 "나는 참을성이 강한 정신을 갖고 있지 않다"고 썼을 때, 곧 다시 "그는 …… 갖고 있지 않다"라고 쓸 것을 강요하는 것이다. 그는 자신의 건강에 세심한 주의를 기울이고 있고, 무뚝뚝하지만 명확한 다수의 기술을 남기고 있기는 하지만 그가 자신의 한계를 만난 듯한 내용이 담긴 비탄의 언어는 거의 남기고 있지 않다. 그는 정신이 국한되는 것을 저지하기 위해 언제나 자신의 정신을 그 여러 경계 앞에서 멈춰 있게 해야 한다고 판단하고 있다. 다음과 같은 짧은 표현이 우리의 주의를 끈다. "나는 더 이상 거대한 사유를 갖고 있지 않다." "……쓸 능력이 없어", ("정력이 바닥났기 때문에") 괄호 속에 있는 말은 죽기 직전의 것이다.

왜 그는 쓰지 않는가?

왜 주베르는 책을 쓰지 않는 것일까? 꽤 이른 시기부터 그는 쓰인 것이나 쓴다는 행위에만 주의와 관심을 기울이고 있다. 젊은 시절 그는 디드로와 친했고, 조금 후에는 레스티프 드 라 브르통과도 가까워졌는데, 이 두 사람은 둘 다 다작 多作하는 문학가들이었다. 그가 중년에 이르렀을 때 그의 친구들은 거의 다 고명한 작가였고, 그는 그 작가들과 함께 문학에 몰입하는 생활을 보낸다. 뿐만 아니라 이 작가들은 사상적으로도 형식적으로도 나무랄 데 없는 그의 재능을 알고 있었고, 우회적인 방식으로 그를 침묵으로부터 끌어내리려고 하고 있었다. 마지막으로 그는 결코 표현 장애 때문에 어찌할 수 없게 마비되어 버린 인간이 아니었다. 요컨대 그의 편지는 그 수도 많고 세밀한 장문들로 이루어져 있으며, 이 세기의 천재성이라 할 만한 재능으로 쓰여져 있다. 그리고 그는 이 천재성에 기지 넘치는 뉘앙스와 문장의 매력을 덧붙이고 있다. 그리고 이것들이 사람들에게 보여 주는 것은 이야기하는 것을 언제나 행복하게 생각하며 언어 속에서 행복을 느끼고 있는 인물이다. 그런데 이 인물은 더없는 재능을 갖추고 거의 매일 곁에 수첩을 두고 거기에 무언가를 썼는데, 아무것도 출판하지 않고 출판해야 할 어떤 것도 남겨 놓지 않은 것이다(적어도 그가 살던 시대의 습관으로 말하자면 그렇다. 샤토브리앙은 주베르 사후에 그의 사유 중 몇 개를 출판했는데, 이조차도 친구들만을 위한 사적인 판본이다. 오늘날이라면 아마 그는 앙드레 지드André Gide를 상대하는 폴 발레리와 마찬가지로 외부로부터의 독촉에 저항하지 못했을 것이다. 퐁텐Pierre Fontaine은 1803년에 그에게 이런 편지를 쓰고 있다. '내가 제안하는데 자네가 보낸 하루에 대한 여러 고찰을 정리해서 매일 밤 써 보면 어떻겠나. 좀 나중에 자네의 사유의 그 두서없는 생각 속에서 골라 보는 거야. 그러면 자네도 모르는 사이에 아주 아름다운 저작이 만들어졌다는 것에 놀라게 될 걸세.' 이 아주 아름다운 저작을 만들기를 거부했다는 것이 주베르의 공로인 것이다).

　일기를 통해 가식적인 풍부함이라든지 겉모습뿐인 언어 등의 기쁨을 얻고, 그러한 기쁨 속에서 자신을 제어하지 않으며 완전히 만족하고 있기 때문에 생산력을 잃어 버리는 작가가 있는데, 주베르도 그런 작가들 중 하나라고 답하는 사람이 있을지도 모르겠다. 하지만 그것만큼 그와 관계없는 것도 없다. 그의 일기는 여전히 나날들의 기초 위에 쓰여 있지만, 그 반영이 아니라 그것들과는 다른 쪽으로 뻗어 나가 있다. 게다가 그가 『수첩』에 쓰는 습관을 가지게 된 것은 나중 일이고, 그 수첩들에 여러 가지 변해 가는 다양한 고찰을 통해서 자신의 관심의 일관성을 확인한다는 중요성으로 방향을 부여하기에 이르게 된 것도 더욱더 나중 일이다. 그는 마흔 살이 되기까지는 자신은 지금 다른 많은 저작과 마찬가지로 멋진 저작을 준비하고 있다고 느끼고 있었던 것 같다. 그것들은 박애라든지 피갈^{Pigalle}이라든지 쿡^{Cook} 등에 관계된 것이고, 그뿐 아니라 소설의 기획이기도 했으며, 그 단편들은 지금 우리 손에 남아 있다. 요컨대 그때까지 『수첩』은 전혀, 혹은 거의 쓰여 있지 않았던 것이다. 『수첩』은 그가 쓰는 것에 대해서 **생각**하기 시작했을 때, 비로소 그에게 없어서는 안 되는 것이 되었다. 그리고 그때 그는 이 생각 속에서 자신의 소명을, 자신이 따라야만 하는 매혹을, 그가 그 속에서 자신을 실현해야 하는 움직임을 알게 된다. 그리고 그는 때로 우울해하며 이때까지 "나의 고치를 잣지" 않았다는 것을 아쉬워하면서도 한편으로는 또 자신의 선택에 대해서도, 그리고 그 선택에 거역하지 않았다는 점에 대해서도 확신을 갖고 어떤 후회도 없이 그 자기실현을 달성하게 된다.

"실제로 나의 예술이란 무엇일까? 그것은 어떤 목적을 상정하고 있는가? 무엇을 만들어 내는 것인가? 무엇을 생겨나게 하고 무엇을 존재하게 하는가? 나는 무엇을 원하고 있는가? 예술을 함으로써 무엇을 바라고 있는가? 글을 쓰고 사람들에게 읽히는 것을 확인하는 것인가?

이것이 그렇게 많은 사람들의 유일한 야심인가! 이것이 내가 바랐던 것인가? …… 이것은 세심한 주의를 기울여서 오랜 동안 내가 이해할 수 있을 때까지, 잘 조사해 보아야 하는 것이다." 이 문장은 1799년 10월 22일에 쓰여졌고, 당시 주베르는 마흔 다섯 살이었다. 일 년 후 10월 27일에는 이런 문장이 있다. "언제냐고 묻는 것인가? 그렇다면 답해 드리지. …… 내가 나의 구체^{球體}를 에워싸게 될 때다." 이 물음은 그의 생활 전체를 통해 이어지며, 나날이 강해져 간다. 세월이 지나면서 점점 더 강해진다. 그러나 그를 자기성찰에 심신을 소모시키는 또 한 명의 아미엘$^{Henri\text{-}Frédéric\ Amiel}$로 여긴다면 그것은 오류일 것이다. 그는 자신이 응답해야 하는 움직임이 그것을 아무리 추론해도 고갈되지도 않을뿐더러 위험하기도 한 움직임이라는 것을, 그것에 대해서 어떤 진실한 것을 말하는 것조차 적당하지 않은 운동이라는 것을 놀라울 정도로 잘 알고 있었다. 사실 이것을 안 최초의 인간 중 한 사람인 것이다. 왜냐하면 이 운동이 소위 엄밀한 진실의 밖에서 움직이고 있고 아주 확고한 이성이라면 고려하지 않아도 되는 저 환상적인 부분, 상상적인 것이 만드는 주변적 부분을 문제 삼고 있기 때문이다. 주베르는 극히 추상적인 성찰만을 쓰고 있는 것처럼 보이지만, 한편으로는 자신이 책 없는 저자, 저작 없는 작가로서 이미 완전히 예술에 속해 있다는 것에 아무런 의심도 품고 있지 않다. "지금 나는 세속적인 것들로부터 튀어나와서 **예술**의 순수한 영역에 있다." 그도 때로 의혹에 휘둘리는 때가 있지만, 여기서 놀라운 점은 그의 확고한 행보이다. 친구들의 "**언제?**"라는 물음에 대해 눈에 보이는 작품을 통해서 답하지 않는다 하더라도, 자신은 보다 본질적인 어떤 것, 저작보다도 더 본질적으로 예술에 관련되어 있는 어떤 것이 자신을 사로잡고 있다는 확신이다.*

대체 무엇이 그를 사로잡고 있는 것인가? 아마도 그는 그가 그것을 알고 있다고 사람들에게 말하거나 하는 것을 좋아하지 않을 것이다. 오히려 그는 자신이 모르는 것을 자신이 탐구하고 있다는 것을 알고 있다. 자신을 탐구하는 어려움도, 자신을 발견하는 행복도 거기서 유래한다는 것을 알고 있다. "그렇지만 자신이 무엇을 탐구하는지조차 모르는데, 어떻게 해야 마땅한 장소를 탐구할 수 있을까? 그리고 이것은 누군가 무엇을 만들거나 창조할 때 언제라도 일어나는 일이다. 다행스럽게 이런 식으로 헤매게 된 덕분에 단번에 발견하게 되고, 운 좋은 만남들이 있는 것이다……." 우리는 자주 이런 인상을 받는다. 즉 그가 머릿속에 있는 저작을 마음속에 그리고 있다 하더라도 그것은 이 계획을 통해 더욱 조밀하고 포착하기 어려우며, 게다가 자신이 담당해야 한다고 느끼는 계획을 은폐하기 위한 것이고, 이 계획을 심지어는 자기자신의 눈으로부터도 감추기 위해서라고 말이다. 이것은 거의 신화적이라고도 말해야 할 저작이고 이따금씩 암시되고는 있지만, 그의 말에 따르면 "그 주제의 이름조차 제목 속에 존재하지 말아야 하는" 성질의 것이다. 그리고 그는 이렇게 덧붙이고 있다. "나는 그것에 「인간에 대하여」라는 제목을 붙일 생각이다." 더욱이 그는 친구들, 혹은 아마도 그의 안에 있는 실천가적 정신이 그에게 가중시키는 비난에 대해서 이런 식으로 답한다. "만약 그가 같은 바퀴 속을 돌고 있다면? 그것은 그의 주제의 세계인 것이다. 그리고 이렇게 덧붙여야 한다. 무한한 넓이를 갖는 바퀴라

---

* "그 어떤 작품과도 닮지 않으면서 예술을 닮아야 한다."

고." 그가 완성하는 법을 모른다는 비난에 대해서는 이렇다. "완성한다니! 이 무슨 말인가? 일을 그만둔다면, 끝냈다고 표명한다면, 그때에는 완성되어 있지 않은 것이다." 모든 시작 이전에 끝나 버렸다는 더욱 중대한 비난에 대해서는 이렇게 말한다. "마지막 말이 언제나 처음에 주어진 말일 경우, 그 저작은 곤란한 것이 된다." 곤란한 것은 그의 '관념들'에 대해서 그것들과 닮은 그것들의 자유 그 자체에 의해 만들어진 거처를 부여하는 것이다. 그것들 속의 이미지로서의 단순함이나, 비가시성이라는 형태나, 이성과 같이 서로에게 연결되는 것에 대해 거부를 존중하고 유지하는 거처를 부여하는 것이다. "나의 관념들! 그것들을 살게 할 집을 짓는 것은, 나에게는 참 어려운 일이다."

사물을 공간 내에서 번역하기

이렇게 그것은 그 주제가 명백하게 보여 주고 있는 주제와는 완전히 다른 작품, 완성될 리가 없으며 시작될 수조차 없는 작품이다. 자신이 표현하고 있는 것으로부터의 멀어짐. 자신이 표현하고 있는 것이 그 멀어짐 속에서 꽃을 피우고 흩어지며 보존되고 나중에는 사라지듯이, 소위 자기자신과 관련해 결여상태에 있는 작품이다. 육십에 가까운 나이였던 1812년, 그는 칠 년 전에 짓기가 참 힘들다고 이야기했던 그 '집'을 이제는 어떤 이름으로 부르고 있을까? "공허 이외에 가치 있는 것은 아무것도 발견되지 않았기 때문에, 그는 공간을 비어 있는 채로 내버려 둔다." 노년의 문턱에서 그는 포기를 고백하고 있는 것일까? 그의 극단적인 요구가 그를 실패로 이끌었다고 털어놓는 것일까? 아마도 이것은 의기양양한 단언은 아니겠지만, 모든 점에서 볼 때 적어도 그가 이 단언을 결코 부정적인 것으로 보고 있지는 않다는 것이 분명하다. 이 단언을 감수하고 있다 하더라도 그것은 그가 이 발견을, 그것을 배신하는 여러 유사물을 통해서 발전시키기보다는 이 발견 그 자체를 고수하는 쪽을 선호했기 때문이라는 것은 명백하다. **공간**, 바로 이것은 그의 경험에서 핵심적인 것이며, 그가 쓴다는 행위에 대해서 생각을 하던 하지 않던, 모든 집필에 직면해서 발견하는 것이다. 공간, 그것은 문학의 언어를, 하나의 사유임과 동시에 그 사유의 메아리로 만들어 버리는 내밀성의 경이인 것이다(즉 그에게 이 사유의 메아리는 약화된 사유가 아니라 보다 깊은 사유이며, 반복된 것이긴 하지만 보다 미묘한 사유이며, 보다 멀어진 것이기는 해도 그것이 보여 주고 그것이 흘러나오고 있는 그 먼 곳 그 자체와는 보다 가까운 사유이다). 그것은 우리들 속에 있으며 우리의 영혼에 다름 아닌 저 비축된 여유와 무한정성 쪽으로, 또한 우리를 넘어서서 존재하는 빛과 대기와 무한의 그물코 쪽으로, 하늘이며 신神인 그물코 쪽으로 동시에 향해져 있다.

주베르의 이 '경험'의 출발점이 무엇이었는지를 알기는 어렵다. 그는 어떤 의미에서 항시 모든 것을 동시적으로 생각한다. 그리고 이것은 그가 그들 상호 간의 거리 안에 아마도 그가 존재하고 있지 않은 서로 독립된 사유라는 형태로 자신을 표현해야 하기 때문에 더욱더 그러한 것이다. 하지만 한편 장년기에 들어서자마자 "시인들은 인간을 알기 원하는 철학자들에게 대단한 연구 대상임에 틀림없다"라고 쓴 이 인물은 무엇보다 먼저 시로부터, 보다 정확히 말하면 문학적 기술의 이상함으로부터, 그가 일생 동안 계속해서 생각해야 하는 어떤 것이 갖고 있는 뜻밖의 놀라움을 체험한 모양이다. 이것은 구체적球體的

세계이며 이후 인간이나 자연학, 우주론이나 신학에 관한 그의 다양한 성찰은 모조리 이 구체의 형태를 취하고, 이 구체의 운동이 유지되도록 도울 것이다. 그는 "…… 어느 정도의 공기로 표현하는 것, 거의 없는 정도의 공간 안에 거대한 공허 혹은 거대한 충일을, 아니 그런 것이 아니라 무한한 공간이 그것과 물질 전체를 담아 버리는 것, 이것들이 바로 언어와 집필에 의해 끊임없이 이루어지고 있는 이론의 여지없이 용이하게 입증할 수 있는 경이이다"라고 쓰고 있는데, 이때 그는 아직 막연한 형태이긴 해도 이미 확신을 갖고 그후 그가 끊임없이 되돌아가는 지점을 보여 주고 있다. 즉 부재를 통해서 표현하고, 거리를 통해서 명시한다고 하는 예술의 핵심에 있는 능력이다. 이 능력은 사물을 이야기하기 위해 그것들을 멀리하고, 그것들이 해명되도록 하기 위해 그것들을 멀리하는 것 같다. 이것은 변형과 변환의 능력인데, 이 능력 내에서는 변형하고 변환하는 저 격리 그 자체(공간)가 볼 수 없는 사물을 볼 수 있게 하고, 볼 수 있는 사물을 투명하게 하며 이렇게 해서 그 사물들 속에서 자기자신을 보이게 만들고, 자신을 모든 것이 거기서부터 나와 모든 것이 그 안에서 성취되는 비가시성과 비현실성의 빛나는 근저로서 내보이는 것이다.

    놀라운 경험이다. 때때로 이 경험은 릴케의 경험과 섞이는 것 같다는 생각이 든다. 그것은 또한 말라르메 탐구의 전조인 것도 같다. 그러나 이 두 가지를 동일한 시각 내에 유지하려고 시도하던 말던 그것은 서로에게 가까이 가면 갈수록 여러 가지 뉘앙스를 통해서 멀어진다. 그리고 이 뉘앙스가 바로, 아마도 우리로 하여금 그것들 각각의 무게중심에 관해 알 수 있게 해주는 것이다.

2. 스테판 말라르메의 첫번째 버전

조르주 풀레는 그의 가장 뛰어난 시론(essai) 중 하나에서 주베르에 대해 이야기하면서 말라르메의 시적 경험을 상기하고 있는데, 실제로 이 사유는 때로 우리에게 말라르메의 경험을 상기시킨다.* 그리고 이 두 인물 사이에는 실로 많은 상관관계가 있다. 즉 둘 다 조심스럽고, 소위 인격이라는 것을 지워 버리고 있으며, 영감이 찾아오는 것을 받아들이는 일도 드물다. 하지만 이 겉으로 보이는 약함이라는 모든 힘과 탐구상에서의 대단한 엄격함, 미지의 목표를 향한 통찰력 있는 끈기, 말이나 말의 형태나 말의 본질에 대한 극도의 주의, 마지막으로 문학이나 시가 어떤 비밀의 장소라는 감정을 갖고 있다. 아마 책을 쓴다고 하는 명예까지를 포함한 다른 모든 것보다도 더 선호해야 하는 어떤 비밀의 장소라는 감정말이다. 우리는 『수첩』속의 이런저런 문장을 읽고 마치 말라르메의 목소리를 듣는 듯한 기분이 들 수 있다. 1823년 6월 8일, 그가 죽기까지 일 년도 채 남지 않았을 즈음인데 이런 문장이 있다. "공간…… 그것은 거의…… 상상적인 것. 그 실존이 이렇게까지 되어 있다." 말라르메라면 아마도 "상상적인 것"에서 입을 다물었을 것이다. 하지만 이 중단되는 듯한 언어, 대기를 만들어 내는 이 침묵, 말이 그 명백한 지점으로부터 저절로 떨어져 나와 향상되도록 하기 위해 말

---

* Georges Poulet, *La Distance intérieure*, Plon, 1952. 조르주 풀레는 불일치들을 강조하는 것도 잊지 않는다

을 붙잡아 두는 이 말투, 이러한 것을 통해 이미 말라르메가 말하고 있는 것이 아닐까? 이는 사람을 혼란스럽게 한다.

그렇지만 이러한 말라르메의 전조적前兆的 현전에서 우리에게 중요한 것은 인물이나 사유의 이러한 유사성이 우리에게 그것들을, 무엇보다 먼저 그것들이 갖는 분명히 다른 점을 보도록 강제한다는 것이다. 그리고 유사한 성찰들, 동일한 길에 대한 예감과 동일한 이미지로의 부름이 왜 그들을 그렇게 서로 멀리 떨어진 곳으로 이끄는지를 자문하도록 강요한다는 점이다. 출발점은 거의 같다. '거리'와 '분리'만이 우리를 이야기하게 하고, 상상하게 하며, 생각하게 하는데, 그들 두 사람 다 이것들에 대한 깊은 경험을 갖고 있다. 두 사람 모두 시적 교류가 갖는 힘은, 그것이 우리를 직접 사물과 관련시킨다는 것에서 유래하는 것이 아니라, 사물들의 힘이 미치지 않는 곳에서 사물을 우리에게 부여한다는 것에서 유래하는 것이라 느끼고 있다. 단 주베르는 말라르메 정도로 외골수적인 정신이 아니었고, 말라르메를 시인으로 만들었던 여러 요구 중의 몇몇을 아마도 받을 수 없었기 때문에 이 두 영역을 분리하지 않았다. 오히려 역으로 이 분리 중에 ─ 그가 공간이라고 부르는 부재와 공허의 그물코 안에서 ─ 사물이나 언어나 사유나 세계들, 머리 위의 하늘이나 우리 안에 있는 투명함의 공통의 부분을 보고 있다. 그것들은 여기저기 빛으로 가득 차 순수하게 퍼져 있다. 그는 문학에서 모든 사물들이 서로 멀어지고 사이가 벌어지며 또 약해지고 그리고 마침내, 상상력이 그것들을 여는 열쇠들 중 하나인 듯한, 무한하고 무한정적인 공허 속에서 전개되는 바로 순간에, 이들의 진정한 형태와 진정한 척도와 더불어 이야기되고 보여지며 계시되는 것을 발견하게 되는데, 바로 그때 그는 대담하게 다음과 같은 결론을 끌어낸다. 요컨대 이 공허와 이 부재가 바로 가장 물질적인 현상들의 근저 그 자체이며, 그에 의하면 만약 세계를 쥐어 짜서 공허를 뽑아 낸다면, 한 줌도 되지 않으리라는 것이다.

아득함을 통해, 그리고 공허를 통해

"이 지구는 한 방울의 물이며, 세계는 미량의 공기이다. 대리석은 농밀해진 공기이다." "그렇다. 세계는 얇은 천이다. 그뿐인가, 성기게 짜인 얇은 천이다. 뉴턴은 다음과 같이 산정했다. 요컨대 다이아몬드는 …… 꽉 찬 부분의 몇 배나 되는 공허한 부분을 갖고 있다는 말이다. 그리고 다이아몬드는 물체 중에서 가장 조밀하다." "여러 가지 중력이나 불가입성, 인력, 추진력, 또 학자들이 시끄럽게 논의하며 싸우고 있는 모든 맹목적인 힘을 갖추고 있는데……, 이 물질의 총체는 속을 파낸 약간의 금속이라든지, 안이 비어 있는 약간의 유리라든지, 공기로 부풀고 빛과 그림자가 아른거리는 거품 등의 것이 아니라면 무엇일 수 있단 말인가? 결국 하나의 그림자가 아니라면 그 무엇이겠는가? 이 그림자에서는 그 무엇이든 자신 이외의 것에 무게를 얹지 않고, 자신 이외의 것에 (대해서는) 뚫고 들어갈 수 없는 것이다." 주베르에게는 몽상적인 자연학과 우주론의 총체가 존재한다(그것들은 아마도 더욱 근대적인 지식에 의거한 여러 주장들과 그다지 동떨어져 있지 않을 것이다). 그러한 자연학과 우주론에서 그는 현실적인 것과 상상적인 것을 화해시킬 필요에 압도되어 모험을 해보는데, 이 자연학과 우주론은 사물의 현실성을 부정하기보다는 거의 무와 같은 것을 출발점으로 해서 ─ 이를테면 공기의 한 원자나 섬광, 아니 그뿐 아니라 그저 그 사물들이 점하고 있는 장소의 공허와 같은 것 ——그러한 것을 출발점으로 해서 사물을 존재하게 만들려 하는 것이다. "……주의할 것은 어디에서도 또한 어떠한 것에서도 미세한 것이 조밀한 것을 지지하고 있고, 가벼운 것이 모든 무거운 것을 드리우고 있다는 것이다." 그렇다면 왜 시의 언어가 사물을 생겨나게 하며, 왜 사물을 공간 내에서 변환시켜 그것들의 격리와 공허를 통해서 그것들을 명백한 것으로 만들 수 있는지 확실히 알 수 있다. 요컨대 저 아득함이 사물을 점유하고 있으며 그 공허가 이미 사물 속에 존재하고 있기 때문이다. 그러므로 그것들을 통해서 사물을 파악하는 것이 옳은 일이다. 그리고 말은 그 진정한 의미작용의 보이지 않는 중심으로서, 그것들을 이끌어 내는 것을 그 소명으로 삼고 있다. 그림자를 통해서 사람은 물체에 다가갈 수 있는 것이다. 이 그림자의 희미한 빛을 통해서 그림자가 사라지는 일 없이 빛이 드리워지고 스며드는, 흔들리는 경계 지점에 도달했을 때에 물체에 닿을 수 있는 것이다. 그러나 물론 말이 이러한 경계에 도달하고 그것을 표현하기 위해서는, 말 자체도 또한 "한 줌의 빛"이 되어야 한다. 또한 자신이 가리키는 것의 이미지, 자기자신과 상상적인 것의 이미지가 되어야 한다. 그리하여 자신이 그 극단적인 가벼움 속에서 지탱하고, 그 투명함을 통해서 한정하고 있는 바로 그 순간을 완전한 구체의 원만함으로까지 끌어올림으로써 공간의 무한정한 외연으로 녹아 들어야 한다.

"투명성, 반투명성, 반죽의 미량성, 마술성. 극히 적은 것, 소위 무로부터 모든 것을 만들어 내는 신적인 것의 모방. 여기에 시의 본질적 성격 가운데 하나가 있다." "우리가 글로 쓰는 말 중에는 목소리, 영혼,

공간, 대기, 그리고 자기자신만으로 존속하고 그 장소를 자신과 함께 운반해 가는 말이 있어야 한다." "소통의 힘…… 이 속에는 어떤 미묘하고 세세한 것이 있으며, 그 존재는 느껴지기는 하지만 분명하게 보이지는 않는다. 전기 속 에테르의 존재와 같은 것이다." "시적 안개, 산문으로 분해할 수 없는 구름."

주베르에게 언어가 아무리 에테르적인 것이어야 한다 해도, 그가 언어에 **부정**否定의 힘을 부여하지는 결코 않았다는 점에 충분히 주목할 필요가 있다. 무 안에서의, 무를 향하고 또 무에 대한 초과인 부정의 힘, 그리고 시가 말라르메로 하여금 탐구하도록 부담을 준 그 부정의 힘 말이다. 말이 갖는 수줍음이 우리와 사물 사이에 이 거리, 즉 그것 없이는 우리가 숨이 막혀 입을 다물게 되는 이 거리를 확립한다고 해도 그것은 사물을 부정하는 것을 통해서가 아니다. 사물을 열고 그 열림을 통해서 사물을 구성하는 이 빛의 부분과 거리를 해방하는 것을 통해서이다. 아니면 물체의 저편에 있는 것을 느낄 수 있게 만들고 그것을 통해서 모든 물체들이 확립되는 이 저 너머에 동의하고, "그 실체의 은밀한 연장"에 다름 아닌 전-물체적인 것을 맞이하는 것을 통해서이다. 말은 부정하지 않고 동의한다. 그것이 때때로 무의 공범자처럼 보인다고 해도 주베르에 의하면 이 "무"는 "세계의 비가시적 풍부함" 이외에 그 무엇도 아니다. 결국 언어가 수행해야 하는 역할은 이 풍부함의 명백성을 만들어 내는 것이다. 눈에는 보이지 않지만 밝게 빛나는 현전인 공허, 그것을 통해서 비가시성이 꽃피는 틈으로서의 그 명백성을 만들어 내는 것이다.

1804년경, 주베르는 우선 자신의 언어와 말브랑슈의 언어 사이에 보이는 유사성을 통해서 이 철학자의 영향을 받고, 다른 한편으로는 종교적 경험으로까지 연장되는 그의 문학적 경험에 영향을 받아 사물의 절개와 현실적인 것의 굴착을 가능한 한 멀리까지 밀어붙이며, 신 안에서 이 공허 전체의 경계와 지지를 이끌어 내어 신을 공허의 공허로 만들고 있다. 마치 다른 이들이 신을 사유의 사유로 만들었듯이 말이다. 여기서 신이라는 이름이, 그가 경감시키고 솎아 내기를 바라고 있는 동안에 드디어 모든 사물 안에서 인식되고 확립되기에 이른 저 거대한 구멍을 막기 위해서 편리하게 사용되고 있다고 판단하기가 쉬울 것이다. 이 이름이 없다면, 또 이 이름이 단순히 이름에 불과하다면, 모든 것은 그가 가시적이며 비가시적인 모든 확실성과의 형언할 수 없는 접촉으로서 살짝 만지고, 길들이며 체험하고 있는 저 공허 속으로 다시 빠져 버리는 것이 아닐까? 있을 수 있는 일이다. 하지만 그의 경험을 그가 경험하고 표현한 그대로의 형태로 받아들이자. 그때 그의 경험을 제대로 판단하기 위해 주의해야 할 것은 그가 접촉할 수 없는 것에 대해 매우 강한 감정을 갖고 있고, 그가 공간이라고 부르는 저 공허에 대한 아주 확신에 찬 이해를 하고 있다는 점이다. 그것은 그가 모든 것이 거기서는 산산조각 나 버리는 것은 아닐까라든지, 허무로 변해 버리는 것은 아닐까 등의 것에 대해서 결코 걱정하지 않았다고 생각될 정도이다. 조르주 풀레가 탁월하게 지적하고 있듯이, 그는 공간의 한없는 넓음으로부터 파스칼과 같은 불안을 이끌어 내고 있지 않다. 조용한 기쁨으로 넘치는 마음의 고양을 이끌어 내는 것이다. 신이 그의 앞에 나타난다 해도 그것은 여러 가지 이유들이 연결된 연쇄의 궁극으로서가 아니라 이 기쁨의 극한으로서이며, 이어서 신은 이 기쁨의 유일한 대상으로 변화한다.

책, 하늘

그 불면의 밤들, 주베르는 밖으로 나와서 하늘을 바라본다. "매일 밤의 불면", "불면, 아침 5시."[*] 이 매일 밤의 성찰은 그에게 무엇을 가져다주는가? 그것은 바로 그의 내부에 있으면서도 바깥에서 실현되고 있는 것이다. 요컨대 그것은 그가 나중에라도 결코 쓰는 일은 없으리라 생각하지만, 그것을 쓰려고 **생각함**으로써 자신도 모르는 사이에 쓰고 있는 저 지고한 책이다. 아득히 높은 곳에는 공간이 있고, 아득한 사이를 두고 밝게 빛나는 공간의 응집이 있다. 무수한 점들이 질서정연한 일체로 변한 고독이 있다. 그 각각의 점들은 그것들 중 몇몇과 함께 사람들이 예감하는 어떤 형태를 만들고 있으며, 또한 모두 함께 그 흩어짐으로 인해 형태를 이루지 못하는 전체를 형성하고 있는데, 모두 자신 이외의 점에 대해서는 무지한 것처럼 보인다. 이 별들은 주베르를 즐겁게 해주었지만 때로 너무나 밝게 빛나는 별 이상으로 찬란하게 빛나는 거대한 공간, 저 흩어진 빛이 그곳에서 느긋하게 자신의 모습을 보여 주고, 서로 다른 여러 완전함의 자연스러운 동시성을, 애매모호한 것과 명확한 것의 구성물을 보여 주는 것이다. 막 중년이 되었을 무렵의 어느 메모에서는 그가 시라노 드 베르주라크(Cyrano de Bergerac)나 그 외의 여러 옛 저자들의 것에 가까운 우주론을 만들어 내려고 시도하는 것을 볼 수 있는데, 그 우주론에서 별들은 하늘에 열려 있는 구

---

[*] 이러한 관조는 언제나 8월에 일어났다. 추위를 많이 타는 이 천재는 겨울에 자기자신의 바깥에서 생각에 잠기거나 하지 않는다.

멍들에 다름 아니다. 또한 별들은 그것을 통해서 어떤 숨겨진 빛의 미로가 모이고 쏟아져 내리는 공허에 다름 아니다. 즉 그것은 공간의 공동空洞이며, 이미 응축되지 않고 파괴되어 버릴 정도로 삭감되어 빛으로 변한 공간인 것이다.

 우리에게 침묵으로 가득 찬 거대한 텍스트와 같은 밤하늘을 떠올리게 하고, 또 움직임을 멈추지 않는 별들로 가득 찬 부동의 하늘과 같은 책을 떠올리게 하는 이 비유적인 성찰은 누구나 생각할 수 있는 것이라고 여겨질 수도 있겠으나, 이것들은 주베르에게는 그가 성취해야 하는 것의 엄격한 요구로 가득 찬 표현으로서 시작된다.* 야망의 전형이라 말해야만 할 텐데, 이 야망은 이 겸손한 천재를 박살 내지는 않는다. 왜냐하면 저 높은 곳에 쓰여 있는 것은 다음에 쓸 일이 정말로 있을 때, 그가 예술이라는 수단을 통해 그것을 형상화할 수 있음을 보증하고 있기 때문이다. 다음 일은 우리가 우리 자신으로부터 떨어져 나와 우리 안에서 그와 동일한 공간과 빛의 내밀성을 발견하는 것이다. 우리의 삶이 이 내밀성에 대응하고 우리의 사유가 그것을 보존하며, 우리의 저작이 그것을 눈에 보이는 것으로 만들게 하기 위해서는 이후에 모든 배려를 이 내밀성에 쏟아야 한다.

 "……그리고 어딘가 어느 하늘에 내 모든 별들…… 모든 공간이 내 화폭이다. II. 정신의 별들이 나에게로 떨어져 내린다."

 폴 발레리는 말라르메의 비밀스러운 사유에 입문한 날, 「주사위

---

* "8월 1일(불면의 밤). 사유들이 책 속에서 마치 밤하늘의 별들처럼 연이어서 오면 좋겠다. 질서정연하고 조화롭게 그러나 느긋하게 간격을 유지하며, 서로 닿거나 뒤섞이지 않고."

던지기」(Un coup de dés)에 대해서 그것은 '마침내 하나의 페이지를 별이 반짝이는 하늘의 힘으로까지' 고양시켰다고 말하고 있는데, 이 「주사위 던지기」의, 문자로 전사되지 않은 첫 판이라고도 할 수 있는 어떤 것을 주베르의 안에서 상상하는 것은 마음이 끌리는 일이기도 하고, 주베르에게는 명예로운 일이기도 할 것이다. 주베르의 몽상과 한 세기 후에 실현된 작품 사이에는 서로 유연관계가 있는 여러 가지 요청들의 예감이 존재한다. 말라르메에게서와 마찬가지로 주베르에게서도 일부분씩 순서대로 쫓아 읽어 나가야 하는 통상의 독서방식을, 어떤 동시적인 언어가 부여하는 정경으로 대체하고자 하는 욕구가 있다. 이 언어에서는 모든 것이 동시적으로 어떤 혼란도 없이 "전체적이고 조용하고 내밀한, 결국 통일된 빛"** 속에서 이야기될 것이다. 이것은 논증으로부터 논증으로 그 길을 따라가는 추론가들의 사유와는 전혀 다른 사유를, 대화의 언어와는 전혀 다른 언어를 상정한다(이것들은 『수첩』의 저자의 본질적인 관심이다). 이것은 더욱 깊게는 저 공백의 공간과의 만남 혹은 그 창조를 상정한다. 이 공간에서는 어떤 특수한 것도 무한을 파괴하지 못하며, 그곳에서는 모든 것이 소위 허무성 속에서 현전하고 있는 것이다. 이것은 **그 장소 이외의 그 무엇도 생겨나게 하지 않는 장소**이며, 이 두 사람의 정신의 궁극적 목표이다.

 하지만 여기서 계획의 공통성은 종말을 고한다. 바깥으로부터 고찰해 보는 것만으로도, 시작품(poème)은 그 단언의 부동성 속에 있으면서, 주베르라면 어떻게 해서라도 도망치려고 하는 어떤 놀라운 운동

** 「1805년 2월 7일」, 『수첩』.

에 사로잡혀 있다. 요컨대 그것은 "수축", "연장", "도주" 등의 운동인데, 이 운동들은 넘쳐 흐르는 활기로 인해 가속되고 감속되며, 분할되고 겹쳐지는 것이다. 그리고 이 활기는 그것이 전개되지 않고 발전하지 않을수록 정신에게는 괴로운 것이다. 계기에 의한 완화를 거부하고 우리에게 이 운동의 불안한 모든 형태를, 간격이 벌어져 있긴 하지만 거대한 어떤 결과 속에서 동시에 부여하기를 강요하면 강요할수록 괴로운 것이 된다. 부재의 한가운데에 있는 이 충일만큼, 무한정한 공간의 공허라는 끝없이 반복되는 이 왕복만큼, 주베르의 정신적 목표에 중대한 장애가 되는 것도 없다.

물론 하늘에서와 마찬가지로 「주사위 던지기」에서도 주베르가 받아들일 수 있는 어떤 은밀한 질서가 있다. 그러나 이 질서는 우연을 모방하고 있으며, 우연의 작용의 내밀한 곳으로 들어가려 하고 있다. 그것은 아마도 우연이 갖고 있는 규칙들 속으로 깊이 침투하기 위해서인 것 같으며, 또한 아마도 말의 엄밀함과 사유의 명확함을, 극도로 한정된 것이 무한정성을 통합할 수 있는 지점까지 밀고 나가기 위해서인 것 같다. 아마도 시작품이라는 이 하늘에는 **성좌**(Constellation)의 여전히 미래적이고 불확실한 반짝임이 있고, 시작품도 또한 예외가 위치하는 고도에서는 이러한 반짝임이 될 것이다. 그러나 주베르는 존재하고 있는 것과는 다른 한층 더 순수한 어떤 것이 **존재**하기 위해서는 무가 부여되어야 하는, 그런 선행되는 난파와도 같은 것은 결코 받아들이지 않을 것이다. 우리는 비현실화의 운동을 통해 모든 사물 속에서 빛을 이끌어 내기 위한 어떤 공허를 찾는데, 그가 이 운동을 "심연의 동일한 중성"으로의 하강으로 여기는 일은 결코 없을 것이다.

우연이라는 말조차 그에게는 낯설다. 그리고 그는 주사위 던지기와 우연의 연극적 결합이, 사유와 시가 만나는 차원에서 사유를 표현할 힘을 갖고 있지 않다고 여길 것이다. 그뿐만이 아니다. 그의 반성이 가장 확고해지는 것은 바로 이 점에서이다. 주베르는 이성이 한정되는 방식으로 사유가 한정되지는 않기를 바란다. 또 사유가 논증이나 추론의 속박을 넘어서서 드높여지기를 그리고 무한으로부터 나온 유한의 사유이기를 바란다. 또 마찬가지로 그는 시적 언어가 완성된 완전함 속에서 무한정성과 여러 가지 의미를 만드는 이중성이나 다의성을 떠맡고 지탱하기를 원하는데, 왜냐하면 이렇게 떠맡고 지탱하는 것을 통해 시적 언어가 언제나 향하고 있는, 의미 사이에 있는 것이나 의미를 넘어선 것을 보다 잘 나타내기 때문이다. 그러나 이러한 무한정성은 우연이 아니다. 우연은 이성, 요컨대 오로지 논증에 만족하고 모든 것을 계산값으로 환원하기를 바라는 이성이 계산을 통해 지배하려 하는 현실의 지극히 공허하고 피상적인 부분과 관련되어 있다.* 주베르가 다다른 공간에는 어떤 우연도 없고, 어떤 한정도 없다. 그리고 문학은 소통능력으로 변한 공간으로, 그것은 저 별들로 가득 찬 질서정연한 하늘이다. 거기서는 하늘의 무한이 모든 별들 속에 현존해 있으며, 또 별들의 무한성은 무한히 공허한 연장의 자유를 가로막는 일 없이, 그것을 감지할 수 있는 것으로 만들어 주고 있는 것이다.

바로 이것이 그가 만난 완강한 모순이다. 그는 이 모순이 저 높은 하늘에서 조화롭게 해결되고 있는 것을 목격한다. 그 자신은 이 모순

---

* "뉴턴. 그는 모든 사물의 '양'(量)을 아는 능력을 타고났다." "뉴턴은 양만을 발명한 것이다."

에 부딪히는데, 그것은 그를 침묵으로 밀어 넣지 않고, 그를 완성된 모든 작품으로부터 벗어나게 한다. 예술과 시 안에서 무엇보다도 먼저 너무 직접적인 이성이나 너무 직접적인 감수성이 요구할 수 없는 어떤 단언양식을 인지한 것이 그의 업적이다. 시와 예술은 그에게 그가 평생 동안 그것을 밝히려고 노력하게 될 전혀 다른 어떤 가능성을 예감하게 해준다. 요컨대 이성의 관계들보다 더욱 엄밀하지만 순수하고 가벼우며 자유로운 관계들을 만들어 나가는 어떤 필연성이다. 깊은 내밀성과 감수성을 통한 접촉보다 더욱 날카롭지만, 그럼에도 불구하고 거리를 둔 접촉이다. 왜냐하면 유일한 점을 통해 내면적으로 만져지는 것은 우리의 내면으로서 체험되는 거리 그 자체이며, 우리 안에 있는 우리의 중심으로서의 아득함이기 때문이다. 요컨대 이 관계들은 이성의 논리적 관계들 중에 있는 시간적 규칙성을 피해 가고 있지만, 마찬가지로 감각적 현전의 순간적 충격도 피해 가고 있다. 요컨대 이것은 직접적인 것과 거리를 둔 거리를 통한 소통이며, 한없는 무량의 연장에 대한 소위 점으로 파악되는 유한한 확인이다.

그러나 하늘로부터 별로, 공간의 무제한적인 그물코인 시작품으로부터 그것이 하나로 모아져야 할 순수하고 독자적인 말로, 무한정한 아름다움으로부터 아름다움의 완벽함이 가지는 엄밀함으로 어떻게 이행해야 하는 것일까?[*] 주베르는 때로 여러 가지 해결을 꾀하고 있는데,[**] 그 해결책들보다도 자신을 희생해서라도 이 두 움직임의 상반되는 필연성을 무시하지 않는다는, 그가 언제나 가져온 이 배려가 그를 중요하고 또 때로는 모범적인 존재로 만들고 있다. 그는 실패한 듯이 보인다. 그러나 그는 성공이라는 타협보다 이 실패를 선택하였다. 모든 현실화의 기획 외부에 있으며 그가 자신이 **단절** 상태에 처해질 운명이라는 것에 몹시 괴로워한 것은 확실하다. 그는 이 상태를 영혼의 **연속적** 토대로 삼고 있다. 그러나 그는 이것을 자신 안의 정신의 중단으로서, 모든 능력의 고통에 찬 중단으로서, 이제 아름답고 침묵하는 공허 속으로가 아니라 무 그 자체 안으로의 추락으로서 체험해야 한다. 그의 고백적 문장은 그 수가 적지만 몇몇은 잘 알려져 있다(특히 몰레Molé, 퐁텐, 뱅티미유 부인Mme de Vintimille 등에게 보낸 편지에서 볼 수 있다). 또한 『수첩』에는 그가 자신의 여러 곤란한 것들에 가까이 가려고 시도할 때 사용하는 몇몇 이미지를 볼 수 있다. "이것을 고백해 두려 한다. 나는 아이올로스^{Aeolos}의 하프와 같다. 아름다운 소리는 좀 낼 줄 알아도 곡은 전혀 연주하지 않는 아이올로스의 하프이다." "나는 아이올로스의 하프이다. 실바람 한 줄기도 나에게 불어오지 않았다." 아이올로스의 하프. 그가 오시안^{Ossian}풍의 이 형상을 즐겨 사용하고 있다는 것을 잘 알 수 있다. 왜냐하면 이것은 악기도 되고 음악도 되는 공간 그 자체라고 불러야 하는 것이기 때문이다. 거대한 공간의

---

* "아름다운 모든 것은 무한정적이다." "어떤 사물을 한정하거나 경계 짓는 것은 언제나 그 사물의 특징, 정확성, 명료함, 완벽성을 만들어 낸다."

** 그 중 하나는 나중에 상징주의가 착각하여 응용하게 되는 것, 즉 음악이다. "사고는 마치 음악에서의 음들과 같이 그들의 유일한 관계, 즉 화음을 통해서 연결되고 결합되어야 한다. 쇠사슬에서의 고리처럼이 아니라 말이다." 주베르는 감동적이지만 꾸밈없는 방식으로 미지의 사유들을 아쉬워하는데, 회화나 음악을 통한 표현이 그에게 이 사유들의 예감과도 같은 것을 줄 수 있었을 것이다. "아! 만약 내가 말로서 나를 표현하는 것처럼 음악이나 무용, 회화로 그러할 수 있었더라면 내게 없는 얼마나 많은 관념을 가질 수 있었을 것이며 나로서는 영원히 알 수 없을 얼마나 많은 감정을 맛볼 수 있었을 것인가?"

모든 넓이와 연속성을 갖는 악기이면서 반면에 언제나 불연속적이고 뿔뿔이 흩어지고 풀어진 음들로 이루어진 음악이다. 다른 곳에서 그는 자신의 성찰이 중간에 끊어지거나 문장이 공백으로 중단되는 것을, 현이 적절히 울리기 위해 유지해야 하는 긴장상태 혹은 그러한 조화를 통해 야기되는 이완상태, 그리고 "건강을 되찾고 다시 긴장하기" 위해 필요한 긴 시간 등을 통해 설명하고 있다. 시간의 이러한 협력, 그가 글을 쓸 수 있기 위해 없어서는 안 되는 내부의 공간과 외부의 공간의 이러한 만남, 바로 이것들이 하루하루의 움직임에 의지하면서, 또 그 움직임이 자기자신에서 자기자신으로, 즉 그 자신의 표현으로 이행하도록 요구하면서, 주베르가 **일기**라는 틀 안에서만 생각하게 이끌었다. 그 움직임은 때로는 실망스럽지만 끈기 있는 기대인 것이다. 마치 하프가 바람을 향한 고요한 기대인 것처럼. 또 때로는 친구들의 초조함에 답하면서 그는 자신의 지체遲滯에 대해 다음과 같은 새로운 이유를 찾아내고 있다. "…… 게다가 내 구름을 모아서 응축시켜야 한다." 이것은 바로 하늘과 별의 문제이다. 심연의 동일적 중성과 동시에, 하늘의 높은 공백이기도 하며 또한 "아마도"라는 성질이 지배하는 고도에 있으면서 거기에 투사되는 별자리이기도 해야 하는 「주사위 던지기」의 거대한 수수께끼이다. 구름이 모이고 응축되는 데에는 시간이 필요하다. 첫째로 시간은 사건이나 인상을 추억의 아득함으로 바꾼다(그리고 주베르는 이렇게 말하고 있다. "실제로 느끼고 있는 것처럼이 아니라 회상하고 있는 것처럼 자신의 생각을 표현해야 한다"). 이어서 시간은 기억의 막연한 아득함을, 이제 사실적이지는 않지만 동시에 허구적이지도 않은 어떤 순수한 순간의 별 모양의 본질에 집중시키는 것이다(그리고 주베르는 이렇게 말하고 있다. "나의 기억은 이미 내가 읽거나 보는 것, 심지어는 생각하는 것까지도 그 본질밖에는 보존하지 않는다"). 그는 이러한 변환을 의지의 압력을 통해 앞당길 수 없다. 왜냐하면 이 변환은 그 전제적 자아에 의존하고 있지 않기 때문이다. 바깥의 내밀성과 안의 공간이 이 변환 속에서 어떤 독자적 접촉이라는 형태로 함께하기 위해서는 이 변환이 그러한 자아를 가볍게 하고 그 속을 파내야 하는 것이다. 이렇게 해서 주베르는 그러한 상태 속에서 그저 기다리고 있다. 시간이 공간으로 이행하는 것을 기다리며, 또 시간이 공간의 순수한 본질적 순간에 집중되기를 기다리고 섬광에 집중되기를 기다리고 있다. 이 섬광은 이윽고 자신을 말로 바꾸고 말의 닫힌 투명성 속에서 언어 전체의 모든 외연을 어떤 독자적인 발언에 집중시키게 된다.* 그러나 그는 또 동시에 이 시기 그 자체에 무관심해서는 안 되며, 그의 삶 전체가 관여하는 어떤 내적 작업을 통해, 더 나아가서는 말이라는 거대한 내밀성을 통해 이 기대에 협력해야 한다. 왜냐하면 아마도 말이라는 이 시간과 공간의 경계 안에서 비로소 우리는 가장 적절하게 행동할 수 있기 때문이다. 그의 심오한 의미를 갖는 말에 따르면 여기에는 "역능과 불가능성이…… 동시에 존재한다."

빛 속에서의 휴식

주베르는 자신에게 필요하다고 생각되는 것과 관련해서는 그 무엇

---

* "언제나 책 한 권 전체를 한쪽 안에, 한쪽을 한 문장 안에, 그리고 그 문장을 다시 한 단어 안에 구겨 넣고 싶다는 빌어먹을 야망에 괴로워하는 자. 그게 바로 나다.

도 양보하지 않았다. 하지만 그가 이러한 경우를 결국 그곳에서 예지와 침착함, 그리고 아마도 마음의 평정을 발견해 내는 방식으로 해석할 줄 알았다는 점 또한 첨언할 필요가 있다. 이 점에서 그는 추위를 타는 천재의 취향을 따랐는데, 그럼에도 불구하고 그는 자신의 탐구의 큰 줄기를 크게 어지럽히지는 않았다. "혁명은 현실을 내게는 너무나 무시무시한 것으로 만들어 버리면서 내 정신을 현세로부터 쫓아내고 말았다"고 그는 쓰고 있는데(그는 우선 혁명가였지만 과격하지 않았고, 또한 무신론자였지만 양심의 드라마를 쓰지는 않았다), 그때 그는 어떠한 이유로 그가 언제나 그와 사물 사이에 "모든 것이 통과하고 침잠하며 완만해지고 평온해지며 본래의 격렬함을 버리는" 저 '내성內省의 영역'을 확립하려고 했는지를 보여 주고 있다. 그 경우 그는 이미 어떤 곤란한 요구를 받는 것처럼, 격리나 아득함에 노출되어 있는 것이 아니라, 이 격리나 아득함을 통해 자신을 지키는 "울타리"나 "성채를 감싸는" 안락함, "침실" 그리고 "충격을 완화시키며" "마음의 휴식을 취하는" 방어물을 만들어 내기 위해서이다. 이 휴식한다는 말은 평생 동안 그를 따라다녔다. 혁명가로서 그는 부정 속에서 휴식을 찾고 있다. 보몽 부인에게 그는 이렇게 말하고 있다. "사랑과 존경 속에서 휴식을 얻는 것입니다." 이어서 그가 그 사유를 집중시키는 중대한 제목은 '빛 속에서의 휴식'이라는 주제이다. 그는 『수첩』의 맨 처음에 이 주 제목을 써 넣고 있다. 마지막에도 또 쓰고 있고 때로는 기도나 주문呪文처럼 매일 반복하고 있다. "(타는 듯하다. 타는 듯한 괴로움.) 예지는 빛 속에서의 휴식이다(1821년 10월 22일)." 10월 24일에는 다음과 같이 쓴다. "그리고 마지막으로 나는 바란다. 예지란 '빛 속에서의 휴식'인 것이다." 왜 이렇게 집요하게 이 말로 되돌아가는 것일까? 왜냐하면 여기 응축된 약간의 말 속에서 그의 사유의 두 경향, 또 두 경향을 가진 사유의 양의성이 발견되기 때문이다. 왜냐하면 빛 속에서의 휴식은 빛을 통과한 평화, 자신을 평화롭게 하고 다른 이에게 평화를 주는 빛을 통한 평화일 수 있고 또 그렇게 되려고 하는 것인데, 반면 그것은 빛의 순수한 운동을 결코 방해하거나 가라앉지 않게 하기 위한 휴식 —— 모든 외적 도움이나 충격의 제거 —— 이기도 하다.*

 빛을 향한 욕구, 햇빛을 향한, 햇빛이라는 이 넓디넓은 개방구를 향한 강한 욕구("공간이 없으면 빛도 없다"), 또한 햇빛을 만들고 햇빛을 주는 저 유일하게 빛나는 지점에 대한 강한 욕구("빛나는 지점. 모든 것들 속에서 이것을 구할 것. 이것은 하나의 문장에서는 언제나 어떤 말 안에만 존재하며, 어떤 담론에서는 언제나 어떤 관념 속에서만 존재한다"). 어둡고 들어가기 어려운 불투명한 모든 것에 대한 혐오. "그의 정신 속 어두운 한 점은 그에게 있어서 눈 속의 모래와 마찬가지로 참을 수 없는 것이다." "좁다고? 물론이다. 밝지 않은 사물을 받아들이는 이 내 머리의 이 부분은 너무나 좁다." 아마 너무 좁은 것이리라. 왜냐하면 어둠으로부터의 그렇게 멀어지는 것이 바로 그를 햇빛으로부터, 날이 밝아 올 때의 격렬한 햇빛으로부터 벗어나게 하기 때문이다. 나중에 어떤 시사적 고찰 속에서 이야기하고 있듯이, 그는 그런 햇빛보다는 노을을 더 선호한다. "저녁놀은 멋지다. 이것은 조심스럽고 완화된

---

* "……휴식은 그것(영혼)에 있어서 결코 하찮은 것이 아니다. 그것은 영혼이 어떠한 외부의 자극도 받지 않고 온전히 그 고유의 운동에 맡겨진 상태를 나타낸다."

햇빛이다. 그러나 새벽빛은 별로 멋지지 않다. 왜냐하면 그것은 아직 햇빛이 아니기 때문이다. 그것은 또한 하나의 시작에 불과하다. 혹은 세간에서 사용되고 있는 정말 멋진 표현을 빌리자면 "끝"에 불과하다. 햇빛의 끝에 불과하다." 그가 바라고 있는 것은 "중간적 빛"이다. 그는 자신의 절도^{節度}에 대한 취향을 견지하기 위해 이 "중간적 빛"이라는 표현에 구애되고 있는데, 이 빛을 중간적이라 부름으로써 이 표현을 심화시키려고 하는 것이다. 그 빛이 중간적이라고 불리는 것은 단지 그것이 신중하기 때문만은 아니다. 언제나 그 빛의 반쪽이 우리에게 결여되어 있기 때문이기도 한 것이다. 요컨대 그 경우 빛은 분할된 빛이며 또한 우리를 분할하는 빛이다. 그리하여 우리는 우리 자신의 이 괴로운 분할에 동의를 해야만 하는 것이다.

빛 속에서의 휴식. 이것은 빛에 의한 조용한 침잠인 것일까? 휴식 없는 빛 속에 놓여 자기자신과 모든 고유의 움직임을 철저하게 빼앗겨 버린 상태인 것일까? 이 경우 아주 작은 어떤 것이 무한히 다른 두 경험을 떨어뜨려 놓고 있다. 그리고 사유를 떼어 놓는 이 **아무것도 아닌 어떤 것**을 언제나 확실히 유지하고 있는 것이 참으로 본질적이지만, 그 반면에 얼마나 곤란한 일인지를 그 특권적 예를 통해서 우리에게 상기시켜 주는 것도 또한 주베르의 관심사였다.

5장
클로델과 무한

폴 클로델(Paul Claudel)의 명성이 우리에게 알려 주는 그의 모습을 나는 도무지 잘 알 수가 없다. 알려진 바에 따르면 이 인물은 단순하고 아주 고풍스러운 인간이며, 흔들리지 않는 믿음에 확고하게 연결되어 있고, 수많은 명예 속에 파묻힌 공무원 관리라는 신분의 한계 속에서 치열하게 자신을 단언하는 원소적 천재라는 것이다.

아주 고풍스럽다고? 그는 지나칠 정도로 근대적이라고 말해도 좋은 인물이다. 데카르트에서 헤겔 그리고 니체에 이르기까지 모든 근대 사유는 의지의 찬미이며, 세계를 만들고 완성하고 지배하기 위한 노력이다. 인간이란 우주를 안에 품을 수도 있는 최상의 위대한 힘이며, 과학의 발전과 자신 안에 있는 미지의 자원에 관한 이해를 통해 뭐든지 할 수 있고, 그 하나하나를 전체로서 완성할 수도 있는 것이다. 이 대담성으로 가득 찬 정식^{定式}들은 오늘날 그 앞에 선 우리를 움츠러들게 하지만 그에게는 마지막까지도 익숙한 것들이었다(이 점에서는 르낭 Ernst Renan 이상으로 르낭적이다). 암루슈(Jean Amrouche)가 창조의 품에 안기고 싶다거나 '통합'되고 싶은 욕구를 느끼지는 않느냐고 그에게 물었을 때, 클로델은 퉁명스럽게 이렇게 답하고 있다. '아니오. 내 경우에는 언제나 이런 식으로 생각해 왔어요. 인간이라는 건 당신 말씀처럼 창조의 품에 안길 수 있도록 그런 식으로 만들어진 존재가 아니라, 창조를 극복하려고 하는 존재들이라고 말이지요……. 이건 오히려 하나의 싸움입니다. 내가 보기에 이 싸움에서 우위를 점하는 것은 가능할 뿐만 아니라 자연스럽기까지 합니다. 품에 안기는 것이 아닌 이겨 내는 것 말입니다.' 그는 자기자신의 내밀한 부분에 대해 이런 식으로 말하는 사람이다. 이 사람 안에서 중세는 수세기 이래로 입을 다물어 버린 듯하다.

그는 파괴되기를 원하지 않는다. 패배자에 대해서는 무정하거나 냉혹하다고까지는 할 수는 없지만, 거의 겁을 먹을 정도로 또 병적이라고 할 수 있을 정도로 어떤 깊은 혐오감을 품고 있다. 실패하거나 파멸한 사람들은 그의 내면에서 굴욕적인 기억이나 불쾌감과도 같은 것을 불러일으키고, 이것이 그를 몸서리치게 한다. 니체, 빌리에르(Auguste de Villiers), 베를렌(Paul Verlaine) 등의 사람들이 그렇다. 좀더 가까이에 그의 누이(Camille Claudel)가 있다. 더욱더 가까이에 있는 그의 내면에도 이 좌절은 자리잡고 있다. 예술가로 산다는 불행에 빠진 사람에게 이 좌절은 언제나 가능하다. 마치 좌절하는 것이 진정한 죄이자 본질적인 악이기라도 하다는 듯이 말이다. 성공하는 것은 그의 존재 법칙이며, 자기확립의 충만함의 표시인 것이다. 그는 현란하게 빛나기는 하지만 순식간에 사라지는 자아인 것에 대해 행복을 느끼는 르네상스기의 인간도 아니고, 허무한 기대나 어떤 열매도 맺지 않는 욕망에 만족하는 낭만주의적 인간은 더욱 아니다. 그는 근대인이다. 요컨대 자신이 실제로 접하고 있는 것만을 믿는 인간, 자기자신이 아니라 자기가 만들어 낸 것에 마음을 쓰는 인간이고, 몽상이 아닌 결과를 원하는 자이며, 이런 인간에게 문제는 작품과 작품이 갖는 결정적 충만함뿐인 것이다. 그에게는 이 성공에 관한 여러 증거가 필요하다. 열심히 증거를 찾는 사람은 아니지만 그래도 증거가 없으면 괴로운 것이다. 그는 마음속의 확신 정도로는 만족할 수 없으리라. 그 누구도 전혀 모르는 걸작이 대체 무슨 소용이란 말인가? 그러므로 그는 침묵으로 인해 마음이 상하고, 몰이해 때문에 상처받으며, 확고한 명성에 행복을 느낀다. 그러나 그를 더 행복하게 하는 것은 이 명성이 갖는 확실하고 손에 잡힐 듯한 성질이다. 재산이나 명성, 그를 현실과 연결시키는 모든 것, 그를 도와주고 또 그가 이룬 것을 확실하고 완성된 확인 가능한 한 세계로 만드는 모든 것, 이런 것들이 그에게는 중요하다. 문학적 허영심이 가져다주는 황홀상태나 사람들의 예찬 따위는 중요하지 않다. 그는 그러한 예찬을 기쁘게 받아들이긴 하지만 아주 잠깐 동안뿐이다. 성공은 단순화시킨다. 사람들은 앙드레 지드의 파악하기 힘든 다양성과 그리고 폴 클로델의 균질한 덩어리와도 같은, 요컨대 이음매도 없는 데다가 부분들을 갖지도 않는 존재를 대립시키는 것을 즐겨 왔다. 누구보다도 먼저 지드 자신이 그러했다. 이 덩어리나 존재가 언제나 클로델을 답보상태의 격렬함과 움직이지 않는 휘몰아침이 되도록 했다는 것이다. 그 자신은 이런 이미지를 마음에 들어 했을까? 이보다 더 선명한 이미지도 없고, 이보다 더 비뚤어진 이미지도 없다. 그의 안에서 사람들을 놀라게 하는 것은 어떤 본질적인 불협화음이다. 아무런 조화도 없는 여러 운동의 제어되기도 하지만 잘 제어되지 않기도 하는 격렬한 충돌이 있다. 상반된 욕구, 서로 대립하는 요구, 의장(艤裝)이 해제된 여러 특질들, 서로 상충되는 여러 능력들, 이런 것들의 무시무시한 혼합이다. 격렬하지만 느리고, 타고난 집요함이 있지만 그만큼 또 참는 것이 불가능하고, 사려 깊은 만큼 거칠고, 아무런 방법도 없지만 내면의 질서가 있으며, 기준이 없으면서도 정상을 벗어난 것을 참지 못하는 위기의 인물. 그의 삶에서는 모든 것이 한순간에 엮이고 한순간에 풀린다. 순식간에 그는 회심(回心)한다. 그후에 그가 외교관이라는 직업이나 작품과 연을 끊으려 했을 때에도 일순간, 단 한마디 그가 들었다고 확신한 '아니오'라는 단 한마디면 그를 이 세상으로 되던져 놓기에 충분하다. 조금 후 그는 이제Ysé를 만난다. 정념, 이 오류가 만들어 내는 환희, 모든 사건은 폭풍처럼 급속하게 진전된다. 이것은 번개 같은 결단이며, 일순간의 결의이다. 이 위기의 인물, 결코 되돌아오지 않는 이 인물은 이처럼 그의 개종도 결정적이지만, 자신이 개종했다는 사실을 납득하는 데에 4년의 세월이 필요했다. 이 변화를 전적으로 자기화하고, 개종이 요구하는 근본적 단절에 몰두하기까지는 12년의 세월이 필요했던 것이다. 또 마찬가지로 배의 갑판 위에서 불과 잠깐 사이에 벌어진 그 일이 만들어 낸 사건을 자기화하고, 그 격한 힘을 가라앉히는 데에는 무려 25년이 걸린다. 확실히 그는 본질적인 의미에서 영감을 받은 시인이다. 그에겐 모든 제어를 내팽개친 **뮤즈**의 난폭한 도래가 그를 기다리고 그를 엄습하는데, 그는 이러한 도래 없이는 아무것도 할 수 없는 것이다. 그러나 또한 그런 그는 너무나 이성적으로 의무를 다하고 있는 사람이 갖는 냉정함과, 그가 말하고 있듯 마치 관료처럼 침착하고 더할 나위 없이 규칙적으로 글을 쓰는 것이다. 그는 폭풍과 같은 천재이고 극도로 분할되어 있지만, 그럼에도 불구하고 결코 파열된 것처럼 보이지는 않는다. 그를 분할시키는 그것이 자기자신에 대한 그의 신뢰를 증대시키고 또한 자신이 성장할 것이라는 신뢰를 증대시키는 것이다. 그뿐만이 아니다. 그를 분할시키는 것은 자신이나, 자신의 증대에 대한 그의 신뢰 또한 증대시킨다. 그런데 이때 아무런 투쟁도 일어나지 않는 것일까? 난관은 없을까? 아무 번민도 일어나지 않는 것일까? 그는 완고하고 닫힌 낙관론을 품은 확신에 찬 인간의 겉모습을 드러내고 있지만, 과연 그런 인간에 불과한 것일까? 그의 생애 대부분에는 행복도 없고 안식도 없었다. 자신의 청춘기는 죽음의 인식과 버림받았다는 감정으로 점철된 지독히도 불행한 시기였다고 그는 이야기한다. 세계를 두루 돌아다니며 가족이나 친척과의 연결고리를 끊어 버리고 싶다는 한없는 갈망에 사로잡히면서도, 이 단절을 몹시 괴로워하고 또한 한번 떠나면 다른 장소이건 자신의 집이건 다다르게 된 곳에서 유배생활을 해야 한다는 것에 몹시 괴로워했다고 말하고 있다. 그는 "아내도 없고 자식도 없는" 깊은 고독에 사로잡힌 인물이며, 오랜 동안 타인과도 그리고 아마도 자기자신과도 교류하지 못하는 인물이었다. 『황금머리』(*Tête d'or*)에서 우리가 듣는 것은 의지의 고양과 젊은 욕망의 노래일 뿐이다. 결국 이것은 정복의 열정으로 가득찬 노래인데, 이 열정은 음울하고, 이 의지의 본질은 그러한 열정이 헛되이 도달한 행복한 광대함과는 무관한 것이다.

『정오의 분할』(*Partage de midi*)은 우리에게 고립된 "침울한" 한 사람의 모습을 보여 주고 있다. 이 인물은 우리와 소통하지 못하고 자기자신과도 조화롭지 못하며, 사용되지 않는 막대한 힘이나 아무짝에도 쓸모없는 격한 갈망을 해방시키지도 못하고 자신 안에 품은 채 곤혹스럽게 경직된 상태에 머물러 있을 뿐이다. 그리고 자기가 자신이 되기 위해서는 자신이 부서져야 하는 줄도 모르고, 거칠고 오만하며 가련하게 자신을 방어하고 있다. 그는 이 인물이 가까이 느낄 수 있는 것은 비인칭적 감정뿐이라든지, 이 인물은 자연처럼 어떤 살아 있는 힘이고 거의 내면을 갖고 있지 않는 자이며, 이 삶의 움직임을 표현하는 데 몰두해 있고 그 움직임을 고통으로서가 아니라 한없이 증대하는 풍부함으로써 느끼는 데 언제나 몰두하고 있는 자라는 식의 인상을 준다. 또 그는 우리 시대가 신앙이 있는 시대, 불신앙의 시대를 포함해서 근 150년 동안 명백하게 보여 주고 있는 파열된 의식과는 놀라울 정도로 무관해 보이긴 해도, 그렇다고 해서 그가 처음부터 모든 문제를 해결한 신앙인으로서, 본능과 천성에 의해 기적처럼 지탱되고 유배당하는 시인으로서, 아무런 곤란이나 분열도 체험하지 않고 살며 이야기할 수 있었던 것은 아니다. 그러한 일은 없다. 그러나 그가 자기자신 가까이에 머물러 있기는커녕 오히려 반대로 단호한 혐오감을 갖고 자신에게 등을 돌리고 있는 것은 여전히 진실이다.

그는 자신이 괴로워하는 모습에 신경 쓰지 않고, 다른 사람이 그런 그를 신경 써 주기를 바라지도 않는다. 그는 공허의 시선, 무^無의 가시성과도 같은 이 시선을 혐오한다. 그는 자신이 파멸을 향하기 위해서는 그가 완고한 신념을 통해 파괴할 수 없을 것이라고 부르는 그 자신의 단일한 근저^{根柢}가 격렬하게 상반된 여러 힘의 압력하에서 해체되기 위해서는 의식이 가진 파괴적 힘, 부적절한 그의 개입, 고통받고 고통을 주는 그의 호기심 등으로 충분하다는 것을 알고 있는 듯하다.

이것이 그가 가진 여러 비밀 중 하나이다. 여러 문제, 여러 곤란, 여러 고통, 그는 이것들에 대해서 곰곰이 생각하거나 검증하기보다는 오히려 그것들을 자신의 몸에 짊어진다. 그 무게와 짓누르는 힘에 따른다. 그것들을 마음대로 발전되게 방치하고 그것들 속에서 자기자신을 전개한다. 자연은 그 자신의 작동에 맡겨지든가, 시적 작업이라는 또 하나의 자연스러운 작업에 의해 단순히 도움을 받아야 한다. 이 또 하나의 작업 내에서는 서로 상대방을 불러일으키거나 서로 도발하거나, 서로 충돌하는 상이한 형상들처럼 그의 분할된 광대한 **자아**의 서로 싸우는 여러 형태들 ─ 그는 그 중 어느 하나의 형태도 생략하거나 거부하기를 바라지 않는다 ─ 이 언제나 서로 만나는 것이다.

 분명히 그는 다른 누구보다도 더욱 ─ 앙드레 지드조차도 그 유동적 본성이 갖는 유연함 때문에 그 정도로 위협받지는 않았었다 ─ 자기자신과의 질서 있는 관계를 가져다줄 수 있는 어떤 체계를 필요로 했다. 이 경우 그가 오늘날의 가장 신앙심 깊은 사람들까지도 놀라게 하는 종교상의 독단론에 흔들림 없이 매달리고 있는 것은 그가 거기서 이끌어 내는 이 일관성 때문이라고 생각하는 것은 어렵지 않은 일이다. 아마도 그럴 것이다. 하지만 그것뿐만이 아니라 그라는 이 인물에 대해 생각할 필요가 있다. 이 인물은 태어나면서부터 극도로 격렬한 소유력을 갖고, 극도의 에너지를 통해 생기를 얻는 인물, 막연한 피안의 약속으로는 결코 만족하지 않고, 모든 것을 보고 모든 것을 갖고 모든 것을 자신이 소유하기를 바라는 인물이다. 대지에 연결되어 "뼛속에", "대지에 대한 이 편집증"과 "대지의 이 차가운 맛"과 가시적 사물, 현전하는 세계에 대한 요구를 가진 인물이다. 자신 안의 그 어떤 것도 희생하기를 원치 않고 전력을 다해 패배를 거부하며 전력을 다해 승리와 지배를 갈망하는 인물이다. 그런데 이 인물에게 도대체 무엇이 부여되는 것일까? 약함의 종교, 굴종한 자, 패배한 자의 종교이다. 그리고 이 종교는 금욕과 무소유와 자기희생, 현세를 포기하고 무한을 찾자고 권하는 것이다. 어떻게 하면 그는 이런 선물에 만족할 수 있는가? 확실히 놀라운 선물임에 틀림없지만, 이것은 그를 그 자신으로부터 뿌리째 뽑아 버리는 것이다. 게다가 또 이것은 인생의 여명기에 그가 자신이 누구이며 어떤 가치가 있는지를 증거를 통해 확인할 수 없는 시기에 부여된 것이다. 그보다 덜 자연적인 인간이었더라면 이 갑작스러운 부름에 대해서 즉시 갑작스러운 움직임으로 응할 수 있었을 것이다.

하지만 그는 말하자면 여전히 움직이지 않는 것처럼 아무런 반응도 보이지 않고 있다. 침묵을 통해 그를 상처받지 않은 채로 보호해 주는 일종의 잠으로 답하고 있다. 당시 그가 쓰고 있던 작품은 이 근본적인 변화의 흔적을 가까스로 간직하고 있을 뿐이다. 『황금머리』는 저 너머에 대한 모든 신앙, 초인간적인 모든 환상을 거부하고 있다. 『동방소견』(Connaissance de l'Est)은 그가 그 자신과 모든 것들을 문제 삼기에 이르는 지점으로 향하기 위해 달성해야 할 행보의 완만함을 상기시킨다. 아름답지만 단단하고 자기자신을 밀어붙이는 듯한 이 묘사적 산문은 어떤 극단적인 투쟁을 숨기고 있다. 진정한 의미에서 숨기고 있는 것이다. 독자는 때때로 클로델이 개종했다기보다는 자신의 개종 그 자체를 자신의 강력한 본성이 사용하는 자원으로 개종시키려 시도하는 듯한 인상을 받는다. 벼락에 맞았지만 타지 않고, 그 불을 통해 다시금 푸르러지려고 끊임없이 갈망하는 나무와 같은 것이다. 그러나 이러한 일이 가능한 것일까? 위기는 피할 수 없다.

'무한, 무시무시한 말'
위기는 피할 수 없다. 왜냐하면 클로델은 자신 안에 격렬한 소유력 외에도 국한되지 않는 것, 무한한 것에 대한 유별난 혐오감을 품고 있기 때문이다. 너무나 이상할 정도로까지 그러하다. 그는 약한 인간이 아니라 강한 인간이기 때문에, 당연히 한계가 부과되면 오히려 거북해하며 모든 한계를 날려 버리고 싶어 해야 하는 만큼 이 사실은 더욱 주목해야 할 점이다. 그가 모든 것을 원한다는 것은 확실히 진실이다.

하지만 그 이상은 원하지 않으며 그 모든 것의 안에서 모든 사물을 하나씩 원해 갈 뿐이다. 그것도 이미 형성되고 이미 창조된 것으로서, 자신이 소유하고 인식할 수 있는 강고한 현실로서 원할 뿐이다. 그는 모든 것을 원한다. 모든 것이 가지는 확실함을 원한다. 근원이나 아직 존재하고 있지 않은 것이 아니라, 현전하는 우주, 자신의 한계들 속에서 폐쇄되어 한정된 세계를 원한다. 거기서는 어떤 것도 상실되지 않고, 마침내 그는 이 세계를 자신의 부단한 언어를 통해 헤아리고 계측하며 확인할 수 있는 것이다. 설령 욕구와 연결되어 있다 하더라도 클로델은 무엇보다 먼저 현전하는 인간이며 현재에 속하는 인간이다. 그는 현재형으로밖에는 말하지 않는다. 그에게는 현재 그곳에 있는 것 속에 그가 향유하고 찬미하며, 자신의 언어를 통해 더욱더 존재시킬 수 있기에 충분한 존재가 언제나 존재하는 것이다.

그러나 그가 혼란스러운 추진력을 통해 대응하려 하는 이 현재란 도대체 무엇일까? 이것은 그 순간일까? 머지않아 「칸타타」(La Cantate à trois voix)로 노래되는 '봄과 여름 사이의 이때'인 것일까? 이것은 향유상태의 현실일까? 어떤 걱정도 없는 상태나 황홀경 상태에서 맛보게 되는 행복일까? 주지하듯이 이 정도로 클로델과 상반되는 것도 없다. 왜냐하면 그가 현재를 원하는 것은 현재 내에 현전하기 위해서이지 현재 속으로 소실되어 버리기 위해서가 아니기 때문이다. 그는 무한정의 것을 두려워하는 것처럼, 범신론에 빠져 죽는 것에도 공포와 혐오를 느낀다.

현재는 그것에 열중하고 만족을 느끼기 위해서뿐만 아니라, 그것으로 자신을 먹이고 그것을 발전시키고, 더 나아가서는 점진적 증대와 순환적인 개화를 통해 그것을 넘어서기 위한 것이다. 그렇다면 그는 현존하는 모든 것을 그 형상 내에서 소유하고 그 표면만을 접촉하면서 영적인 소유로 만족하는 것일까? 그에게는 그 이상이 필요하다.

요컨대 그는 그저 단순히 보기만 하는 것이 아니라 가지기를 원하는 것이다. 자신의 존재 전체를 통해 존재 전체를, 그 실체까지도 소유하기를 바라는 것이다. 그때 그는 원소적인 것의 시인이 된다. "원소 그 자체! 최초의 물질! 바다야말로 나에게 필요한 것!" 그리고 강고한 본원적 대지. "**대지의 대지**! 유방의 풍부함", "활활 타오르는 어두운 선혈", "활동하고 파괴하며 운반하고 가공하는 혈장^{血漿}", 방대한 물의 유입, 모든 거대한 것, 단순히 맑게 흘러가는 물만이 아니라 그가 중국에서 보고 알게 된 "대지의 실체가 스며든 진흙탕물의 흐름, 한층 더 무거워짐으로써 한층 더 넓어진 원의 한층 더 깊은 중심을 향해 달아나는 흐름." (이것은 그에게 고유한 현재에 관한 정의에 다름 아니다. 현재는 하나의 점이 아니라 존재가 끊임없이 진동하면서 변함없이 순환적으로 개화해 나가는 운동이다.)

그러나 이러한 운동에 굴복하면 형태를 이루지 않는 것 속으로 매몰되고, 모든 것을 얻기는 하지만 모든 것의 한복판에서 "**복음**을 받아들이지 않은 **혼돈**"의 한복판에서 녹아 들어감으로써 감수해야 할 위험은 없는 것일까? 그는 무를 좇지 않듯이, 원초적인 불분명성도 좇지 않는다. 이 심오한 천재는 깊이 속에 있으면서 공허의 심연과 근원의 불확실성에도 동의하지 않으려 한다. 요컨대 여러 사물들의 구성물로부터 어느 것 하나 잃지 않으려 하는 것이다.

이 사물들은 시적 동시성(la simultanéité poétique)이라는 강력한 조화를 통해 모두 하나로 유지되고 있다. 하나로 연결되고 서로 관련된 그 사물들을 헤아릴 수 있는 형태로 유지되고 있다. 그것은 마치 성서에서 이야기되는 족장이 수많은 그의 양떼를 헤아리면서 거기서 지상의 부와 천상의 축복이 일치함을 칭송하는 것과 같다. 클로델은 원소적 이해와 형태에 대한 취미의 매우 놀라운 혼합물이다. 어떤 때에는 깊게 "원소 그 자체에 관여하자"고 하고, 또 어떤 때는 그저 광대한 어떤 높은 지점에 다다르려고 한다(이미지를 통하거나 신앙을 통해). 그것도 유한한 현실을 못 보고 지나칠 정도로 높은 것이 아니라 그것을 그 전체와 세부에 걸쳐서 조망할 수 있는 정도, "까마귀처럼 응시하며", "대지의 기복이나 형태, 경사나 면 등의 지세"를 고찰할 수 있을 정도의 높은 지점에 이르려고 한다.

그러나 그에게는 광대함이 깊이를 압도하는 듯하다. 긴밀한 것, 원소적인 것 안에는 그가 불쾌감 없이는 만질 수 없고 산사태가 발생할 가능성이 있는 균형의 상실이 있다.

무한(Infini), 무시무시한 말. 이것은 생명과도, 기쁨이나 사랑의 힘의 올곧은 행보와도 조화되지 않는다. 이것은 클로델이 번역한 시 속에서 코벤트리 패트모어(Coventry Patmore)가 노래하고 있는 것인데, 무한에 대한 이런 공포를 클로델 자신이 통감하고 놀라운 고집과 힘으로 표현했다. "무한은 어떠한 경우에도 정신에게는 언제나 혐오해야 할 것, 파렴치한 것이 된다." "축복 있으라. 신이여…… 당신은 나를 한계 있는 존재로 만들어 주시었다. …… 당신은 내 안에 결정적 관계와 균형을 두시었다." "우리는 세계를 이해했다. 그리고 우리는 당신의 창조물이 유한하다는 것을 발견했다." 그리고 암루슈에게는 이런 말을 하고 있다. "정상을 벗어난 모든 것은 파괴적이다." 마찬가지로 또한 시의 목적도 보들레르가 아마도 바랐다고 여겨지는 그런 것은 아니다. 요컨대 보들레르가 바랐던 것처럼 무한의 밑바닥*으로 침잠해서 새로운 것을 발견해 내는 것이 아니라, "한정된 것의 내밀로 침잠하여 마르지 않는 것을 발견하는" 것이다. 물론 클로델은 이렇게 자신이 **무한**을 거부하는 것이 종교와 관련해 갖는 거북한 점을 말로서 정정하고 있다. "나는 사물이라는 한정된 본성을 가지는 것 속에 있는 무한에 대해 말하고 있는 것이다." 그러나 감정은 원래대로 남아 있다. 불안, 밤의 경험, 아니 그뿐이랴. 순수한 빛이나 순수한 공간의 경험까지도 그

---

* 보들레르가 말했던 "미지의 밑바닥으로"(Au fond de l'inconnu)이라는 시구가 유명함에도 불구하고 클로델은 그것을 오해하고 있다. 그의 이러한 오해는 그가 미지로부터 얼굴을 돌려 버려도 여전히 그 미지 속에 있는 무한 역시 그가 거부하고 있다는 것을 암시한다. 무한이라는 말은 확실히 보들레르에게 고유한 말에 속한다.

의 본성 속에서는 부수어 버릴 수 없는 저항에 부딪히는 것이다. 그리고 이 점에서 그는 신앙의 극단으로부터도, 시의 극단으로부터도 벗어나 버린다. 그 결과 개종 후에 위기가 닥쳐올 때까지 그를 그가 믿는 것으로부터 떼어 놓는 것으로 보이는 것은 기묘하게도 그의 신앙의 확실함이고, 자신을 잃어버리는 것에 대한 공포이며, **악**과 접촉하는 것에 대한 공포인 것이다. 한마디로 말하자면 죄악이라는 죽음에 대한 무지인 것이다. 그 경우 그는 종교로부터 자신을 강화시키는 확실함만을 받아들이고, 자신을 무너뜨릴 수밖에 없는 동요나 부인 등은 받아들이지 않는 경향이 있다. 존재는 받아들이지만 무의 얼굴을 하고 있는 존재는 받아들이지 않는 경향이 있다.

『동방소견』이라는 산문은 어떻게 그가 어떤 강한 내면적 주저를 느끼면서도, 이 무시무시한 밤의 영역뿐만 아니라 무시무시할 정도로 빛나는 적나라한 세계의 작렬에 접근하여 점차적으로 탐색을 해나가야만 했는지를 분명하게 보여 주고 있다. 자신과 공범관계에 있다고 느끼는 바다의 시련은 자기자신과의 이 싸움에서는 큰 역할을 하고 있다. "바다에서의 생각", "바다의 위험", "멀어진 육지", "분해" 등의 제목은 그가 추방을, 즉 안과 밖 양면에서의 추방을 점차 인식하고 자신이 "살 수 없는 것 속으로 침입한 자"** 라는 것을 발견해 가는 은밀한 도정의 단계들을 보여 주고 있다. 바다를 통한 허무성의 인식이다. "이해할 수 없는 **바다**의 붕괴와 혼돈 속으로 실려가 내던져지고, **심연**의 웅성

** "11월", "격정", "하강", "칩거", "정원의 시간", 우리는 빛을 향한 그의 접근을 이야기하고 있다.

거림 속으로 몸을 던져 그 모든 무게 때문에 죽을 수밖에 없는 인간은 뭐든 붙잡고 늘어질 만한 견고한 것을 찾는다. "내 주위에는 견고한 것이라고는 아무것도 없다. 나는 혼돈의 한가운데 놓여 **죽음**의 내부에 빠져 있다. …… 나는 내 균형을 잃고 **무차별적인 것**을 통과해 여행한다. 나는 깊이와 **바람**의 양력揚力과 **공허**의 힘이 만드는 대로 되고 있는 것이다." 조금 후에 그는 암흑의 한가운데로 들어가 버리려고 하는데, 그곳은 "밤이 우리들로부터 우리에 관한 보증을 앗아 가고 있는" 지점이며 그때 "우리는 이미 자신이 어디에 있는지 알지 못하고" 또한 "우리의 시야는 이미 눈에 보이는 것을 그 한계로 삼지 않고 동질적이고 직접적이며 서늘하고 꽉 찬, 눈에 보이지 않는 것의 감옥에 갇혀 있다." 요컨대 무한정한 것에 갇혀 있는 것이다. 그리고 그는 이 무한정한 것에 대해 혐오와 불안을 느끼고, 그것도 거부와 은폐를 통해 비로소 그의 안에 나타나는 불안을 느끼는 것이다. 밤이 그로부터 앗아 가는 그 자신에 대한 보증이 중요한 계약이다. 왜냐하면 이 보증──언제나 자신의 위치를 정할 수 있는 가능성── 은 그에게 매우 중대한 문제인 것이다.

그리고 아마도 "바다의 위험"은 그를 삶으로 되돌리고 죽지 않았던 것, 쓴**물**을 마시지 않은 것에 대한 감사로 되돌아오도록 하는 것에 불과하다(그리고 이것도 주의해야 하는데, 그것은 그의 언어가 모든 것이 해체된 정지상태에 가까이 갈 때조차도 이렇게 견고하게 닫힌 것이며, 한계도 형상도 가지지 않고 사방으로 흩어진 상태이고 수집장치로서 작동해야 하는 만큼, 이렇게 한층 정언적인 것이 되어 있다는 점이다). 클로델은 간단히 자신을 포기하지 않는다. 게다가 이 모든 움직임은 숨겨진 것으로, 경직되고 객관적인 산문의 직물 아래서 간신히 인정되는 것에 불과하다. 게다가 이 위기 자체도 그 윤곽은 잘 알려져 있으나, 오늘날까지도 숨겨져 있는 채로 존속하는 것이다.

'나는 불가능한 존재입니다'
이렇게 해서 클로델은 어느 시기에 그의 외교관이라는 직업과 인연을 끊고, 그뿐만 아니라 그의 저작활동과도 인연을 끊으며 이제 막 정복하기 시작한 이 세계를 단념하려고 결심한다. 모든 것이 아니라면 아무것도 아니라는 식의 태도가 갖는 효능 같은 것은 결코 믿어 본 적조차 없는 인간의 결심으로서는 너무나 기이한 것이다. 그러나 가장 기이한 것은 이 놀라운 결단이 그가 처해 있는 자기자신의 변모 내에서는 본질적이지는 않다는 점이다. 결국 그를 고뇌하게 만들고, 그를 현재의 모습으로부터 떼어 내며 "상처받은 마음과 뒤틀린 마음을 품은" 채로 방치하는 것은, 이 거대한 희생이 **성공하지** 못하고 그를 넘어선 '**아니오**'에 부딪히고 있기 때문이며, 이 "아니오"는 그의 내면적 패배의 표현으로서 그의 안에서 울려 퍼지고 있는 것이다. 이때 처음으로 그는 좌절을 인식한다고 말할 수 있다. 아마도 아직은 너무나 개인적이고 너무나 오만한 의지를 갖고는 있지만,* 어쨌든 그가 자신의 모든 것을 바친 결의는 달성되기에 이르지 못하고, 그것은 그에게 자신이 원하는 것을 해낼 힘이 없었다는 것을 알게 해준다. 이렇게 해서 그는 결핍과 곤궁을 발견하는데, 이것은 그가 모든 것으로부터 자기자신을 떼

---

* "나는 인간들 틈에서 한발 물러서려고, 빠져나오려고 손을 잘 써놓았다. 그렇게 돼 있었다!"

어 놓았기 때문이 아니라 자기를 자기자신으로부터 떨어뜨려 놓지 못했기 때문이다. 즉 이것은 무력함과 그가 마음의 준비를 하지 못했던 허무에 대한 쓰라린 인식이다.

  그러나 여기서는 아직 수동적인 어둠이 문제일 뿐이고, 그를 당황하게 하면서도 그 자신에게는 손을 대지 않고, 그의 강력한 개성의 형상은 그대로 남겨 두는 어떤 결여가 문제일 뿐이다. 머지않아 결정적 사건이 일어나는데, 그것은 잘 알려진 바로 그 사건이다. 이것은 폭풍과도 같은 금지된 정념이며, 이 정념을 통해 오만하게도 자신을 그 위탁자로 자부하고 있는 보물 같은 선^{善}을 확실하게 안은 이 인물, 메자^{Mesa}는 갑자기 능동적인 어둠에게, "표범처럼 당신을 덮치는 어둠"에게 공격을 당하게 된다. 단 한 번의 움직임만으로 파멸의 포로가 된 유죄의 인간, 상냥한 인간이 되는 것이다.

  이 이야기의 놀라운 부분 즉 일반적으로 바리새적 위선이라고 비난받고 있는 클로델의 본성의 호방함을 보여 주는 부분은 다른 남자와 결혼한 여자를 빼앗는 중대한 죄를 범함으로 인해 그의 안의 시인도, 아마도 그의 안의 신자도, 암울한 회한의 반추에 빠지기는커녕 그것을 통해 강렬한 기쁨과 승리감을 체험하고 있다는 점이다. 그는 예전에는 하지 못했던 일을 행한 것이다. 그는 밤과 맞서고 한계를 부숴 버리며, 다른 누군가와 다시금 연결되기 위해 자기자신을 잃어버리는 것을 용인하고 심연에 몸을 던졌다.

  그리고 나도 드디어 발견했어. 내게 필요했던 죽음을! 나는 그 여자를 알았어. 나는 그 여자의 죽음을 알았어.

나는 금지된 것을 소유했다.

이것은 풍부함이 넘쳐나는 언어「메자의 송가」(Cantique de Mesa)보다도 더 순수한 언어이다.「메자의 송가」에서는 아직 자기자신에의 헌신이라는 어투가 남아 있다.* "나는 금지된 것을 소유했다" 여기에 모든 것이 시작되는 지점이 있다. 시 또한 시작될 수 있는 지점, 열려진 공허한 공간으로 "대지 그 자체가 빛인 순수한 본래적 공간"으로, 다시금 도망침으로써 그 원천으로 되돌아갈 수 있는 지점이 있다.

"나의 무엇이 걱정이십니까? 나는 불가능한 존재인 것을! 나를 두려워하는 건가요? 나는 불가능한 존재입니다." 이것은 이제^{Ysé}의 도전인데, 우선은 시의 도전이요 도발이다. 후에 그는 이 여자를 **예지의 여신**과 대립시키기 위해 거짓된 여자라고 부르게 되는데,** 이 여자만이 가

---

* 그리고 알려져 있다시피 클로델은 단순한 문학적 아름다움에는 거의 관심이 없었기 때문에 후에 이 텍스트를 견딜 수 없는 것으로 판단하고 없애고 싶어 했다. 메자는 때때로 무시무시한 말을 하는데 이를테면 그가 이제에게 그녀의 남편이 죽었다는 것,―위선적으로 이 남편을 죽음으로 몰아넣은 것이 바로 그 자신이다―그러므로 이제부터는 그들이 죄를 짓지 않고도 서로 사랑할 수 있다는 것을 알리는 말이 그러하다. "하지만 이제 가르쳐 줄게. 시즈(Ciz)는 죽었고 나는 널 아내로 삼을 수 있어. 그리고 우리는 아무런 비밀이나 후회 없이도 서로 사랑할 수 있는 거야."
** 어떤 점에서『정오의 분할』은 그가 실수로 해방시켜 준 젊은 여자에 대한 복수의 행동이었다. 나중에 클로델은 그녀를 도나 프루에즈(Dona Prouhèze)로 부활시킴으로써 그녀를 정당하게 다루고자 시도한다. 그러나 그가『황금머리』의 공주, 비올렌(Violaine), 시뉴(Sygne), 프루에즈 등의 젊은 여자들에게 가하는 거의 가학적이라고까지 말할 수 있는 폭력에는 충격을 받지 않을 수 없다. 그는 그녀들을 구하기 위해 다소간의 기쁨으로 그녀들을 괴롭히는 것이다. "몇 번인가 그는 나를 채찍질하고 고문했습니다"라고 프루에즈는 남편 돈 카미유(Don Camille)에 대해 이야기한다. 이 남편이라는 인물은 뼛속까지 악의로 가득 찬 인물인데『비단구두』(Le Soulier de satin)에서는 가장 빠질 수 없는 인물 중 한 명이며―또 가장 존재감 넘치는 인물―이 자가 결코 저자와 무관한 인물이 아니라는 것을 확실히 느낄 수 있다. 클로델 안에는 아마도 그의 극적인 천재의 원인이 되는 사유의 잔혹함이 있다. 그가 이것을 더욱 자유롭게 전개시키지 않았던 것이 아쉬울 따름이다(클로델의 "지적 악의성"에 대해서는 스타니슬라스 퓌메Stanislas Fumet의 날카로운 고찰을 참조할 것).

장 강력한 자아를 깨부수는 데에 성공했으며, 클로델은 이윽고 기쁨에 가득 찬 송가라는 형태로 그녀 안에서 순수한 시의 힘, 절도^{節度}를 허락하지 않는 힘, **에라토**^{Erato}를 발견하고 있다.

> 오 내 친구여! 오 바닷바람 속의 뮤즈여! 오 뱃머리에 선 긴 머리 휘날리는 이념이여!
> 오 괴로움! 오 주장(主張)이여!
> 에라토여! 너는 나를 바라본다. 그리고 나는 네 눈 속에서 어떤 결심을 읽는다! 나는 네 눈 속에서 어떤 답을, 어떤 물음을 읽는다! 네 눈 속의 답과 물음!

기억해야 할 만남, 시의 본질 자체의 발견이다. 요컨대 이 답은 지금까지도 물음이며, 이 물음은 언제나 답 속에서 되살아나 답을 열려지고 생생한, 영원히 계속해서 시작되는 것으로 유지하고 있다. 그러므로 이 위기는 신앙과 마찬가지로 시에도 관계하고 있으며,* 왜 클로

---

* 리귀제(Ligugé)에서의 일 이후에 그는 그가 거부한 세계로부터도, 방금 자신을 거부한 또 하나의 세계로부터도 버려졌다고 생각하는데, 그의 실패한 결정으로 인해 그가 방치된 공허의 상태는 바로 이 무력함의 시련이며, 그것 없이는 시가 그 본질과는 관계없는 채로 남아버리는 불가능성으로의 접근이다. "궁핍의 시간"은 횔덜린이 그것의 순수한 화신이었고, 말라르메도 또한 그것을 예감하고 있었다. 클로델 혹은 그의 안에 있는 이론가는 이러한 예감의 의미를 인정하는 것에 언제나 동의한 것은 아니다. 그러나 클로델의 안에 있는 시인은 무력함 —— 불가능성 —— 이 시적인 힘의 척도라는 것을, 영감을 주는 말로 나타낼 수 있었다 ("또 실제로 나는 보았다 그리고 갑자기 전적으로 고독한 내 모습이 보였다. /"분리되고 거부되고 버려져/의무도, 임무도 없이 세계의 한가운데로부터 바깥으로 내쳐진/권리도 없고, 이유도 없고, 힘도 없고, 승인도 없는"). 이 각각의 말은 시적 상황에, 말라르메가 그것을 유지시키려 시도했다는 것을 그가 비난한 바로 그 상황에 상응한다.

델이 저렇게 긴 세월 동안 이 위기를 계속 탐구하고 이 위기를 통해 던져진 고뇌와 진리의 높은 지점에 있으려 했는지도, 이것을 통해 이해할 수 있다. 그가 이 위기에 저항하는 것은 사실이다. 자기자신을 쇄신하고, 재파악해서 균형잡히고 현명하며 행복한 인간이 되기를 선택하자고 머지않아 그는 결심하게 된다. 하지만 클로델은 결혼으로 전회하는 회심이 이 중대한 순간과 관련된 불충실성을 보여 주는 것이라고 잘못 생각하지는 않는다. 1907년(그때 클로델은 이미 결혼했고 한 가정을 꾸리고 있다)의 「성령인 뮤즈」(La Muse qui est la Grâce)와의 대화는 설령 그가 그 자신 속의 유보된 부분, 즉 여러 진지한 의무로 만족한다거나, 작가로서 현실적이고 진실된 사물만을 헤아리는 인식적 작품으로 만족하는 것을 참아 내지 못하는 감춰진 부분에 대해서 차례로 마음의 문을 닫아 간다 하더라도, 다행히 어떤 결말에도 이르지 못하는 대화이다.

또 하나의 말

이 대화는 클로델적 분할의 가장 순수하고 가장 올바른 표현이다. 한편으로는 그의 안에 권력과 의지와 지배력을 갖는 존재, 세계를 원하고 세계 속에서 자신의 임무를 완수하기를 원하는 존재가 있고, 이 존재는 유용하고 눈에 보이는 작업을 하고 싶어 한다. 그는 아마도 허무하고 파멸적이며 포착하기 어려운 어떤 말의 유혹에 굴하지 않기를 바라는지도 모른다. "나는 한 남자로서 존재하기를 어렵게 획득했다. 공짜로 주어지지 않는 여러 가지 것들에도 익숙해졌다. 그것들을 소유하기 위해서는 움켜쥐고, 배우고, 이해해야 한다." "내게는 완수하지 못한 임무가 있다! 모든 것을 향한 임무가 있다. 내게 은혜를 주지 않은 것은 아무것도 없다." "……내 임무는 사라지거나 다른 곳에 있는 것이 아니다. 손에 쥔 어떤 것을 놓아주는 것도 아니다……." 이런 의무로 사는 인간에게 어울리는 것은 풍부하고 견고하며 진실성을 갖춘 말이다. 즉 문제는 말하기를 단념하는 것이 아니라 시인을 유한한 사물에 대한 성찰로 이끄는 것이며, 이러한 사물이 바로 인간에 대한 찬가이다. "사람들이 만들어 낸 것을 노래하게 나를 내버려 둬. 모든 사람들이 내 시구 속에서 그들이 알고 있는 것을 찾아낼 수 있도록 …… 왜냐하면 헤아리는 이로서가 아니라면, 작가가 무슨 소용이 있나?"

지배력과 에너지로 가득 찬 말(그는 기꺼이 이것을 이론화한다. 요컨대 그에게 말이란 본질적으로 에너지를 가지고 있으며, 감정의 에너지가 응축된 것이다). "그것 대신에 지성과 의지의 역할을 하는 말." "나는 우연으로부터 분리된 인간의 위대한 시를 노래하리라 ……. 이제 라에스트리고네스^{Laestrygones}나 키클롭스^{Cyclops}의 한가운데를 지나는 오디세우스의 모험이 아닌, 대지의 인식과 같은 시를 통해 그리하리라." 중요하면서도 매우 클로델적인 작업이다.

하지만 또 하나의 말이 있다. 이 말은 아무것도 주지 않고 고독과 후회나 이별조차 가져오지 않으며, 이 말은 인식도 주지 않고 결과도 만들어 내지 않는다. 이 말을 하는 자는 이 말을 모른다. 그 무게와 압력의 한없는 요청도 모른다. 인간적이지 않은 말, 뭔가를 할 수 있는 인간이 아니라, 갑자기 자신이 고독하고 "분리되고 거절당하며 버려져" 있는 것을 발견하는 인간에게 다가오는 언어이다. 클로델은 이처럼 그 자신과 상반되고 그가 바라고 믿는 것과 아무 관계없는 말을, 별것 아닌 것으로 여기는 것일까? 이런 말을 비난하지 않는 것일까? 그는 이 말을 더 좋아하는 것이다. 자기자신을 버리지 못하기 때문에, 이 말에 저항하고 결국은 이 말을 내버리긴 하지만, 그래도 역시 이 말을 더 좋아하고 있다. 그의 안에 있는 모든 시는 그가 거절하고 있는 바로 그것과 공범자이다. 바로 그것이란 그가 자신이 그에 응할 수 없다는 것을 절망스럽게 인정하고 있는 순수함, 엄격함에 다름 아니다.

> 오 몫이여! 오 예정된 것! 오 영감을 주는 이여! 오 나에게 예정된 몫이여! 오 나보다 앞선 부분.
> 오 말을 향한 열정! 오 후퇴! 오 무시무시한 고독! 오 모든 사람과의 이별!
> 오 나와 모든 것의 죽음, 그 속에서 난 창조를 견뎌야 하네!
> 오 누이여! 오 이끌어 가는 여인이여! 오 무정한 이여, 얼마나 시간이 남았는가?
> 오 고뇌 속 나의 작업! 오 그대에게 보여 주어야 할 이 세상의 작업!
> 인쇄기의 롤러 위에서 잇달아 층을 이루는구나.
> 아직 존재하지 않는 그림의 맥락 없는 부분들이 나타나는 것이 보이는 듯…….
> 그렇게 난 일하고 자연이 무엇을 했는지 알지 못하리, 또 그렇게 정신은 죽음의 경험과 함께.
> 자신의 바깥으로 말을 토해 내는 것이다. 자신의 압력과 하늘의 무게 이외에는 아무것도 알지 못하는 새처럼.

그리고 다음과 같은 애원에서는, 그 자체로 대립인 클로델적 분할이 하나의 절규를 통해 비장하게 표현되고 있다. 주장하기 위한 말과 또 다른 말 사이의 대립, 즉 고요한 날숨이며 불에 의한 소진작용이고 정오의 근절작용인 말과의 대립이 그것이다.

그저 사람의 말을 말하라!
대지가 성숙할 때, 결혼하는 밤의 태양 속에서 오직 내 이름을!
그리고 아무런 울림도 없는 무시무시한 말은 한마디도 하지 말라.
그대가 단 한마디의 십자가처럼 내게 말한 내 정신이 지금도 묶여 있는 그 말은!

여기서 볼 수 있는 것은, 클로델의 최고의 증언이며 그가 자기자신에게 굴복하고 대지로 되돌아갈 때 그야말로 "절망적"으로 되돌아가고 있다는 증거도 볼 수 있다.

꺼져! 나는 절망적으로 다시 대지를 향하리라!
꺼져! 그대는 나로부터 대지의 이 서늘한 맛을 빼앗지 못하리라…….

이렇게 선택되고 싶지만은 않기 때문에 그는 스스로 선택을 하게 된다. 그러나 그는 자신이 좋아하지 않는 쪽을 선택하게 되었는데, 이 선택으로 인해 자신이 정당화된다고 생각하지도 않았고 언젠가 마음의 평정을 되찾으리라는 희망도 갖지 않았다. 몇 년 동안이나 그는 그 화해할 수 없고 환원 불가능한 목소리를 들어야 할 것이다.

그는 "견고한 지면으로 끌어내려져서" 극복된 여러 모순들이 만드는 행복을 아름다운 작품에서조차 단언하는데, 그때마다 이 목소리는 그에게 무엇을 이야기하는 것일까? "나를 속이려 하지 마라. 나에게 당신 대신에 이 세계를 주려고 시도하지 마라. 왜냐하면 내가 찾는 것은 바로 당신이기 때문이다. 나의 질투가 죽음보다 더 무서움을 알아라!" 모든 것을 태워 버리는 순수한 빛의 질투인데, 그것은 "또한 8월의" 작품의 눈부심 속에 있는 밤 그 자체의 질투이기도 하다. 밤의 깊이에 대한 신비로운 이해 위에서 대화는 완결된다. 그것은 또한 금지된 얼굴로의 회귀, 아래쪽에서의 묵묵한 현존으로의 회귀, 남들도 모르고 아마도 시인 자신도 모르는 회귀를 통해 이루어진다. 이 현전은 대지의 견고한 부도 아니고 정신의 욕구인 은총도 아니며 어두운 정념의 힘이다. 이 현존만이 일찍이 그에게 한계를 뛰어 넘도록 허락하고 그를 밤과 연결시키며, 그에게 불가능한 것의 계시를 부여함과 동시에 미지의 것의 기쁨과 도취를 부여한 것이다.

누가 부르짖었는가? 깊은 밤, 내게는 한 절규가 들리누나!
나에게는 들린다. 어둠 속에 사는 내 옛 누이동생이 다시금 내 쪽으로 올라오는 것이.
밤에 사는 아내가 아무 말 없이 다시금 내 쪽으로 되돌아오는 것이.
다시 내 쪽으로 어둠 속에서 나누는 식사와도 같은 마음을 품고.
고통의 빵과 같은, 눈물의 단지와 같은 마음을 품고.

지옥의 밑바닥에서 에우리디케가 오르페우스를 던지는 깊은 영원의 부름, 그치지 않는 부름이다. 그리고 그가 솔직하고 위대한 **뮤즈**들, 요컨대 엄하게 문들을 지키는 네 명의 수호천사에게 보호받게 되었을 경우, 그 **닫힌 집** 한가운데에서라도 이 부름에 응하지 않는 것은 허락되지 않을 것이다. "피 맛을 본 자는 이제 빛나는 물이나 타는 듯한 꿀을 먹는 일은 없으리라! 사람의 영혼을 사랑한 자, 일찍이 다른 살아 있는 영혼에 단단히 결속된 자는 영원히 그것에 사로잡힌 채로 있는 것이다."

6장

예언적인 말

예언자라는 용어 ─ 그리스 문화와는 이질적인 어떤 상태를 지시하기 위한 그리스어에서 빌려 온 것인데* ─ 가 그것이 우리에게 **나비**(nabi)를, 자신 안에서 미래를 말하는 인물로 여기도록 유도한다면, 이 용어는 우리로 하여금 오류를 범하게 만들 것이다. 예언은 단순히 미래의 말이 아니다. 그것은 말을 도래할 사건의 발견에 불과한 것보다는 훨씬 더 중요한 시간관계와 연루되게 만드는 말의 한 차원이다. 어떤 종류의 미래를 예견하고 고지하는 것은 만약 그 미래가 지속의 일

---

* 막스 베버(Max Weber)와 마르틴 부버(Martin Buber)는 그리스의 예언과 성서에서의 예언을 비교한다. 그리스인에게서는 플라톤이 『티마이오스』(Timaios)에서 분명히 지적하고 있는 것처럼, 영감을 통한 예지력에 사로잡혀 미친 상태에 이른 신들린 자는 말이 채 되지 못한 중얼거림, 이 중얼거림이라는 비밀을 통해 고양된다. 예언자, 즉 성직자 혹은 시인 아니면 성직자-시인인 그들은 이 비밀을 해석해야 할 책임이 있다. 다시 말해 그것을 인간의 언어로까지 승격시켜야 하는 것이다. 반면 막스 베버가 말하는 바와 같이, 성서의 세계에서는 무녀(pythie)와 이 해석자는 분리되어 있지 않다. 이스라엘의 예언자는 이 둘을 하나의 존재로 모으는 것이다. 이것은 그리스적인 예언이 아직 말이 아니라는 것을 뜻한다. 그것은 어떤 근원적인 소리인데, 이 소리에 사로잡혀 있지 않고 그것을 듣고 측정할 수 있는 사람만이 그것을 말과 리듬이라는 형태로 포착할 수 있다. 성서의 세계에서는 영(靈)을 만난 자는 즉각적으로 말하는데, 이 말은 이미 진실이며 시작되는 말이지만 완성된 말이고 리드미컬하게 엄격한 말이다. 설령 그 말이 순간의 난폭한 힘으로 움직여지고 있다 하더라도 말이다.

상적 흐름 속에 자리를 잡고, 말의 정연한 구조 속에서 표현을 이끌어 낸다면 아무것도 아니다. 그러나 예언적인 말은 불가능한 미래를 고지한다. 바꿔 말하면 자신이 고지하는 미래를, 그것을 고지함으로 인해 살 수도 없고 생활의 모든 확실한 소여^{所與}를 붕괴시키는 어떤 불가능한 것으로 만든다. 언어가 예언적이 될 때, 미래가 주어지는 것이 아니라 현재가 제거되는 것이다. 견고하고 안정적으로 지속적인 현전의 가능성이 제거되는 것이다. 영원의 **도시**나 부술 수 없는 **신전**조차도 갑자기 믿을 수 없는 형태로 파괴된다. 다시 사막이 되고 말도 또한 황량해진다. 부르짖기 위해 황무지를 원하고, 우리들 속에 사막에 대한 공포와 이해 그리고 추억을 끊임없이 일깨우는 목소리가 된다.

사막과 바깥

예언적인 말은 모든 체류, 모든 정착에 반대하고, 휴식이 될 만한 뿌리내림에 반대하며, 운동의 근원적 요청으로 되돌아가는 방황하는 말이다. 앙드레 느에르(André Neher) 씨가 지적하고 있듯이 8세기의 예언자들이 슬쩍 훔쳐 본 사막으로의 회귀는 9세기에 레갑의 방랑하는 종파들에 의해 실천된 사막으로의 회귀의 정신적 대응물이었다. 그리고 이 종파들 자체는 중단되지 않고 전승되어 온 방랑의 갈망에 충실했다. 문명들의 역사에서 달리 그 예를 찾아볼 수 없는 현상이라고 그는 지적하고 있다.* 그리고 아시다시피 토지를 가지지 않는 부족인 레위족은 사는 땅이 결정적으로 정해진 다른 부족들 속에서 어떤 유동적

---

* André Neher, *L'Essence du prophétisme*, PUF, 1955.

생활의 예감을 체현하고 보존하고 있었다. 이집트에서 히브리인들은 만약 어딘가 닫힌 세계에 있었다면, 노예해방의 법규를 통한 즉각적 해방이라는 환상을 품었을지도 모른다. 그러나 그들은 그런 세계의 유혹을 거부하고 늘 일시적인 체류자로 머물러 있었다. 또 그들은 걷기 시작했기 때문에 해방되어서 이제는 더 이상 그들만이 홀로된 것이 아닌 어떤 고독상태로 사막에 비로소 존재하기 시작했다. 그와 마찬가지로 이번에는 그들이 소유자, 거주자가 되어, 풍부한 공간을 지배하게 되어도 여전히 그들 사이에서는 어떤 것도 소유하지 않는 사막 그 자체라고도 말해야 할 잔존물이, 저 장소를 가지지 않는 장소가 남아 있을 수밖에 없었다. 이 장소에서는 결합관계만이 체결될 수 있는 것이며, 거기서는 언제나 정당한 실존의 근원에 있는 저 벌거벗음과 뿌리째 뽑힌 순간과도 같은 것으로 되돌아가야만 하는 것이다.

느에르 씨의 의미심장한 지적에 의하면 이 방랑적 정신은 '공간의 가치를 유지하는' 것의 거부와 이스라엘의 천성적 특질이라고도 말할 수 있는 시간에 대한 긍정에서 유래하는 것이다. 왜냐하면 이스라엘의 천성이 신과 맺는 관계는 비시간적인 관계가 아니라, 하나의 역사를 만들어 내는 것이며 역사 그 자체이기 때문이다. 아마도 느에르 씨가 말하는 대로일 것이다. 그러나 이 사막의 경험과 대지가 단순히 약속의 땅에 불과하다는 방랑의 나날을 상기하는 것이 더욱 복잡하고, 더욱 불안하고, 더욱 불확실한 어떤 경험을 표현하고 있는 것은 아닌지 자문할 수는 있다. 사막은 아직 시간이 아니며 아직 공간도 아니다.

그것은 장소를 가지지 않는 공간이며 아무것도 생성하지 않는 시간이다. 거기서 사람은 단지 방황할 수 있을 뿐이다. 지나가는 시간은 자신의 뒤에 아무것도 남기지 않는다. 그것은 과거를 가지지 않는 시간이며 현전을 가지지 않는 시간이고 어떤 약속의 시간이다. 그리고 그 약속은 하늘의 공허와, 사람이 결코 그곳에 있지 않고 언제나 바깥에 있는 어떤 벌거벗은 땅의 불모성 안에서만 현실적인 약속인 것이다. 사막은 이 바깥이다. 사람들은 여기에 머무를 수 없다. 왜냐하면 여기에 있는다는 것은 언제나 이미 바깥에 있는 것이기 때문이다. 이때 예언적인 말은 **가능한** 관계가 아직 존재하지 않을 때, 어떤 황량한 힘을 갖는 시원적 무력, 허기와 추위의 비참, **바깥**과의 헐벗은 관계가 그 안에서 표현되는 말이다. 이 벌거벗은 관계는 계약, 즉 거기서부터 상호성의 놀라운 올바름이 나타나는 말의 교환의 기본원칙인 것이다.[*]

확실히 예언자들은 언제나 역사와 섞여 있고, 그들만이 역사에 거대한 척도를 부여하고 있다. 그들이 말하는 것에는 무엇 하나 인상적인 것도 없고 상징적인 것도 없다. 또 마찬가지로 사막도 단순한 이미지가 아니라 현실의 아라비아 사막이다. 언제나 그곳을 향한 이주^{exode}가 일어나고 있는 출구를 가지지 않는 출구라고 할 수 있으나, 어쨌든 지리적으로 위치 지을 수 있는 장소이다. 예언의 말도 역사의 동란과 그 운동의 치열한 힘과 섞이고 있긴 하지만, 또한 예언자가 시간의 무게를 짊어진 역사 속의 인물이 되고 있기는 하지만, 그것은 본질적으로 역사의 순간적 중단, 일순간 역사의 불가능성이 된 역사에 연결되어 있고, 재앙이 구원으로 역전되는 것을 주저하고 이미 재상승과 회귀가 추락 속에서 시작되고 있는 공허에 연결되어 있는 듯하다. 그것

---

[*] "광야에서 차올라 오는 주님의 바람이 불어오리니(「호세아서」 13장 15절 중)."

은 부정을 통한 무시무시한 이행이며, 이때 신 자신도 부정적이다. "그러므로 너희는 내 백성이 아니며, 나는 너희의 **신이 아니다**." 이리하여 호세아는 어린아이가 아닌 자들을 낳는데, 그들은 나중에 다시 어린아이가 된다. 모든 것이 불가능하며 미래는 불에 던져져 타고, 이제 한밤중의 나라밖에는 살 수 있는 땅이 없을 때, 불가능한 미래를 말하는 예언의 말은 불가능을 깨부수고 시간을 회복하는 '그러나'를 말하기도 한다. "나는 이 마을과 이 나라를 칼데아인의 손에 넘길 것이다. 그들은 들어와 마을을 불에 던지고 재로 변하게 하리라. 그러나 나는 이 마을과 이 나라의 주민을, 그들을 쫓아내고 모든 나라로부터 다시 부를 것이다. 그들은 내 백성이 될 것이다. 나는 그들의 신이 될 것이다." **그러나! 라켄!** 예언적 말이 그 속에서 자신의 작업을 완수하고 자신의 본질을 해방하는 더할 나위 없는 말이다. 요컨대 예언적 말은 영원히 걷기 시작하는 것이라고도 말할 수 있는 것인데, 길이 끊어진 장소에서 바로 그러한 것이며, 그때 이미 전진할 힘은 존재하지 않는 것이다.**

이렇게 해서 다음과 같이 말할 수 있다. 말은 단절적 시간에 어떠한 때에도, 언제나 현전하는 또 하나의 시간으로 되돌아갈 때 예언하는 것이라고 말이다. 이 **또 하나**의 시간에서 사람들은 그 힘을 빼앗기고 가능적인 것으로부터 떼어 놓아지며(과부이며 고아다), 서로 적나라한 관계에 있다. 이 관계 내에서 그들은 사막에 있는 것이며, 이 관계

** *L'Essence du prophétisme*, p. 239. 이 '그러나'는 '마찬가지로'라는 의미이기도 하다. 그러나 이제 같은 이유로라는 것이다. '내가 이 백성에게 온갖 무서운 재앙을 내렸듯이, 이제는 내가 그들에게 약속한 온갖 좋은 것을 내려 주겠다.' 카프카가 '그러나'라든지, '그럼에도 불구하고'라는 말, 즉 그 'trotzdem[그럼에도 불구하고라는 의미의 독일어]'이라는 말에 그의 모든 희망을 걸었을 때, 그것은 그의 안에서 말하는 예언적 희망인 것이다.

는 사막 그 자체이다. 적나라하지만 직접적이지 않은 관계다. 왜냐하면 이 관계는 언제나 미리 존재하는 어떤 말 속에서 나타나고 있기 때문이다.

'나의 멈추지 않는 말'
느에르 씨는 예언적 존재의 가장 항상적인 특질들을 모아 놓고 있다. 즉 그것은 죄이며 부인^{否認}이다. **평안 없음**이라고 신은 말한다. 예언의 **평안 없음**은 세속의 지혜에 대립함과 동시에 공간적 사제권 ── 제식^{祭式}의 시간밖에 모르는 지상과 **신전**이 계약을 하기 위해 필요한 장소인 듯한 사제권과도 대립하는 것이다. 이렇게 그 말은 죄의 말인데, 그것은 먼저 예언자 자신에게 죄가 되는 것이다. 한 사람의 인간이 갑자기 다른 사람이 된다. 부드럽고 다정다감한 예레미야는 쇠기둥, 청동성벽이 되어야 한다. 왜냐하면 그는 자신이 사랑하는 모든 것을 죄 있는 것으로 보고 파괴해야 하기 때문이다. 얌전하고 존경스러운 이사야는 자신의 의복을 벗어야 한다. 이렇게 그는 삼 년 동안 벌거벗은 채로 걷는 것이다. 이렇게 순결을 더럽힌 적이 없는 양심적인 사제 에스겔도 사람의 배설물로 구운 음식을 먹으며 자신의 몸을 더럽힌다. 호세아를 향해 신은 다음과 같이 말한다. "매춘하는 여자를 거두고 그녀의 아이를 거두어라. 이 나라가 매춘을 하기 때문이다." 그리고 이것은 단순한 비유가 아니다. 결혼 그 자체가 예언하는 것이다.

예언의 말은 무겁다. 그 무게는 그 진정성의 표시이다. 자신의 마음이 마음대로 이야기하게 내버려 두거나 상상력의 자유에 맞는 것을 이야기하는 것이 문제가 아니다. 사이비 예언자는 유쾌하고 즐거운 인간이다. 즉 예언자라기보다는 사람을 웃게 하는 인간(예술가)이다. 그러나 예언적 말은 **바깥**에서 부과되는 것이며, **바깥** 그 자체이고, **바깥**의 무게와 고통인 것이다. 소명을 수반하는 거부는 이로부터 유래한다. 모세는 다음과 같이 이야기한다. "쓸 만한 사람을 쓰소서……. 왜 나를 쓰십니까? 당신이 쓰신 책에서 내 이름을 지우소서." 엘리야는 "충분하다"고 말한다. 또한 예레미아는 이렇게 절규한다. "아아 주 여호와여, 보소서. 나는 어린아이와 같아서 말할 줄을 모릅니다." — "네가 어린아이에 불과하다고 내게 말하지 말고 내가 보내는 곳으로 가서 내 명령을 전달하거라." 요나의 거부는 더욱더 밀어붙여진다. 그가 도망치는 것은 단순히 소명으로부터 도망치는 것만이 아니라, 신 자신으로부터 도망치는 것이며, 신과의 대화로부터 도망치는 것이다. 신이 그에게 일어나서 **동쪽**으로 가라고 말하자 그는 일어나서 **서쪽**으로 간다. 더 잘 도망치기 위해 배를 타고, 더 잘 숨기 위해서 선창으로 내려간다. 이어서 잠 속으로, 그리고 죽음 속으로까지 내려간다. 그러나 그것도 수포로 돌아간다.

죽음은 그에게 하나의 종말이 아니다. 그가 신으로부터 멀어짐이 신 그 자체라는 것을 망각하고 신으로부터 멀어지기 위해 찾아 나선 그 멀어짐의 형태인 것이다.* 예언자는 자신에게 예언자의 준비가 되어 있다고 생각되지 않는 경우, 신도 또한 준비가 되어 있지 않은 것은 아닌지, '신도 일종의 무 준비상태'가 있는 것은 아닌지라는 괴로운 감정을 때때로 품는 것이다. 자신이 이야기하는 것이나 일어나는 사건

---

* *Jonas*, traduit de l'hébreu par Jérôme Lindon, Minuit, 1955.

의 부조리함 앞에서 그는 혼란스러워한다. 그것들은 이 단절과 변질의 시간과 연결되어 있고, 그 시간에서는 불가능한 일로서 도래하는 것이 언제나 이미 그 반대로 역전되고 있다. 그는 반복해서 '왜?'라고 이야기한다. 그는 피로와 혐오를 느낀다. 네에르 씨의 말에 따르면 그는 진정한 구토를 느끼는 것이다. 예언자에게는 신의 충실함의 결여에 대한 기묘한 반역이 있다. 요컨대 "영원한 주여, 그것을 내게 말한 자는 바로 당신입니다!"

예언적 말은 원래 대화이다. 그것은 예언자가 신과 의논할 때, 또 신이 "예언자에게 신탁뿐 아니라 자신의 배려를 맡길" 때 극적인 방식으로 대화가 이루어진다. "내가 행하려는 바를 아브라함에게 숨길 것인가?"라고 신은 이야기하는 것이다.* 그러나 예언적 말은 이미 말해진 바가 어떤 시작의 말을 통해 표현되고 있는 단언으로서 자신에게 맡겨진 언어를 끊임없이 반복하고 있는 한, 더욱더 본질적인 방식의 대화가 된다. 이것이 예언적 말의 독자성이다. 그것은 최초의 말이지만 언제나 그보다 이전에 어떤 말이 존재하고 있어서 예언의 말은 그것을 반복하면서 답하는 것이다. 마치 말하기 시작하는 모든 말은 멈추지 않는 **바깥**의 말이 다시 침묵으로 되돌려지기 위해 들려지는 답으로서, 우선 답하는 것으로 말하기 시작하는 듯하다. "나의 멈추지 않는 말"이라고 신은 말한다. 신은 이야기할 때 자기자신의 말이 —— 이렇게

---

* 아담이 나무 열매를 따 먹고 난 후, 곧 신은 그에게 "너 어디 있느냐?"라고 묻는데 이것은 걱정스러운 질문이다. 신은 이제 인간이 어디에 있는지 모른다. 본질적인 방향 상실이다. 신은 진실로 인간을 잃어버렸다고 네에르는 지적한다. 악이 왕좌를 깨부순 것이다. "너 어디 있느냐?" 이 물음에 대해서는 이후에 「예레미야서」에서 "주님께서는 어디 계신가?"라는 또 하나의 물음이 메아리로 울린다.

답이 된 말이 ──인간 안에서 반복되는 것을 듣고 싶다고 생각하는 것 같다. 신의 말은 인간 속에서만 단언될 수 있으며, 인간은 신의 말을 책임지는 자가 된다. 사유의 접촉도 없고 말로 표현하기 어려운 신의 사유를 말로 번역하는 일도 없으며, 그저 말의 교환이 있는 것이다.** 그리고 아마도 이 경우 주체가 되는 것은 신인데, 『출애굽기』가 교묘하게 말하고 있는 바와 같이 "어떤 사람이 다른 사람에게 이야기하는 것처럼!" 말하는 것이다.

반복되지만 전혀 다른 말, 자기자신의 답이 되고 청취가 되며 무한의 실현이 된 멈추지 않는 움직임 가운데에 있는 말, 그러한 말을 통한 신과 인간의 관계는 예언적 말 속에 상호 모순적 성질들의 총체를 도입하고, 거기로부터 그 의미의 영역을 이끌어 낸다. 요컨대 그것은 소유관계이자 자유로운 관계이다. 사람들이 먹는 말, 불이기도 하며 망치이기도 한 말, 잡고 망가뜨리고 만들어 내는 말, 그러나 그와 동시에 정신이며 정신의 완결태인 말이다. 듣는 것도, 듣기를 거부하는 것도 가능한 진실한 말이며, 이 말은 복종과 부인, 종속과 인식을 요구하는 것이다. 그리고 이 말의 공간 속에서는 "한 인간이 다른 인간을 대하는 것처럼" 만남의 진실성과 대면의 놀라움이 존재한다. 느에르 씨는 **루아**(rûha, 정신이면서 숨결)에 대해 이런 말을 하고 있다. 즉 루아의 신비는 지고한 영성으로부터 육체적 발산물에 이르기까지, 순수성으로부터 불순성에 이르기까지, 의미작용의 모든 단계를 숨기고 있다

** 에제키엘은 강기슭에서 끊임없는 말을 들으면서 그 말이 말하는 바는 알았지만 그에게 말한다는 사실은 아직 알지 못했고, 그래서 목소리는 그에게 말을 걸어 "너 사람아, 일어서라. 내가 너에게 할 말이 있다"고 말해야 하는 것이다.

는 점에 있는 것인데 ─ 신의 루아는 비장한데 ─ 이것은 말, 즉 **다바르**(davar)의 신비의 경우도 마찬가지로 진실이다. 말의 경우는 본질적 의미에서 이야기되는 관계, 내적인 마술성, 신비적 융합이 거의 배제된 관계로 여겨지긴 하지만 말이다. 영적이지는 않지만 정신인 말이다. 강력하지만 힘을 가지지 않고, 활동적이지만 활동력과 거리를 둔 운동성의 말이다. 거기에서는 예레미야의 꿈의 경우처럼 전진의 리듬, 도정 가운데 있는 사람들, 불가능한 회귀의 엄청난 동요 이외에 그 어떤 것도 미래를 보여 주지 않는다.* 이송과 열광의 언어이다. 여기에는 인간이 자신의 능력의 한계에 가하는 끊임없는 공격의 거칠고 치열하며 사람을 떨게 만들고 단조로운 황량함 속에서 무엇인가가 전개되는 것이다.

문자 그대로

우리는 이 언어를 어느 정도까지 받아들일 수 있을까? 곤란한 것은 단순히 번역만이 아니다. 그 곤란함이 수사학적 본성을 갖는다면 그것은 그것이 도덕적 기원을 갖는다는 것이며, 설령 비신자라 하더라도 다음의 것을 믿을 수밖에 없다는 암묵적 의무와 연결되어 있기 때문이다. 즉 우리의 시적 문학에 스며 있는 기독교적 영성과 플라톤적 관념주의 그리고 모든 상징주의가 우리에게, 자신의 성취를 자기자신 안에서가 아니라 뭔가 더 나은 소식의 도래에서 발견한 것처럼 보이는 그 언어를 소유하고 해석하는 권리를 주고 있다는 것을 말이다. 예언자들

---

* *L'Essence du prophétisme*, p. 240.

이 고지하는 것이 결국 기독교적 문화라면, 그 경우 그들의 말을 우리의 섬세함이나 확신을 기초로 읽어 내는 것은 완전히 정당한 일이다. 우리가 가지는 확신성 중에 가장 근본적인 것, 즉 진실은 이제부터 고정되고 확실히 확립된다는 것이다. 알랭(Alain Chartier)의 농민적 예지도 여전히 가톨릭 신자가 성서를 알지 못한다는 것을 재미있어 하고 있었다. 시몬 베유(Simone Weil)는 유대 사상과 관련해 자신이 알지도 못하고 이해하고 있지도 못함에도 불구하고, 이 주제를 가차 없는 완고함으로 비판하고 있는 유대 사상에 대해서 그녀가 보이고 있는 예외적인 부당함은 확실히 시사적이다.

왜냐하면 말이 근원적으로 고뇌의 허공과 관련이 있고 시원적 가난의 요청과 연관되어 있다고 그녀가 심각하게 느끼고 있다면, ─성서를 읽고서 그녀는 이것을 필시 알고 있었을 것이다─쉼없는 시간의 불안에 대해 그녀가 느끼는 혐오감, 운동에 대한 그녀의 거부, 비시간적인 아름다움에 대한 신뢰, (그리스나 힌두의) 순환적 시간, 수학적 시간, 신비적 시간 등과 같이 시간성이 부인되는 모든 시간 형태로 그녀를 이끌고 가는 매혹은 우리 안에서도 작동할 것이고, 또 번역할 의지는 없지만 완결하고 정화하려고 하는 모호한 의지를 통해 번역자들 내에서도 작동할 것이다. 그리고 특히 그녀의 순수를 향한 욕구와 순수성에 대해서는 신경조차 쓰지 않고 신성성에 대해서만 신경을 쓰면서 "내가 순수하니 너도 순수하여라"가 아니라 "내가 성스러우니 너도 성스러워라"라고 말하는 신, 자신의 파토스^{Pathos}를 통해 끊임없이 예언자들을 아무런 공통된 연관성도 없는 시련에 부단히 빠트리는 신에 대해 그녀가 본능적으로 느낄 수밖에 없는 혐오감, 요컨대 그녀로 하여금 성서의 말을 이해하지도 않고 비난하게 만드는 이 모든 것들의 강고한 양립 불가능성도 당연히 우리 안에서도 작동할 것이고 또 번역할 의도는 없지만 완결하고 정화하려고 하는 모호한 의지를 가진 번역자들 내에서도 작동할 것이다.

상징적인 독해법은 문학적 텍스트에 대한 아마도 가장 좋지 않은 독해법일 것이다. 너무나 격렬한 언어에 당혹스러워질 때마다 우리는 이것은 상징이라고 말한다. 성서라는 이 벽은 이렇게 영혼의 소소한 피로들이 모여서 우수의 색으로 칠해지는 감미로운 투명성으로 변했다. 거칠지만 진중한 클로델과 같은 인물도 성서의 언어와 자신의 언어 사이에 놓인 여러 가지 상징에 탐욕스럽게 먹혀서 자칫하면 죽을 수도 있다. 언어의 진정한 병이다. 그러나 만일 예언적 말이 우리에게까지 도달한다면, 그 경우 그것들이 우리에게 주는 느낌은 그 언어들이 알레고리와 상징을 포함하고 있지 않고,* 말의 구체적인 힘을 통해서 사물을 적나라한 상태에 둔다는 것이다.

그것은 눈에 보이지만 또한 보이지 않는 거대한 얼굴의 적나라함과도 닮은 적나라함이다. 이 적나라함은 하나의 얼굴로서 빛이며 빛의 절대성이다. 소름 끼치는 것인 동시에 매혹적이고, 친근하지만 포착할 수 없는 것이며 직접적으로 현전하면서도 끝없이 낯선 것이고, 언제나 다가오는 것이며, 언제나 발견해야 하는 것이고 환기해야 하는 것이기까지 한 그런 빛의 절대성이다. 그렇지만 이것은 인간의 얼굴의 적나

---

* 「요나서」에서 랭던은 교묘하게 말하고 있다. '히브리어는 상징이나 알레고리를 사용하지 않는다. 현실을 순수한 상태로 표현한다.'

라함과 마찬가지로 해독할 수 있는데, 즉 그것은 단지 이 의미에서만 얼굴인 것이다. 예언은 생생한 몸짓과 표정에 의한 표현이다.**

예레미야는 너희는 멍에 아래 몸을 굽히지 않는다고 말하는 것으로 만족하지 않는다. 그는 스스로 몸에 밧줄을 두르고, 나무와 철의 멍에를 짊어지고 걸어가는 것이다. 이사야는 이집트를 신뢰하지 말라고, 이집트의 병사들은 패배하고 포로가 되며 "맨발이 되어서 엉덩이를 까고" 끌려갈 것이라고만 말하지 않는다. 그 자신이 그 짊어진 주머니를 내려놓고 신발을 벗고 3년 동안 알몸으로 걷는 것이다. 아하즈 왕의 형제인 예언자는 왕에게 들려주고자 하는 심판을 보다 잘 강조하기 위해서, 누군가가 자신을 때리고 상처 내기를 바란다.

이러한 모든 것은 우리에게 무엇을 말하는 것일까? 모든 것을 문자 그대로 받아들여야 한다는 것이다. 우리는 굶주림과 육체적 고통이나 욕구에 좌우되는 자신의 육체에 내맡겨져 있는 것과 마찬가지 방식으로, 언제나 어떤 의미의 절대성에 맡겨져 있다는 것이다. 어디를 가나 우리를 쫓고, 우리보다 한발 앞서 우리가 존재하기 이전부터 언제나 그곳에 있으며, 부재라는 형태로 언제나 현전하고 침묵이라는 형태로 언제나 말하는 이 의미에 반대해서 몸을 숨길 장소가 없다는 것

** 부버는 다음과 같이 말한다. "그것은 살아 있는 실존이다. 그것은 무시무시한 진지함을 가진 신성한 행위이며 진실로 성사(聖事)적인 극이다. 예언자(nabi)는 표적(標的)이라는 형태로 산다. 그가 하는 것이 표적인 것이 아니라 그것을 하면서 그 자신이 표적이 되는 것이다. 그런데 성서적 언어에서 '표적'이란 무엇일까? 표적을 요구한다 함은 증거를 요구하는 것이 아니라, 전언이 구체적이고 육체적인 형태를 취하도록 요구하는 것이다. 그러므로 영이 말로서 표현되기보다는, 보다 완전하고 보다 진정하게 표현되기를 바라는 것이다. 즉 그것이 말 속에서 구현되기를 바라는 것이다.

이다. "그들이 동굴까지 파 내려간다면 내 손으로 그들을 잡을 것이다. 하늘로 올라간다면 내가 그들을 내려오게 할 것이다. 칼멜 산에 몸을 숨겼을 때도 나는 이미 그들을 발견한다. 바다 깊이 숨었다고 생각할 때는 그들을 뱀에게 잡아먹히게 하리라." 죽음을 장난스러운 것으로 만들고, 무^無를 불모의 것으로 만드는 언어의 무시무시한 저주. 공허도 없고 쉼도 없고 끊어지지 않는 말. 예언적 말은 이 말을 잡고, 잡는 것을 통해 때때로 훌륭히 이 언어를 중단시키고, 이렇게 그것을 우리에게 들려준다. 그리고 이 들림을 통해 우리로 하여금 우리 자신에 눈뜨게 만드는 것이다.*

    모든 공간을 점유하지만 본질적으로 고정되지는 않은 언어(언제나 파괴되기는 하지만 결코 끊어지지 않는 계약의 필연성이 여기서부터 생겨난다). 이 집요한 공격, 움직임을 통한 이 급습, 이 공격의 민첩함, 이 지칠 줄 모르는 비약, 이러한 것은 번역이 설령 충실한 것이라 해도 바로 그 충실함 때문에 발목을 잡히고 우리로 하여금 예측하는 데 엄청난 어려움을 갖게 만드는 것이다. 그러므로 우리는 시인에게 많은 것을 빚지고 있다.

    그의 시는 예언자들에 의해 번역되어 우리에게 본질적인 것, 즉 저 애초의 민첩한 동작, 저 조급한 상태, 지체하고 집착하는 것의 거부

---

* 예레미야는 불행한 말의 고집스러운 반복을 그것을 말하지 않으면서 그것을 중지시키려고 한다. 그는 그것을 자신 안에 붙잡아 두고 그것을 침묵시키려 하는데, 반면 "그의 뼈 안에 갇힌" 이 말은 모조리 태워 버리는 불이 된다. "나는 생각했다 '이제 아무것도 생각하지 않겠다, 아무것도 알리지 않겠다'. 그러나 그것은 내 심장 속에서 모조리 태워 버리는 불이었고 나는 그것을 참느라 헛되이 나 자신을 고갈시켰다."(장 그로장Jean Grosjean 옮김).

를 우리에게 전달할 줄 알았다.** 이것은 대부분 사람을 겁에 질리게 할 정도의 드문 자질이다. 왜냐하면 시인은 우선 무엇보다도 리듬의 숭배와 야생상태의 억양을 통해 모든 **진실의** 말 속에서 언제나 말해지고 있지만, 결코 들리지 않는 말을 느낄 수 있게 하기 때문이다. 이 말은 진실의 언어에 앞섬으로써 그것을 파괴하는 위험을 보여 주면서 미리 진실의 말을 반복하도록 운명 지워진 바람의 수군거림처럼 참을성 없는 웅얼거림과 같은 것이라고도 말할 수 있는 것이고, 선행하는 메아리라는 형태로 진실의 말과 겹쳐지고 있다. 이런 이유 때문에 예언은 말이 가지는 현재에 앞서는 강도에 의존하면서도 결국에는 어법의 파괴를 유발시키고자 부단히 노력하는 듯하다. 아르튀르 랭보(Arthur Rimbaud)라는 참을성 없음과 조급함의 천재, 저 위대한 예언적 천재에게도 사정은 마찬가지다.

** Jean Grosjean, *Les Prophètes*, Gallimard, 1955. 예를 들어 정직하고 유용하며 때때로 용감한 예루살렘의 성서를 읽어 보자. "축제를 지내러 가는 이들이 없어 시온(zion)을 향한 길들은 비탄에 잠기고, 성문들은 모두 황폐하게 되었으며 사제들은 탄식하고, 처녀들은 슬픔에 젖어 있으니 시온도 쓰라려 하는구나" 그리고 그로장은 다음과 같이 번역한다("시온에는 더 이상 축제가 없고, 길은 비탄에 잠기며/문은 버려지고, 사제들은 눈물을 흘리니/처녀들은 절망하네, 한없는 불행"). 나는 「아모스서」, 「호세아서」, 또 때로는 「이사야서」의 번역이 가장 아름답고, 그 억양을 통해 이제까지 프랑스어에 없었던 언어를 가장 잘 환기시키는 능력이 이 번역에 있다고 생각한다.

7장
골렘의 비밀

상징(Symbol)이라는 말은 다양한 문학의 역사에서 존경받을 만한 말이다. 이 말은 다양한 종교형태의 해석자들에게 매우 도움이 되어 왔고, 오늘날에도 프로이트의 후예들이나 융(C. G. Jung)과 그의 가까운 제자들에게 도움이 되고 있다. 사유는 상징적인 것이다. 아무리 국한된 실존이라 할지라도 갖가지 상징을 통해 살아가고 그것들에게 생명을 부여하고 있다. 상징이라는 말은 신자와 불신자, 학자와 예술가를 화해시킨다.

아마도 이렇게 말할 수 있을 것이다. 상징이라는 말이 사용되는 방식에서 사람들이 상징을 적용하고 있는 작품을 쓴 작가가 작품에 관여하고 있는 동안은 이 말이 지시하고 있는 것과는 아주 멀리에 있다고 느낀다는 점이다. 그 이후가 되면 그는 거기서 자신의 모습을 인정하고, 이 아름다운 이름에 마음이 흔들리게 될지도 모른다. 그렇다. 이것은 상징인 것이다. 그렇지만 그의 내부에서 무언가가 저항하고 항변하며 조용히 단언한다. 이것은 상징적으로 말하는 방식이 아니라 그저 현실적인 것이라고 말이다.

이 저항은 주목할 만하다. 그렇지만 사람들은 상징에 대한 사유를 충분히 세련되게 만들어 왔다. 이 경우 전문가들의 모든 학문적 연구보다도 먼저 신비학이 보다 많은 명확함과 엄밀함을 가져다주고 있다. 최초의 심화는 상징을 알레고리로부터 분리해 내려는 욕구에서 생겨났다. 알레고리는 결코 단순한 것이 아니다. 낫을 가진 노인이나 바퀴 위에 올라탄 여성이 시간이나 운명을 의미한다 하더라도 이 유일한 의미작용만으로 알레고리적 관계가 고갈되지는 않는다. 낫, 바퀴, 노인, 여성, 알레고리가 나타내고 있는 모든 세부사항, 알레고리가 출현하는 모든 작품, 거기에 숨겨진 엄청난 이야기, 이 이야기를 활동적으로 지탱해 온 정서적인 힘, 구체적인 표현양식, 이러한 것들이 의미작용을 여러 조응의 무한한 망으로까지 확대하는 것이다. 우리는 처음부터 무한을 자유롭게 사용할 수 있는 상태에 있다. 그저 이 무한은 바로 운용할 수 있는 무한일 뿐이다. 알레고리는 그 바퀴의 복잡한 진동을 매우 멀리까지 퍼뜨리지만, 결코 그 차원을 바꾸지는 않고 수평적이라 부를 수 있는 어떤 풍부함을 통해 퍼뜨린다. 요컨대 알레고리는 분명히 조절된 표현의 한계 안에 있으며, 표현되거나 형상화되는 무언가를 통해서 또다시 직접적으로 표현될 수 있는 또 다른 어떤 것을 나타내는 것이다.

상징적 경험

상징은 전혀 다른 여러 의도를 갖고 있다. 그것은 언어의 영역, 모든 형태로의 언어의 영역으로부터 단숨에 밖으로 튀어나오려고 한다. 상징이 목표하고 있는 바는 어떠한 형태로도 표현될 수 없는 것이다. 상징이 보여 주거나 들려주는 것은 직접적으로 듣는 것도 불가능할 뿐만 아니라 어떤 식으로도 들을 수 없다. 상징이 우리로 하여금 그곳으로부터 바깥으로 걸어 나오게 하려는 평면은 우리들을 일체의 접근이 결여된 어떤 종류의 영역으로 고양시키거나 혹은 내던져 버리기 위한 도약판에 불과하다. 그러므로 상징을 통해 비약이 있고 수준의 변화가 있다. 갑작스럽고 격렬한 변화가 있다. 고양이 있고 추락이 있다. 어떤 의미로부터 다른 의미로의 이행도 아니고, 평범한 의미로부터 여러 가지 의미작용을 포괄하는 더욱 광대한 풍부함으로의 이행도 아닌 다른 것을 향한 이행, 요컨대 가능한 모든 의미와는 다른 모습을 보여 주는 것으로의 이행이 있다. 이러한 수준의 변화는 낮은 쪽으로 향하는 위험한 운동이며 높은 곳을 향하는 보다 더 위험한 운동인데, 이것이 바로 상징의 본질을 이루는 성질이다.

 이것은 이미 성가신 일이며 여러 가지 기대를 품게 하는 드문 일이다. 상징에 대해 말하는 것은 조심하거나 주의하지 않으면 안 된다고 생각될 정도이다. 그렇지만 이어서 다른 특이한 점이 생겨난다. 알레고리는 하나의 의미를 갖고 많은 의미를 가지며, 또 다소 중대한 의미의 모호성을 지니고 있다. 그런데 상징은 아무것도 의미하지 않고 아무것도 표현하지 않는다. 상징은 다른 모든 포착을 벗어나 버리는 어떤 현실을—우리를 그곳에 현전시키면서—현전시킬 뿐이다. 이렇게 이 현실은 그곳에서 어떤 미지의 현전으로서 매우 가깝고도, 매우 먼 것으로 나타나는 듯하다. 그렇다면 상징이란 벽에 뚫린 구멍인 것일까? 다른 경우에는 우리가 느낌으로 알고 있는 모든 것으로부터 벗어나 있었던 것이 그것을 통해서 갑자기 우리에게 느껴질 수 있게 되는 틈인 것일까? 이것은 눈에 보이지 않는 것 위에 놓여진 해독용 격자인 것일까? 어두운 것이 애매모호함 속에서 투시적으로 느껴질 수 있는 어떤 투명함인 것일까? 전혀 그런 것이 아니다. 예술에게 상징이 이토록 강력한 매력을 불러일으키는 것은 바로 이런 이유 때문이다. 만약 상징이 벽이라면 그것은 구멍이 뚫리기는커녕, 오히려 역으로 한층 더 불투명해져 가는 벽이라고도 말해야 할 것이다. 단순히 불투명해지는 것뿐 아니라 그것은 너무나 강력하고 과도한 밀도와 두께와 현실성을 갖춘 것으로 변하는 것이며, 그 결과 그것은 우리 자신을 변형시키고 우리의 수단이나 관습의 영역들을 순식간에 변형시키며, 우리를 모든 현실적 지식이나 가능적 지식으로부터 떼어 내어 우리를 더욱 유연한 것으로 변화시켜 우리를 움직이게 하여 다른 방향으로 향하게 하고, 이 새로운 자유를 통해 우리로 하여금 어떤 새로운 공간에 접근하게 만드는 것이다.

    불행하게도 명확한 예라고 할 만한 것은 없다. 왜냐하면 상징이 특수하고 닫혀진 것, 그리고 일상적인 것이 되자마자 이미 그것은 퇴락해 버렸기 때문이다. 그렇지만 종교적 경험을 통해 생기 있게 된 것으로서의 십자가가 상징의 모든 생기를 소유하고 있다고 잠시 동안 용인해 보자. 십자가는 우리를 신비 쪽으로, 그리스도 수난의 신비 쪽으로 향하게 한다. 그렇다고 그것 때문에 십자가가 십자가로서의 현실성이나 나무라는 본성을 잃는 것은 아니다. 오히려 역으로 십자가가 하늘이 아닌 어딘가 다른 하늘로 우리가 접근할 수 없는 어떤 장소로 고양되는 것처럼 보이면 보일수록 그것은 한층 더 나무가 되며, 한층 더 나무에 가까워지는 것이다. 마치 상징이 어떤 무한한 확장력의 장소라는 사실에 의해, 언제나 한층 더 자기자신의 위로, 자신이 갖고 있는 유일한 현실성 위로, 그 사물로서의 어두움 위로 후퇴하기라도 하는 것처럼 말이다.

그러므로 다음과 같이 간략히 말해야 할 것이다. 요컨대 모든 상징은 하나의 경험이라고 말이다. 그것은 체험해야만 하는 근본적인 변화이며 완수해야만 하는 비약이라고 말이다. 그러므로 상징이 있는 것이 아니라, 상징적인 경험이 있는 것이다. 상징은 그것이 지향한다고 하는 보이지 않는 것, 말할 수 없는 것에 의해 결코 파괴되지 않는다. 오히려 역으로 상징은 이 움직임 속에서 일상세계가 결코 자신에게 부여한 적이 없는 어떤 현실에 도달하는 것이다. 그것은 십자가이면 일수록 더욱더 나무가 되고, 그 숨겨진 본질 때문에 더욱더 가시적인 것이 된다. 또한 그것은 어떤 순간적인 결정을 통해 우리를 그 곁에 나타나도록 하는 표현할 수 없는 것이기 때문에, 더욱더 수다스럽고 표현적인 것이 된다.

상징에 관한 이러한 경험을 문학에 적용하려고 시도했을 경우, 우리가 놀라지 않을 수 없는 것은, 이 경험이 오로지 독자에게만 관련되어 있고 독자의 태도를 변형시킨다는 점이다. 상징이 존재하는 것은 독자에게만 해당되는 이야기고, 상징적 탐구의 운동을 통해 자신이 책과 관련이 있다고 느끼는 것은 바로 독자인 것이다. 독자는 이야기에 직면해서 어떤 단언의 힘을 체험하는데, 이 힘은 그것이 행사되고 있는 한정된 영역을 한없이 넘어서는 것처럼 보인다. 그래서 그는 다음과 같이 생각하는 것이다. '이것은 단순한 이야기를 한참 넘어선 것이다. 여기에는 어떤 새로운 진실, 보다 높은 차원의 어떤 현실의 예감이 있다. 머지않아 무언가가 나에게 보여지겠지. 이 놀라운 작가가 그것을 나에게 주려 하고 있고, 그는 스스로 그것을 본 것이다. 그리고 내가 그의 작품의 직접적인 의미나 절박한 현실성 때문에 맹목적이 되지 않는 한은, 그것을 나에게도 보여 주려고 생각하고 있는 것이다.' 이렇게 해서 독자는 어떤 정념을 갖고 해당 작품과 일체가 되려고 한다. 이 정념은 때로 계시에까지 이르는데, 자신의 작은 빛을 새로운 심연의 구덩이 안에서 수용할 수 있다고 기뻐하는 듯한 특수한 독자의 경우, 우선 대략적으로 여러 가지 정교한 해석 속에서 고갈되어 버린다. 오늘날 이러한 두 종류의 독서법이 유명하다. 하지만 이것들은 이미 수 세기 전에 생겨난 것이다. 하나만 예를 들자면 한편으로는 『탈무드』의 풍부한 주석으로 귀결되고, 다른 한편으로는 문학에 대한 명상이나 조작操作과 연결된 예언적 카발라주의cabbalism의 몰아적沒我的 경험으로 귀결되는 것이다.

    (그러나 아마도 다음과 같은 것을 상기할 필요가 있을 것이다. 즉 읽는다는 것은 고찰보다도 순수함과 자유를 더 많이 요구하는 행복인 것이다. 이것저것 신경 쓰는 세심한 독서, 마치 성스러운 종교의식과도 같이 엄숙하게 거행되는 독서, 이것은 책 위에 새삼 존경의 인장을 찍는 것과 같은 것으로 이 인장이 책을 무겁게 닫아 버리는 것이다. 책은 존경하기 위해 만들어진 것이 아니다. 그리고 '가장 숭고한 걸작'은 언제나 가장 겸허한 독자 속에서 그 책을 자기자신과 동등하게 만드는 바른 척도를 발견하는 것이다. 이것은 당연하지만 독서를 용이하게 할 수 있는 능력 그 자체는 쉽게 다가갈 수 있는 것이 아니다. 책은 재빨리 자신을 열어 보이고, 얼핏 보기에 언제나 자유롭게 운용될 수 있는 것처럼 보이지만,—그런

데 책은 결코 실제로 그곳에 있지 않은 것이다──이러한 신속함이나 외견은 책이 우리의 의도대로 되는 것을 의미하지는 않는다. 오히려 우리로 하여금 완벽하게 준비하고 있으라는 요구를 의미하고 있다.)

상징적인 독서가 만들어 내는 결과는 때로 문화에 중대한 관심이 될 수 있다. 여러 가지 새로운 물음들이 야기되고 낡아 빠진 답들이 침묵하며, 인간에 대해 이야기하고 싶다는 욕구가 고귀한 형태로 키워진다. 그것뿐만이 아니다. 이것은 제일 나쁜 점이긴 하지만 일종의 잡종의 영성이 거기서 자신의 방편을 발견한다. 화폭이나 이야기의 배후에 있는 것, 이것은 사람들이 영원한 비밀처럼 막연하게 예감해 온 것인데, 이것이 어떤 본래적이고 자립적인 세계로서 재구성된다. 그리고 정신은 대략적인 상태의 무한성이 언제나 정신에 계속적으로 부여하는 의심스러운 행복 속에서 이 세계 주위를 분주히 돌아다니고 있다.

그리고 결국 이 사실로부터 작품과 관련해 그 파괴라는 사태가 야기된다. 작품은 마치 이 파괴가 저 배후세계에 대한 전망을 쉽게 하기 위한 주석^{註釋}이라는 벌레들에 의해 꾸준히 구멍 나는 일종의 체인 듯하다. 이 배후세계는 언제나 너무 느끼기 어려운 것이고, 사람들은 이 세계에 우리의 시각을 적합화하는 것을 통해서가 아니라, 그것을 우리의 시선이나 인식에 따라 변형시킴으로써 우리가 이 세계에 가까이 갈 수 있도록 시도하는 것이다.

그러므로 상징적 탐구는 중력에 따라서 거의 필연적으로 어떤 이중의 변질에 도달한다. 상징은 만약 그것이 하나의 정념이 아니라면, 또 우리가 이미 말한 대로 비약이 아니라면, 완전히 아무것도 아닌 것인데, 이 상징이 한편으로는 다시금 단순하거나 복잡한 재현의 가능성으로 변하는 것이다. 그런데 또 다른 한편으로 그것은 확대와 집중이라는 두 상반된 운동이 하나로 연결되어 확실하게 확정되는 격렬한 힘에 머무르는 대신에 신비한 거대함을 통해 그 섬유가 한 줄기 한 줄기 벌레 먹고 닳아 버린 십자가의 나무처럼, 그것이 상징하는 것 안으로 전체가 조금씩 조금씩 이행해 가는 것이다.

왜 순수예술은 존재하지 않는가
그러나 이 점과 관련해 우리는 여러 가지로 진보했다. 이전보다 사태에 더욱 통달하고 있고 더욱 주의 깊어졌다. 거기서 상징적 생명이 활동하고 있는 것 같은 작품의 경우, 그것은 우리가 그 안에 보다 완전하게 갇히면 갇힐수록 우리를 '바깥'과 가까워지게 하려는 것처럼 느껴진다. 그것은 그 자체 이외의 그 무엇도 말하지 않는다는 조건으로, 그것이 우리에게 말하지 않은 것을 드디어 말하게 될 것이다. 그것은 우리를 어디로도 이끌어 가지 않는 모든 출구를 열지 않고 닫아 버리는 경우에만 비로소 우리를 다른 장소로 이끌어 가는 것이다. 이것은 그 너머에는 그저 사막밖에 없는 듯한 어떤 비밀도 가지지 않는 스핑크스이며, 이 스핑크스는 자신 안에 그 사막을 지탱하고 그것을 우리에게 전해 주는 것이다.

　작품의 저 너머는 작품 속에 있어야만 현실적이며, 작품의 고유한 현실성에 다름 아니다. 이야기는 그 복잡하게 뒤얽힌 움직임을 통해서 혹은 그것이 자신의 실체 속에 만들어 내는 수준의 파괴를 통해서, 우리가 여기저기에서 갑자기 그 반영을 볼 수 있는 것처럼 생각하는 어떤 빛에 의해 자기자신 밖으로 끌어내어지는 것만 같다. 그러나 이야기를 한없이 외부의 지점으로 끌고 가는 이 인력은 이야기를 그 자신의 비밀로, 그 중심으로 끌고 돌아오는 운동인 것이다. 언제나 그것을 출발점으로 해서 이야기를 만들고 자기의 고유성과 영원한 탄생이 되는 내밀성으로 끌고 돌아오는 운동인 것이다.

그러므로 사람들이 어떤 작가에게 상징에 대해 말하는 경우 그들은 작품을 작품 자체로부터 멀리하는 거리를 체험하고 있는 것인지도 모른다. 그것은 멈추지 않고 움직이는 거리, 모든 생명의 중심, 생명 내에서의 움직임, 상징이 초래하는 자신과의 이 거리, 공허의 체험, 극복 불가능하지만 극복해야 하는 간극의 체험, 수준을 바꾸기 위해 비약하라는 호소이다. 그러나 작가에게 있어서 이 거리는 바로 작품 속에 있다. 쓰는 행위를 통해서만 그는 이 거리를 그곳에 자신을 맡기고, 그곳에 자신을 방치하여 그래서 그것을 현실적인 것으로서 유지하는 것이다. 바로 작품 안에 비로소 절대적인 바깥이 존재하며——이 근본적인 외부성의 시련을 통해 작품이 형성되는데, 이것은 마치 작품을 쓰는 자에게 작품의 가장 바깥에 있는 것이 언제나 작품의 가장 안쪽 지점인 것과 같다. 그 결과 그는 어떤 극히 대담한 움직임을 통해 끊임없이 공간의 극한으로 향하고, 자기자신의 끝인 것처럼 자신이 따르고 있다고 생각하는 양식이나, 자신이 말하고 있다고 생각하는 이야기 혹은 그 밖에 모든 쓰인 것의 종착점에서 자신을 지탱해야 하며, 요컨대 이미 그가 지속적으로 존재할 수 없는 장소에서 자신을 지탱해야만 한다. 그래서 그는 굴복하지 않고 자신을 지탱해야 한다. 그래서 그곳에서 어떤 순간에 모든 것이 시작되게 만들어야 한다.

그러나 이러한 지점, 이와 같은 순간에 그에게는 또한 이미 자신이 쓰도록 허락받은 그 작품이 문제가 아니라 그 작품과도, 그 자신과도, 다른 그 무엇과도 이제 아무런 관계가 없는 것이 문제인 것 같다. 자신이 목표로 하고 있는 것은 전혀 다른 어떤 것이라고 그는 생각한다. 그것은 알려지지 않은 **대지**이고, **암묵의 늪**(Mare tenebrarum)이며, 어떤 점, 말로 표현하기 어려운 어떤 이미지이며, 그 집요한 개입이야말로 이후에 자신을 생기 있게 하는 모든 것인 지고의 '감각'인 것이라고 말이다. 그렇다면 그 경우에 그는 그의 고유의 과제나 작품이나 목적을 부정하고 있는 것일까? 확실히 그렇다. 모든 것은 마치 작가가―혹은 예술가가―목적 내지는 알리바이로서 뭔가 다른 것의 추구를 자신에게 부과하지 않고서는 자기 작품의 완성을 추구할 수 없는 것처럼 일어나는 것이다(아마도 그렇기 때문에 순수한 예술은 존재하지 않는 듯하다). 자신의 예술을 실천하기 위해서 그에게는 그곳을 통해 예술을 피해 달아날 수 있고, 그것을 통해 자신이 무엇이고 무엇을 하고 있는지를 은폐할 수 있는 그런 어떤 샛길이 필요한 것이다. 그리고 문학이란 이 은폐인 것이다. 오르페우스는 에우리디케를 돌아봤을 때, 노래를 멈추고 노래라는 능력을 파괴하며, 의례를 배반하고 규칙을 잊어버리는데, 그와 마찬가지로 작가는 어느 순간에 모든 것을 배신하고 모든 것을 부정해야 하는 것이다. 그리고 예술도 작품도 문학도 그가 훔쳐보고 있는 진실에 비한다면,―혹은 그가 모시려고 하는 사람들에 비한다면―그가 포착하려고 하는 미지의 것에 비한다면, 그가 그것을 노래할 것이 아니라 보기를 바라고 있는 에우리디케에 비한다면, 이미 아무것도 아닌 것으로 간주되는 것이다. 작품에 대한 이러한 부정작용을 통해 비로소 작품은 그 가장 큰 차원을 획득할 수 있으며, 이 사실이 작품으로 하여금 일개 작품을 넘어서는 것으로 변화시키는 것이다. 많은 경우 바로 이러한 값을 치르고 작품이 소실되고 또한 상징에 양분과 존재이유를 부여하는 것 같다.

도대체 이 상징이라는 말은 작가에게 무엇을 가져다주는 것일까? 아마도 자신의 좌절에 대한 망각과 신비적인 말에 의지하는 것을 통해 환상을 만들어 내려는 위험한 경향뿐이리라.[*] 만약 그가 자신에게 고유한 경험의 특수한 성격을 분명하게 하기 위해 뭔가 다른 말을 사용하지 않는다면, 그것은 오히려 **이미지**라는 단순한 말이 될 것이다. 왜냐하면 많은 경우 작가는 자신이 어떤 이미지와 만나고 자신이 기묘한 정념을 갖고 그것과 연결되어 있다고 느끼는 인간과 같기 때문이다. 이 인간은 이 이미지 곁에 거주하는 것 이외에는 이미 어떠한 실존도 갖고 있지 않으며, 이 거주가 바로 그의 작품인 것이다.

이미지의 행복과 불행

카사레스(Adolfo B. Casares)의 『모렐의 발명』(*La invención de Morel*)이라는 이야기는 호르헤 루이스 보르헤스(Jorge Luis Borges)가 가장 성공한 작품 중 하나로 여기는 것인데, 이 안에는 정치적 박해를 피해 어느 섬에서 은신처를 발견한 한 인간의 이야기가 그려지고 있다. 그는 이 섬에 있으면 안전하지만 그 이유는 일종의 페스트가 이 섬을 무인도로 만들어 버렸기 때문이다. 몇 년쯤 전에 부자 한 사람이

---

[*] 상징은 창조적 모험을 포착하긴 하지만, 반대로 포착한다고 말할 수 있을 것 같다. 그러므로 상징은 독서를 이 모험적인 움직임의 심층과 관련짓는데, 이는 작가가 상징을 위해 의도적으로 길을 닦으려고 시도하지 않으면 않을수록 더더욱 그러하다.

친구들 몇 명과 함께 여기에 호텔과 예배당 그리고 '**미술관**'을 세우도록 했다. 그런데 유행병이 그들을 쫓아내 버렸다고 한다. 그래서 그 망명자는 자신이 완전히 버림받았다는 쓰라린 마음을 품고 잠시 동안 지낸다. 그러던 어느 날 그는 젊은 여자 한 사람과 다른 몇몇 사람들의 모습을 발견한다. 이 일행은 호텔에 투숙하며 야생으로 돌아간 자연 속에서 불가해한 유흥의 생활을 보내고 있다. 그래서 그는 또 도망치지 않을 수 없게 된다. 몸을 숨기지 않을 수 없게 된다. 그런데 그가 들은 대로라면 포스틴이라 불리는 그 젊은 여자의 매력과 그녀가 그에게 보여 주는 불가사의한 무관심, 축제 기분과 행복에 넘치는 사람들, 이러한 것들이 그의 마음을 사로잡는다. 그는 가까이 가서 그녀에게 말을 걸고 그녀를 만지고 그녀를 이래저래 유혹해 보지만 소용이 없다. 그는 자신이 놓여진 입장을 감수해야 한다. 즉 그녀에게 그는 존재하지 않는다. 그녀의 눈에 그는 죽은 사람과 마찬가지인 것이다. 게다가 실제로 그는 죽어 버리고 만 것은 아닐까? 그런데 이것은 다음과 같은 식으로 해결된다. 이 작은 모임을 조직한 것은 한 학자이며, 그는 사람들이나 그 외의 온갖 것들로부터 현실과 동일한 썩지 않는 그림자로서 모든 감각에 예외 없이 강요되는 어떤 절대적 이미지의 획득에 성공한다. 그 학자는 일주일에 걸쳐 친구들이 생활하는 모든 순간을 그들이 알지 못하는 순간에 '필름에 담았는데', 이 일주일 동안이 영원히 계속되는 것이다. 바닷물에 의해 영사기가 붙어 있는 기계장치가 움직일 때마다 이 일주일이 반복되는 것이다. 여기까지의 이야기는 그저 교묘할 뿐이다. 그러나 우리에게는 아직 두번째 결말이 남아 있으며, 거기서는 교묘함이 감동적인 것으로 바뀐다. 요컨대 이 망명자는 여러 영상과 그 매혹적인 젊은 여자 곁에서 사는데, 그러는 사이 조금씩 자신이 그 여자와 연결되어 있다고 느끼게 된다. 그러나 아직 충분하지는 않다. 그는 가능하다면 그녀의 무관심의 원 속으로, 그녀의 과거 속으로 들어가 그 과거를 자신의 뜻대로 변형시키고 싶다는 생각이 든다. 이를 위해 다음과 같은 계획이 생겨나는 것이다. 즉 자신의 동작이나 말을 포스틴의 동작이나 말과 잘 맞추어서 누가 보면 그들의 행복한 친밀함이라고 생각될 법한 것을 암시하기 위해 그것들을 서로 상응시키려는 계획이다. 그는 꼬박 일주일 동안 이런 식으로 살고, 그 사이 이미지 수집장치를 작동시켜서 그녀나 그 외에 다른 모든 사람들과 함께 자기자신의 영상을 만든다. 이렇게 해서 그 자신도 이미지가 되어, 이 이미지적인 친밀함 속에서 불가사의한 형태로 사는 것이다(물론 그는 자신이 아직 존재하지 않았던 그 일주일 동안의 영상은 서둘러 망가뜨려 버린다). 이후로 그는 행복해진다. 그뿐 아니라 일종의 최고로 행복한 자가 된다. 그러나 그는 이 행복과 영원에 대해서 자신의 죽음이라는 값을 지불해야만 한다. 광선은 죽어야만 하는 것이기 때문이다.

    이미지의 행복과 불행. 이 상황에서 작가는 많은 몽상이나 환각 그리고 번민, 그뿐 아니라 자신이 죽으면 그 삶의 어느 정도를 여러 형태 속으로 이행시키게 해서 그 형태들이 자신의 죽음에 의해 영원히 생기를 부여받게 만든다는, 소박하지만 친화력이 있는 사유까지도 엄밀하게 묘사되는 것을 인정하고 싶어 한 것이 아닐까?

    알레고리적인 몽상은 이런 식으로 그 고갯길로 나아간다. 이런 해석 그 자체가 이미 그 안에 들어가 있기 때문에 그것은 또 다른 하나의 알레고리이다. 우리는 그 **골렘**(Golem)을 떠올리는데, 이 원기^{原基}적인 덩어리는 그것을 만든 인간이 그 이마 위쪽에 신비적인 방법으로 새겨 넣을 수 있었던 문자들로부터 생명과 힘을 얻었던 것이다. 그러나 전통적으로 그에 대해서 다른 생명체들의 실존과 닮은 어떤 영속적인 실존이 부여되어 있는 것은 잘못이다. **골렘**은 우리들이 생각할 수 있는 모든 것을 넘어선 어떤 불가사의한 생에 의해 생기가 불어넣어졌고, 이러한 생명을 통해 살았던 것이며, 게다가 그것을 만든 인간이 법열 상태에 들어가 있는 동안만 그럴 뿐이다. 그에게는 이 법열과 법열적인 생의 불꽃놀이가 필요했다. 왜냐하면 그 자신이 법열 상태에 있는 의식의 순간적인 실현에 지나지 않았기 때문이다. 적어도 그것이 태어났던 때에는 그러했다. 그러나 그후 골렘은 지극히 당연한 마술적 작품으로 변했다. 그리고 모든 작품, 모든 사물과 마찬가지로 지속하는 법을 알았다. 그리고 그것을 많은 사람들이 알게 되는 곳인 세계, 전설의 세계로 들어가게 하기도 하지만 그 예술의 진짜 비밀로부터 나오게도 하는 저 여러 가지 몸짓이 가능하게 되었던 것이다.

8장
문학적 무한, 『알레프』

보르헤스는 무한에 대해 이야기하면서 이 관념이 다른 여러 관념을 부순다고 말한다. 미쇼(Henri Michaux)는 인간의 적敵으로서의 무한을 환기하고, '유한한 운동을 거부하는' 메스칼린^{mescaline}에 대해서 이렇게 말한다. "무한화되는 것을 통해 그것은 평온을 잃게 만든다."

나는 보르헤스가 그 무한이라는 관념을 문학으로부터 받은 것이라 추측하고 있다. 이것은 그가 무한에 대해서 여러 문학작품으로부터 이끌어 낸 어떤 평온한 인식만을 갖고 있다고 암시하기 위한 것이 아니다. 문학의 경험은 헤겔이 '악무한'惡無限이라고 명명하고 멀리하려 했던 것이 가지는 역설과 궤변과 아마도 근본적인 근접성을 갖고 있다는 것을 확인하기 위한 것이다.

문학의 진실은 무한이 가진 방황상태 안에 있을 것이다. 우리가 살아가는 세계, 우리가 그것을 살아가고 있는 세계, 이러한 세계는 다행히도 국한되어 있다. 우리가 방에서 나오고자 한다면, 단지 몇 걸음만으로 충분하다. 자신의 삶으로부터 나오기 위해서는 몇 년이면 충분하다. 그러나 이 좁은 공간이 갑자기 어두워지고, 그 속에서 우리가 갑자기 맹목적이 되어 버린다고 가정해 보자. 지리상의 사막이 성서에서 이야기되는 황무지로 변한다고 가정해 보자. 우리가 이 황무지를 건너는 데에 필요한 것은 이제 네 걸음도 아니고 열 하루도 아니다. 두 세대에 걸친 시간이다. 아니 전 인류의 역사 전체이다. 아니 아마도 그 이상이다. 진중하고 중용을 벗어나지 않는 인간에게는 방도, 사막도, 세계도 엄밀하게 한정된 장소이다. 그런데 필연적으로 어느 정도는 자신의 생명보다도 긴 걸음이 강요하는 방황에 몰두하고, 황무지와 미로에서 길을 잃은 인간에게는 이 같은 공간은 진정으로 무한하게 될 것이다. 이를테면 그가 이 공간이 무한하지 않다는 것을 알고 있더라도, 아니 그것을 알면 알수록 무한한 것이 될 것이다.

생성의 의미

방황, 결코 걸음을 멈출 수 없고 언제나 도중에 있다는 사실, 이러한 것이 유한을 무한으로 바꾼다. 이에 덧붙여 다음과 같은 기묘한 특질이 더해진다. 즉 유한은 닫힌 것이긴 하지만, 사람은 언제나 그곳으로부터 바깥으로 나오고 싶어 할 수 있다. 그런데 광대한 무한은 감옥이며 어떤 출구도 없다. 마찬가지로 절대로 출구가 없는 장소는 모든 무한으로 변하는 것이다. 이 방황의 장소는 직선을 모른다. 거기서 사람들은 결코 어떤 지점으로부터 다른 어떤 지점으로 가지 않는다. 여기서부터 출발해서 저기로 가는 것이 아니다. 어떤 출발점도 없을뿐더러 전진을 위한 어떠한 단서도 없다. 시작한다는 행위가 완료되기 전에 이미 다시 시작되고 있고, 완수되기 전에 지겹게 되풀이되고 있다. 결코 출발하지 않고서 되돌아온다거나, 다시 시작하는 것으로 시작한다는 이런 일종의 부조리가 '나쁜' 무한성에 대응하는 '나쁜' 영원성의 비밀인 것이다. 그리고 이것들은 모두 아마도 생성의 의미를 품고 있는 것 같다.

보르헤스는 본질적으로 문학적인 인물(이것은 그가 언제나 문학에 의해 허용된 이해의 양식에 따라 이해하려고 한다는 의미이다)이며, 그는 이 나쁜 영원성 및 나쁜 무한성과 싸우고 있는데, 법열^{法悅}이라고 불리는 빛나는 역전에 이르기까지 아마도 이 두 가지가 우리가 음미할 수 있는 유일한 것이리라. 책은 원리적으로 그에게 세계이고, 세계는 한 권의 책이다. 바로 이 사실이 세계 전체의 의미와 관련해 그를 안심시키는 것 같다. 왜냐하면 세계 전체를 이성이 가로지르고 있는지에 대해서 사람들은 의문을 품을 수 있지만, 우리가 만드는 책의 경우에는 그것도 특별히 이를테면 탐정소설처럼 아주 명확한 해결책이 정확히 대응하는 아주 수수께끼 같은 문제로서 교묘하게 구성된 허구적인 책의 경우, 우리는 그것들에 지성에 침투해 있고 정신이라는 조합능력이 이것들을 움직이고 있다는 것을 알고 있다. 그러나 만약 세계가 한 권의 책이라면, 모든 책은 세계이다. 그리고 이 천진한 동어반복으로부터 무시무시한 결과들이 야기되는 것이다.

첫번째로 이런 일이 있다. 즉 규준이 되어야 할 경계가 이미 존재하지 않는 것이다. 세계와 책은 비추어진 서로의 이미지를 영원히 혹은 무한히 서로에게 던지고 있을 뿐이다. 이 반짝임의 무제한적인 힘, 반짝이고 무한한 이 증식작용은──이것은 빛의 미로이지만 그러나 아무것도 아닌 것은 아니다──우리가 이해하고 싶은 자신의 욕구의 근저에서 눈부시게 발견하는 모든 것이 될 것이다.

게다가 또 이런 일도 있다. 만약 책이 세계의 가능성이라면 그것으로부터 우리는 다음과 같은 결론을 이끌어 내야만 한다. 요컨대 세계 속의 작품에는 단순히 만드는 능력뿐만 아니라 가장假裝하고 위조하며 속이는 큰 능력도 있는 것이고, 모든 허구적 작품은 이 능력의 산물인 것이다. 그것도 거기에 이 능력이 잘 숨겨져 있으면 있을수록 보다 명확한 형태로 그러한 것이다. '허구', '인공물'이라는 명사는 문학이 받을 수 있는 가장 적절한 명사라고 하지 않을 수 없다. 그러므로 보르헤스가 이러한 명칭에 너무나 잘 들어맞는 이야기를 쓴다고 비난하는 것은 그에게서 볼 수 있는 너무나 극단적인 솔직함을 비난하는 것이 되는데, 이 솔직함이 없다면 기만이 말 그대로 진중한 취급을 받게되어 버린다(아시다시피 하늘을 빼앗긴 이 하늘에서 빛나는 별은 쇼펜하우어와 폴 발레리이다).

정신이나 문학에 적용되는 위조라든가 변조 등의 말은 우리를 놀라게 한다. 우리는 이런 종류의 속임수는 너무나 단순하다고 생각한다. 설령 보편적인 변조가 있다 하더라도 그것은 여전히 아마도 다가갈 수 없는 것이기는 해도 존경해야 하는 진실, 어떤 사람들에게는 열렬히 사랑해야 하는 진실의 이름으로 있다고 생각한다. 악령을 가정하는 것은 가장 절망적인 가정은 아니라고 우리는 생각한다. 변조자는 설령 전능한 변조자라 할지라도 여전히 하나의 견고한 진실이며, 우리에게 그것을 더 넘어서서 생각하는 것을 면제해 준다. 보르헤스는 문학의 위험한 존엄함은 우리로 하여금 이 세계에 어떤 위대한 작가를 가정하게 만드는 것이 아니라 중성적이고 비인칭적인 어떤 기이한 역능의 접근을 체험시키려고 하는 데 있음을 잘 이해하고 있다. 그는 셰익스피어에 대해 사람들이 다음과 같이 말하는 것을 좋아한다. '그는 그가 모든 사람들과 닮았다는 바로 그 점을 제외하고, 모든 사람들과 닮아 있었다.' 그는 모든 작가들 중 단 한 명의 작가를 보고 있다. 그것은 칼라일(Thomas Carlyle)이나 휘트먼(Walt Whitman) 등의 유일한 개개의 작가이면서도 또 그 어떤 자도 아니다. 그는 조지 무어(George Moor)나 조이스 안에서 자신의 모습을 발견하는데, ―로트레아몽(Lautréamont)이나 랭보의 경우에도 그렇게 말할 수 있을 것이다―이것들은 자신들의 책 속에서 자신이 쓰지 않은 문장이나 형상을 더할 수 있었던 사람들이다. 왜냐하면 본질적인 것은 문학이지 개인이 아니기 때문이다. 또한 문학 그 자체에 관해서 말하자면, 그것이 개개의 책 속에서 비인칭적으로 존재하는 어떤 유일한 책의 고갈 불가능한 일체성이며, 모든 책의 싫증난 반복이기 때문이다.

보르헤스는 동시대의 어떤 프랑스 작가가 자기자신의 사고로부터 출발해서 『돈키호테』 속의 두 개의 장chapter을 문자 그대로 베낀 듯한 문장을 썼을 경우를 상상해 보라고 권하는데, 이때 이 기억할 만한 부조리성은 사실 모든 번역에서 행해지고 있는 것에 다름 아닌 것이다. 번역의 경우 우리는 두 언어로 쓰인 동일한 작품을 소유하고 있다. 보르헤스의 픽션에서 우리는 같은 언어의 동일성 속에 있는 두 작품을 소유한다. 그리고 하나가 아닌 이 동일성 속에서 가능한 것의 중복성이 만들어 내는 매혹적인 신기루를 소유하는 것이다. 그런데 완전히 똑같은 것이 있는 곳에서 원문은 모습을 감춘다. 기원조차 사라져 버린 것이다. 이렇게 해서 세계는 만약 그것이 한 권의 책 속에 정확히 옮겨지고 거기서 반복될 수 있다고 한다면, 모든 시작과 모든 종말을 잃게 될 것이다. 그리고 모든 인간이 쓰고, 또한 모든 인간이 쓰여져 있는 것 같은 유한하고 한계를 가지지 않는 구체적^{球體的} 총량이 될 것이다. 그것은 이미 세계가 아니라 그 가능의 무한한 총체 속에서 변질된 세계가 될 것이다(아마도 이 변질이야말로 경이롭고 끔찍한 알레프Aleph일 것이다).

문학은 단순한 속임수가 아니다. 그것은 상상적인 것의 무한한 다양성을 통해서 존재하는 것으로 향하는 위험한 능력이다. 현실적인 것과 비현실적인 것 간의 차이, 현실적인 것이 가지는 측량하기 어려울 정도의 특권, 이것은 현실성이 그저 단순히 부정된 비현실성에 불과한 부정의 강력한 작용과, 작용이라는 이 부정에 의해 배격된 비현실성에 불과한 한, 그 현실성에는 현실성이 보다 적다는 점에 있다. 이보다 적다는 성질, 공간이 줄어들고 얄팍해진다고 말할 수 있는 이 성질이 바로 우리가 직선의 행복한 방식으로 어떤 한 점에서 다른 한 점으로 향할 수 있게 해주는 것이다. 그렇지만 상상적인 것의 본질인 이 더할 나위 없는 무제한성은 K가 언젠가 '성'에 이르는 것을 방해하고, 또 아킬레우스가 거북이를 쫓아가는 것을 영원히 방해하는 것이다. 그리고 또한 아마도 살아 있는 인간이 그의 죽음을 온전히 인간적인 것으로, 그러므로 또한 불가시적인 것으로 만드는 지점에서 자기자신을 쫓아가는 것을 방해하는 것이다.

9장
악마의 좌절, 소명

 괴테는 그의 악마를 사랑하였다. 그리고 이 악마는 그가 행복하게 삶을 마감하도록 허락했다. 그런데 버지니아 울프는 자신을 지켜 주는 이 악마와 평생 동안 싸운다. 그리고 마지막에 어떤 모호한 움직임 속에서 이 악마를 이기게 되는데, 아마도 이 운동은 그녀의 소명(vocation)의 진실성을 확립하는 것이다. 이 싸움은 기묘한 싸움이다. 우리를 기만하는 것이 우리를 지켜 주는데, 그때 우리를 자기자신에 대해 불충실한 존재로 만들고 또 너무나 진중하고 현명한 존재로 만들어 버린다. 그녀의 사후에 출판된 『어느 작가의 일기』(*Joural*)를 통해 사람들은 출판에 수반되는 여러 제한을 한탄하면서도 이 싸움의 돌발적인 사건들을 추구한다. 스물여섯 권이 단 한 권으로 변했다는 것이 그 제한 중 하나인데 관례상 필요한 것이었다. 그러나 그럼에도 역시 이것은 작가의 태도에 대한 경탄할 만한 기록이다. 그리고 여기저기에서 희미한 빛이 그녀의 작업의 행복과 불행을 비추고 있다.*
 경탄스럽기는 하나, 고된 독서일 때가 잦다. 관대하지 못한 독자들은 사랑하는 버지니아가 저렇게나 성공에 도취되고 저렇게나 찬사에 기뻐하며, 순식간에 사람들에게 인정받게 되어서 너무나 상기되고, 인정받지 못한다는 것 때문에 너무나 상처받는 것을 보면서 염증을 느끼지 않을 수 없을 것이다. 그렇다. 이것은 놀랍고 괴로우며 거의 이해할 수 없는 일이다. 그렇게나 섬세한 작가를 이렇게 조야한 예속관계에 집어넣는 이 비뚤어진 관계 속에는 뭔가 수수께끼 같은 것이 있다. 그리고 매번 새 책이 나올 때마다 똑같은 희극과 똑같은 비극이 일어난다. 이러한 반복을 그녀는 확실하게 의식하고 있는데 ── 도대체 누가 그녀 이상으로 총명할 수 있었을까? ── 이것은 『일기』에 의해 압축되어 더욱더 난처하게 된다. 하지만 이런 전망의 오류에도 각기 자신의 진실성이 있다. 그리고 갑자기 출구가 열린다. 그녀가 선택한 죽음이다. 이 죽음이 대중 독자들을 대신해 그녀가 부단히 기다렸던 옳은 답을 마침내 그녀에게 주는 것이다.

거대한 고뇌

버지니아 울프가 표면적인 것에까지 예민했다고 해서, 그것 때문에 그녀를 몰아세울 수는 없는 일이다. 그녀가 때로 질투에 사로잡혀 조이스(James Joyce)나 맨스필드(Katherine Mansfield)의 재능을 염려하며 그들에게 부당한 평가를 내린 것은 유감이지만, 그녀도 그것을 눈치채고 있고 또 후회하고 있다. 그녀는 극히 자유로운 심성을 갖춘 문학가나 예술가 사이에서 자신을 형성했는데, 그런 그녀가 이러한 문

---

* 제르맹 보몽(Germaine Beaumont)이 번역한 버지니아 울프의 『어느 작가의 일기』(*A Writer's Diary*), 『누벨 르뷔 프랑세즈』 67호에 도미니크 오리(Dominique Aury)가 단 감동적인 주석 참조.

학가나 예술가가 만드는 귀족적 사회로부터 비평정신과의 어떤 자유도 없는 관계를 끌어낸 것은 아마도 보다 심각한 점인 것 같다. 뭔가 쓸 때에 그녀는 친구들 중 누군가가 어떻게 생각할까라는 생각을 한다. 그 친구들은 모두 일급 전문가이며 비평가이고, 시인이며 소설가인 것이다. 탈고하고 나면 그들의 판단을 기다린다(때로는 기다리면서 도망 다니고 있다). 좋은 비평을 받으면 한동안은 행복하다. 그것이 완전히 좋은 것만은 아니면 오랜 동안 실의와 낙담의 밑바닥으로 가라앉는다. 이것은 건전한 것일까? 나도 로제 마르탱 뒤 가르(Roger Martin du Gard), 코포(Jacques Copeau), 지드와 『누벨 르뷔 프랑세즈』의 블룸스버리적(Bloomsbury Group) 환경을 하나로 엮는 성과(그들은 그렇게 말하고 있다)가 많은 관계를 알고 있고 또 찬미하고 있다. 그러나 작가는 익명성을 극히 필요로 하고 있는 것은 아닐까? 친구들의 얼굴이나 감수성과 친밀한 관계를 유지하면서 쓰고 있다고 생각하고 있는 경우, 그는 착각을 하고 있는 것은 아닐까? 괴테마저도 실러(Friedrich Schiller)에 대해 아무것도 할 수 없었다. 그리고 버지니아 울프는 그녀의 동료였던 모든 놀라운 작가들에 의해 도움받은 것일까? 확실히 그들은 그녀를 구출해 주었다. 그러나 그녀는 그들의 찬사나 격려의 무게를 무거운 짐처럼 짊어지고 있었던 것이다.

    이런 것은 아직 표면적이다. 그녀가 쉽게 상처받는 것은 단순히 교만함 때문도 아니고, '유명'해지고 싶다든지 '위대'해지고 싶다는 욕구 때문도 아니다. 너무나 날카로운 통찰력을 갖춘 친구들에게 잘 보이고 싶다는 불안한 마음 때문도 아니다. 그런 형태의 나약함은 더 본질적인 나약함, 그녀가 벗어날 수 없는 어떤 불안정성을 얼마간 자신으로부터 멀리 떼어놓는 것을 허락해 줄 뿐이다. 이 나약함은 그녀의 재능 그 자체 속에 있다. '아마도 나에게는 나 자신의 소명에 대한 자신감이 없는 것 같다.' 사람들은 그녀가『댈러웨이 부인』(Mrs Dalloway), 『등대로』(To the Lighthous), 『파도』(The Waves) 등의 가장 중요한 작품들을 이미 발표해 놓고서도, 아직도 자신을 의심할 수 있다는 것에 놀랄 것이다. 그러나 괴테를 상기해 보면 좋을 것이다. 그는 마흔 살에 이미 유명 작가가 되었으면서도 자신이 시인이라기보다는 오히려 화가나 박물학자가 아닌지 자문하고, 갑자기 이탈리아 여행길에 나선다. 버지니아 울프는 가장 재능 있는 예술가이면서도 어떤 새로운 작품을 시작할 때 매번 자신감이 흔들리고, 소위 자기자신을 빼앗긴다는 것을 확실히 알고 있다. 그 확신과 힘으로 가득 찬 폴 클로델도『인질』(L'Otage)을 다 쓰고 난 후, 지드에게 이런 편지를 쓰고 있다. '과거의 경험이라는 것은 아무런 쓸모도 없다. 새로운 각각의 작품이 새로운 문제를 부과한다. 이 문제를 앞에 두고 새내기처럼 모든 불확실함과 불안을 느끼는 것이지. 게다가 방심할 수 없는 어떤 종류의 용이함도 따라다니고 있어서 말이야. 이걸 엄격하게 억제해야만 해.' 또 페기(Charles Péguy)는 이런 말을 하고 있다. '나는 언제나 전율을 느끼며 새로운 작품에 돌입한다. 나는 글을 쓴다는 전율 속에서 살고 있다.'*

그러나 시인의 소명과 시인의 생활까지도 시작품의 단언을 통해

---

* 새로운 소설을 쓰기 시작하면서 쥘리앙 그린(Julien Green)은 그의 일기『아름다운 오늘』(Le Bel aujourd'hui)에 이렇게 쓰고 있다. "경험은 여기서 아무 소용도 없고, 아무것도 가져다 주지 않으며 아무런 용이함도 주지 않는다……. 쓰고 싶은데 쓸 수 없다는 것, 오늘 아침처럼 그것이 내게는 일종의 비극이다. 힘은 그곳에 있는데도 그것이 자유롭지 않다. 나로서는 알 수 없는 이유들 때문에 말이다."

매번 수수께끼를 푸는 것과 같은 형태로 새롭게 정의하는 이 불확실함은 아마도 아직은 본질적인 것은 아닐 것이다. 버지니아 울프의 경우, 그녀에게 예술은 어떤 깊은 연약함을 필수적으로 만들고, 생활상 표현상의 가장 자연스러운 자원들의 방기를 요구하는 것인 듯하다(자크 리비에르는 알랭-푸르니에Alain-Fournier에 대해 '그는 자신이 필요로 하는 모든 것으로부터 버려졌다고 느끼는 순간에만 그 자신이며, 자신의 모든 힘을 발견하는 것이다'라고 이야기하는데, 이 경우에 그가 표현하려 했던 것도 아마도 이런 것 같다). 『일기』 속에는 그녀가 자신의 작업을 통해 이르게 되는 결여상태를 때때로 엄숙한 어조로 이야기하는 몇몇 메모가 있다. '아무것도 없다. 우리 중 그 누구에게도 아무것도 없다는 이 확실함을 직시하도록 노력하자. 그렇다. 설령 아이가 있다 하더라도 아무 소용도 없을 것이다.' 이것은 그녀를 둘러싸고 있는 환경으로부터 일시적으로 차용한 생각은 아니다. 이것은 하나의 신념이며, 그녀는 이 신념이 자신의 작업의 진실성과 긴밀하게 연결되어 있다는 것을 느끼고 있다. 그녀는 공허("거대한 고뇌", "고독의 공포", "항아리 밑바닥을 본다는 무시무시함")와 만나고, 이어서 이 공허로부터 출발하여 설령 더할 수 없이 하찮은 것이라 해도 어쨌든 뭔가를 보기 시작해야 한다. 그리고 그녀가 **현실**이라고 부르는 것을—순수한 순간의 매혹, 아무것도 의미하지 않는 추상적인 빛남을—포착해야 한다. 이 반짝임은 결코 지속되지 않고 아무것도 밝혀 주지 않으며 자신이 비추어 내는 공허로 돌려보낸다. 이것은 순간 그 자체의 경험이다. 이 이상 용이한 것이 있을까라고 사람들은 생각할지도 모른다. 용이한지 아닌지는 잘 모르겠지만, 이것은 극도의 자기분리와 지독한 굴종, 한계 없는 분산의 힘(불충실함의 본질이다)에 대한 전적인 충실성을 요구하는 것이고, 결국 어떤 위험을 무릅써야 하는지 확실히 포착할 수 있는 것이다.

'현실성'

예술은 버지니아 울프 안에서 그 무시무시하고 진지한 실상을 분명하게 보여 준다. 속임수는 용서받을 수 없다. 시간을 열고 닫는 그 수많은 순간의 계시, 그녀 자신이 그 가치를 확실하게 의식하고 있으며 **존재의 순간**(moment of being)이라 이름 붙여진 그 계시를, 하나의 거대한 계시적 단언으로 변환시키려는 것은 정말 마음이 끌리는 일일 것이다. 그것들은 불가사의한 형태로 결정적으로 삶을 변화시키는 것은 아닐까? 그것은 프루스트의 경우와 마찬가지로 그것을 중심으로 응집하는 작품을 가능하게 할 수 있는 결정력과 창조력을 갖추고 있는 것일까? 결코 그런 일은 없다. 그것들은 "작은 일상적 기적"이고 "암흑 속에서 집요하게 긁히는 성냥"이며, 자기자신 이외에는 어떤 것도 이야기하지 않는다. 그것들은 그 포화상태에 달한 순수함을 통해 투명한 공간에 선을 긋는 빛나는 단편으로서 나타났다가 사라져 가는 것이다.[*]

그와 동시에 또 이런 오해는 언제나 두려워할 필요가 있는데, 이 운동하는 빛의 핵들이 어떤 필연적인 분산 상태 속에서 그녀에게 지각시키는 것을 사물의 외관의 놀이와 혼동되어서는 안 된다. 이것들은 일상적인 겸허함을 갖추고 있다 해도 결코 '인상'은 아니다. 그녀가 쓴 것을 인상주의적이라고 형용하는 것만큼 오류는 없다. 버지니아 울프

---

[*] Monique Nathan, *Virginia Woolf par elle-même*, Seuil, 1956.

는 순간을 앞에 두고 수동적인 상태에 머물러서는 안 되며, 짧고 격렬하며 집요하게, 그러나 숙고와 사유로 가득 찬 정념을 통해 응수해야 한다는 것을 알고 있다. "내가 지금 하고 싶은 것이 모든 원자를 포화 상태로 유도하는 것이라는 생각이 들었다. 순간 전체를 그것이 포함할 수 있는 모든 것과 함께 나타냄으로써 나는 쇠퇴이며 죽음, 잉여인 모든 것을 배제한 것이다! 즉 순간은 사유와 감각의 결합이다. 바다의 목소리이다." 외관, 생생함, 날것, 그런 것으로는 충분하지도 않고 아무것도 보증하지 않는다. "문학이 살아 있는 것으로부터 추출될 수 있다고 생각하는 것은 잘못이다. 삶으로부터 밖으로 나와야만 한다. …… 자신의 밖으로 나와서 어떤 유일한 점에 최대한으로 자신을 집중해야 한다……." "이것이 내가 인정하는 것인데, 확실히 나에게는 **현실성**이라는 재능이 없다. 나는 어느 정도까지는 일부러 영靈과 육肉을 분리시키는데, 이것은 내가 현실성이라는 것을 믿지 않기 때문이다. …… 그렇지만 이것은 더욱 먼 곳으로 향해 가기 위함이다." 더욱 먼 곳에서 도대체 그녀는 무엇을 찾아내는 것일까?

1928년에 그녀는 일찍이 체험했던 가장 중대한 경험에 대해 이야기하고 있고, 그것을 표현하기 위해서 공포, 혐오, 고뇌 등 이상하게 강한 말을 하는데, 거기에 덧붙여 이렇게 말하고 있다. "바로 이 경험이 나에게 내가 현실이라 부르는 것을 의식하게 해주었다. 요컨대 눈앞에 보이는 어떤 것, 추상적이지만 황무지, 하늘에 합체된 어떤 것이다. 이것들 주변에서는 아무것도 문제가 되지 않는다. 나는 이 속에서 휴식을 발견하고 그곳에 계속 존재할 것이다. 이것이 내가 '**현실성**'이라 부르는 바다. 그리고 이것이 바로 나에게 가장 필요한 것이며, 내가 끊임없이 추구하고 있는 것이라고 나는 생각한다."

바로 이것이 변덕스러운 불이 타고 있을 때에 그녀에게 주어지는 모든 것이며, 그녀가 나머지 모든 것을 단념하고 충실히 지켜야 하는 것이다.──**황무지와 하늘과 합체한 추상적인 어떤 것이다.** 과감한 생활, 작업의 세월, 절망과 기대와 성과 없는 탐구의 나날들, 게다가 종말에 대한 고독한 두려움. 그녀를 지탱해 주는 것은 다음과 같은 간결한 말이 약속해 주는 것뿐인데, 그녀는 즉시 거기에 포함될 수 있는 기만을 폭로해 버린다. "그러나 누가 알까? 일단 펜을 들고 쓰기 시작해 버린 뒤의 일을. 현실이 유일한 것임에도 불구하고 이것저것을 '현실성'으로 변형시키지 않는 것은 실로 곤란한 일이다." 이런 이유로 프루스트도 아름다운 노란색이 칠해진 작은 벽의 일부에 하나의 생명에 필적하는 무게를 부여한 것이다.

불성실한 소명

세월이 흘러가는 동안에 이런 삶이 그녀에게 가져다주는 비장한 얼굴, 소위 조금씩 지워져 가는 듯한 얼굴을 바라보면 그것을 아직도 눈에 보이는 것으로 만들고 있는 유일한 특성인 우수의 색을 제외하고는 모든 외적인 힘과 우리가 집요하게 작업을 계속하기 위해 때때로 한결같이 의지해야 하는 개인적 에너지가 그것을 버려 버리고 있다는 인상을 받는다. 그렇다면 대체 그녀는 거의 비상식적인 그 작업의 가능성들을 그 종말에 이르기까지 어디서부터 끌어내고 있는 것일까? 그녀는 그 모든 책들을 몇 번이나 몰래 수정하고 그것들을 지지하며, 자신의 실의와 낙담을 넘어서서 확실하게 유지하고, 결코 낙담 상태에 빠뜨리지 않는다. 바로 여기에서 연약함에 고유한 완고하고 집요한 힘이 예측되는 것이며, 그것은 마치 이미 우리가 아무것도 할 수 없을 때에 때때로 전혀 다른 능력에 속하는 수단이 나오는 것과 같다. 그러나 그녀는 어떤 불안정함 속에 머물러 있는 것일까? 분산, 단속, 이미지의 단편적인 반짝임, 순간의 반짝반짝 빛나는 매혹에 자신을 묶는 것, 이것은 무시무시한 운동이며 무시무시한 행복이다. 그것이 최후에 한 권의 책을 만들어 내어야 하는 경우는 특히나 그러하다. 분산된 것을 모으고 불연속적인 것을 연속적인 것으로 만들며 방황하는 것을 이처럼 일체화된 어떤 전체 안에서 유지할 수 있는 방책은 있는 것일까? 버지니아 울프는 물의 상상이나 꿈처럼 유동적인 말 속에서 때로 이 방책을 찾고 있지만, 그녀가 완전하게 자신을 해방시키지 못하는 소설적 줄거리 속에서는 때로는 그것을 발견하지 못한다. 그녀의 마지막 책 거의 마지막 페이지에서는 다음의 두 말이 반복되고 있다. "통일성, 분산……통일……분산……." "우리가 자기자신으로부터 볼 수 있는 모든 것은 자투리이고 파편이며 단편이다." "이제 우리는 분산상태에 있다. 이전에는 총체로써 존재하고 있었는데……." "우리는 분산되어 있다……." "통일성, 분산." 분할되어야만 하는 것이다.

 버지니아 울프의 자살은 그녀 자신에게 밀착되어 있기 때문에 사람들은 가능하면 그것을 멀리 떨어뜨려 놓고 싶어 하고, 그것이 필연적이라는 것을 알고 있으면서도 일단 피할 수 있기라도 한 것처럼 ── 누가 알랴? ── 처음에 그것을 잊어버리고 싶어 하고, 그것에 대해 알고 싶어 하지 않을 정도이다. 왜 자살을 그녀의 창조적 생활에 결부시키려 하는 걸까? 왜 자살에서 그녀의 운명의 완성을 보는 것일까?

이렇게 적정성을 결여하고 있는 종말에 도대체 어떠한 적정성이 있는 것일까? 사람들이 시사하는 것처럼 자신의 소명에 대한 충실성이 이러한 것을 요구했다면, 이 경우 이 소명이라는 말은 무엇을 의미하는 걸까? 이것은 오르테가 이 가세트(Ortega y Gasset)가 주장하고 있듯이, 사람은 누구나 하나의 본질적인 ─ 아마도 유일한 ─ 계획을 갖고 있어서 그것을 거부하거나 달성하는 데, 혹은 자신의 생을 바치는 데 달성한다고 해도 거의 언제나 어떤 모호하고 절망적이며 생생한 싸움을 통해 그것과 투쟁함으로써 달성한다. 그에 따르면 괴테의 경우도 마찬가지여서 괴테는 그의 진정한 소명을 배신하는 것으로 그 유명한 생애를 살았던 것이다. 이렇게 모든 현실생활은 폐허이며, 모든 빛나는 성공은 잔해의 산이고, 전기작가는 이 잔해들 사이에서 당사자가 되게 될 것이 틀림없었던 것을 탐구해야 한다. 어떤 사람에게는 도둑이었다는 것이 그의 진실이었다. 그런데 그는 미덕의 힘을 통해 그렇게 되지 않는 데 성공했기 때문에, 자신의 삶을 왜곡시키고 말았다. 다른 어떤 사람에게는 돈 주앙이며 성자가 아니라는 것이 그의 진실이었다. 괴테에게는 '문학사에서의 가장 큰 오해'인 바이마르에서의 그 불쌍한 처지에 빠지지 않은 것, 동상으로 변해 버리지 않는 것이 그 진실이었다. 이 주장은 아주 권위 있는 어투로 이루어져 있는데,* 아무리 해도 그것은 지지하기 어렵고 사람을 곤혹스럽게 한다. 포착할 수 없고 실재하지 않지만, 사실상 그 끊임없는 압력이 사람들에게 특히나 창조

---

* 『어떤 독일인에게 보내는 편지』(Lettre à un Allemand)라는 제목이 붙여진 시론에 나타나 있다. 『유혹에 빠진 목격자』(Le Spectateur tenté)에 프랑스어로 재수록되어 있다.

자나 지식인 등, 소위 매 순간 자유롭게 움직일 수 있는 위험한 새로움을 가진 문제적 존재에 부가되어 있는 듯한 이 알려지지 않은 계획은 대체 무엇일까? 소명(충실함)이라는 관념은 더할 나위 없이 사악한 것이며, 자유로운 예술가를 곤혹스럽게 만든다. 모든 이상주의적 신념의 바깥에서조차도, 아니 오히려 바깥에서 특히(거기서 이 관념은 보다 용이하게 길들여진다) 우리는 이 관념이 모든 작가 곁에 마치 그보다 앞서는 그림자처럼 존재하고 있음을 느낀다. 그는 때때로 이 그림자로부터 도망치기도 하고, 때로는 자기자신을 버린 인간인 이 그림자를 쫓기도 한다. 이렇듯 자기자신을 모방하면서 혹은 이보다는 바람직하지 않은 형태이지만, **예술가**라든지 **인간**이라는 모방할 수 없는 관념을 모방하면서 이 관념을 호들갑스럽게 과시하려 하는 것이다.

    소명이 갖는 불성실한 면은 그것이 소명이 갖는 재능의 방향으로 필연적으로 향해 가는 것은 아니라는 점에 있다. 왜냐하면 그와는 반대로 타고난 재능의 단념을 요구할 수 있기 때문이고, 이것은 처음에는 즐겁게 일을 하고 있었지만 이어서 자기자신임을 그만둠으로써 있는 그대로의 모습이 된다. 이렇게 자연 발생적인 자신의 소질에 대해서 배은망덕한 태도를 취하게 된 많은 예술가들의 예가 우리에게 보여 주고 있는 바이다. 반면에 괴테의 경우는 그의 재능의 다양성이 그 소명을 변질시켜 버렸을 것이고, 또 우리는 학자이며 작가이고 종교적 천재인 파스칼은 그의 소명이 마침내 회심에 이를 때까지 언제나 곤란한 갈등 속에 있었다는 것을 발견한다. 소명에는 어떤 배타적 요청이나 언제나 보다 더 한정된 형태로 향하는 움직임, 많은 가능성들 가운데서의 단 하나의 선택 등을 전제한다는 사악한 점이 있다. 이 단 하나의 가능성은 역시 수수께끼인 채로 존속되면서도 본질적인 것으로 확립되는 것이며, 어떤 방황의 확실함——강압적이고 해독 불가능한 확실함——없이는 이제부터 벗어날 수 없는 것이다. 이렇게 유일무이한 (버지니아 울프가 생각하는 것과 같은 의미에서의) '현실'을 위해 결정적인 방식으로 자신을 결정하고 자신을 국한하며 자기자신이나 여타의 모든 것으로부터 자신을 해방시켜야 한다. 그러나 작가의 특성은 모든 작품에서 결정성 안에 미결정적인 것을 머물게 하고 한계 옆에 한계 없는 것을 유지하는 점에 있다. 언어의 모든 공간, 혹은 모든 것을 말할 수 있는 가능성을 무결한 채로 내버려 두지 않는 것은 결코 말하지 않는다는 점에 있다. 그리고 또 동시에 오직 하나의 것, 그리고 그것만을 말해야 하는 것이다.

토머스 스턴스 엘리엇은 다음과 같은 점을 지적하고 있다. "이것은 내가 자신의 경험으로 알고 있는 것인데, 삶의 길 중간쯤에 이르면 사람은 다음의 세 가지 선택에 직면한다. 즉 더 이상 아무것도 쓰지 않거나, 아마도 언제나 고도의 것으로 성장하는 기예와 사고의 노력을 통해 자신을 반복하여 이렇게 이 '중년'에 적응하거나, 혹은 다른 방식으로 일하는 방식을 찾는다는 선택이다."[*] 이 경우 엘리엇은 그저 인생의 중반만이 아니라 자기자신의 모든 전환점에서 모든 새로운 작품, 그 작품의 모든 지면에서 이 세 가지 선택——콕 집어 세 가지 선택이라고 해두겠는데——중 어떤 것이 일종의 경쾌함 때문에 매번 운 좋게 그것들을 앞서 갈 수 없는 한, 불응 없이 부과된다는 것을 잘 알고 있는

---

[*] 조르주 카토이(Georges Cattaüi)의 연구 *T. S. Eliot* 속에서 인용된다.

것이다. 버지니아 울프는 지극히 불안정하고 자신 없는 인물이긴 했지만, 이 경쾌함을 갖고 있었다. 그녀에게는 아무것도 무겁게 내리누르지 않는다. 이렇게 답답한 불안이 겉으로 보기에 경쾌한 것은 신기한 일이다. 그녀가 쓰고 있는 사이 ─ "쓴다는 것이 절망 그 자체"인 때에조차도 ─ 그녀는 어떤 놀라운 운동에 의해, 자신의 '소명'과의 열광적인 일치에 의해 지탱되고 있다. 이때 소명은 저 **황야나 하늘과 합체된 추상적인 어떤 것**의 매혹인 것 같다. 그녀는 자기자신을 위해 어떤 명확한 불명확함으로 그 속에 자신의 비밀을 가두어 둔 것이다. 하나하나의 책을 완성한 후에 비로소 미지의 불행이 그녀를 사로잡는다. 그녀는 어떻게든 그것을 경멸하려고 소소한 노력을 반복하고, 어떤 사람들로부터는 호의적인 평을 원하고, 다른 사람들로부터는 자신의 고통의 위치를 측정하게 해주는 비평을 통해 상처 입혀 주기를 바란다. "게다가 내가 이 거리 곁에서, 예전에 홀로 남동생이 죽은 후처럼 지금 이렇게 자신의 불안과 싸우면서, 홀로 무언가와 싸우면서 얼마나 괴로운지 아무도 모른다. 하지만 그 무렵엔 나는 악마와 싸우고 있었다. 그런데 지금은 무無와 싸우고 있다."

그녀는 책을 다 쓴 후에는 거의 언제나 자살충동에 사로잡혔고, 특히 『등대로』를 쓴 후에 그러했다고 암시하고 있다. 그런데 이것은 그녀가 가장 의심하지 않았던 소설이었던 것이다. 사람들은 이것을 작업이 요구하는 극도의 긴장은 당연히 극도의 피로를 발생시킨다고 말하며 간단히 정리해 버릴지도 모르겠다. 그러나 그것은 사물의 일면에 불과하다. 그녀 자신은 다음과 같은 방식으로도 설명하고 있다. "작업을 끝내든 말든, 나는 뭔가 자신이 깊이 깊이 침잠하는 기분이 든다. 그리고 언제나와 같이 더 밑으로 내려가면 진실에 닿으리라 믿는 것이다. 이것이 유일한 벌충이다. 즉 일종의 고귀와 엄숙함이다."

'나는 좌초한다'
그녀가 죽을 때 그녀의 마지막 소설(『막간』Between the Acts)은 미완인 채로 끝난다. 이것은 가장 위험한 순간이다. 책이 그녀를 버리고 나자 책으로부터 온 힘이 물러가고, 그녀는 어떤 수단이나 방법 그리고 어떤 신념도 없는 상태로 그 과제에 직면하게 된다. "내 존재의 흐름 속에는 그것을 방해하는 것이 있다. 어떤 깊은 흐름이 이 장애를 거스르고 격렬하게 맞서며 끌어 당긴다. 그런데 정중앙에 있는 매듭이 저항하는 것이다. 아아, 이것은 정말 괴로운 일이고, 불안 그 자체이다. 나의 힘이 약해진다. 나는 좌초한다."* 그녀는 좌초한다. 자살을 통해 입증되는 이 좌초에서 특히 충격적인 것은, 자살이 그때까지는 어디에서 보더라도 흠잡을 데가 없는 생활의 흐름 속에서(그녀 자신이 비웃음 섞인 회한으로 그렇게 형용하고 있다) 끌어들인 스캔들적 행위이다. 그래서 자신의 '소명'에 충실한 작가의 경우, 설령 그가 아무런 쇼킹한 행동도 하지 말도록 요구하는 문명 사회의 습관에 얼마나 연결되어 있다 할지라도, 세간의 예의가 붕괴되는 순간이 언제나 존재한다는 것은 의심할 여지가 없다. 이렇게 우리는 젊은 괴테의 말을 이제는 더 잘 이해할 수 있다. '나라는 인간은 행복하게 죽을 수 있을 것 같지가 않다.' 이것은 그가 그 마법적인 힘, 그것과의 화합이 바로 자신을 파멸의 위험

---

* 로다(Rhoda)가 『파도』(The Waves)에서 이런 식으로 말한다.

으로부터 지켜 줄 힘을 발견하는 날까지 그의 청년기 내내 언제나 그를 따라다니던 확신이다. 이 힘은 확실히 그를 지켜 주었지만, 그때 자기자신에 대한 불충실이 시작된 것이고 영광에 가득 찬 실추가 시작된 것이며, 버지니아 울프는 파멸함으로써 그것으로부터 벗어나는 것을 선택한 것이다.

Ⅲ부

미래 없는 예술에 대하여

1장
최극단에서

 예술은 그 종말에 다다른 것일까? 신을 본 사람이 죽는 것처럼, 시는 정면으로 응시되었기 때문에 소멸하는 것일까? 우리 시대를 고찰하는 비평가는 그것을 과거와 비교하면서 어떤 의문을 표명하는 것만 가능하다. 어쨌든 여전히 작업을 계속하고는 예술가들에 관해서 절망에 가득 찬 찬탄을 표명하는 수밖에 없다. 그러나 블라디미르 바이들레의 교양과 이성과 회한으로 가득 찬 어떤 책에서 그런 것처럼, 사람들이 근대예술이 불가능하다는 것을 증명할 때—하기야 이 증명은 설득력이 있긴 하지만 독자에게 지나치게 아부하고 있다—사람들은 어떤 예술가에게도 예술은 언제나 가능성 없이 **존재**하는 것의 놀라움이며, 최극단에서 시작되어야 하는 것의 놀라움이기도 하다는 예술의 은밀한 요청을 강조하고 있는 것은 아닐까? 요컨대 그것은 세계의 종말의 작품이며, 이제 더 이상 예술이 존재하지 않고 예술의 조건들도 결여되어 있는 곳에서만 자신의 단초를 발견하는 예술인 것이다.

 사람들은 회의懷疑 속으로 너무 멀리 나아갈 수는 없다. 이것은 의심할 수 없는 것의 경이 속에서 더욱더 멀리 나아가기 위한 수단이며,

여러 가지 수단 중 하나이다.

　바이들레 씨는 '말라르메적 오류'*라고 쓰고 있다. 또한 가브리엘 마르셀(Gabriel Marcel) 씨는 '말라르메적 오류……'라고 쓰고 있다. 명백한 오류이다. 그러나 우리가 말라르메를 알 수 있게 된 것이 오류 덕분이라는 것도 명백하지 않은가? 모든 예술가는 어떤 오류와 연결되어 있고, 그 오류와 독특한 친근관계를 보증하고 있다. 호메로스의 오류가 있고 셰익스피어의 오류가 있다. 아마도 이 오류라는 것은 그들 모두의 경우에 현실에 존재하지 않는 사실이다. 모든 예술은 어떤 예외적인 결여를 그 근원으로 하고 있고, 모든 작품은 이러한 근원의 결여의 실행인 것이다. 그리고 이것으로부터 충일의 협박적 접근과 새로운 빛이 우리에게 다가온다. 이것은 예술이 지닌 공통의 주장이나 차분하고 집단적인 경이이기를 그만두고, 일어날 법하지 않은 것이 되면 될수록 그만큼 중요해지고 있는 현대 특유의 사고방식일까? 아마도 그럴 것이다. 그러나 예전에는 어떤 상태였을까? 게다가 거기서는 모든 것이 극히 용이하고 확실했던 것처럼 보이는, 이 막연한 '예전'이라는 것은 도대체 무엇일까? 적어도 우리와 관계있는 것은 오늘날이며, 오늘날에는 다음과 같은 것은 단언할 수 있는 것이다. 즉 예술가는 중대하고 고독하며, 위험하고 대체 불가능한 접촉 속에서 그의 안에 있었고 그를 그 자신 밖으로, 아마도 모든 것의 밖으로 이끄는 저 초과와 공포와 황홀을 갖고 충돌하는데, 이 접촉 속에서 그는 지나친 오류

---

* "말라르메의 오류는 이렇게 시적 본질을 고립시키고, 최고의 아름다움을 가진 언어적 결합을 깊이 있는 접합 없이 병치시킴으로써 이 본질을 순수상태로 나타내려 했다는 점에 있다"
(Wladimir Weidle, *Les Abeilles d'Aristée*, Gallimard, 1954)

를 범할 수도 없고, 자신의 오류와 지나치게 연관될 수도 없는 것이다.

(제자, 모방자는 비평가와 마찬가지로 오류로부터 이성적인 것을 이끌어 내는 사람들이다. 오류를 안정시키고 가라앉게 하지만, 또한 그렇게 해서 오류를 돋보이게 하는 사람들이다. 이렇게 해서 오류는 모습을 드러내는데, 그 경우에 비평가가 오류를 드러내 보여 주는 것은 손쉬운 일이다. 오류가 어떠한 막다른 골목에 이르고 있는지, 성공이 어떠한 좌절에 의해 대가를 치르고 있는지, 더 나아가서 좌절이 바로 성공이었다는 것을 보여 주는 것은 손쉬운 일이다).

오류와의 연결고리, 도달하기 곤란하고 유지하기는 더욱더 곤란한 이 관계, 오류에 의해서 그 매혹 앞에 고정되어 있는 인간 그 자체 안에서 어떤 의혹과 부인否認에 부딪히는 이 관계, 이 고난, 이 역설적인 걸음, 이것들은 소설과도 관계가 있다. 소설은 여러 종류의 장르 중 가장 행복한 것인데, 우리는 소설이 이미 그 한계에 도달했다고 이야기되는 것을 항상 들어 왔다. 그리고 이러한 주장은 소설이 더 이상 걸작을 만들어 내지 않았기 때문이 아니다. 대작가들이 누구에게나 문학적으로 중요한 책으로 인정될 만한 걸작을 쓸 때마다 주장되었던 것이다. 이것은 그때마다 이 저자들이 어떤 것을 파괴해 버렸다고 여겨졌기 때문이다. 요컨대 그들은 호메로스가 서사시와 관련해 그랬던 식으로 이 소설이라는 장르를 고갈시켜 버리지는 않았다. 반면에 전통적 형식으로 돌아가는 것도, 일탈적 형식의 사용 안으로 그 이상 깊이 들어가는 것도, 그러한 형식을 반복하는 것조차도 더 이상 가능하지 않다고 여겨질 정도의 권위로, 또한 그렇게나 난처하게 만들고 또 때로는 그렇게나 난처해하는 어떤 힘으로 그들은 이 장르를 변질시켰던 것이다. 이는 영국에서는 버지니아 울프나 조이스와 관련하여 이야기되었다. 독일에서는 브로흐(Hermann Broch)나 무질(Robert Musil), 그리고 심지어는 『마의 산』(*Der Zauberberg*)과 관련해서 이야기되었다. 프랑스에서는 사정이 조금 달랐다. 프루스트에 의해 야기된 동요는 세간 일반의 감탄의 물결에 의해 금세 다시 덮어져 버렸기 때문에 이 특이한 현상도, 더구나 그 최초의 현상들 가운데 하나인 현상도 프루스트의 천재성을 증명하기만 하는 것으로 여겨졌고 소설의 전통적인 지평을 상처 내지 못한 채로 남겨 둔 것이다. 마찬가지로 또한 『사전꾼들』(*Les Faux-monnayeurs*)도 소설 그 자체보다는 오히려 지드의 소설가적 천재성에 의문을 품게 한다. 이후 『구토』(*La Nausée*)도 사르트르의 천재성을 보여 주긴 하지만 소설이라는 장르의 확실함을 문제 삼는 일 없이 그의 이 책은 때로는 (실수로) 이데올로기적인 이야기의 형태들 내에 혹은 자연주의적인 이야기 내에 던져져 있다. 게다가 또 사르트르의 시대에는 이미 불행이 일어나고 있다. 소설은 모든 작가의 거의 모든 힘을 흡수하고 집중하고 있지만, 이것은 또한 이후에 어떠한 미래도 갖지 않는 예술이라는 모습을 드러내고 있다.

예외와 규칙

사태에 관한 이 극도로 성급한 시선 속에도 어떤 진실은 존재할 것이다. 확실히 발자크(Honoré de Balzac)도 기괴한 작품을 창조함으로써 그가 문학 내에 도입한 이 장르에 심한 왜곡을 가하고 있다. 그러나 발자크에게는 그의 뒤를 이은 자들이 있다. 발자크적 소설이라는 것이 있다. 우리가 앞서 언급한 저자들은 모두 아무것도 만들어 내고 있지 않다. 사람들이 어떻게 말하던 프루스트건, 조이스건, 그들과 닮은 다른 책이 탄생하게 하지는 않은 것이다. 요컨대 그들은 모방자들을 저지하고, 비슷한 시도를 절망시키는 것 이외의 다른 힘을 갖고 있지 않았던 듯 싶다. 그들은 출구를 닫아 놓고 있다.

그러나 이러한 결과가 단순히 부정적인 것만은 아니다. 조이스가 소설형식을 상식에서 벗어나게 함으로써 그것을 파괴하고 말았다는 것이 사실이라 할지라도, 그는 소설형식이 아마도 이러한 변질에 의해서만 살아남을 수 있다는 것 또한 예감할 수 있게 해주었다. 소설형식은 법칙이나 엄밀함이 없는, 형태를 이루지 않는 작품들의 괴물들을 만들어 냄으로써가 아니라, 소설형식 그 자체와 관련된 예외, 법칙을 형성하면서 동시에 그것을 배제하는 예외를 한결같이 야기시킴으로써 발전하게 될 것이다.

이렇게 이해된 소설은 독자로 하여금 고갈 불가능한 장르의 생명력을 인정하게 만드는 재능과 재간으로 쓰인 수많은 책의 거대한 퇴적과는 멀리 떨어진 곳에서, 독립된 형태로 조용히 확립되고 있는 만큼, 이 상황은 한층 더 분간하기 어렵다. 이 모든 뛰어난 책들이야말로—때로는 여기서 찬란한 책들도 출현한다— 규칙을 표현하는 것이며, 다른 책은 후예를 갖지 못하는 독창성이라는 점에서 이 규칙으로부터 제외된다고 어떻게 생각하지 않을 수 있단 말인가? 이러한 관점에서 보자면 법칙은 쥘 로맹(Jules Romains)일 것이고 예외는 조이스가 될 것이다. 그렇지만 사정은 그렇지 않은 모양이다. 오히려 다음과 같이 생각해야 한다. 즉 한계에 도달한 그 예외적인 작품들에서는 매번 그야말로 예외만이 우리에게 '법칙'을 계시하고, 또 한편으로는 '법칙'으로부터의 엉뚱하면서도 필연적인 일탈도 구성하고 있다. 이렇게 해서 소설문학에서는, 아니 아마도 모든 문학에서 규칙을 파괴하는 예외를 통해서만 규칙을 인지할 수 있는 것처럼 모든 것이 일어나는 듯하다. 규칙이라기보다는 보다 정확하게 말하자면 저 중심일 것이다. 작품이라는 확실한 존재는 이 중심의 불확실한 확인이며, 이미 파괴적인 성질을 보이는 현현이며, 즉시 부정적인 것으로 변하는 순간적인 현전이다.

 문제는 모든 것을 걸고 새로움을 추구하는 것이 아니다. 형식상의 것이든, 비전(vision)에 관한 것이든, 그러한 테크닉상에서의 새로움을 추구하는 것이 아니다. 그러나 사람들을 감탄시키고 있는 그 위대한 개성을 계시하면서 발자크와 스탕달과 같이 우리가 찬미하고 사랑하는 이름이 우리에게 다시 회귀하기를 헛되이 바라는 그런 당당하게 완성된 작품도 아니다. 물론 천부적 재능은 대단히 유용한 것이다. 창조적인 힘은 때로 뒷감당이 힘들다. 예컨대 단순히 그것을 넘어서기 위해서든, 아무튼 없어서는 안 되는 도움이다. 그렇지만 중요한 것은 그와는 다른 것이다. 어떤 극단적인 요청이며, 불가능한 기획을 필연적인 것으로 만들려고 하는 정념을 갖고 단 하나의 방향으로 진행되는 엄격하고 배타적인 단언이 그것이다. 버지니아 울프와 마찬가지로, 나탈리 사로트도 '현실성'에 대해서 말하고 있는데, 그녀는 소설가란 '그 자신의 것인 것처럼 이 현실의 작은 부분을 만들어 내려고 한다'[*]고 말하고 있다. 그렇다면 현실이라고 해두자. 그러나 이 현실은 설령 걸작

---

[*] Nathalie Sarraute, *L'Ere du soupçon*, Gallimard, 1956.

이라고 불린다 할지라도 아무튼 다른 책들 속에 미리 주어져 있지도 않고, 우리의 일상적 시선이 여는 세계에 미리 주어져 있지도 않다. 또 그것은 포착할 수 없는 것으로서, 소위 그것을 표현하는 것을 통해 은닉되는 방식으로 끊임없이 우리들에게서 도주한다. 바로 이런 이유들 때문에 그것은 책이라고 하는 이토록 단순하지만 이토록 예외적인 하나의 현실이며, 책은 바로 이 현실이 찰나의 순간 우리 눈에서 빛나도록 만들 것이다.

어떤 소설적인 시도로부터 우리가 그것이 어떤 막다른 길목에 봉착한다고 생각하거나 그렇게 알고 있다 해도, 아마 그것만으로는 그 시도를 효과적인 것으로 만들기에는 부족할 것이다. 하지만 어떤 새로운 책 속에서 끊임없이 위험에 노출된 법칙의 부적절한 예외 그 자체로 이해되고, 또 생성 중에 있는 보다 큰 운동이 이미 소멸하는 순간으로 이해된 소설의 고독한 침묵의 단언을 포착할 때마다, 우리는 어떤 약속이 주어졌다는 느낌을 체험하게 된다. 또 어떤 새로운 작가가 어떤 한계에 봉착했을 때 그 한계를 아마도 조금 더 먼 곳에 고정시키는 데 성공했다는 열광적인 느낌을 체험한다. 이것이 바로 무엇보다 먼저 문제가 되는 것이다. 어떤 작가라도 자신이 이 새로운 단언과 단단히 결속되어 있다고 느끼고 있다. 설령 그 단언이 그가 짊어져야 할 단언으로부터 그를 해방시켜 주지는 않고(만약 그런 일이 있다면 이야기가 지나치게 그럴싸할 것이다), 이 단언이 그것에 거스른다고 해도 말이다. 거기에는 그가 이용할 수 있는 진전은 무엇 하나 없을뿐더러, 소설형식에 관한 한층 더 확실하며 순수한 이해가 있는 것도 아니다. 오히려 역으로 모든 것은 한층 더 곤란해지고 불확실해진다. 그리고 그러한 작품들은 드물며 또 쇠퇴하기 십상이다. 그것들은 항상 프루스트 같은 사람에 의해 쓰인 것만은 아니다. 그것은 기복이 심하고 '어설픈' 것이며, 과감히 단념할 수 없는 여러 습관에 붙잡혀 있다. 또 때로는 극단적인 정성으로 완성되어 있다. 어떤 것은 극히 소극적이다. 그렇지만 이 모든 작품들, 심지어는 잊혀지는 것도 또한 '현실성'과의 어떤 새로운 접촉으로부터 유래하는 힘을 갖추고 있다.

2장

브로흐

1. 『몽유병자들』, 논리적 현기증

헤르만 브로흐(Hermann Broch)의 작품은 아주 적다. 이것은 그 풍부한 창조력을 다양한 면으로 전개하고, 자기자신을 위해 끊임없이 새롭게 서술이라는 축제를 재개하는 토마스 만과 같은 작가가 아니다. 이렇게 책의 수는 아주 적지만 모두 장대해서 그 양에서는 압도적이다. 이 점에서 이미 그가 모범으로 삼았던 조이스에 가까운 것이다. 전쟁 이전에는 『몽유병자들』(*Die Schlafwandler*)이라는 삼부작(1928~1931). 1946년에는 『베르길리우스의 죽음』(*Der Tod des vergil*). 이어서 연작 이야기집 『죄 없는 사람들』(*Die Schuldlosen*), 이것은 그의 탐구의 극한과 아마도 그 기법의 쇠퇴를 보여 준다고 이야기된다. 그런데 그의 전집은 여덟 권이다. 이것은 유작 소설 『유혹자』(*Der Versucher*) 및 한 권의 시집 외에 세 권의 비평적, 철학적 시론이 있기 때문이고, 이 시론들은 헤르만 브로흐의 목표가 그를 어떠한 지점으로까지 이끌어 갔었는지를 확실하게 보여 준다. 그러나 그렇다고 해서 그의 자질의 다양성이나 그의 관심의 폭을 운운하는 것은 올바르지 않다. 그는 한편으로는 작가이면서 또 다른 한편으로는 시인이고, 또 다른 순간에는 사상적 저술가였던 것이 아니다. 동시에 게다가 많은 경우에는 같은 책 속에 그 모든 것이 있다. 즉 그는 현대의 다른 많은 작가들과 마찬가지로, 이미 장르의 구별을 허락하지 않고 여러 한계를 부수려는 문학의 저 열렬한 압력에 따랐던 것이다.

맥락 없이 조각 난 인간

그는 뒤늦게 작가가 된다. 그가 어떻게든 충분히 억누르고자 했던 작품의 비정상성에 아주 서서히 그리고 아마도 자기자신을 거스르면서 굴복하는 것이다. 마흔이 될 때까지 그는 가업인 직물 공업에 전념하고 있었는데, 갑자기 이 일을 단념하고는 철학과 특히 수학을 공부하기 시작한다. 이 점과 관련해 독일의 어떤 주석가들은 그를 폴 발레리와 비교하고 있다. 폴 발레리와 마찬가지로 그는 수학에 대한 일종의 열정에 의해 지지되고 있으며, 수학에서 인간의 가장 은밀한─가장 위험한─부분을 탐구하려 하고 있다. 그러나 그는 폴 발레리처럼 우선적으로 정신에 침투하는 작가는 아니다. 그는 가까이 다가오는 파국의 위협이 무겁게 내리누르는 그의 시대가 부르는 것을 느끼고 있다. 중세에서 기독교라는 형태로 존재했던 것과 같은 유일한 가치체계의 붕괴는 개인을 해방시키기는커녕, 어떤 불가역적인 해체에 노출시키고 있다. 기독교 체계에서는 신앙과 신앙의 중심에 있는 신, 홀로 살아 있는 신이, 물음이 가지는 억누르기 힘든 힘을 억제하는 '수긍점'을 이루고 있었다. 브로흐가 특히 흥미를 보였던 것은 이 힘이었던 것 같다.

이 힘은 그에게 공포를 주지만 그를 매료시키기도 한다. 즉 존재라는 개념의 내부에 있는 논리적 비관용, 잔혹함이 그것이다. 왜 존재는 '순수한 기능성 속에서 해체되려고 하는' 것일까? 왜 세계의 물리적 이미지는 소멸해야 하는 것일까? 왜 현실은 필연적으로 상징에 굴복하고, 상징은 상징의 상징에 굴복해야 하는 것일까? 추상 쪽을 택해야만 할 때, 도대체 무슨 일이 일어나는가? 우리는 어떤 놀라운 부조화 상태 속에서 살아가고 있다. 현재의 인간은 맥락이 없고 불연속적이다. 그것도 역사상 다른 여러 시대에서 일어났던 것처럼 일시적으로 그러한 것이 아니다. 이제는 불연속적이라는 것이 세계의 본질 그 자체인 것이다. 사실 이제는 존재가 가지는 분열된 부조화로 조각 난 성격 위에, 혹은 인간의 여러 결함 위에, 하나의 세계를—전 세계라고 하는 가장 전체적이고 일체화된 단언을—확정해야만 하는 것 같다.

브로흐는 합리적인 순수함 중에서도, 그리고 비합리적인 불순함 위에서도 동일하게 여러 위협을 포착한다. 이것들은 모두 양식樣式을 갖지 않는다. 한편에서는 자연이, 다른 한편에서는 수학이 우리를 무한성의 공허한 요청에 노출시킨다. 확실히 모든 가치체계는 비합리적 요소를 배격하고 비합리적 요소의 '악의성'의 지상적 실존을 보다 높은 합리적 의미로 이끌어 가려 하고 있다. '우리가 사물에도 행동에도 본능적으로 적절한 위치를 부과하는 것이 가능하게 되는' 듯한 저 의미의 총체 쪽으로 이끌어 가려고 하고 있다. 비합리적이고 어떤 가치도 갖지 않는 것을 어떤 합리적인 절대로 변형시키는 것, 이것이 임무인데 이 임무는 필연적으로 좌절된다. 그것은 다음의 두 가지 이유 때문이다. 즉 사람들이 비합리라고 부르고 있는 것은 언제나 접근할 수 없는 것이며, 사람들은 그저 그것에 다가갈 수 있을 뿐이다. 그 주변에서 차례로 점점 좁혀지는 원을 그릴 수 있고 여러 계산으로 그것을 적분할 수는 있지만, 그것은 결국 언제나 우리로부터 도주하며 우리들은 우리 자신의 행동방식 속에 침투해 있는 무의미함에 대해서는 결코 어느 것 하나 알지 못한다고 말할 수 있을 정도다. "인간은 '아래쪽으로부터의 침입'에 무방비 상태이면서도 그것에 대해 아무것도 모른다. 그리고 그가 이렇게 아무것도 모르는 이유는 그가 매 걸음마다 또 순간순간에 어떤 가치체계 속에 있기 때문이며, 그 체계는 지상과 연결되어 우리들의 삶을 지탱하고 있는 모든 비합리를 은폐하며 억압하는 것 말고는 어떠한 목적도 갖고 있지 않기 때문이다." 그러므로 바로 빛이 우리들이 보는 것을 방해하는 것이다. 의미를 부여할 수 있는 능력이 바로 의미의 배후에 숨어 있는 활동이고, 또 이러한 능력이 은폐를 통해서 눈에 띄지 않고 작동하는 활동에 우리를 맡기는 것이다.

그러나 더 중대한 일이 있다. 즉 물음의 억누를 수 없는 힘에 의해 움직이는 연역적이거나 변증법적인 이성은 절대를 지향하는 것이다. 합리적인 것은 초합리적인 것이 되려고 한다. 논리적 운동은 정지와 균형점을 용인하지 않고, 더 이상 형태를 허락하지 않는다. 논리적 운동은 모든 내용을 분해시키고, 어떤 꿈과 같은 추상의 싸늘한 지배를 구성한다. 철저한 악의 순간이다. 왜냐하면 순수한 이성은 자율적인 것이 되면 비합리적인 것보다 훨씬 더 '악의적'이기 때문이다. 그것은 그 자신이 가지는 분해작용을 도입하고, 모든 것은 이미 가치의 중심이 없는 추상적인 안개 속으로 흩어지게 된다. 그리고 각 개인은 비관용적인 습관의 공허한 장난에 맡겨지고 이성의 환상 사이를 헤매며 움직이는데, 여전히 그 환상을 계속해서 자신 이상의 확실한 것으로 여긴다. 그 경우 그는 형이상학적으로는 쫓겨나고 물질적으로는 소유권을 빼앗긴 무에 속하는 인간이며, 자신의 꿈속을 헤매고 또 꿈으로부터도 쫓겨나 눈을 뜨지도 못하고 잠들지도 못하는 밤의 불안 속으로 내던져진 몽유병자인 것이다.

이 사유(그 기원은 쉽게 알 수 있을 것이다)들은 『몽유병자들』 3권 속에서 우리를 현란하지만 구태의연한 제정기의 독일로부터 1918년의 붕괴로 이끌어 가는 줄거리의 소설적 흐름하에 추상적인 형태로 전개된다는 특색을 갖고 있다. 이 방대한 소설의 주제는 숨겨져 있지는 않다. 브로흐는 이론적 사고를 분명히 보여 주는 수법을 사용하는데, 그렇지 않다면 우리는 그것을 이야기의 내부에서 찾아 헤매게 될 것이다. 제목이 이미 모든 것을 말하고 있다. 『1888: 파제노 혹은 낭만주의』(*Pasenow oder die Romantik 1888*), 『1903: 에슈 혹은 무정부주의』(*Esch oder die Anarchie 1903*), 『1918: 후게나우 혹은 즉물주의』(*Huguenau oder die Sachlichkeit 1918*) 그리고 이 세 이름 위에 **몽유병자들**이라는 밤을 떠오르게 하는 말이 붙어 있는데, 이것은 이 경우 하나의 이미지가 아니라 하나의 진단인 것이다. 『몽유병자들』은 퇴폐에 관한 소설인데, 교훈소설 등의 경우처럼 퇴폐를 우리들에게 알려 주기는커녕 심지어 그것을 묘사하고 있지도 않다. 반면에 그 형식에서까지 가치를 폄하하는 여러 가지 힘에 빠져듦으로써 이 퇴폐를 흉내 내는 것이다. 브로흐가 우리에게 포메라니아의 시골 신사 파제노 중위의 이야기를 할 때, 작가와 그 작중인물 사이에는 쇠망할 운명의 이야기인 『부덴브로크가의 사람들』(*Die Buddenbrooks*)에 토마스 만을 연결시키던 그러한 상상의 공감은 결코 존재하지 않으며, 시원의 공감조차도 존재하지 않는다. 그러나 비난하려는 의지가 있는 것도 아니다. 저 불쌍한 젊은이, 공허한 이상을 향한 그의 공허한 집착, 그로 하여금 자기자신에 관해서 눈을 뜨게 해주지 않는 그의 무능함, 그로 인해 실패한 결혼 첫날밤의 궁상에 쫓기는 주제에 여전히 솔직하게 인정하려 하지 않는 무능함, 이러한 것을 우리는 불쾌하게 생각하는데, 이 경우 이야기의 형식에 그 책임이 있다. 그것은 고전적이고 낡았다고까지 말해야 할 정도의 것이다. 브로흐는 자신이 환기하는 시대의 소설가가 했다고도 여겨지는 형태로 이야기하며 즐기고 있다. 그리고 그는 반은 객관적이고 반은 심리적인 이 서술 형식 속에서 지극히 편안함을 느끼고 있었다. 그러나 여기서도 이미 줄거리의 움직임과 사유 사이에 어떤 틈이 있다. 둘 모두에 어떤 기계적인 부분이 있어서 그것은 그것들 사이에 가벼운 어긋남이 생겨날 때에 가까스로 느껴진다. 대체 우리는 무엇과 관련되어 있는 것일까? 사건과 말의 이 얇은 막의 배후에는 무엇이 있는 것인가? 마침내 저자가 갑자기 비집고 들어와서 허구를 완전히 파괴해 버리려고 한다. 그가 자기자신을 자신이 체현하는 헛됨(nullité)으로부터 구해 내고 싶어 하는 것이, 더 나아가서는 독자까지도 그것으로부터 구해 내고 싶어 하는 것이 느껴진다. 그러나 책이란 몽유병자들이며 결코 그것들을 눈뜨게 해서는 안 되는 것이다.

한 사람 속 여러 작가

브로흐는 제2권의 작중인물인 에슈와 가장 가깝다. 이 인물은 아주 평범한 독일인으로 처음에는 보잘것없는 회계 담당이었지만, 정의에 대한 여러 추상적 관념이나 질서에 대한 욕구, 양심의 가책 등의 미묘한 혼합이, 혁명적인 시류가 보여 주는 더욱 깊은 운동 옆에서 추구되는 하잘것없는 매매나, 추잡한 연애, 저열한 음모 등의 지그재그적인 운동을 통해서 그를 룩셈부르크의 어떤 기업의 회계담당이라는 지위로까지 이끌어 간다. 이것은 아주 설득력 있는 이야기이다. 그 운동은 매우 빠르다. 문장은 짧고 툭툭 끊어져 있다. 사건도, 줄거리의 움직임도, 사유도, 바로 이 소설의 진실성을 이루는 건조한 재빠름으로, 일종의 기계적 열기와 불모의 급격성으로 이어진다. 아니 오히려 이것들은 병치되는 것이다. 이것은 바로 브로흐가 몸에 익힌 말이나 스타일, 심지어는 통사법의 극도의 다양성에 감탄하게 되는——또한 그것에 놀라게 되는——순간이다. 그의 중심적 작품 『베르길리우스의 죽음』에서도 세련된 리듬의 변화가 발견되는데, 거기서 지배적인 것은 한없는 반복과 말이 만들어 내는 과도한 공간의 장대한 풍부함을 가진 거대한 문장이다.

그러므로 누군가가 어떤 항아리 바닥에서 저 작품을 발견하고, 그리고 나서 조각조각 나 있는 문장과 광란적인 외관을 지닌 『1903: 에슈 혹은 무정부주의』라는 소설을 만났다고 한다면, 그 사람은 서로 전혀 모르거나 혹은 적대관계에 있는 두 작가를 떠올릴 수밖에 없을 것이다.——그리고 아마도 그는 옳을 수 있다. 확실히 근대사회에는 경제적·종교적·군사적으로 특수한 여러 가치체계가 존재하고, 그것들 각자는 다른 것을 지배하려 하고, 어쨌든 방수벽과 같은 것으로 분리되어서 나란히 존속하고 있다. 그와 마찬가지로 작가도 각각 다른 표현양식이나 공통의 척도도 없고 접촉도 없는 거의 서로 번역이 불가능한 언어라는 형태로 조각 나 있으며, 그는 그것들 사이에서 해체를 피하거나 혹은 억제하거나 할 수 있는 어떤 균형을 추구해야 하는 것이다.

문체나 언어의 다양성, 이것은 작가의 어조 속에서 뭔가 잘 알 수 없는 독특한 것, 그 작가의 은밀한 진실, 불변하는 영혼의 표현 등을 찾으려는 우리의 낡은 낭만적 신념에 불안을 느끼게 한다. 우리들이 조이스나 피카소처럼 사람들에게 인정받는 것 따위에 조금도 신경 쓰지 않고, 어떤 언어로부터 다른 언어로 이행하는 조물주적인 대예술가들을 의심스러운 눈초리로 바라보는 것은 이 때문이다.

브로흐는 이 형식의 불연속성을 통해 단순히 단편과 잔해의 세계를 보다 확실히 하려고 하는 것만은 아니다. 또한 그러한 테크닉 자체에 흥미를 갖고 있는 것도 아니다(설령 그도 당시의 많은 소설가들과 마찬가지로 소설이라는 장르를 다시 문제 삼으며 그것을 재발명해야 한다고 느끼고 있었다 하더라도 말이다). 그런 것이 아니라 그는 이 세계가 어디로 가는가를 알고, 그 운명에 앞서 나가려고 하는 절망적인 시도를 하고 있기 때문에 바로 이야기적·서정적·담론적인 모든 표현양식에 의지하는 것이다. 이렇게 해서 자신의 책을 하찮은 개인적 의식 안에 있는 그 자신과도 구분되지 않는 보다 중심적인 지점에 도달하게 하려고 하는 것이다. 『몽유병자들』의 제3부는 1918년에 일어나는 일을 그리고 있다. 그런데 여기서 본질적인 것은 이미 여러 에피소드의 교착 속에 있는 것이 아니다. 후게나우라는 실리주의적 인물의 이야기, 그가 마침내 에슈를 파멸시키고 이어서 그의 신체에 총검을 찔러 죽이기에 이르는 과정, 더 나아가서 구세군의 불쌍한 소녀에 대한 시적인 정서로 넘치는 이야기, 이러한 것의 교차 속에 있는 것이 아니다.

이 책의 핵심은 논리 그 자체이며, **논리적 여담**(Logische exkurse)은 열 번에 걸쳐 이야기를 중단시킬 만큼 거대하게 전개되면서 논리가 가지는 지배적 힘을 되찾으려는 시도를 하고 있다.

운명은 논리다
톨스토이도 『전쟁과 평화』에서 역사에 대한 해석을 통해 소설작품을 장식하려 했다. 그러나 이 최종적인 주석은 이 소설을 해체하는 데 성공하지 못하고, 또 이 주석이 우리들에게 그 무의미함을 증명하려 하고 있는 많은 인물의 놀라운 현실성을 격하시키는 데 성공하지 못한다. 『몽유병자들』에서 우리는 어떤 새로운 운명 형태의 출현과 만난다. 즉 이 운명은 논리인 것이다. 이제 인간들이 싸우는 것이 아니고 사건이 서로 충돌하는 것도 아니다. 여러 가치들이 싸우며 충돌하고, 인물은 자기도 모르는 사이에 그 가치들을 연기하고 있는 주인공인 것이다. 이제 현실의 얼굴은 없고, 가면이 있다. 이제 사실이 아니라 추상적인 힘이 있다. 그리고 사람들은 꿈속의 인물처럼 이 힘들 곁에서 요동하고 웅성거리는 것이다. 후게나우의 죄는 논리적인 죄다. 그는 이데올로기적 동기로 인해 죽이는 것도 아니고, 충분히 숙고되고 마지막까지 검토된 냉정한 이유에 기초해서 죽이는 것도 아니다. 그는 우연히 죽이고, 폭동기의 무질서가 부여한 기회를 포착해 죽이는 것이다. 그러나 인간들이 아우성치며, 가장 좁은 가치가 필연적으로 보다 광대하며 복잡한 가치를 제압하는 이 추상적인 사막에서는 우연이 존재하지 않는다. 후게나우는 바로 그의 것인 세계, 성공이 지배하는 세계 내부에 있으며 자신을 방해하는 자를 파멸시킬 수밖에 없다. 그는 자신의 행위를 후회하지도 않고 기억조차 하지 않을 것이다. 그는 어떠한 순간에도 자신이 한 행위의 기괴한 성격을 눈치채지 못한다. 이 인물은 도스토예프스키의 주인공이 아니다. **악마**의 시대는 지나간 것이다. 우리는 후게나우의 내면에서 어떤 체계의 그림자에 숨어 체계를 통해 정당화되며, 알지도 못하고 죄의 심부름꾼이 되고 폭력의 회계 담당이 되는 보통 사람의 최초의 예를 발견하는 것이다.

확실히 브로흐는 『몽유병자』의 이 마지막 권에서 새로운 소설양식으로서 일종의 사유소설을 창조하려 했던 것 같다. 거기에서 사유, 즉 논리는 사람들의 특수한 의식 속에서가 아니라 마법의 원환 속에서 작동하는 것으로서 표현되고 있다. 사유는 눈에 보이지 않는 방식으로 세계를 이 원환 쪽으로 끌어당기고, 자신의 한없는 물음의 필연성에 따르도록 한다. 그런데 그가 이 기획에 실패하고 그것을 충분히 의식조차 하지 않고 단호하게 단념하고 마는 이유는, 자신의 사유를 그 몽유적 요소, 그에 의하면 이성의 안쪽인 그 요소 속으로 미끄러져 들어가고 마는 것은 아닐까라고 두려워했기 때문이다. 그래서 그는 자신이 생각하고 있는 것과 늘 거리를 두고 있으며, 그의 여담은 이제는 그저 때로는 비참하지만 또 때로는 현학적인 주석에 불과하다. 그것들에는 무한성의 눈부심이 결여되어 있다.

『베르길리우스의 죽음』에서 사태는 다른 양상의 움직임을 보여 주게 된다. 거기서 사유는 어떤 유보도 경계도 없이 그의 운명과 격렬하게 하나가 된다. 사유는 상상적인 것 속으로 들어가게 되고 자기자신의 극한을 향하게 되며 자신이 만들어 내는 영역, 즉 극도로 합리적인 것이 갑자기 역전되어 극도로 비합리적인 것이 되는 저 자유와 희망과 궁핍이 지배하는 지점으로까지 향해 가는 것이다. 브로흐는 어떻게 해서 이러한 상태에까지 이르게 되는 것일까? 절도 있는 사유, 엄밀한 분석, 냉정하고 억제된 이야기였던 것을 그는 어떻게 해서 소설적 진중함과 관례가 모두 사라진 한 권의 방대한 책으로 마침내 밀고 나가는 데 성공한 것일까? 브로흐는 막 투옥된 감옥 속에서 임박한 최후를 맞이하게 된 때에 그의 이 중심적인 작품을 쓰기 시작하였고 이것은 그에게 열려진 이 죽음의 공간 안에서만, 그러나 또한 생존과 조용한 저술 작업의 세월을 보냄으로써만 '잘' 수행할 수 있는 희망을 가질 수 있는 그런 이야기인 것이다. 그러므로 죽으려고 눈을 뜬 인간이, 완성하는 데 십 년이 소요되는 작품의 첫 페이지를 쓰기 시작한 것이다. 놀라운 도전, 두려울 정도의 확신이다.

2. 『베르길리우스의 죽음』, 통일성의 탐구

『베르길리우스의 죽음』은 이중으로 탄생했다. 브로흐는 미국에서 발표한 어떤 편지에서 1935년 봄에 그가 어떤 경위로 이 저작을 생각하게 되었는지를 이야기하고 있다. 그는 빈^{Wien} 방송에서 '한 시대 말^{末}의 문학'이라는 주제로 강연할 예정이었다. 그런데 이 원고를 쓰는 동안 베르길리우스의 이름과 존재와 운명이 그의 정신에 달라붙었다. 이 라틴 시인은 그 한계에 도달한 한 문명에 속하는 시인이기도 했다. 아우구스투스^{Augustus}의 **국가**는 로마의 지상성^{至上性}과 이 지상성이 표현하고 있는 가치들을 그 최고 수준의 표현으로까지 고양시키고 있다면, 자신의 시를 통해 이 대제국을 지지하고 고대성과 아름다움에 그 기초를 세웠던 이 로마의 작가 안에는 뭔가 조화로운 연약함 같은 것, 다른 시대에 대한 향수 같은 것이 있고, 바로 이것이 그가 갖는 투명함을 어지럽히지 않고서 그를 여러 가지 예언적 회의懷疑로 나아가게 하고 있다. 한편에는 시작되고 있는 세계제국과 평화, 아우구스투스에 의한 거대한 평화가 있다. 다른 한편에는 로마 최대의 시인이 있다. 로마와 마찬가지로 언제나 대지에 연결되어, 그 노래에 의한 찬양을 통해 로마와 그 원리 그리고 그 수장과 항시 연결되어 있다. 그 유명한 목가牧歌 내에서뿐만 아니라 그의 많은 시구를 관통하는 빛 속에서도 종말에 대한 신비한 접근이 예감된다. 베르길리우스라는 이 교양과 수완과 완벽함을 갖추고 있고 모든 영감적 예견으로부터 대단히 멀리 떨어져 있는 것 같은 이 시인 내에서 시간은 역전되고 있는 것 같다.

……베르길리우스에게 있어서는 때때로
시구가 그 꼭대기에서 기괴한 빛을 머금는다.

빅토르 위고(Victor Hugo)와 마찬가지로 브로흐도 이 기괴함을 눈치챘다. 두번째 천년이 방금 축하된 참이지만 그는, 장수의 영광과 문명의 평온한 불변성이 그 안에서 단언되는 위풍당당한 시인을 생각하지는 않는다. 그가 상기하는 것은 어떤 전설이며, 그에 따르면 시인은 죽을 때가 되어서 미완으로 끝났던 시 『아이네이아스』(*Aeneias*)를 찢어 버리려고 생각했었다는 것이다. 이것은 근대적 사고이다. 그는 자신의 작품이 불완전하다고 판단했던 것일까? 아니면 그의 시 속에서 태어난 자신은 지금 전환기에 있다는 동일한 감정을 통해, 그의 안에서 역전되어 그를 그 자신으로부터 멀어지게 만드는 것 같은 시간의 신비한 힘을 통해 작품으로부터 멀리 떨어진 것일까? 베르길리우스의 마지막은 어떠했을까? 그래서 브로흐는 「베르길리우스의 귀향」이라는 제목의 짧은 이야기를 쓰기 시작하고 1935년 성령강림축일에 라디오에서 낭독한다. 이 라틴 시인, 그의 여러 가지 불안, 그의 작품을 서구의 상징적 표현으로 채우는 것, 이것이 당시 브로흐의 마음을 사로잡았던 사유이다. 브로흐는 언제나 자기 시대에 대해 불안한 마음으로 성찰했고, 이성과 비이성 사이를 가로지르는 길을 추구한 작가이다.

그러나 베르길리우스는 오늘날에도 여전히 우리 운명의 무게를 지탱하기에 충분할 정도로 생기 있는 존재인 것일까? 베르길리우스는 **중세**에는 단테가 일깨워 줄 수 있었던 신화였지만, 지금은 우리 자신이 고갈된 존재라는 사실조차 이미 우리에게 이야기할 수 없을 정도로 너무나 아득히 이미 고갈된 문학 전통에 속해 있는 것은 아닐까? 아마도 브로흐는 이러한 의혹에 부딪혔을 것이다. 그는 이 주제가 자신 안에서 아직 필요 없게 되지 않았다는 것을 확실히 느끼고는 있었지만, 그것을 방기하고 이후 취리히에서 상연된 연극이나 그 외 여러 가지 계획에 몰두했다.

그는 오스트리아를 떠나야 했을 것이다. 그는 유대인으로 위협에 노출되어 있었다. 그러나 그는 포기하고 떠나지는 않았다. 그가 투옥되었을 때, '내심 죽을 준비'가 갑자기 그의 내면에서 그 오래된 이름을 되살아나게 하고, '베르길리우스의 죽음이 내 자신의 죽음의 이미지가 되었다.' 그의 책, 특히 그 제4부에서 그가 시인의 소멸을 보편적 생성의 표현으로 변화시키기 위해 사용했던 여러 형상은——베르길리우스는 거기서 창조의 모든 단계를 다시 통과한다──그 자신의 경험으로부터 얻어진 것이다. '나는 그저 그것들을 콕 집어내기만 하면 되었다'라고 그는 말하고 있다. 마찬가지로 그가 자기자신에 대해 갖는 의혹, 아무것도 의미할 수 없는 자신의 작품, 어떤 근거도 부여받지 못한 자신의 생활을 마주했을 때의 불안, 어떤 본질적 의무를 갖지 못하고 그것을 달성하지 못했다는 확신, 노예들의 고뇌가 그에게 가져다주는 비난, 그의 발가벗겨진 영혼, 마지막으로 공포스러운 뿔의 문을 넘어서려는 노력, 무^{無}의 가장 가까운 곳에서 산만과 분산을 넘어 구원을 추구하려는 노력, 이것들은 문학적 동기가 아니라 '어떤 신비적인 시원의 경험'의 울림이며, 이것은 언제나 작품이 그것을 중심으로 전개되는 중심인 것이다.

마지막 날의 내적 언어
하지만 베르길리우스는 단순히 명의자가 아니다. 이 신화는 브로흐를 지키고, 그가 자신의 이름만으로는 도달할 수 없었던 것을 탐색할 수 있게 해주었다. 하지만 브로흐가 그의 책을 쓸 때 그저 단순히 자신이 겪었던 바를 우리가 느낄 수 있기를 바라는 것만은 아니다. 그에게 중요한 것은 그의 직접적인 경험이 아니다. 그는 오히려 그 경험을 연장하고 심화시켜 그것에서 어떤 출구를 찾으려 하는데, 이 출구가 그의 작품 자체가 될 것이다. 물론 이것은 그의 작품이 인간이 종말에 도달하게 될 때, 그 사이에서 분열되고 격하게 서로 대립하는 움직임들을 통일성으로까지 고양시키는 데 성공할 경우의 이야기지만 말이다. 바로 이것이 작가의 장대한 야심이다. 그가 자신의 책을 시작할 때, 그는 죽으려 하고, 베르길리우스도 마찬가지로 죽으려 한다. 그리고 열여덟 시간이라는 시간이 그와 마지막 순간 사이를 가로막고 있다. 이 책은 마지막 날의 '내면독백'이 되겠지만, 이 독백은 전통이 그것에 부여하고 있는 형식과 전혀 다르다. 이것은 3인칭으로 쓰여 있고 **나로부터 그**로의 이러한 이행은 집필상의 편의와는 거리가 멀며 사건의 접근, 그 비인칭적인 힘, 그 근접성에 다름 아닌 먼 곳과 연결되어 있다. 이 독백은 무엇으로 가득 차 있는 것일까? 여러 사실들은 여기서 무시되고 있지는 않지만 거의 무에 가까울 정도로 축소되어 있다. 죽어 가는 시인 베르길리우스를 태운 갤리선은 브룬디시움^{Brundisium}의 정박지로 들어가고 카이사르에게 환호하는 군중의 떠들썩함이 느껴지지만, 베르길리우스의 가마는 어린 베르길리우스와 꼭 닮은 젊은 농부 리사니아스의 안내에 따라 이 도시에서 가장 가난한 일대를 지나가야만 한다. 이것이 제1부이다. 이것은 **도착**이며 완만하게 흔들리는 **물**이다.

 제2부는 한층 더 사건이 빈곤하다. 밤이 찾아왔다. 죽어 가는 이 사람은 왕국의 손님이긴 하지만 혼자이다. 열기로 인한 불안에 시달리며 **불**에 몸이 데인 상태에서 그는 문득 몸을 일으켜 창가로 다가간다. 그리고 거기서 비틀거리며 냉소적인 말을 내뱉고 있는 세 주정뱅이의 말다툼을 보게 된다. 그들의 웃음소리는 마치 심연으로부터 솟아나와서 인간적인 서약을 보기 좋게 파괴해 버리는 듯하다. 그리고 그는 자신도 이 거짓 서약에 연루되어, 거기서 공격받고 자기자신 앞에 벌거벗은 채로 놓여 있다고 느끼는 것이다. 이렇게 해서 그의 이름, 그의 작품, 아름다움, 진정한 인식을 향한 희망, 운명에 지배되지 않는 시간을 향한 기대 등 이제까지 그를 지탱해 왔던 모든 것이 결여된 이러한 영

역으로의 **하강**이 시작되는 것이다. 이것은 그의 안과 바깥에서 이루어지는 해명이며, 이것이 바로 진정한 의식점검이라고 말할 수 있을 것이다. 그는 이 의식점검의 한복판에서 무정형의 것에 노출되고 익명성에 빠지며 이곳저곳을 전전한다. 심연 속으로 들어가고 있다고 착각하면서 말이다. 반면에 그의 추락은 피상적 착종 내에서 지상적 몽상이 부질없이 추락하는 것에 불과하다. 적어도 죽음에의 접근, 즉 죽어 가는 자기자신에 대한 경청, 진실과는 무관한 상징들의 비현실세계에 갇혀서 놀이에 만족하고 자신의 진정한 의무로부터 일탈하게 만들었던 고독한 도취에 열광하는 예술가로서의 자신의 조건의 확인, 혹은 공포와 침묵과 공허 곁에서의 시련, 이것이 『아이네이아스』를 불태워야 한다는 결심으로 그를 이끄는 것이다.

제3부는 낮으로의 회귀이다. 그것은 **기다림**이며 밤에 속하는 진실들과 **대지**에 속하는 확실성들의 대조이다. 이는 자신의 작품을 파괴하려는 베르길리우스와 그것을 구하려는 그의 친구들의 대치, 다른 세계, 다른 시간으로 자신을 여는 베르길리우스와 예언적 정신, 그리고 확실하지 않은 속죄의 마음이 만들어 내는 공상을 거스르며 **국가**의 가치들과 **국가**에 속하는 『아이네이아스』의 중요성을 지키려는 아우구스투스의 대치이다. 이 작품 가운데 가장 장대한 이 장에서 브로흐의 기술적 기교가 발휘되고 있는데, 이것은 역사적 현실성이 보다 큰 중요성을 얻고 있는 유일한 장이기도 하다. 그러나 3인칭에 의한 내면독백이라는 원칙은 포기되지 않고 있다. 이 터무니없는 비인칭적 사고의 공간 속에서 여러 대화가 울려 퍼지는데, 이 대화들은 명확하며 확실하게 표현되고 있다. 그 대화들보다 더 거대한 무엇인가가 그것들

을 상기시키고 있다. 우리가 거의 관심을 갖지 않는 인물이나 시대를 사실적으로 환기시키면 거기엔 뭔가 작위적인 느낌이 수반될 수밖에 없는데, 그러한 모든 인공성이 극히 낮아져 있는 것은 이 때문이다. 아우구스투스와 베르길리우스 사이에서, 지상적 부분과 초지상적 부분 사이에서, 속세적인 로마와 영적인 로마 사이에서 『아이네이아스』라는 이름 아래 서구 전체의 운명이 걸렸던 긴 논쟁이 펼쳐지는데, 이것이 브로흐의 관심을 불러일으켰다. 문화는 구원받을 수 있는 것일까? 쇠퇴하는 문명이 만들어 낸 귀중한 결실, 노예의 순박함을 모르고 신들조차도 모르며 그저 신들의 이미지를 영접한 것에 불과한 시, 결국 '호메로스풍의 서사시의 그다지 훌륭하지 않은 모방'이며 '쇠퇴한 무無'에 불과한 시, 예술작품. 이러한 예술작품의 운명, 일개 상징에 불과한 이것의 운명은 대체 어떻게 되는 것일까? 시인이 쓴 것은 현실이라는 불로 태워져야 하는 것이 아닐까? 시인은 이윽고 호메로스나 아이스킬로스^{Aeschylos} 등 지고한 노인들의 끔찍한 불멸성에 자신을 내맡겨야 하는 것이 아닐까? 그렇지 않다. 『아이네이아스』는 태워야만 한다. 그러나 결국 브로흐와 베르길리우스는 그들의 작품을 구하고 서구西歐를 구하는 것 같다. 왜일까? 이것은 분명하지 않다.[*] 이것은 미래에 대하여 내기를 건 것과 같다. 이것은 또한 구원의 예감이기도 하며 제4부에서 베르길리우스가 그 마지막 이동을 시작하는 동안 이 예감이 독백으로 하여금 동시성의 우물, 솟아오르는 중앙부라고도 말할 수

---

[*] 베르길리우스는 아우구스투스에게 거부했던 것을 옥타비아누스(Octavianus)에게는 허락하고 있다. 아우구스투스가 그에게 "너는 나를 질시하지"라고 말할 때, 그는 이 불신을 감당할 수 없다. 그래서 결국 그는 우정에 자신의 작품을 헌사한 것이다.

있을 그 중심에 도달하게 해준다. 이 중심에서는 죽음과 창조가 공존하고 종말이 곧 시작이며, 통일성을 봉인한 무화無化 속에서 모든 것이 그 안으로 녹아 들어가는 그 속에 포함된 말, 말의 힘이 가진 비밀이 발설되는 것이다. 브로흐는 이 비밀에 의지함으로써 자신의 작품을 구하고, 자신의 작품 속에서 문제가 되는 것을 구하는 것이다. 즉 그것은 원천으로의 회귀, 재발견된 통일성의 행복이다.

통일성의 유혹

사실 그의 책은 절망이나 불안, 그리고 여러 부정적 경험을 통해 계속해서 통일성을 목표로 삼는다. 통일성의 탐구는 브로흐의 거대한 열정이며 고뇌이고, 향수이기도 했다. 즉 통일성은 원환이 닫히는 지점에 도달할 수 있다는 희망이며, 그때 충분히 멀리 발걸음을 내디딘 인간은 뒤돌아보고 자신을 분할하고 있는 한없이 대립되는 여러 힘을 통일된 전체로서 돌연히 움켜쥐는 권리를 얻는 것이다. 『몽유병자들』은 이미 이러한 분할상태를 이야기하고 있었다. 즉 환원 불가능한 여러 체계로의 가치들의 분산, 그 가치들 하나하나에 장 전체를 할애하고 이와 동시에 그것이 군림하는 추상성 속에서 소실되는 무한성의 현기증, 자기자신의 해체를 도입하는 논리, 이성의 가면을 쓰고 승리를 뽐내는 비합리성 등이다. 그러나 『몽유병자들』은 구원의 막연한 약속으로 끝이 났다. 즉 인간이 자신의 고독을 의식하고 그 불안이 커지면 커질수록, 인간은 자신을 이끌어 줄 누군가를 갈망하게 된다. 자신의 손을 잡고 그 행위를 통해 시대의 도무지 이해할 수 없는 사건을 포착하게 해주는 구원자를 갈망하게 되는 것이다. '이것이 향수이다'라고 브로흐는 말한다. 즉 **지도자**^Führer에 대한 향수인데, 이미 1928년(『몽유병자들』을 쓰기 시작한 해)부터 그는 정당하게도 이 지도자에 대한 불신을 품고 있었다.

그러나 그도 또한 이 향수를 나누어 갖고 있다. 수학적 추상에 차가운 열정을 쏟고 있을 때에 처음으로 그 존재를 인지하게 된 절대^絶對가 부르는 목소리에 대해 출구를 부여하는 것을 단념하려 하지 않는다. 통일성은 어디에 있는 것일까? 인간세계를 분할하고 있는 서로 화합 불가능한 여러 힘들이 그 부단한 모순대립의 은밀한 법칙이 분명히 드러나는 어떤 전체 속에서 어떻게 확립될 수 있을까?『베르길리우스의 죽음』이 그 답이다. 그것은 이 작품이 우리에게 통일성이 어디에 있는지를 말해 주기 때문이 아니라, 통일성 그 자체를 체현하고 있기 때문이다. 즉 이 작품은 시작품이고, 닫힌 구체^球體이며 거기서는 감동의 힘, 합리적 확실성, 형식과 내용, 의미와 표현이 상호 침투하고 있는 것이다. 그러므로 브로흐의 작품에서 관건이 되는 것은 작품 그 자체를 훨씬 넘어서는 것이라고 말할 수 있다. 그가 작품을 쓸 수 있는 이유는 통일성이 가능하기 때문이다. 그래서 상징은 현실이 될 것이다. 또 시 작품은 진실과 인식이 될 것이다. 제2부에서 시인과 그의 예술 사이에서 일어나는 논쟁이 중요성을 얻는 것은 이 때문이다. 요컨대 예술작품은 언제나 단지 하나의 상징에 불과한 것일까? 멀리 떨어진 경계에서도 여전히 그것은 아름다움만을 만나는 것일까?

브로흐가 기존의 소설적 전통과 관계를 끊고 서정적 형식에 새로운 통일의 가능성을 요청하며, 내면독백을 변형시켜 그것을 하나의 전진의 힘으로 변화시키는 것은 바로 이 의문에 답하기 위해서이다. 문학작품이 그저 단순히 물음과 답의 상호작용을 일시적으로 정지시키는 화려한 힘이 아니라 전체가 확립되는 지점으로의 접근이 될 수 있는지의 여부를 알기 위해서이다. 그는 조이스에게 빚지고 있는 모든 것을 명확히 인정했음에도 불구하고, 『율리시스』(*Ulysses*)의 형식과 자신이 이용한 형식 사이에는 거의 관계가 없다고 주장하고 있다. 조이스에 있어서 사유, 이미지, 감각은 병치되어 있고, 그것들을 운반하는 거대한 언어의 흐름 이외에 그것들을 하나로 연결시켜 주는 것은 아무것도 없다. 브로흐에 있어서는 인간적 현실의 여러 심연들 사이에 교환작용이 있고, 시시각각 감정으로부터 사유로, 혼미로부터 명상으로, 생생한 경험으로부터 반성을 통해 포착된 보다 방대한 경험으로의 이행이 있다. 그리고 이어서 또한 새로이 이 거대한 경험이 보다 깊은 무지 속으로 가라앉고, 이 무지가 또한 보다 내적인 지식으로 변형되는 것이다.

그러므로 브로흐의 이상은 모든 대립하는 움직임을 동시에 단 하나의 어구로 표현할 수 있게 만드는 것이리라. 그 움직임들을 그 대립성 안에 머무르게 하면서 통일성으로 나아가게 하는 것이다. 게다가 또한 그의 목표인 저 전체의 광대함을 매 순간 사건이 일어날 때마다, 또 말이 발화될 때마다, 시간적 전개에 아무것도 요구하지 않는 어떤 동시성 속에서 전체적으로 파악하는 것이다. 그의 수많은 문장들이 엄청나게 긴 문장들인데(전문가들은 그것들이 독일어에서 가장 긴 문장들이라고 주장하고 있다), 이것은 그 글들 하나하나가 이 세상을 고갈시키고, 경험의 모든 단계를 통과하고, 그때마다 잔혹함과 선의, 삶과 죽음, 순간과 영원 등, 서로 충돌하는 모든 것을 하나로 연결시키려고 하기 때문이다. 그러나 이것을 제대로 끝내는 데 성공하지 못한다. 왜냐하면 정^{正}과 반^{反}의 끊임없는 역전, 멈추지 않는 박동을 배신하지 않으려는 노력, 시기상조로 완성되어 버리는 형식에 거스르는 알 수 없는 말의 작용이, 그 글들을 한없는 반복·부연·확대로 이끌고 들어가기 때문이다. 명사가 즐겨 사용되기 때문에 이러한 반복이나 부연은 더욱 거대해진다.

 브로흐는 이러한 내면독백의 형식에 대해 다음과 같이 말하고 있다. '여기서는 뭔가 절대적으로 새로운 것이 시도되고 있으며, 이것을 자기자신에 대한 서정적 주해^{註解}라고 부를 수도 있을 것이다.' 사실 그는 언제나 이 두 가능성을 하나로 통일하고 싶어 한다. 요컨대 한편으로는 자신의 반성적 능력을 단념하지 않고, 언제나 보다 더 내면화되어 가는 세심하고 면밀한 사고의 작용을 통해, 명석함과 진실성의 요청을 끝까지 유지하려 한다. 다른 한편으로는 노래, 리듬을 가지는 서정적 힘, 특히 여러 악곡 형식에 호소함으로써 경험의 지적 내용을 파괴하지 않으면서 그것을 넘어서고, 합리적인 것과 비합리적인 것의 조화롭지 못한 요청에, 그것들을 하나의 전체 안에서 화해시키는 그러한 공통적인 상태를 확보해 주려고 한다. 그의 책은 언제나 두 얼굴을 갖고 있다. 그것은 가장 멀리까지 나아간 움직임에 이르기까지 결코 이해력에 상처를 입히지 않는 어떤 논리적 현실성을 갖고 있다. 이런 점에서 볼 때 그의 책은 조이스보다도 프루스트에 가깝다. 그러나 그것은 그 리듬의 구조나 의식적으로 음악에서 빌려 온 전개양식 등에서 이끌어 낸 암시적 능력이라는 점을 통해 여전히 표현적이다.[*]

 브로흐의 말에 따르면 『베르길리우스의 죽음』은 '사중주, 또는 보다 정확히는 교향곡'이며, 그것은 주제와 변주라는 이름으로 알려진 작곡형식에 기초하여 음악작품이 작곡되는 것처럼 구성된 것이다. 고전적 교향곡과 마찬가지로 이 작품은 네 악장으로 이루어져 있으며, 이 네 악장은 물·불·흙·공기라는 네 가지 기본요소, 그리고 도착·하강·기대·귀향이라는 네 가지 영적 태도, 이 두 종류의 악상지시를 이용한다. 이 악상지시 덕분에 우리는 여러 세계에서 이런저런 좌표를 움직여 여행 중인 베르길리우스의 정확한 위치를 확정할 수 있는 것이다. 작가는 각 부에 있어서 독특한 리듬을 정하고 이 리듬에 문장의 특유한 스타일을 대응시키고 있는데, 이것은 우리로 하여금 이 빈사상태의 인간이 이동하는 운동의 각 단계에서 그의 독특한 사고를 느끼게 하기 위한 것이다. 운터마이어 부인이 지적하고 있는 바와 같이 **템포**가 빨라지며, 영혼이 일렁이면 일렁일수록 문장은 짧아진다. 템포가

---

* 이 이중의 현실성은 번역이라는 변환작업을 통해 개발된다. 『베르길리우스의 죽음』은 난해한 작품이긴 하지만 다행히도 번역이 잘 되어 있다. ─ 우선 영어로는 진 스타 운터마이어(Jean Starr Untermeyer)에 의해 번역되었는데 그녀는 재능 있는 작가일 뿐만 아니라 몇 년 동안인가 브로흐와 함께 작업을 하기도 했다. ─ 최근에는 알베르 콘(Albert Kohn)에 의해 프랑스어로 번역되었다. 이 두 번역은 두 가지 모두 주목할 만하다. 그러나 이 두 언어의 고유한 성질 탓에 어떤 때에는 이 작품의 지적인 양상이 강조되고, 또 어떤 때에는 그 매혹적인 표현력이 돋보이게 되는 결과가 생겼다. 프랑스어 번역은 논리적으로 충실한데, 이 충실함은 아주 작은 뉘앙스에 이르기까지 탐구되고 있으며, 결코 그 엄밀성을 포기하지 않는 사유 속에서 명료성과 정확성을 유지하고 있다. 영역본은 더 많이 노래하고 있는데, 그것은 내면독백의 거대한 흐름, 그 유동적인 일체성이나 그 무지갯빛, 어떤 때에는 빛나고 또 어떤 때에는 빛나면서도 동시에 점차 사라져 가는 이 무지개의 빛, 죽어 가는 사유를 수반하는 듯하고 그 자신을 넘어선 저편으로까지 연장되는 빛, 이 모든 것을 더욱 민감하게 표현한다. 영어 번역본은 거의 원작 이상으로 노래하고 있고 프랑스어 번역본은 거의 원작 이상으로 명확하며 분명한 형식을 갖고 있다. 여기서 다시, 이 기회에 내면독백이라 불리는 것이 얼마나 프랑스어에 뿌리내리기 어려운가를 알 수 있는 것이다. 프랑스어를 이 형식이 갖는 진실에로 열기 위해서는 사뮈엘 베케트가 갖고 있던 이중의 지적 원천이 필요했다.

완만해지며 목표 없는 탐구의 움직임에 맡겨진 사고가 밤의 영속성과 일체가 되면 될수록, 문장은 뒤얽히고 늘어나며 반복되고 정지한 운동 속에서 응고된다. 이 운동 속에서 문장은 무정형의 것 속에서 흩어지려는 것 같다. 때로는 특별히 그 때문에 상태가 안 좋아지지도 않고 단지 리듬 요소들의 보다 강한 집중화를 통해 산문이 시로 변한다. 그것은 마치 이 특별한 순간에 작품이 가지는 힘이 결정화되어 우리 눈으로 볼 수 있게 되기라도 하는 듯하다. 이것이 바로 이 책의 가장 진정한 부분이다. 우리는 이 부분에서 자신이 알지 못하는 시대의 고지자인 베르길리우스에 고유한 불안을 넘어서서 '아직 존재하지 않지만 이미 존재하고 있는' 인간의 희망과 절망을 가장 잘 예감할 수 있다. 그것은 방향 없는 기대이고 끊임없는 출발이며 귀향이고 귀향의 환상이다. "아아 회귀하는 것, 사물 속으로, 꿈속으로 회귀하는 것, 아아 다시 한번 회귀하는 것, 오오, 도주여!"

작품의 특징들

이 책을 서둘러 훑어보고 그 기본적 양상들을 분명히 할 필요가 있는 경우, 아마도 다음과 같이 말해야 할 것이다. 시인들에 대해서는 말하지 않는다 하더라도 프루스트, 조이스, 토마스 만 등의 사람들에 의한 이 시대의 모든 위대한 작품과 마찬가지로 『베르길리우스의 죽음』은 자기자신의 가능성을 중심으로 한 작품이라고 말이다. 서구 문화의 표현이며 확립인 예술을 위협하고 있는 것은 대체 무엇일까? 그것은 고뇌이다. 서두의 몇 페이지에서 베르길리우스는 빈곤이 지배하는 좁은 거리를 지나가야 하는데, 그때부터 이미 그는 자기자신을 버렸다고 느끼고 있다. 요컨대 노예 무리의 시간인 과거도 미래도 없는 시간과 목소리로 만들어진 침묵과 직면하면서, 한결같이 자기자신의 추억에 얽매이며, 로마 기원의 휘황찬란함을 칭송해 온 것에 대한 치욕감이 그것이다. 만약 기억도 이름도 가지지 않는 것에 대해 시종일관 무관한 채로 머물러 있다면 도대체 시의 언어라는 것은 무엇일까? 이러한 비난은 단순히 정신적 비난에 그치는 것이 아니라 작품의 기원에 가해지는 비난이기도 하다. 만약 노래가 모든 형식을 넘어서서 형태 없는 것이어서, 모든 언어의 외부에 있는 목소리가 말하는 저 심연으로 내려갈 수 있다면, 거기엔 진정한 소통도 없고 노래도 또한 없으리라. 이렇게 해서 이 죽어 가는 시인이 그 죽음을 통해 성취하려 하는 것은 이 하강, 무한정한 것으로의 하강에 다름 아니다. 노래의 공간과 죽음의 공간은 서로 연결되어 확실하게 서로를 지지하는 것으로서 묘사되어 있는 것이다.

또 하나의 본질적 특징은 다음과 같은 점이다. 즉 근대의 거의 모든 대작가와 마찬가지로 브로흐는 문학표현을 하나의 경험으로 삼으려 한다는 점이다. 그는 '하나의 서정적 주해'로 변한 내면독백이 과거의 무한과 미래의 무한이 절대적 동시성이라는 형태로 자신에게 열리게 되는 유일한 현존점에 그를 도달시킬 것이라 믿고 있다. 또한 음악적 전개의 힘을 통해 그의 작품의 감정적 요소와 철학적 요소가 인간 영혼의 부조화를 보여 주는 여러 이미지들이 충분하게 통일된다고 생각하고 있다. 장대한 야망이지만 그는 이 야망을 끝까지 품는 것일까?

뿐만 아니라 그의 작품을 정당화하는 것이 될 이 자유로운 발견운동에 대해서 충실성을 지키고 있는 것일까? 오히려 역으로 그는 특히

제4부에서 그에게 고유한 본래 갖고 있던 여러 신념들을 우리에게 강제하고 있는 듯한 인상을 주고 있는 것은 아닐까? 거기서 베르길리우스는 죽음으로의 길을 더듬어 가면서 창조의 내밀성으로 들어가 일종의 아담 카드몬^{Adam Kadmon}, 우주적 인간, 인간으로 변신한 세계가 된다. 원시시대의 동물계나 시원기의 우거진 식물이나 최초의 진흙 등을 차례로 지나 결국에는 중심부의 무와 일체가 되고, 돌연히 미세한 것이 다시 공허를 채우고 전체가 되는 것을 목격하기에 이르기까지, 종말이 시작이기를 바라는 주기적인 희망에 따라 조화로운 형태로 근원으로 되돌아가는 인간이 된다.* 확실히 이 부분은 잘 쓰여 있고, 조화로 가득 차 있다. 그러나 음악적 성공만으로 충분한 것일까? 그것은 진리를 보증하는 것일까? 그것은 우리에게 이 불길한 열^列이나 이 열이 우리에게 약속하는 속죄의 현실성을 믿게 할 수 있을까? 여기서 우리는 저 미적 언어나 외면에 불과한 비유적 지식과 마주치고 있는 것은 아닐까? 브로흐는 바로 이것들로부터 예술을 해방시키고자 하고 있고, 죽음은 우리를 이것으로부터 해방시키는 것을 그 역할로 삼고 있는데 말이다.

 이러한 의문에 대해 아마도 브로흐는 다음과 같이 답할 것이다.

---

* 여기서 탐구해야 할 바는 아니지만, 어째서 그토록 많은 예술가들이 영원회귀에 관한 니체의 사상을 수용할 각오들을 하고 있는 것일까. "그리고 끝은 시작이었다(Und das Ende war der Anfang)"라고 브로흐는 말한다. T. S. 엘리엇은 "내 시작 속에는 내 끝이 있고, 내 끝 속에는 내 시작이 있다(In my beginning is my end, in my end is my beginning)"라고 『이스트 코커』(*East Coker*)에서 말하고 있다. 또한 조이스의 다음과 같은 말은 그의 모든 작품에서, 특히 『피네간의 경야』(*Finnegans Wake*)에서 가치 있는 것이다. "The vico road goes round to meet where terms begin(여러 끝이 시작되는 지점과 만나기 위해 비코의 길이 휘어진다)."

자신은 일찍이 베르길리우스라고 불렸던 시인의 임종에, 여러 동양적 관념이나 착상 덕분에 그의 경험 그 자체에 적용할 수 있게 된 의미를 부여했다고 말이다.** 바로 이 상상의 공간 속에서 사건은 완결되었고, 진보에 뒤쳐진 **서구**에 속하는 인간인 우리는 이 매개들을 통해 우리의 과거인 이 과거에 가장 잘 대응할 수 있는 것이다. 사실『베르길리우스의 죽음』은 단순히 어떤 개인적 경험의 전개이기만 한 것이 아니라 하나의 신화이며, 모든 서구문명의 지식과 운명을 상징적으로 재현하려 하는 노력이다. 이것은 또 하나의 본질적 특질이다. 레오폴드 블룸의 이야기가 『오디세이아』의 맥락 내에서 읽혀져야 하는 것과 마찬가지로, 또 아드리안 레베르퀸의 운명이 파우스트의 부활이며,『요셉 이야기』(*Joseph und seine Brüder*)가 이야기를 그 신화적 원천이 가지는 새파란 젊음으로 되돌리려는 시도인 것과 마찬가지로, 브로흐는 우리에게 가까이에 있고 또 동시에 이질적이기도 한 어떤 세계를 출발점으로 해서 우리에게 우리에 대해 말할 수 있도록 이야기의 자원을 어떤 오래된 이름과 전설에서 구했던 것이다. 그의 과제는 쉽지 않았다. 우리에게 베르길리우스는 어떤 자인가? 로마는 무엇인가? 그러나 그는 그가 할 수 있는 한 성공적으로 이 과제를 해냈다. 그의 책은 부분적으로는 역사를 다룬 이야기가 갖는 기교를 벗어 버리고 있다. 그리고 어떤 의심할 수 없는 진실의 힘을 통해 우리는 이 시인의 우수에 찬 위대한 현전, 그 운명의 중대함, 그 세계와 저 시간의 회귀의 예감을 조금씩

** 사실 이것은 네번째 「목가」의 신비한 사상이다. "Magnus ab integro saeclorum nascitur ordo(수대에 걸친 거대한 질서가 새로이 시작된다)."

납득해 가는 것이며, 우리도 또한 이 회귀를 예감하는 것이다.

빈에 있는 호프만슈탈(Hugo von Hofmansthal)의 생가로부터 멀지 않은 곳에서 태어난 브로흐의 출생과 저 라틴적 감수성을 관련 짓는 것은 쉬운 일일 것이다. 이 감수성이 그에게 로마의 유산이 동요되던 시기에 그 여러 망령들을 눈뜨게 하고, 그 망령들 속에서 자신의 모습을 알게 되고 ─ 왜냐하면 베르길리우스는 브로흐이기 때문이다 ─ 그리고 또 그 구원들을 확립시키는 것이다. 물론 죽음을 통해서이긴 하지만 말이다. 이러한 설명을 좋아하는 사람들은 브로흐의 자질의 복잡함, 극단적인 경우에도 어떤 고전적인 조화에 의해 순화되는 그의 시도의 대담함이 빈 태생이라는 과거와 유대계라는 과거의 두 유산의 영향 때문이라고 말할 것이다. 하인츠 폴리처(Heinz Politzer)는 전후戰後 프린스턴Princeton으로 브로흐를 만나러 갔는데, 브로흐에게서 옛 오스트리아 궁정고문관의 모습을 본다. 브로흐는 예의 바르고 공손하며 고상하고 영적으로 매력적이지만, 그 얼굴은 조각된 것처럼 날카롭고 아주 오래된 사유가 갖는 고뇌에 찬 엄밀함을 보이고 있다. 이러한 상반된 특질들은 나면서부터 드러나는 특색 이상의 어떤 소명의 표시이다. 모든 근대예술가와 마찬가지로, 또 조이스와 마찬가지로 그는 예술에 대한 깊은 관심과 더불어 예술의 여러 수단에 대한 강한 불신을 품고 있었다. 깊은 교양과 더불어 교양에 대한 심한 혐오를 갖고 있었다. 지성을 초월하고 넘어서며 신비적 비전으로까지 올라가려 하는 지적 열정을 품고 있었다. 사람의 이야기에서 그는 어떤 비장함도 없이 거의 모차르트적이라고도 말할 수 있을 청명한 감정을 갖고 있었고 언제나 죽음에 익숙해 있었던 것 같다. 이 청명함 때문에 그는 히틀

러의 감옥 안에 있으면서도 여전히 죽음과 친밀한 관계에 있었을 뿐만 아니라 죽음을 경시할 수 있었다. 결국 『베르길리우스의 죽음』에서 표현되고 있는 것은 이 신뢰와 온화함에 다름 아니다. 즉 이 작품은 장송곡, **레퀴엠**(Requiem)이긴 하지만, 포레(Gabriel Fauré)의 「레퀴엠」과 마찬가지로 부드럽게 우리를 이끌어 가고, 공포의 문을 열게 하며, 자력磁力을 가진 기억을 앞서 가면서 행복이나 원환의 인식이 성취되는 지점까지 내려가도록 하는 것이다. 이것은 참으로 기괴한 행복이며 아무도 모르는 인식이고 호프만슈탈 역시 그것에 대해 이런 말을 하고 있다. "이 원환의 힘을 아는 자는 이미 죽음을 두려워하지 않는다." 그리고 같은 족속에 속하는 릴케는 다음과 같이 말한다. "원환이 다시 닫히고 어떤 것이 다시 다른 것과 연결될 때, 나는 사랑한다." "원환만큼 현명한 것은 없다." "고리는 그 회귀를 통해 풍부해진다."

3장

『나사의 회전』

헨리 제임스(Henry James)의 『창작 노트』(Notebooks)를 읽어 보면 그가 아주 세세한 계획을 세우고 그 소설을 준비하고 있다는 것에 놀라게 된다. 물론 실제로 책을 쓰는 경우에는 그 계획을 이래저래 변경하지만 때로는 충실하게 계획대로 쓰는 일도 있다.

카프카가 여러 이야기의 초고를 써 놓은 『노트』를 이 『창작 노트』와 비교해 보면, 놀라울 정도로 다르다는 것을 발견하게 된다. 요컨대 카프카의 수첩에는 계획 따위는 결코 쓰여 있지 않고, 예비적인 분석도 전혀 없다. 거기에는 많은 초고가 쓰여 있지만 이 초고들은 작품 그 자체이다. 때로는 그저 한 페이지이기도 하고 단 한 구절이기도 하지만, 이 한 구절은 이야기의 깊이와 연관되어 있다. 이 한 구절이 하나의 추구라 할지라도 그것은 이야기 자신에 의한 이야기의 추구인 것이다. 소설을 쓴다는 행위의 예견할 수 없는 움직임만이 열 수 있는 길인 것이다. 이 단편들은 나중에 쓰임새 있게 되는 소재가 아닌 것이다. 프루스트는 가위나 풀을 사용한다. 또한 '덧붙여 쓴 원고를 여기저기에 핀으로 고정하고', 이들 '종이쪽지'로 그 책을 구축하는데, '대성당을 세우는 것처럼 세세하게 써 내려가지는 못하고 그저 단순히 옷을 만드는 때처럼 이야기하는' 것이다. 다른 어떤 작가들의 경우에 이야기는 바깥으로부터 구성될 수 없다. 이야기는 만약 그 자신이 그 진전의 움직임을, 그것을 통해 이야기가 자신을 실현하는 공간을 발견하는 그 움직임을 갖고 있지 않으면, 모든 힘과 현실성을 잃는 것이다. 책의 경우에 이것은 반드시 아무도 모르는 비합리적인 일관성을 의미하는 것은 아니다. 이를테면 카프카의 책은 그 구성이라는 점에서 본다면, 헨리 제임스의 책 이상으로 탄탄하다. 프루스트의 책만큼 읽기 힘들지도 않은 데다가 엉켜 있지도 않다.

'주제가 모든 것이다'
그러나 헨리 제임스의 경우에 이것은 확실히 알 수 있는 것인데, 일견 간단해 보이지만 그리 간단하지는 않다. 그는 그 『창작 노트』 내에 여기저기 살롱에서 들은 여러 일화 같은 것들을, 재미있는 것도 있고 전혀 재미없는 것도 있지만 잔뜩 써 놓고 있다. 그에게는 주제가 필요한 것이다. '주제가 모든 것이다. ─ 주제가 모든 것이다'라고, 그는 놀라움에 가득 찬 확신적 어조로 써 놓고 있다. '이것저것 해볼수록 점점 더 확실히 알게 되었는데, 주제의 견고함, 주제의 중요성이나 감동력, 이제부터는 이런 것만을 토대로 삼아 자기를 전개하는 것이 내게 어울릴 것 같다. 다른 모든 것은 무너져 내릴 것이다. 급하게 끊어져 버리거나 빈약하고 재미없어지거나 한다. ─ 무참히 배신당하는 것이다.' 이것은 우리를 놀라게 하는 것이기도 하다. '주제'란 무엇인가? 호르헤 루이스 보르헤스와 같이 세련된 작가는 근대의 소설문학이 뛰어난 것은 여러 성격의 탐구나 심리적 다양성의 심화 덕분이 아니라, 그것이 여러 우화나 주제를 만들어 내고 있는 경우라고 단언하고 있다. 1882년 즈음 로버트 루이스 스티븐슨(Robert L. Stevenson)은 영국 독자들이 비현실적인 파란만장함을 경멸하고 아무런 주제도 없는 소설, '혹은 아주 사소하고 약한 주제'의 소설을 쓸 수 있는 작가를 선호하고 있는 실정을 아주 마음에 들지 않는다는 듯 슬프게 바라보고 있는데, 이것은 스티븐슨에 대한 하나의 대답이다. 오십 년 후에 오르테가 이 가세트는 '오늘날 여러분들의 보다 고도화된 감수성이 흥미를 느낄 수 있는 모험을 고안해 내는 것은 지극히 곤란하다'라고 표명하고 있다. 보르헤스에 따르면 우리들의 보다 고도화된 감수성은 오늘날 이전의 어느 시대보다도 더 행복하게 만족하고 있다. '나는 모더니즘이라는 미신, 즉 어제가 오늘과는 근본적으로 다르다거나 내일과는 근본적으로 다르리라고 하는 그 어떤 착각으로부터 내 자신이 해방되었다고 생각하지만, 다른 어떠한 시대도 『나사의 회전』이나 『심판』(*Der Prozeß*)이나 『땅 위의 여행』(*Le voyage sur la terre*) 등과 같이, 혹은 아돌프 비오이 카사레스가 부에노스 아이레스에서 훌륭하게 써 내려간 소설(『모렐의 발명』)과 같이 놀라운 주제를 가진 소설을 소유하고 있지는 않다고 생각하고 있다.' 진실에 대한 사랑은 보르헤스를 이끌어 가서 은밀한 기억 속에서 『원환의 폐허』(*Las ruinas circulares*)나 『바벨의 도서관』(*La biblioteca de Babel*)의 이름을 떠올리게 했을는지 모른다.

 그런데 주제란 무엇인가? 소설은 그 줄거리의 엄밀함이나 그 동기의 매력에 의해 가치 있게 된다고 말할 경우, 이 주장은 전통적 관점에서 보자면 그것이 믿고 싶어 하는 만큼 사람을 안심시키는 것은 아니다. 즉 이 주장은 소설이 가치 있는 것은 그 등장인물의 진정성이나 심리적 혹은 외형적 사실주의 때문이 아니라고 말하고 있는 것이다. 사람들의 흥미를 유지하기 위해 이 세계나 사회나 자연의 모방 등을 담보로 삼을 수는 없다고 말하고 있는 것이다. 그러므로 주제가 있는 이야기는 모든 소재로부터 해방된 신비적 작품이다. 등장인물이 없는 이야기이며 역사 혹은 역사 없는 일상성이나 사건 없는 내밀성과 같이 이제까지 실제로 별 탈 없이 이용되어 온 자원이 이제는 수단이기를 멈추고 있는 이야기이다. 뿐만 아니라 이 이야기에서는 일어나는 일이 인공적이고 변덕스러운 계기작용의 장난에 의해 거의 악당소설에서 에피소드에 에피소드가 이어지는 것 같은 형태로 일어나는 것에 만족하지 않는 것이다. 그것은 전체의 은밀한 중심으로서 시종 감추어져 있을수록 그만큼 더 중요한 것이 되는 어떤 법칙에 의해 엄밀하게 질서 지워진 어떤 통일된 총체를 만들어 내고 있다.

'주제가 모든 것이다.──주제가 모든 것이다'라는 이 헨리 제임스의 절규는 비장하다. 그리고 보르헤스가 아낌없이 그에게 내밀고 있는 도움의 손길도 간단하게 이용할 수 있는 것은 아니다. 보르헤스는 그 주제로 보면 다른 어떠한 작품보다도 감탄해야 할 작품 속에서 『심판』의 이름을 들고 있는데 이것은 생각해 볼 만한 가치가 있다. 이 소설의 주제는 그렇게 놀라운 창안일까? 알프레드 드 비니(Alfred de Vigny)는 이미 진중하게 여러 구절에서 이 주제를 말하고 있고, 파스칼도 그렇다. 아마도 우리 모두가 그러한 것이다. 만남이 없기 때문에 그 앞에서 자신의 정당함을 호소할 방법도 없고, 까닭 모를 심판과 싸우듯이 자기자신과 싸우고 있는 인간의 이야기, 확실히 이것은 흥미를 주기에 충분하다. 그러나 그것은 가까스로 이야기라고 불릴 수 있는 것에 불과하고 픽션이라 부르기에는 더욱더 곤란하다. 카프카에게 이것은 그의 생활상의 사실이었다. 그의 무죄성 그 자체가 던지는 그림자이기 때문에 한층 더 답답하게 그를 덮쳐 오는 유죄성이었다.

그러나 『심판』의 주제는 이런 것일까? 이 추상적이고 공허한 주제인 것일까? 우리가 그것을 요약한 그 바싹 마른 문장인 것일까? 아마도 그렇지 않을 것이다. 그렇다면 주제란 도대체 무엇일까? 보르헤스는 『나사의 회전』이라는 이름을 거론하고 있다. 확실히 이것은 아마도 그 주제라고 생각되는 인상 깊고 아름다운 이야기를 출발점으로 하여 반짝이고 있는 이야기이다. 이 작품을 쓰기 3년 전 제임스는 『창작 노트』에 그에게 이 작품의 착상을 제공한 일화를 써 놓고 있다. 캔터버리의 대주교가 그에게 그것을 이야기한 것이다. 하기야 그 이야기는 '너무나 막연하고 뚜렷한 목표가 없으며 세세한 부분은 전혀 확실하지 않은 그저 개략적인 것'이며, 주교 자신도 그것을 어떤 부인으로부터 들었는데, 그녀는 게다가 잘 이야기하는 재주도 없을뿐더러 명확하게 이야기하지도 못하는 여성이었다. '아마도 부모가 작고했기 때문에 시골의 낡은 건물에서 하인들에게 맡겨진 어린아이들의 이야기(숫자도 나이도 분명하지 않다)이다. 하인들은 근성이 좋지 않은 타락한 무리들로, 어린아이들을 타락시키고 있다. 어린아이들은 성질이 나쁘고 두려울 정도의 사악함으로 가득 차 있다. 하인들은 죽었는데(어떤 식으로 죽었는지에 대해서는 분명히 알지 못한다), 그들의 망령이나 모습이 이 집이나 어린아이들이 있는 곳으로 끊임없이 되돌아온다. 그들은 어린아이들에게 신호를 보내고 위험한 한쪽 구석에서, 담벼락이 무너진 자리의 깊은 구멍에서 어린아이들을 부르거나 꼬드기고 있다. 어린아이들을 부추겨서 파멸시키려는 것이다. 자신들을 따르고 자신들에게 지배당하게 함으로써 몸을 망치도록 하고 있는 것이다. 그러나 어린아이들은 오랜 동안 그들로부터 멀리 떨어져 있기 때문에 몸을 망칠 일은 없다. 그런데 이 불길한 존재들은 질리지도 않고 어린아이들을 자기들 것으로 만들고자 자신들이 있는 곳으로 끌어들이려 하고 있다.' 제임스는 다음과 같은 메모를 덧붙이고 있다. '이 모든 것은——무대도 이야기 그 자체도——애매하고 불완전하다. 그러나 여기에는 어떤 효과와 그리고 공포로 가득 찬 기괴한 전율을 암시하는 것이 있다. 이 이야기는 어떤 목격자에 의해 외부의 관찰자에 의해——충분히 신뢰할 수 있는 형태로——이야기되어야만 한다.'

이것이 『나사의 회전』의 주제인 것일까? 여기에서는 모든 것이 발견된다. 무엇보다 먼저 본질적인 것이 발견된다. 즉 자신들을 늘 따라다니며, 반드시 몸을 망치게 되는 그 공간으로 나쁜 기억을 통해 자신들을 끌어들이는 그 환상들과 어떤 지배적인 관계를 통해 연결되어 있는 어린아이가 발견된다. 여기에 모든 것이 있다. 최악의 것마저 있다. 즉 이 어린아이들은 타락해 있지만 순진하기도 한 것이다. ('어린아이들은 오랜 동안 그들로부터 멀리 떨어져 있기 때문에 몸을 망칠 일은 없다') 이 모티브로부터 제임스는 그의 가장 잔혹한 효과 중 하나를 이끌어 내게 된다. 즉 이 순진함의 양의성(ambiguïté)이다. 즉 이 순진함은 그들에게서의 악의 순수성이며, 이 악을 주변의 성실한 사람들로부터 은폐하는 기만의 완벽함의 비밀인데, 이것은 또 아마도 악이 그들에게 닿을 때에 체현되는 순수성이기도 하고 그들이 진정한 악, 즉 어른들의 악에 대립시키는 결코 부패하지 않는 천진난만함이기도 하다. 혹은 그들 때문이라고 여겨지고 있는 그 유령들의 미로 그 자체이며, 이 이야기 전체를 무겁게 짓누르고 있는 불안이기도 하다. 이 불안은 사실 모두 어린아이들의 여가정교사의 환각에 의해 포착된 정신을 통해 그들 위로 걸쳐진 것이 아닐까 하는 의문을 품게 한다. 그녀는 자기자신의 강박관념 때문에 어린아이들을 죽을 만큼 괴롭히는 것이다.

지드는 『나사의 회전』이 유령소설이 아니라 아마도 프로이트적 이야기라는 것을 발견했다. 즉 여러 열정과 환각을 품은 여가정교사라는 이 화자는 자기자신에 대해서 맹목적이고 무섭고 무의식적인 존재이며, 죄도 없는 어린아이들은 그녀 때문에, 만약 그녀가 없었더라면 눈치채지도 못했을 공포에 가득 찬 이미지와 끊임없이 접촉하면서 살아가게 되었다는 것인데, 지드는 이 발견에 감탄하고는 황홀해했던 것이다(물론 그의 마음에는 아직 어떤 의문이 남아 있었지만, 그는 그런 것이 안개 걷히듯 사라지는 것을 보고 싶었을 것이다).

그렇다면 이것이 이 이야기의 주제인 것일까? 그렇다면 이미 대주교는 작가적인 어떠한 권리도 가지지 않게 되는 것일까? 그러나 도대체 이것이 주제인 것일까? 제임스가 의식적으로 다루고자 했던 주제라고까지 말할 수 있을까? 『창작 노트』의 간행자들은 그 일화들을 채용하여 현대적 해석에는 어떤 근거도 없고, 제임스는 어린아이들의 부패와 망령들의 현실성을 당연히 가정한 유령이야기를 쓰려 했었다고 주장하고 있다. 확실히 기괴함은 간접적인 방식으로만 환기되고 있는 것이 아니고, 이 이야기가 갖는 공포나 그것이 만들어 내는 불쾌한 전율은 유령들의 존재보다도 오히려 그것을 통해 일어나는 은밀한 무질서로부터 발생하고 있다. 그러나 이것은 제임스 자신이 이 환상적인 이야기의 서문 속에서 확실히 말하고 있는 규준이며, 그는 거기서 말하고 있다. '불가사의한 것이나 기괴한 것을 이야기할 경우, 그것들이 누군가의 감수성에 미치는 반향만을 쓰는 정도로 그치고, 그것들이 만들어 내는 강하게 느껴지는 어떤 강력한 인상 속에만 사람의 흥미를 불러일으키는 근본적 요소가 있다는 점을 인정하는 것이 중요하다.'

모든 이야기의 악의 있는 핵심

그러므로 제임스가 지드의 생각에 응해 줄 수도, 자신의 발견을 기뻐하고 있는 지드에게 그 설을 보증해 줄 수도 없었다는 것은 충분히 생각할 수 있는 일이다. 그의 대답이 세련되고 핑계처럼 보이는 실망스러운 대답이었다는 것은 거의 확실하다고 말해도 좋을 것이다. 사실 프로이트적 해석은 설령 그것이 명명백백한 결론과 같은 형태로 강요된다 하더라도 그것을 통해 이야기가 얻는 것은 아주 일시적인 심리학적 흥미에 불과하다. 게다가 이야기는 그것을 통해 자신을 매혹적이고 의심할 수 없으며 포착하기 어려운 이야기로 만들고 있는 모든 것을 잃을지도 모르는 것이다. 그러한 이야기에서 진실은 이미지가 갖는 끊임없이 미끄러져 가는 확실성을 갖고 있어서, 이미지와 마찬가지로 가까이에 있으며 이미지와 마찬가지로 가까이 갈 수 없는 것이다. 현대의 독자들은 아주 교활해져 있기 때문에, 누구나 이 이야기의 애매함이 여가정교사의 비정상적인 감수성뿐만이 아니라, 그녀가 화자라는 점으로부터도 설명된다는 것을 이해하고 있다. 이 화자는 아마도 어린아이들을 따라다닌다고 여겨지는 유령들을 보는 것만으로는 만족하지 않는다. 바로 그녀가 이 유령들에 대해 말하고, 이야기가 펼쳐지는 불확정적 공간으로 어린아이들을 끌어들이는 인간인 것이다. 이 불확정적인 공간, 이 비현실적인 곳에서는 모든 것이 망령이 되고, 모든 것은 미끄러지며 달아나며, 현전하면서 부재하는 것과 같은 것이 된다. **악**의 상징이 된다. 그레이엄 그린(Graham Greene)은 제임스가 이 **악**의 그림자 밑에서 쓰는 것을 보고 있는데, 이 악이야말로 아마도 모든 이야기의 악의 있는 핵심에 다름 아닌 것이다.

    이 일화를 써 넣은 후 제임스는 다음과 같이 덧붙이고 있다. '이 이야기는 어떤 목격자와 또 외부 관찰자에 의해 충분히 신뢰할 수 있는 형태로 말해져야만 한다.' 그러므로 당시 그에게는 본질적인 것, 즉 **주제**가 결여되어 있었다고 말할 수 있다. 요컨대 이야기의 내면성 그 자체를 이루는 그 여성화자, 바로 그 생소한 내면성이 결여되어 있다. 이 존재는 이야기의 중심부에 들어가려고 하지만 언제나 하나의 침입자이며, 따돌림당한 증인에 불과하다. 폭력적으로 자신을 관철시키며 비밀을 왜곡시키고, 필시 조작하고 드러내며, 모든 수단을 동원하여 비틀어 열고, 망가뜨리며, 반면에 우리들에 대해서는 그 비밀을 감추는 애매함만을 보여 주는 것이다.

    그렇다면 결국 『나사의 회전』이라는 주제는 그저 단순히 제임스의 기술技術이 된다. 언제나 어떤 비밀 주위를 맴도는 이야기 방식이 된다. 이 비밀은 그의 많은 책에서 일화에 의해 작동하기 시작하지만 어떤 진짜 비밀은 전혀 아니다. 어떤 사실, 분명히 보여 줄 수 없는 사유 혹은 진실도 아니다. 정신의 어떤 우회로도 아니며 모든 계시를 벗어나 있다. 왜냐하면 그것은 빛의 영역이 아닌 어떤 영역에 속해 있기 때문이다.* 이러한 기술에 대해 제임스는 너무나 생생한 의식을 갖고 있다. 물론 『창작 노트』에서는 이를테면 다음과 같은 몇몇 예외를 제외하고는 이 기술에 대한 의식에 관해서 기묘할 정도로 침묵을 지키고 있지만 말이다. '나의 비약이나 생략, 내가 만든 날으는 다리들, 많은 것을 안에 품을 수 있는 거대한 원환들은 (생생하고 놀라운 한두 개의 문장만으로 이루어져 있는) 흠잡을 데 없이 훌륭한 대담함으로부터 나오는 것이라고 생각한다……'

그렇다면 모든 것이 움직임이고 발견과 탐색의 노력이며, 굴절, 후퇴, 굴곡, 억제인 이 예술, 아무것도 읽지 않고, 읽어 낼 수 없는 것의 암호 문자와도 같은 이 예술이 왜 그 자신으로부터 출발하지 않고 고정된 몇 행들로 시작되며, 각 구절마다 번호를 붙인 때로는 매우 조잡한 도식으로 출발하는 것인지에 대해 자문할 수 있다. 또 왜 그것은 말해야 하는 어떤 이야기로부터 출발해야 하고, 그가 이것을 말하기도 전에 분명하게 존재하고 있는 이야기로부터 출발해야 하는 것인지에 대해 자문할 수 있다. 이렇게 특수한 성질에 대해서는 물론 많은 답이 있을 수 있을 것이다. 우선 첫번째로 이 미국작가는 말라르메가 아닌

---

* 그는 열여덟 살쯤에 어떤 사고에 희생되었고, 이 사고에 대해서는 드물게 그리고 불분명하게 이야기했다. 그것은 마치 그를 어떤 신비적이고 열광적인 불가능성의 가장 가까운 곳에 위치시키게 하는 무엇인가가 그에게 일어나기라도 하듯이 말이다. 이와 같은 척추의 상처로 인해 그가 정상적인 생활을 할 수 없게 되었다고 사람들은 자연스럽게 가정한다. 그는 여성과의 교제가 만들어 내는 세계가 한없이 좋았지만, 이 독신자와 관련해 확실한 어떤 여자관계는 알려진 바는 없다. 또 그가 내전(內戰)의 여러 전투를 피하기 위해 이 사고(이것은 뉴포트에서 화재를 소화하는 것을 돕다 일어났다)를 다소 고의적으로 일으켰다고 생각되었다. '정신적 자해'를 운운한다면 누구에게도 특권을 부여함이 없이 모든 것을 말했다고 확신할 수 있는 것이다.

플로베르나 모파상에 의해 소설이 쓰이던 시대에 속해 있다는 답변이 있다. 그는 자신의 작품에 중요한 내용을 부여하는 데 신경을 쓰고 있고, 그에게는 도덕상의 갈등이 극히 중요했었다고 말하는 것이다. 확실히 그럴 것이다. 그렇지만 또 다른 것도 있다. 제임스는 명백하게 자신의 예술을 두려워하고 있다는 것이다. 이 예술이 처하게 할 '분산상태'와 싸우고, 그를 이끌어서 터무니없이 장황하게 끌고 갈 법도 한 모든 것을 이야기하고 싶은 욕구, "지나칠 정도로 이야기하고 쓰고 싶다"는 욕구를 거부하고 있다. 이렇게 해서 무엇보다 우선 명확한 형식의 완벽함을 찬탄하는 것이다(제임스는 언제나 대중적 성공을 꿈꾸고 있었다. 그것도 연극에서 성공하고 싶어 했다. 그리고 연극과 관련해 그는 자신의 본보기를 프랑스의 가장 저급한 연극 속에서 추구하고 있는 것이다. 확실히 그는 프루스트와 마찬가지로 무대나 작품의 극적 구성에 대한 안목을 갖고 있었음에 틀림없다. 그리고 이 모순이 그의 안에서 균형을 유지하고 있다). 그에게 고유한 형식 내에는 어떤 과도함, 아마도 광적인 일면이 있다. 그는 어떻게든 이것으로부터 자신을 보호하고자 한다. 이것은 모든 예술가가 자기자신을 두려워하기 때문이다. "아, 그저 단순히 생각이 가는 대로 지낼 수만 있다면——요컨대 그런 것이다." "내 모든 반성의 결과는 단지 자신에게 씌운 고삐를 푸는 것뿐이다! 이것은 내가 사는 동안 내내 생각해 온 것이다. …… 하지만 단 한 번도 충분히 달성한 적이 없는 것이기도 하다."*

---

* 제임스는 다른 곳에서는 생각이 가는 대로 행동하는 것에 대한 신경적인 공포에 대해 말한다. 이 공포는 항시 그를 무력화시켰다.

제임스는 시작하기를 두려워하고 있다. 요컨대 이 시작 내에서는 작품이 그 자체를 전혀 모르고 있고, 그래서 시작은 무게도 현실성도 진실성도 없지만 이미 필연적인 것, 공허하지만 피할 수 없는 필연성을 갖고 있는 것, 그러한 것이 체현하는 결핍상태에 다름 아니다. 그는 이러한 시작을 두려워하고 있다. 이야기의 힘에 자신의 몸을 맡기기 이전에, 우선 그에게 필요한 것은 캔버스가 갖는 편안함이며, 주제를 명확화하고 그것을 선별하는 작업이다. "신의 가호 덕분에 —— 하긴 이것은 내가 그렇게 하고 싶다고 생각했던 것이 아니다. 이것은 하늘의 뜻이다 —— 나는 견고하게 구성되고 확실히 짜여지고 엮인 골조를 만들어 내는 이 강력하고 건강한 방법을, 흔들리지 않고 확실히 지니고 있는 것이다." 시작한다는 것을 이렇게 두려워하고 있기 때문에 결국 그는 여러 준비작업 속에서 길을 잃어버린 꼴이 되고 말았다. 그는 이미 그의 예술이 이미 발을 들여놓은 모든 우회로를 서성이며 자질구레한 방법으로 더더욱 이 준비작업을 부풀린다. "시작하자. 시작하자. 언제까지나 수다를 떨거나 길을 돌아가서는 안 된다." "나는 그저 각오하고 물고 늘어져서, 말과 말을 연결하기만 하면 된다. 물고 늘어지는 것, 말을 연결시키는 것, 이것이 비결이다."

'신성한 압력'

그러나 이것으로 모든 것이 설명되는 것은 아니다. 세월이 흐르고 제임스가 보다 단호한 방식으로 자기자신을 향해 접근하게 됨에 따라, 그는 확실히 하나의 작업이라고 말할 수는 없는 이 준비작업이 가지는 진정한 이유를 발견하게 된다. 그는 이 탐구의 시간에 대하여 언제나 '축복받은 때'에 대해 말하듯이 이야기하고 있다. '불가사의하고 말이나 글로 표현하기 어려우며, 비밀스럽고 비참하며 비극적인' 순간에 대해 이야기하듯이, 그리고 더 나아가서는 '성스러운' 때에 대해 말하듯이 이야기하고 있다. 이때 그의 펜은 '마력에 사로잡힌 듯한 압력'을 가하며, 그 구부러진 선을 통해 아직 묘사되지 않은 무수한 길을 예감하게 하는 '독해력을 가진' 펜이 된다. 움직이는 마법봉이 된다. 그는 이 줄거리 쓰기와 같은 작업을 관통하는 원리를 '신성한'이라고 이름 붙이고 있다. '오래전부터 존재하는 신성한 여러 작은 잠재성에 점화하는 신성한 빛', '성화되고 억누르기 어려운 그 여러 작은 감동에 의해 내 동맥을 뛰게 하는 이 줄거리 쓰기의 오래전부터 존재하는 신성한 환희.' 이 환희와 열정, 불가사의한 삶의 감정, 그는 이것들을 눈물 없이는 환기할 수 없고 그의 비망록, '참을성 있고 열정적인 작은 수첩이…… 삶의 본질이 될' 정도이다. 그런데 도대체 이것들은 왜 일어나는 것일까? 자기자신과 마음을 열고 마주한 이러한 때에 그는 아직 시작되지 않은 이야기가 갖는 충일함과 싸우고 있기 때문이다. 이 경우 작품은 아직 무한정적이고 모든 작업, 모든 한계를 벗어난 단순히 가능한 것에 불과하며, 순수한 가능성을 가진 '축복받은' 도취인 것이다. 그리고 이 가능한 것이 ─ 우리가 일찍이 실제로 그러했던 적도 없지만 이 유령처럼 보이는 비현실적인 삶, 우리가 언제나 맞닥뜨리고 있는 여러 가지 형태가 ─ 제임스에게 위험하고 때로는 광적이라고 말할 수 있을 만큼의 매력을 행사하고 있으며 아마도 예술을 통해서만 그는 이 매력을 탐색하고 피할 수 있는 것이다. "나아가면 나아갈수록 확실하게 깨닫게 된다. 삶이라는 강력한 물음에 대한 유일한 위로, 유일한 은신처, 진정한 해결책이라고 말해야 하는 것은 주제, 가능성, 장소 등의 특수한 관념과 이 끊임없이 반복되고 풍요하며 내밀한 싸움 내에 있는 것이다."

그러므로 이러한 준비 작업의 시기가 제임스에게는 매우 필요한 것이다. 그가 그것을 그렇게 놀라운 것으로 회상하고 있는 것은 이 시기, 작품이 그저 접근하고 있을 뿐 닿지는 않고 언제나 그 숨겨진 중심인 채로 남아 있는 듯한 시기, 그가 거의 도착적이라 할 수 있는 쾌락을 느끼며 그 중심 주위에서 여러 가지 탐색에 몰두하고 있는 시기, 그러한 시기를 나타내고 있기 때문이라고 말할 수 있을 것이다. 이 탐색이 이야기를 자유롭게 발전시키면서도 아직 이야기를 실제로 시작하고 있지 않은 경우, 그는 더욱더 여러 가지 탐색을 확대할 수 있는 것이다. 그는 그 계획 속에서 여러 가지 삽화를 세밀하게 전개시키고 있는데, 이 모든 것들은 많은 경우에 작품 그 자체로부터 모습을 감추어 버리는 것뿐만이 아니다. 작품 속에서 소위 부정적인 가치로서, 명백히 실제로는 일어나지 않았던 것을 대하듯이 암시되는 삽화로서 발견되는 것이다. 제임스는 그곳에서 자신이 써야 할 이야기가 아니라 그 뒷면, 작품의 다른 측면을 경험하고 있다. 글을 쓴다는 운동이 필연적으로 감추게 되는 측면을 경험하고 있다. 그는 이 측면에 계속해서 관심을 쏟는데, 그것은 마치 그가 작품을 쓰고 있을 때에 그 작품의 배후에 있는 것에 대한 불안과 호기심 ─ 소박한 사람을 감동시키는 호기심 ─ 을 기억하고 있는 듯하다.

제임스에게 있어서 계획이 갖는 열정적 역설이라고도 부를 수 있는 것, 그것은 이 계획이 그에게는 사전에 분명하게 한정된 구성이 가지는 편안함을 나타냄과 동시에 그 역, 즉 작품의 순수한 **미결정성**과 공존하는 창조의 행복을 나타내고 있다는 점에 있다. 이 창조는 작품을 시련 속에 방치하지만, 작품을 축소하지 않고 작품으로부터 그것이 포함하는 모든 가능한 것을 빼앗아 버리지도 않는다(아마도 제임스의 예술의 본질은 다음과 같은 것이다. 모든 순간에 작품의 전체를 현전시키는 것, 뿐만 아니라 그가 실제로 형태를 부여하고 있는 조정되고 국한된 작품의 배후에 다른 형식들을 예상하게 하는 것, 있었을지도 모르는 이야기, 모든 시작에 앞서는 그 이야기의 무한하고 가벼운 공간을 예상하게 하는 것이다). 그런데 그는 작품을 국한하기 위해서가 아니라 역으로 작품을 완전하게 이야기하기 위해, 그 비밀 그 자체는 유보하면서도 그 비밀 속에서 아무것도 유보하지 않고 이야기하기 위해 작품을 그 압력에 따르도록 하고 있는데, 그는 이 강고하면서도 감미로운 압력, 이 닥쳐오는 독촉을 도대체 어떤 이름으로 부르고 있는 것일까? 그 유령이야기의 제목으로 선택된 이름, 즉 『나사의 회전』이라는 이름으로 부르고 있는 것이다. "K. B(결국 미완인 채로 끝났던 소설이다)처럼 일단 그 압력과 그 『나사의 회전』에 따르고 말게 되었을 경우, 도대체 어떤 일이 초래되는 것일까?" 이것은 정말로 알려 주는 바가 많은 암시이다. 이 암시적인 말은 우리에게 제임스가 자기 이야기의 '주제'가 무엇인지에 대해 결코 무지하지 않다는 것을 확실하게 보여 주고 있다. 즉 그것은 그 여가정교사가 어린아이들에게 억지로 그 비밀을 자백시키기 위해 어린아이들에게 가하는 압력이며, 아마도 어린아이들은 보이지 않는 것으로부터도 이 압력을 받고 있는 것이다. 그러나 이 압력은 본질적으로 이야기한다는 것 자체가 갖는 압력이며, 쓴다는 행위가 진실에 가하는 불가사의하면서도 두려운 움직임이다. 그것은 고뇌이고 고통이며 폭력이고 마침내는 죽음에 이르는 것이며, 죽음에서 모든 것이 명백히 드러나는 것처럼 보이지만, 그 반면 또한 죽음에서 모든 것은 다시금 회의와 심연의 공허 속으로 떨어지고 마는 것이다. "우리는 심연 속에서 일을 하고 있는 것입니다──우리는 자신이 할 수 있는 일을 합니다──자신이 갖고 있는 것을 주는 것입니다. 우리의 회의懷疑야말로 우리의 정념입니다. 그리고 우리의 정념은 우리의 임무입니다. 나머지는 예술의 광기입니다."*

---

* 이것은 긍지에 찬 비장한 고백인데, 『중년』(*L'Age mûr*)을 쓴 이 노작가는 자신이 아무것도 이루지 못하고 죽어 가지만 그럼에도 불구하고 자신이 할 수 있는 모든 것을 훌륭하게 완수했다는 것을 발견하고 이렇게 말하는 것이다.

4장

무질

1. 무관심의 정념

열정적인 번역자의 노력으로 이제는 프랑스 독자들도 로베르트 무질(Roberte Muzil)의 작품을 가까이 할 수 있게 되었는데, 나로서는 이 일로 그 작품을 안심하고 칭찬하게 되지나 않을까 걱정이다. 또 반대로 이 작품이 읽혀지는 것 이상으로 주석이 달리게 될 것이 걱정이기도 하다. 왜냐하면 그의 작품은 그 예외적인 구상이나 모순된 특성들, 글을 쓸 때의 어려움들, 그 좌절의 깊이 등을 통해 비평가들의 마음을 사로잡기에 충분한 모든 것을 제공하고 있기 때문이다. 주석에 이처럼 가깝기 때문에 이렇게 자주 쓰여지기보다는 오히려 주석되어 왔고, 읽히는 대신 비평되어 왔을 것이다. 이 거대한 시도는 얼마나 해결되기 어렵고, 얼마나 무궁무진한 놀라운 문제들로 우리를 즐겁게 해주는 것일까? 그것이 포함하는 가장 심각한 결함과 마찬가지로 그 질의 세련됨으로 인해 그 시도가 가지는 극단성과 그 극단성 속의 진중함으로 인해 그리고 마지막에는 그 압도적인 좌절로 인해, 얼마나 우리 마음에 드는 것일까? 게다가 이것은 완성되지 않았고 또 완성될 수 없는 거대한 작품이다. 게다가 또 이것은 멋드러지게 붕괴된 기념비가 주는 놀라움이다.

　무시되어 온 작가나 알려지지 않은 '걸작'이 갑자기 어두운 무명성 속에서 드러나는 것을 보게 되고, 그와 동시에 그 작가나 작품이 말하자면 저장물처럼 그때까지 무명성 속에 있었음을 아는 것, 이것은 아마도 우리에게는 유쾌한 일이다. 우리 시대, 이 모든 것을 알고, 게다가 모든 것을 즉시 아는 시대는 몇몇의 식견 있는 사람들의 충고에도 불구하고 이 저자들이나 작품들을 냉담하게 무시해 왔기 때문에, 그러한 부당함들에 대해 사죄할 수 있다는 것을 기뻐한다. 또 수많은 발견을 눈부시게 해낼 수 있음을 기뻐한다. 즉 이 시대는 모든 것을 알면서도 모든 것을 알고 있지는 않다는 것을, 또 자신 속의 행복한 우연이 알려 주는 중요한 작품을 눈에 보이지 않는 형태로 유지할 수 있다는 것을 행복해하고 있는 듯하다. 알려지지 않은 걸작에 대한 이러한 신뢰에는 후대를 향한 어떤 이상한 신뢰가 수반되어 있다. 우리는 여전히 현재가 거부하고 있는 것이라 해도 예술이 그것을 조금이라도 원한다면 미래에는 당연히 그것을 받아들일 것이라고, 극복하기 힘든 선입견의 힘으로 믿고 있다. 그리고 또한 천국에 아무 흥미도 없는 예술가라 할지라도 미래가 그것을 통해 그의 가련한 영혼에 보상해 줄 또 하나의 천국을 언제나 믿고, 또한 그것에 행복을 느끼며 죽어 가지 않는 예술가는 거의 없다.

　잊혀지고, 게다가 잊혀지고 있다는 것에 만족하면서 사라져 가는 작가를 —— 이 사라짐은 아마도 가장 중요한 의미를 갖고 있는

데 — 만약 우리가 예외적인 존재라고 간주한다면 그 경우, 로베르트 무질은 그것의 극히 전형적인 존재로 보일 것이다. 그는 자신의 불행한 운명이 별로 마음에 들지 않았고, 그런 운명을 추구한 것도 아니다. 그 자신은 전혀 뒤지지 않는다고 생각하지만, 명성이라는 면에서는 필적할 수 없는 동시대의 대문호들에게 때때로, 거의 공격적이라고 평할 수 있을 정도로 혹독한 비평을 가하고 있다. 게다가 그는 결코 무명이 아니었다. 그 자신이 말하고 있는 것처럼 그의 명성은 적은 부수의 시집밖에 내지 않는 위대한 시인의 명성 정도였다. 즉 그에게 결여되어 있었던 것은 수數와 세속적 무게에 불과하다. 그는 사람들이 그에 관해서 갖고 있는 지식은 그에 대한 무지에 상응한다고 말한다. '이것은 알려지지 않은 만큼 알려져 있는데, 이것은 반쯤 알려져 있다는 의미가 아니다. 어떤 기묘한 혼합상태를 만들어 내는 것이다.' 우선 첫번째로 두 개의 상과 다소간의 평판을 가져다준 눈부신 소설의 저자였던 그는 용의주도한 방법으로 어떤 어처구니없는 작품의 창작에 몰두한다. 그는 거의 그의 창작기 전체에 이르는 40년 동안 이 작품의 완성을 위해 노력하며, 이 작품은 그에게 있어서 그야말로 그의 삶 그 자체와 맞먹는 것이다. 1930년 그의 생전에 이미 그는 이 작품의 제1부를 출판한다. 이 제1부는 프루스트가 얻은 것과 같은 명성을 그에게 가져다주지는 않지만 제일 중요한 작품이라는 인상을 주었다. 그로부터 얼마 지나지 않아 1932년에는 세계적인 동란의 불길한 예감을 느끼고, 그에 앞서기라도 하려는 듯이 서둘러서 제2부의 제1권을 출판한다. 성공은 찾아오지 않고 그 대신 미래와의 단절과 빈곤, 그리고 세계의 동란, 마지막으로 망명이 찾아왔다. 확실히 독일어를 사용하는 작가 중에서 망명의 고통을 맛본 사람은 그뿐만이 아니다. 육체적으로는 그보다 더 위협을 당하고 그보다 더 잔혹한 시련을 받은 사람들도 있었다. 무질은 제네바에서 확실히 지독한 외톨이로 (그러나 그의 곁에는 아내 마르타 무질Martha Musil이 있었다) 가난한 생활을 보내게 되는데, 그는 자신이 이렇게 고립을 추구해 온 후에 결국 지금 이것을 한탄하고 있음을 모르는 것이 아니다. 1939년 즈음 그는 일기에 다음과 같이 쓰고 있다. '친구들이나 적들과의 내적 대립. 여기에도 저기에도 있고 싶지 않다는 욕망. 하지만 여기서도 저기서도 쫓겨나면 회한이나 탄식이 생긴다.' 그 만년의 10년간, 10년이라 함은 대략적인 숫자인데 그가 단순히 여러 사건 때문만이 아니라 작품과의 관계라는 점에서 변화되고 있다는 것은 의심의 여지가 없다. 작품 그 자체도 또한, 그가 처음 계획의 큰 줄기는 어떻게든 유지하면서도(하기사 이것도 때때로 바뀔 수 있다), 집요하고 천천히 추구하기를 계속하는 동안 변화해 간다. 내 생각에 이미 그로서는 완전히 통제할 수 없고 그에게 저항하는 이 책을 위해, 그에게 생겨난 심각한 혼란을 무시할 수는 없을 것 같다. 그런데 한편으로 그는 또한 이미 아마도 그것에는 어울리지 않는 듯한 계획을 무리하게 밀어붙이는 형태로 이 책에 저항하는 것이다. 그는 언제라도 자신이 아직 20년은 더 살 것이라 생각해서 자신의 갑작스러운 죽음 따위는 전혀 예상하고 있지 않았는데, 그 죽음은 전쟁과 집필 모두가 가장 음울한 양상을 보이고 있던 시기에 갑자기 그를 엄습했던 것이다. 그의 이 마지막 망명에는 여덟 명의 인물이 따랐다. 10년 후 무질 부인의 일을 이어받은 헌신적인 친구가 결정판을 출판하자, 그는 프루스트나 조이스에 필적하는 인물로 치켜세워졌다. 그로부터 다시 5년 뒤, 이제 이 책이 프랑스어로 번역된 것이다. 나는 그의 무명성보다 오히려 이러한 명성의 속도와 휘광에 거의 놀라움을 느끼고 있다. 우리는 이러한 명성이 보여 주는 사후^{死後}의 아이러니를 그에게 계속 부여하고 있는데, 이는 은근히 놀라운 일이 아닐 수 없다.

그에 대해 이 소설 말고는 최근 발표된 『일기』밖에 모른다 하더라도 우리는 이 복잡한 인물에 즉시 사로잡히고 매혹되며 때로는 놀라게 된다. 자신이 사랑하는 것을 비판할 수도 있을 뿐만 아니라 자신이 불쾌해하는 것 가까이에 스스로가 있음을 느낄 수도 있는, 복잡한 인물. 많은 점에서 근대적 인간이며 새로운 시대를 있는 그대로 받아들이고 이 시대가 변화할 모습을 명민하게 예견하고 있다. 또한 과학통에다가 풍부한 지식의 소유자이며 기술이 가져다주는 무시무시한 변혁들을 조금도 저주하려 하지 않는 엄정한 정신을 갖고 있다. 그러나 그와 동시에 그는 그 탄생이나 교육, 여러 전통에 대한 확신으로부터 볼 때 이는 과거의 인간, 세련된 한 문화에 속하는 인간이다. 거의 귀족주의라고 부를 수 있을 정도의 인물이다. 그는 그가 카카니엔^{Kakanien}이라 부르는(프랑스어로는 카카니^{Cancanie}라고 부르는 편이 좋을 것이다) 그 늙은 오스트리아-헝가리 제국을 극히 풍자적으로 묘사한다고 해서 그가 자신을 그 쇠퇴기에 있는 세계와 아무런 관계가 없다고 느끼고 있는 것처럼 생각해서는 안 된다. 확실히 이것은 쇠락한 문명에 속하는 세계이긴 하지만, 무질만이 아니라 호프만슈탈, 릴케, 프로이트, 후설(Edmund Husserl), 트라클(Georg Trakl), 브로흐, 쇤베르크(Arnold Schönberg), 라인하르트(Max Reinhardt), 카프카, 카스너(Rudolf Kassner) 등도 카카니엔인이었다는 것을 상기한다면, 이 문명은 강력한 창조적 삶을 갖고 있다고 말할 수 있는 것이다. 이 이름들은 죽어 가는 문화가 혁명적 작품이나 미래적 재능을 만들어 내기 쉽다는 것을 우리에게 보여 주기에 충분할 것이다.

 무질은 카카니엔의 인간이며 우리는 이 특질을 무시할 수 없지만, 마찬가지로 그의 책에서 중심적 인물들의 발견들이나, 때때로 희화적으로 묘사되어 있지만 결코 그의 아이러니한 동정과 관계없지 않은 존재인 다른 여러 인물이 이루고 있는 대위법적 운동 속에서 이 카카니엔적 정신을 발견하는 것에 만족해서는 안 된다. 평행**운동**이라는 꾸며 낸 이야기 같아져 버린 익살스러운 모든 이야기는——이것은 이 책 제1부의 골격을 이루고 있다——이미 심연에 닿은 한 **제국**의 절정기를 찬양하기 위해 상류사회의 몇몇 꼭두각시가 행하는 노력을 보여 주는 것만이 아니다. 이 이야기에는 아무도 모르는 극적 성질을 가진 중대한 의미가 있다. 즉 문화는 자신에게 궁극적인 가치를 부여할 수 있는가, 아니면 공허를 포장함으로써 우리를 공허로부터 지키면서 공허 속에서 찬란하게 자신을 펼칠 수밖에 없는가를 안다는 의미가 있다.

 그는 옛날 사람, 너무나 근대적인 인간, 그의 언어가 의도적으로 벌거벗겨지고 때때로 계시적인 이미지로 경쾌하고 세련된 완고함을 갖고 있음에도 불구하고 거의 고전적이라 할 수 있는 작가, 그리고 모든 것을 문학에 부여하려 하면서('자살할 것인가 아니면 쓸 것인가'라는 비참한 양자택일을 입에 담을 정도이다), 문학을 세계의 정신적 정복에 활용하려고 하는 작가이며, 또한 문학에 여러 윤리적 목적을 부여하고 오늘날에는 시론이라는 이론적 표현이 심미적 표현보다도 가치가 있다고 주장하려 하는 작가이다. 폴 발레리나 브로흐와 마찬가지로 그는 과학이나 특히 수학의 용어법으로부터 명확함의 이상을 끌어내었다. 이러한 명확함의 결여 때문에 문학작품은 그에게 공허하고 거의 견디기 힘든 것으로 여겨지는 것이다. 지식의 비인칭성, 식자^{識者}의 비인칭성, 이것이 그에게 어떤 요청을 드러낸다. 그는 자신이 이 요청과 위험할 정도로 일치하고 있다는 것을 느끼며, 시대의 현실이 시대의 인식보다 한 세기나 뒤쳐져 있지 않다면 이러한 요구가 현실에 어떠한 변형을 가져오는가를 알려고 하는 것이다.

중심적 주제

본질적으로 양극을 가진 이 책에 만약 중심적 주제라고 부를 만한 것이 있다면 그것은 바로 『특성 없는 남자』(*Der Mann Ohne Eigenschaften*)라는 이 책의 제목을 통해 나타나고 있다. 이 제목은 프랑스어로 표현하기 어렵다. 필리프 자코트(Philippe Jaccottet)는 뛰어난 작가이며 시인인 동시에 정확한 번역자인데, 그는 틀림없이 여러 번역어들의 가부^{可否}를 궁리했을 것이다. 지드는 반쯤 농담으로 **자유롭게 처분할 수 있는 남자**(L'homme disponible)라는 지드적 번역어를 제안했다. 잡지 『므쥐르』(*Mesures*)의 **성격 없는 남자**(L'homme sans caractères)라는 제안은 상당히 교묘하다. 나라면 제일 단순하고 제일 독일어에 가까우며, 프랑스어로도 제일 자연스러운 **특색 없는 남자**(L'homme sans particularités)라고 번역했을 것 같다. "특질 없는 남자(L'homme sans qualités)"라는 표현은 확실히 고상하게 돌려 말한 것이긴 하지만 직접적인 의미를 갖지는 못하고, 문제가 되고 있는 남자가 그에게 고유한 어떤 것도 갖지 않는, 특질도 없지만 실체도 없다는 관념을 잃게 만든다는 결점이 있다. 무질이 메모 속에서 말하고 있는 것처럼 이 남자의 본질적 특색은 어떤 특별한 것도 가지지 않는다는 점에 있다. 이것은 누구라도 상관없는 남자이다. 좀더 깊이 말하자면 그는 본질을 갖지 않는 남자다. 자신을 하나의 성격이라는 형태로 결정시키는 것도, 안정된 개성이라는 형태로 응고시키는 것도 받아들이지 않는 남자다. 확실히 이것은 자기자신을 빼앗긴 남자인데, 그것은 그가 바깥으로부터 오는 여러 특색들의 총체를 자신에게 고유한 것으로서 받아들이려 하지 않기 때문이다. 그런데 거의 모든 사람들은 이 총체 가운데에 자신과는 무관한 우연적이고 견디기 어려운 유산을 볼 뿐만 아니라 소박하게도 그것을, 자신의 은밀하고 순수한 영혼과 동일시하고 있는 것이다.

그러나 여기서 즉시 이 작품의 정신 속으로 들어가지 않으면 안 되는데, 이는 바로 아이러니라는 형태에서의 정신이다. 무질의 아이러니는 이 책에 대한 조명(특히 제1부에서 그렇다)을 때때로 그다지 눈에 띄지 않는 형태로 바꾸는 차가운 빛이며, 이것은 때때로 불분명한 것이기는 해도 우리를 명확한 의미나 앞서 부여된 의미가 갖는 분명함 속에 쉬게 해주지는 않는 것이다. 독일 문학의 전통에서 아이러니는 하나의 형이상학적 카테고리처럼 중대한 것으로 격상되어 왔지만, 확실히 이런 종류의 전통에 있어서는 특색이 없는 남자를 아이러니한 방식으로 추구하는 작업이 절대적 창조는 아니다. 무질은 니체의 영향을 거부하면서도 그것을 받아들이는데, 이러한 추구는 니체 이후에도 행해지고 있다. 그러나 여기서 아이러니는 이 작품의 중심 중 하나이다. 그것은 작가나 인간의 그 자신에 대한 관계이며, 모든 특수한 관계가 결여되었을 때 타인에 대한 누군가이거나, 자기자신에 대한 어떤 것이기를 거부했을 때 생겨나는 관계인 것이다.* 이것은 하나의 시적 부여이며 방법상의 원리이다. 이것을 말 속에서 추구한다면 좀체 발견할 수 없을 것이다. 발견된다 하더라도 풍자적 표현으로 변질될 것이다. 아이러니는 오히려 책의 구성 그 자체 속에 있다. 그것은 어떤 종류의 상황이나 그 역전 속에 있으며, 주인공 울리히의 가장 진지한 사유나 가장 진실한 행동이 반드시 다른 인물들 속에서 재탕되고, 거기서 그것들이 딱하거나 우스꽝스러운 모습을 드러낸다는 사실 속에 있다. 이렇게 해서 정확함이라는 이상과 영혼이라는 이 공허를 엮어 보려는 노력은——이것은 울리히의 근본적 관심 중 하나이다——아름다운 영혼 디오티마와, 라테나우를 모델로 한 강력한 실업가이자 잔꾀에 능한 자본가로 관념론자인 아른하임 사이의 목가牧歌에 반영되어 있다. 이렇게 해서 울리히와 그의 여동생의 신비한 정념은 울리히와 클라리스와의 관계에 이르고, 거기서 가련한 형태로 반복된다. 이 관계는 니체로부터 나온 경험이며, 그것은 결국 불모의 히스테리로 끝나는 것이다. 이렇게 해서 여러 사건이 차례로 메아리를 일으키며 변화해 나가면서 그저 그 단순한 의미를 잃어버리는 것에 그치지 않고, 그것들의 현실성까지도 내던지고 마는 결과가 생긴다. 이야기로서 전개되기는커녕 여러 사실이 가능한 관계의 불확실성으로 대신되는 듯한, 움직이는 장을 나타내는 결과가 생긴다.

　이렇게 해서 이제 우리는 이 작품의 다른 면을 목도하고 있는 것

---

* 아이러니란 냉정과 감정 사이의 교류이다.

이다. 이 특색 없는 남자는 '그'라고 하는 사람 속에서 스스로를 인정하고 싶지 않아 하고, 그에게 있어서 그를 특수화하고 있는 모든 성질은 그를 특수한 어떤 것으로도 변화시키지 않는다. 그는 자신과 가장 가까운 것에 결코 가깝지 않고, 자신의 외부에 있는 것과 결코 무관하지 않다. 그리고 그가 이러한 자신을 선택하는 것은 어떤 자유의 이상에 의해, 그것은 또한 그가 특수한 사실이나 행위가 언제나 여러 관계의 비인칭적인 총체 속에서 사라져 가려 하고, 그 사실들이나 행위들은 그 관계들의 순간적 교차점을 나타내는 것에 불과한 세계 ─ 근대세계, 우리의 세계 ─ 에 살고 있기 때문이기도 하다. 이러한 세계, 대도시와 집단적 군중이 만들어 내는 세계 속에서 그는 어떤 일이 정말로 일어났는지를 아는 것에도, 우리가 어떠한 역사적 현상의 심부름꾼이며 증인이라 생각하고 있는지를 아는 것에도 아무런 관심을 갖지 않는다. 일어난 일은 결국 파악할 수 없는 것이고, 뿐만 아니라 그것은 부속적인 것이며 아무 의미 없는 일이기까지 하다. 단 하나 중요한 것은 이렇게 해서 일어난 것, 그러나 다른 형태로 일어날 수도 있었던 것의 가능성이다. 문제가 되는 것은 일반적인 의미와 이 일반적 의미를, 단순히 존재하는 것만으로 특별한, 아무것도 아닌 것 속에서 추구하는 것이 아니라 여러 가능의 폭 속에서 추구하려 하는 정신의 권리뿐이다. 우리가 현실이라 부르는 것은 하나의 유토피아이다. 우리는 여러 사건들이 선을 이루며 차례로 조용히 이어져 가는 역사라는 것을 상상하고 그것이 살아 있다고 생각하지만, 이러한 역사는 견고한 사물이나 단순한 순서로 전개되는 명백한 사건에 집착하려 하는 우리의 욕구를 나타낼 뿐이다. 서술의 예술, 이 영원불변의 옛날이야기는 이러한 사물이나 사건의 매력적인 환상을 강조하고 유효하게 이용하고 있다. 이러한 말하기 형식을 본보기로 하여 몇 세기에 걸친 역사적 현실이 만들어졌는데, 울리히에게는 이제 더 이상 이러한 말하기의 행복이 불가능한 것이다. 그가 살고 있는 곳은 이미 사건의 세계가 아닌 가능성의 세계이며, 거기서는 **이야기**할 수 있는 그 어떠한 일도 일어나지 않는다. 소설의 주인공에게 있어서는 기괴한 상황이며, 소설가에게 있어서는 더욱 기괴하다. 그리고 그 주인공 자신은 이를테면 허구의 것이라 할지라도 현실적인 존재인 것일까? 그러나 그는 그 이상의 존재가 아닐까? 즉 그는 대담하고 위험한 실험이고, 유일한 결과가 그가 가능한 존재라는 것을 그에게 보증하며 이렇게 해서 결국 그를 현실적으로, 그러나 단순히 가능성이라는 형태로 현실적으로 만드는 것은 아닐까?

가능한 인간

우리는 서서히 무질이 그렇게 많은 세월을 들여 이끌어 낸 구상의 풍부함을 깨닫기 시작하고 있다. 그 자신도 이 구상을 너무나 천천히 이끌어 냈던 것이다. 그는 금세기 초 이래로 이 책에 대해 생각해 왔고, 그의 『일기』 속에는 그가 젊은 시절의 모험으로부터 이끌어 낸 여러 장면이나 상황이 발견되는데, 이것들은 작품의 마지막 부분에서 처음으로 사용될 것이었다(적어도 유고遺稿의 출판을 통해 복원된 형태에서는 그러하다*). 우리는 이 느린 성숙이나 그의 삶이 작품에 부여하고 있는 이 삶을 망각해야 하는 것은 아니다. 그의 존재를 끝없는 책에 종속시키고, 이어서 이 존재를 변형하여 근본적으로 있을 수 없는 것으로 변하게 하는 이 기묘한 경험을 망각해야 하는 것은 아니다. 이 책은 표면적으로도 그리고 깊은 의미로도 자전적인 책이다. 울리히는 무질을 떠올리게 한다. 그러나 무질은 불안한 형태로 울리히와 연결되어 있으며, 바깥으로부터 진리를 받아들이기보다는 오히려 진리 없이 존재하기를 좋아하는 이 인물 안에서만 자신의 진리를 소유하고 있다. '성격 없는 남자'가 어떤 '성격'의 내용들을 신기하게 기술하고 있는 초기의 계획이 있는데, 이 성격 속에서 저자 자신의 성격을 발견할 수 있는 듯하다. 즉 정념에 찬 무관심, 그가 자신의 감정들과 자기자신과의 사이에 놓여 있는 거리, 어떤 것에 가담하여 자기자신의 바깥에서 살아가는 것에 대한 거부, 난폭함에 불과한 냉정함, 정신의 엄밀함과 남자다운 억제력, 게다가 이 엄밀함이나 억제력은 이 책의 관능적인 급반전이 때때로 우리에게 보여 주는 어떤 종류의 수동성과 연결되어 있는 것이다. 그러므로 특성 없는 남자란 조금씩 구체화되는 가정이 아니다. 오히려 그 반대다. 즉 그것은 하나의 사유가 된 생생한 현전이고 유토피아가 된 현실이며, 특성을 결여하고 있다는 자신의 특성을 차례차례로 발견해 나가는 특수한 존재인 것이다. 이 존재는 이 결여를 체현하려고 시도하며 그것을, 그를 어떤 새로운 존재로, 아마도 미래의 인간 혹은 이론적 인간이라고도 말해야 하는 것이 된 듯한, 어떤 탐구로

---

* 무질에게 바쳐진 어떤 흥미로운 연구에서 마르틴 플린커(Martin Flinker)는 1934년에 무질이 그에게 건넨 다음과 같은 편지를 인용한다. "제 작업에 관한 문제들에 대해 간단히 이야기한다는 것은 안타깝지만 불가능합니다. 아직도 문제가 있습니까? 때로는 반대로 느껴지는데 말입니다. 제가 아주 헤매고 있는 것은 아니라고 믿게 해주는 유일한 이유는 제 탐구가 오랫동안 이어져 왔다는 사실입니다. 1914년 이전에까지 거슬러 올라가는 초창기부터 제 문제에는 너무나 자주 수정을 가해 왔기 때문에 그 문제들은 어떤 종류의 영속성을 가진 밀도를 획득하게 될 것입니다(*Robert Musil: Der Mann ohne Eigenschaften, Eine Einführung*, Almanach, 1958)."

까지 이끌어 가는 것이다. 그리고 결국에는 본래적으로 자기자신이 되려고, 즉 단순히 하나의 가능한 존재에 불과하지만 모든 가능성에 열려진 존재가 되려고, 존재하기를 그만두는 것이다.

    무질의 아이러니는 그의 구상에 있어서 매우 유용한 것이다. 울리히의 이 별명은 무질의 어린 시절 친구이자 이 책이 시작되는 시기에는 이미 별로 친하지 않은 사이가 된 발터라는 인물에 의해 비난의 의미로 그에게 부여되었다는 사실을 잊어서는 안 된다. 대체 특색 없는 남자란 무엇일까? "그건 뭐야?" 클라리스는 어리석게 웃으며 묻는다. 이 물음에 대한 답은 무질적인 애매함 때문에 매우 의미심장하다. "**아무것도 아니야. 전혀 아무것도 아니야!**(Nichts. Eben nichts ist das!)" 그리고 발터는 다음과 같이 덧붙인다. "이제는 이런 녀석들이 몇 백만이나 있어. 현대가 만들어 낸 종족이지." 무질은 이러한 판단을 자신의 생각으로서 제시하지는 않지만, 그렇다고 그것을 버리지도 않는다. 그렇다고 특색 없는 남자가 모든 제한을 거부하는 자유로운 영웅인 것만이 아니다. 본질을 거부하면서도 실존 또한 거부하지 않으면 안 될 것을 예상하고 있는(실존은 가능성으로 대치될 수 있다) 영웅인 것만이 아니다. 그것은 우선 첫번째로 대도시에 사는 누구라도 좋을 인간이며 누구와 대체되어도 상관없는, 누구도 아니며 누구라고도 보이지 않는 인간이다. 일상적인 **그 누구**이며, 이미 어떤 특수한 존재가 아닌, 비인칭적 실존의 냉혹한 진실과 함께 녹아 든 개인인 것이다. 여기서는 과거의 무질이 현재의 무질을 공격하기를 멈추지 않지만, 현재의 무질은 과학의 비인칭성과 그가 자각하고 있는 자신의 기이함을 이용함으로써 자신이 ──**아무것도 아니야. 정확히 아무것도 아니야!** ──새로운 도덕의 원리이며 새로운 인간의 시작인 바를 무$^\text{無}$ 속에서 용감하게 발견하려 하고 있는 것이다.

    이러한 탐구 내에 존재하는 위험한 것은 결코 그를 벗어나지 않지만, 동시에 또한 그는 이미 말한 것처럼, 자신의 운명을 그 오래된 카카니엔인의 운명과 다른 것으로 만들려고는 하지 않는 것이다. 그 움직임은 이 카카니엔인의 붕괴를 의미할 뿐으로, 이 붕괴는 당연히 그 자신의 붕괴가 될 것이다. 그러나 그가 소설가로서조차도, 무모한 실험의 길을 따라가기 위해 터무니없는 노력을 반복하면서 과감하게 나아가는 것은 환상과 같은 것을 향한 혐오와 정확성에 대한 관심 때문인 것이다. 이미 1914년 이전부터 그는, 진리가 그가 사는 세계를 비난하고 있는 것을 목격하고 있었으며, 이렇게 해서 그는 무엇보다도 진리를 사랑한 것이다. 그는 자신의 기술자나 기호논리학자, 수학자, 심리학자로서 짧게 살아가며 진리에 대한 어떤 관념과 정념을 만들어 왔는데, 이러한 진리에 대한 사랑이 결국 그를, 자신의 모든 운명을 한 편의 소설을 통한, 그것도 그 본질적인 부분들 가운데 한 측면에서 봤을 때 명백히 신비적이라고 부를 수 있을 만한 소설을 통한 대담한 시도에 쏟아붓는 문학가가 되었다는 것, 이 사실은 아주 기묘하다 하겠다.

2. '다른 상태'의 경험

1930년에 『특색 없는 남자』의 제1부가 발표되었을 때, 설령 가장 교묘한 독자라 할지라도 이야기의 뒤가 어떻게 이어질까를 예상할 수 있었을지 매우 의심스럽다. 당시의 그러한 독자는 어떤 때에는 소설과 닮아 있고 어떤 때에는 시론과 닮아 있으며, 때로는 『빌헬름 마이스터』(*Wihelm Meister*)를, 때로는 프루스트나 『트리스트럼 샌디』(*Tristram Shandy*)를, 또 때로는 『테스트 씨』(*Monsieur Teste*)를 생각나게 하는 고전적인 말과 당황스러운 형식을 가진 소설을 우물쭈물거리거나 놀라면서 읽고 있었던 것이다. 만약 섬세한 독자라면 이 작품이 일견 언제나 자기자신을 해설하고 있는 것 같으면서도, 정체를 알 수 없다는 것에 기쁨을 느낄 것이다. 그러나 그러한 독자도 다음의 두 가지는 믿고 있었다. 그 중 하나는 무질이 1914년 전날 밤에 사람들의 환상을 지키고 있던 어서 가의 몰락을 짓궂고 냉정하게, 그러면서도 감정을 담아 묘사하고 있다는 것이다. 다른 하나는 이 책의 주인공인 울리히가 정확성을 추구하는 데에서 비롯된 여러 위험이나 근대적 이성의 비인칭적 힘에 따라 살아가려 노력함으로써 극히 지적인 모험을 추구하는 정신의 영웅이라는 것이다.

    1932년의 독자는 제2부의 1권이 발표되었을 때, 어리둥절해했을까? 그러나 무질의 운명은 이미 완성되려 하고 있었다. 왜냐하면 그때에는 거의 독자가 없었기 때문이다. 게다가 그 권은 두번째 에피소드의 시작 부분에 지나지 않았음에도 불구하고, 아주 솜씨가 좋으면서도 아주 불행한 방식으로 끝나고 있었기 때문에 이것으로 이 작품은 거의 다 끝나고 새로운 주제는 결론에 도달한 것처럼 생각되었던 것이다. 그러나 이 같은 이야기는 이 이후에도 수백 페이지에 걸쳐, 때때로 절망의 그림자를 드리우는 열정으로써 추구되는 와중에, 전혀 다른 내면적인 반전에까지 이르게 된다. 그래서 오늘날에도 우리를 고민하게 하는 어떤 의미의 변질이 생기는데, 무질 자신도 이것 때문에 고민하지 않았을까 생각한다. 왜냐하면 우리에겐 이때 이후로 그가 어떤 터무니없는 창조 작업 속에서, 아마도 그의 여러 예측을 넘어선 어떤 경험 안에 들어간 것 같이 느껴졌기 때문이다. 모든 것은 보다 곤란해지고, 보다 덜 명확해진다. 왜냐하면 많은 경우 우리에게 도달하는 것은 분명히 느껴지는 단순한 빛이기 때문에 보다 어두워지는 것은 아니지만, 그가 자기자신으로부터 비장하고 집요하게 획득해 내려 하는 의지적 완성에 대해서는 보다 이질적인 것이 된다. 무엇인가가 그를 벗어나 버리며, 그는 감수성의 초과^{excès}, 추상의 초과 등의 여러 가지 초과를 마주하고는 놀라고 공포스러워하며 반항한다. 사람들의 착각에 아첨하기 위해 쓰기보다는 오히려 쓰지 않는 쪽을 언제나 선택하려 하는 엄밀한 작가는 이러한 초과를, 미리 생각해 둔 계획의 틀 안으로 이끌고 들어가려고 헛되이 노력하는 것이다.

근대인에 관한 두 가지 해석

이것은 매우 흥미를 끄는 점인데, 이 책의 예견하기 힘든 이어짐은 단지 그 주제의 심화와 연결되어 있는 것만이 아니라, 이 작가의 고유한 신화와 어떤 은밀한 꿈의 일관성을 통해 필연적으로 되고 있다는 점이다. 우리는 어떤 근거도 없는 데다가 또 충분한 동기를 가진 어떤 모험에 부딪히고 있다는 것이다. 울리히는 특수한 현실들이 만들어 내는 안정된 세계(특수화된 상이함들이 만드는 안정성을)를 거부하는 무관심한 인간인데, 그가 아버지(이 아버지라는 사람은 귀족의 지위를 물려받은 현학적인 노신사로, 두 사람 모두 그를 사랑하고 있지는 않다)의 관 옆에서 여동생 아가테와 마주칠 때, 이 만남은 근대문학에 있어서 가장 아름다운 근친상간의 정념이 시작된다. 이것은 독특한 형태를 취한 정념인데 아주 자유롭고 아주 난폭하며, 방법적임과 동시에 마술적인 것이면서 긴 시간 동안, 아니 거의 최후에 이르기까지 성취되지 않는 것이다. 이것은 추상적인 탐구와 신비적 유출의 원리이며, 어떤 지고의 상태, **다른** 삶의 상태, 요컨대 천년왕국의 전망 속에서의 양자의 합체이다. 이 천년왕국의 진리는 처음에는 세상에 허락되지 않는 이 커플의 특별한 정념에 부여되어 있는 것인데, 결국에는 아마도 열광적인 세계 공동체에까지 확장될 것이다.

물론 여기에 자의적인 것은 아무것도 없으며, 이것을 낭만주의적인 것의 잔존으로 보거나 한다면, 사람들을 기만하는 것이 되리라.[*] 울리히라는 이 특성 없는 남자 속에는 인식의 비인칭적인 움직임이나, 거대한 집단적 실존이 갖는 중성적 성질이나, 누군가임을 거부하는 것을 통해 처음으로 시작되는 폴 발레리적 의식의 순수한 힘이 자각되고 있으며, 이것은 사유적 인간이라고도, 자기자신에 대한 논리라고도, 순수한 추상이라는 삶의 방식으로 살아가려고 하는 하나의 시도라고도 부를 수 있는 인물인데, 이런 울리히가 신비적 경험이 야기시키는 현기증에 사로잡히는 것은 아주 놀라운 일이다. 그러나 그것은 필연적인 것이다. 이것은 바로 그의 움직임인 이 움직임이 가지는 의미로부터, 그가 자처하여 맞아들이고 있는 그 비인칭성으로부터 나오고 있다. 그는 이 비인칭성을 때로는 이성이 가지는 지상적至上的 미결정성

---

[*] 그렇지만 아가테는 나중에 나온 단편에서이긴 하지만 '우리는 사랑의 마지막 낭만주의자였다'라고 말한다. 무질은 이 커플의 시도를 특징짓기 위해 나중의 또 다른 단편 속에서 '사랑에서의 아나키적 시도'라고 말한다.

으로서, 때로는 신비적인 존재의 충일로 역전되는 미결정적 공허로서 체험하는 것이다. 이렇게 해서 너무나 한정된 특수한 관계 속에서 타인이나 자기자신과 함께 살아가는 것에 대한 거부가——이것이 바로 울리히의 (또한 무질의) 마력인 매혹적인 무관심의 원천에 다름 아니다——근대적 인간에 관한 다음과 같은 두 가지 해석을 만들어 낸 것이다. 즉 근대적 인간은 고도의 정확성의 능력과 가장 극단적인 해체의 능력을 모두 가지고 있다는 것이다. 근대적 인간은 경직된 형식들에 대한 거부를 수학적 공식의 무제한적 교환을 통해서뿐만 아니라 그와 동시에 무정형적인 것, 공식화되지 않는 것을 추구함으로써 만족시키려 하고 최종적으로는 실존을 의미에 다름 아닌 가능과 불가능의 무의미한 사이에서 확대하기 위해 실존의 현실성을 배제하려고 한다는 것이다.

    울리히는 아가테와 만난다. 어렸을 적부터 그는 여동생의 존재 따위는 거의 잊고 있었다. 아버지가 죽은 집에서 자신들이 얼굴 생김새뿐 아니라 입고 있는 것까지 닮아 있다는 것에 놀라면서 그들이 서로 앞에 모습을 드러내는 그 방식, 아직 눈치채이지 않은 그들의 관계가 주는 놀라움, 비현실적인 과거로의 회귀, 어떤 종류의 몸짓들의 공모(그들이 죽은 자의 옷 위의 진짜 훈장을 대용품의 훈장과 바꿔 치기 한 것 말이다. 게다가 그 이후에 아가테는 그녀의 남편을 곤란하게 하기 위해 유언장을 바꿔 만들어 놓는다). 이 젊은 여성이 아버지를 위해 무엇을 마지막으로 선물할까 생각하여, 양말을 고정시키는 폭이 넓은 리본을 끌러서 노신사의 주머니에 집어넣을 때의 어린아이와 같은 자유로움, 그 외에도 매혹적인 절도를 가진 스타일로 표현된 다른 많은 세부 묘사,

이것들이 반쯤은 밤이고 반쯤은 낮인 분위기 속에서 우리가 그들 자신과 마찬가지로 마음으로부터 받아들이고 싶어지는 정경을 준비하고 있다. 그러나 이 정경은 실제로는 일어나지 않고, 훨씬 더 나중에 아마도 우리의 기대도 그들의 기대도 이미 그것에 만족하지 않게 되었을 때가 되어서야 처음으로 일어나는 것이다. 세간의 금지명령을 고려했기 때문일까? 그러나 그것은 어느 정도에 불과하고, 또한 거기엔 어떠한 도덕적 선입견도 존재하지 않는다. 그저 그들은 그들의 새로운 관계에 의한 위험한 모험이 그들에게 부여한 호기, 그 불가능성 속에 있는 호기를 너무 조급하게 다 써 버리고 싶지는 않았던 것이다.

완성되지 않는 완성

"거의 가까이 와 있었지만 아직 오지 않았던 것", "아무 일도 일어나지 않은 채로 진정으로 일어났던 것", "일어났던 것, 그런데 이것이 일어났던가?" 현전하는 현실적인 것이면서도 실현될 수 없는 이 사건, 원해지거나 거부당하지도 않고 가까이에 있지만 현실에서는 충분하지 않은 상상적인 것의 영역을 여는 어떤 불타는 근접성으로 임박한 사건, 이것이 불가능한 사건에 대해서 거의 육체적이라고 말할 수 있을 정도의 형태를 부여한다. 이 형태 속에서 오빠와 여동생이라는 자유로우면서도 또 순수한 여러 기괴한 운동을 행하면서 이 형태 속에서 서로에게 연결되는 것이다. 바로 이런 형태의 서술이 이 작품의 가장 새로운 경험을 만들어 내고 있다. 그리고 더 나아가 긴 시간에 걸쳐서 극한으로까지 지나칠 정도로 몸이 배제된 이 불가사의한 열정이, 말을 근본적인 매개자로 여기고 있다는 점을 덧붙일 필요가 있다. 이것은 무질이 자진해서 추구한 것이다. "사랑에 있어서 대화는 다른 무엇보다도 큰 역할을 하고 있다고 말해도 좋을 것이다. 사랑은 모든 열정 중에서도 가장 대화적인 것이며 그것은 주로 이야기하는 행복 속에 있다…… 이야기하는 것과 사랑하는 것은 본질적으로 연결되어 있다." 나는 이 매우 무질적인 관념이 그의 작품 바깥에서도 우리를 납득시킨다고 말하고 싶지는 않다. 또한 그것이 그의 책을 이루고 있는 그 지리하고 장황한 이론적 대화를 정당화하기 위한 수단에 불과하다고 말하고 싶지도 않다. "거기엔 모든 것이 유일무이한 절대적 긍정 내에서 서로 연결되려 하는 그 불가사의하고 한이 없으며, 믿기 힘들고 잊기도 힘든 상태"가 접근할 때에 추상적인 말이 받는 변형을 식별하기 위해서는 감정의 도취와 말들의 지배력 속에, 그것들을 함께 변형시키고 추상적인 메마름을 정념의 새로운 상태로 바꾸며, 감정의 고양을 가장 고도의 냉정함으로 바꾸는 어떤 공동의 관계를 추구해야 하는 것이다. 침묵에 대한 거대한 욕구 없이는 발화되지 않는 말. 울리히와 아가테라는 커플에 있어서는 다행히도 침묵의 부분을 젊은 여성 쪽이 재현하고 있다. 그녀는 정신적 해체와 몸의 궁핍 상태로부터 모습을 드러내며, 오빠의 수다스러운 수동성을 목격하고는 "오빠는 말하는 것 말고 다른 것을 했어야 했어"라고 슬프게 생각하는데, 거기엔 어떤 신랄한 저의가 없지 않다.

어느 날 아가테는 자살할 각오를 하기에 이르는데, 이 위기가 이 목가에 어떤 새로운 전기를 부여한다. '우리는 모든 것을 다 시험해 보기 전까지는 자살 따위는 하지 않을 거야.' 이렇게 해서 괴테 이래의 전통에 따라 남쪽으로 여행을 가는 형태를 띤 '낙원으로의 여행'이 시작된다. 그러나 아주 결연한 이 결심은 한참 후가 되어서 생겨난다. 이미 팔백 쪽에 이르는 긴밀한 텍스트가 내면적으로는 언제나 구별되어 있는 자들을 하나로 묶고, 그들을 모든 감정을 넘어선, 느끼는 것의 피로 그 자체 안에서, 완전히 신비가의 움직임과 닮아 있다고 말할 수 있는, 느긋하고 깊은 변신의 움직임 쪽으로 데려가고 있는 것이다. 그러므로 절대絶對에는 이미 도달되어 있으며, 울리히의 시도는 완성되지 않는 완성이라는 형태로 이미 그 끝을 발견하고 있는 듯하다.

그것은 오빠와 여동생의 이 기괴한 관계, 바이런(George Byron)적 배덕이나 도전과는 어떤 의미에서 아주 멀리 떨어져 있지만, 어떤 의미에서는 멀리 떨어져 있을 뿐인 이 관계가 바로 특색 없는 남자가 허무하게 추구하고 있는 것, 게다가 그가 결여를 통해서만 만날 수 있는 것을 의미하고 있기 때문이다. 즉 그는 그의 보다 아름답고 보다 느끼기 쉬운 **자아**(그에게는 결여되어 있는 육화된 육체이다)라고도 말할 수 있는 이 여동생과 결합됨으로써 그녀 속에서 그가 빼앗긴 자기자신과의 관계를 발견하는 것이다. 자기애, 즉 **아이겐리베**(Eigenliebe)이며 자기자신에 대한 특별한 사랑인 듯한, 어떤 감미로운 관계를 발견하는 것이다. 특색 없는 남자는 이 세계에서 그의 분신과 같은 형태로 방황하는 그의 동일물, 여동생이며 아내이고 영원한 이시스[Isis]인 그 여성과 만나지 않으면 확실히 이 관계를 알 수 없다. 이 영원한 이시스는 이 산재된 존재에게 삶과 충만함을 가져다주며, 그러한 존재에게 흩어져 간다는 것은 공허 속으로 끝없이 다시 떨어지면서 명상 가운데 무한히 기다린다는 것이다.

물론 아가테가 울리히라 해도 그녀는 울리히가 자기를 박탈당하고 있을 때에 그녀 역시 자기를 박탈당하고 있으며, 이것은 도덕상의 어떤 무의식에 의해 명백하게 짐작된다. 이 이중의 결여가 어떤 우울한 이끌림으로 그들을 지옥에서의 파울로와 프란체스카처럼 서로에게 연결시키며 또한 그들을 기진맥진하게 하는 매혹적인 자기도취의 작용 속에서 서로를 찾아 헤매이게 하는 것이다. 그들의 결합이 헛되다는 사실 그 자체가 이 결합을 결정하는 움직임의 일부를 이루고 있다. 여기에서 의외의 일이 일어난다. 나는 이것이 무질 자신을 놀라게 하고 당황하게 만들었다고 생각한다. 즉 그가 이 결합으로부터 끌어낸 여러 이상한 경험, 두 연인을 이 세계로부터 멀리 떨어진 빛의 정원과 존재의 가장자리로 이끌고 가는 황홀상태, 그로 하여금 이 에피소드와 절연하지 못하게 하고, 궁극적인 환멸에 대해 은밀하게 항의하는 것 같은 수백 쪽에 걸친 이 에피소드를 추구할 수밖에 없게 만드는 창조적 다산성多産性, 요컨대 이 책의 균형을 잃게 만들지만 실패로 드러나기는커녕 이 책에 새로운 힘을 부여하는 이 모든 일탈된 전개가, 이 불가능한 사랑 속에서, 비록 환상에 불과할지라도 행복과 진실을 빛나게 한다. 무질은 그의 기대나 계획에 반하여 이 행복과 진실의 환상을 파괴하려고 결심할 수가 없는 것이다.[*]

　이것은 기묘한 종용이다. 사람들은 무질이 여러 개인적 관계를 통해서 이러한 주제와 연결되었다고 생각할지도 모른다. 대체 그에게는 누이가 있었을까? 있기는 있었지만, 그의 누이는 그가 태어나기 전에

---

[*] 초고들을 열람한 연구자들에 따르면, 무질이 죽어 가는 순간에도 여전히 수정하고 있었던 것은 바로 이 에피소드였으며, 분명히 「어느 여름날의 산들바람」이라는 제목이 붙은 신비로운 성질의 대목이었다.

죽었다(그가 울리히에게 여동생의 존재를 완전히 잊고 있도록 만드는 것은 그 때문이고, 처음으로 만났을 때 불길한 명랑함으로 가득 찬 분위기도 아마 그 때문이다). 그 자신은 자신이 가질 수 있었을지도 모를 그 여자친구에 대해 자문하는 것을 잊지 않는다. 언제나와 같은 간결한 말투로 그는 자신이 누나에게 열정을 바쳤다고 말하고 있다. 이어서 이런 식으로 다시 말하고 있다. '……누나에게 나는 관심이 있었다. 나는 자주 이런 것을 생각하지 않았던가? 누나가 지금도 살아 있다면 어떨까? 나는 누나를 제일 친근하게 느낄까? 그녀와 일심동체가 될까? 이것에는 다른 어떤 동기가 있었던 것은 아니었다. 그럼에도 역시 나는 생각하게 되는데, 아직 작은 옷을 입었던 시절에 나는 여자아이가 되고 싶다고 생각했었던 것 같다. 나는 이 특징 속에서 에로틱한 것의 반복어법을 보는 것 같다.'* 우리는 이 단 하나의 추억에 결정적인 가치를 부여하지 않도록 신경 써야 한다. 단, 여기서 상기해야 하는 것은 울리히와 무질이 불확실하고 경험적 관계를 통해 연결되어 있다는 점이며, 이 관계를 전개시키는 것이 이 책의 도박에 다름 아니라는 점이다. 무질은 바로 이 관계 속에 현전하고 있는데, 비인칭적이고 비현실적인 형태로 현전하고 있다. 한편으로 울리히는 근대 생활이 하나의 수수께끼, 위협, 수단으로서뿐만 아니라 모든 원천의 원천으로서 우리에게 보여 주고 있는 깊은 비인칭성과 일치하는 것을 통해, 이러한 현전

---

* 소년 시절에 그가 사랑했던, 비단결의 긴 금발머리 소녀의 모습은 그의 책에 들어가 있는데, 그녀의 이름은 이 미지의 여동생과 같은 이름, 즉 엘자였다. 그는 이 접근을 그의 자전적 시론 속에 적어 놓고 있으며 이는 그에게 우연으로 여겨지지 않는 것이었다. 1923년 무질은 『이시스와 오시리스』(Isis und Osiris)라는 제목이 붙은 시를 발표하는데, 그가 말하는 바에 따르면 이 시는 그의 소설을 **핵의 형태**(in nucleo)로 포함하고 있다.

방식을 체현하려 노력하고 있다. 쌍생아적 열정을 가지는 내밀성 없는 내밀성은 작가가 자기자신에 대해서 키워 온 하나의 신화이며, 그것은 어떤 때에는 그 불모성을 통해 우리를 거부하고, 어떤 때에는 여러 가지 금지를 부수는 것을 통해 우리에게 **잠깐 동안** 절대에 대한 접근을 약속함으로써 우리를 끌어당기는 것이다.

잠깐 동안. 그리고 여기에 피할 수 없는 좌절이 있다. 무질은 1926년의 어떤 대화 속에서 자신의 책의 계획을 신중치 못하게 밝히는데, 거기서 그는 이 오빠와 여동생의 에피소드(그 계획에서는 쌍둥이였다)에 대해 다음과 같이 말하고 있다. "이 경험을 유지하고 고정하려 하는 시도는 실패하게 됩니다. 절대라는 것은 보존할 수 없는 것이지요." 두 인간 사이에서 끓어오르는 듯한 교류를, 이 세계 공동체를 자유롭고 언제나 이상하며 끊임없이 새로워지는, 순수한 움직임에 맡기는 힘을 가진 하나의 도덕이라는 형태로 확실하게 확립시킬 수 없는 것은 더욱더 그렇다. 그러나 이러한 실패는 이 책을 끝나게 하지 않는다. 왜냐하면 무질은 '사랑-법열'이라는 복합체의 불가사의한 면을 표현한 후에 그것을 광기 쪽으로 이행시키려 했다. 비정상이라든가 착란 등과 같은 더없이 불쾌한 형태들이 특색 없는 남자에게 미치는 매력을 은폐하지 않으려 했다. 광기는 이 책의 주제 중 하나이다. 전쟁의 광기는 가능적인 것의 끝으로 향하는 여행의 끝이며, 이것은 그 비인칭적인 힘의 결정적 난입을 형성했을 것이다. 특색 없는 남자는 그 안에서 여러 가지 비인간적 특색과 만나고 자신의 최후의 가련한 변신을 이루는 것이다. 이 소설의 있을 법한 결말 중 하나를 상상하게 해주는 수많은 단편 속에서 우리는 무질이 여러 뒤얽힌 운명을 이야기가 결여하고 있음에도 불구하고 여전히 존속하고 있는 이야기 속에서 완성시키려 시도하고, 또 특히 음모가나 이상주의자, 사교계의 무리들이—자본주의적인 귀족들—전쟁 전야에 **세계평화**의 환상과 시시덕거리기 위해 날조한 그 평행**운동**을 최후의 해체상태에 이르기까지 추구하는 것을 보게 되는 것이다. 게다가 그는 적어도 1926년의 계획에서는 복잡하고 파란만장한 스파이 활동의 줄거리까지도 생각하고 있었다.* 단지 여기서 어떤 기묘한 현상이 생겨난다. 즉 울리히와 아가테의 소설 이후에는 우리도, 그리고 아마 무질도, 맨 처음 책의 이야기나 인물과는 더 이상 접촉할 수 없는 것이다. 작가는 그 신비적인 에피소드를 말하는 사이에 아이러니를 침묵시켜야만 했는데—왜냐하면 '신비적인 상태는 웃음이 없는 상태이며 신비가는 웃지 않기' 때문이다—이 아이러니조차도 이제 더 이상은 그 비밀스러운 창조의 가능성을 발견할 수 없는 것이다. 모든 것은 마치 어떤 극점에 도달하기라도 했다는 듯이 일어나고, 그것이 작품의 통상적 수단들을 파괴해 버리고 있다. 이제는 어떠한 해결도 불가능하다. 아가테와 울리히는 잘 헤쳐 나가지 못했을 경우에는 죽음을 기대하고 있었다. 그러나 이제 그들은 이 모험에 있

---

* 무질은 우리에게 근대사회의 깊은 힘을 보여 주려 하는데, 생성하고 있는 근대사회에 관한 관점에는 계급의 혁명적 힘이 거의 부재한다. 그에 관해서는 어떤 부차적 에피소드만이 할애되어 있을 뿐이다(몇몇 초고가 보여 주는 것처럼, 아마도 이것은 발전될 예정이었던 듯하다). 무질은 보수주의자도 아닌 그가 왜 혁명은 혐오하지 않지만 혁명이 표면화되기 위해 빌려오는 형태들을 혐오하는지를 설명한다. 그러나 비소유(non-avoir)로 특징지어지는 프롤레타리아트가 모든 특수하게 존재하는 방식의 철폐만을 지향하는 것이라면 특색 없는 남자는 아마도 본질적으로 프롤레타리아가 아니지 않을까? 무질이 자신의 주제에 관한 모든 물음을 스스로에게 제기하는 데도 불구하고 가까운 곳에 있는 이 물음은 정확히 피해 가고 있다는 것은 기이하면서도 주목할 만한 일이다. 반면 그의 책에서는 국가사회주의를 도래하게 만들 힘들 중 일부를 이미 분명하게 보여 주고 있다.

어서는 죽을 능력조차도 상실했다는 것을 느끼고 있다. 살아갈 능력을 상실했다는 것은 말할 것도 없다. 또한 무질이 쓸 능력을 상실했다는 것도. 그는 "나는 이 이상 더 멀리 나아갈 수 없다"고 비참한 어조로 쓰고 있다. 이 결론은 우리가 이 책 덕분에 얼마나 멀리 나아갔는지를 상기시키는, 아마도 이 책의 의미를 가장 존중한 결론일 것이다.

비인칭적인 것의 위협 아래에서

"이 소설의 이야기는 결론적으로 말해져야 할 이야기가 말해지지 않는 것으로 귀결된다." 무질은 1932년, 즉 그의 창조작업이 한창이었던 때에 이렇게 성찰하고 있다. 좀더 지난 후, 그는 그의 여러 이야기의 근원에 있는 이야기에 대한 그의 거부에 대해 이야기하게 된다. 그리고 이렇게도 쓴다. "지속을 묘사하는 것과 관련한 나의 무능력함으로부터 하나의 테크닉을 이끌어 내는 것." 그는 그의 예술이나 그의 이야기 형식이 가지는 필연성을 이러한 연습을 통해 서서히 의식하게 되고, 뿐만 아니라 자신 속의 어떤 결여로 여기고 있었던 것이 새로운 종류의 풍부함이 되고, 더 나아가서는 그에게 근대를 풀 열쇠를 줄 수 있다는 것을 발견하기에 이른 것이다. 그렇다면 더욱더 우리는 본질적인 문제를 추구해야 할 것이다. 즉 그것은 여러 주제와 형식의 관계는 무엇인가라는 문제이며, 거기서부터 소설예술에 대해 어떠한 결론을 이끌어 낼 수 있는가라는 문제이다.

특색 없는 남자가 개인적인 형태로, 또 극도로 특수한 **자아**의 주관적 상태에서 자신을 드러낼 수 있다는 것은 상상할 수 없는 일이다. 무질의 발견이며 아마도 그의 강박관념이기도 했던 것은, 비인칭성이 가지는 새로운 역할이다. 처음에 그는 과학 속에서 이 비인칭성을 만나 열광하지만, 이어서 근대사회 속에서 만날 때에는 좀더 머뭇거리는 태도를 취하고, 더 나아가서는 자기자신 안에서 차가운 불안감을 갖고 이 비인칭성과 만나는 것이다. 갑자기 이 세계에 나타난 이 중성적인 힘은 대체 무엇일까? 우리의 공간에 다름 아닌 이 인간적 공간 속에서 이제 우리가 더 이상 자신의 특수한 경험을 살아가는 각각 다른 인격과는 관계를 가지지 않고, "경험하는 어느 누구도 없이 체험되는 경험들"을 상대로 하고 있다는 사태는 대체 왜 일어난 것일까? 우리들 안이나 밖에서 뭔가 익명적인 것이 우리를 둘러싸면서 나타나기를 멈추지 않는 것은 도대체 왜일까? 이것은 불가사의하고 위험하며 본질적인 변화, 새롭지만 대단히 오래된 변화이다. 우리가 말한다. 하지만 말은 명확하고 엄밀한 것이면서도 우리에게 관심을 가지지 않는 것이다. 우리는 우리 자신에게 낯선 존재가 되어 버렸으며, 그 말들은 단지 이 낯섦을 통해서 우리의 말일 수 있을 뿐이다. 그리고 또 마찬가지로 모든 순간에 '사람들은 우리에게 응답하지만, 우리가 알고 있는 것은 그 응답들이 우리를 향한 것이면서도 '우리와 관계없는' 것에 불과하다는 것이다.

　무질의 책은 이러한 변화를 표현하고 있으며, 또한 그 속에서 정확함과 미결정성의 역설적인 결합이 성취되는 인간에게는 어떠한 도덕이 어울리는지를 발견하려고 노력하면서, 이 변화에 형태를 부여하려 하고 있는 것이다. 예술에 있어 이러한 변신은 얼마간의 결과를 낳지 않을 수가 없다. 무질은 오랜 동안 자신이 선택해야 할 형식에 관해서 애매한 태도를 취하고 있었다. 즉 그는 1인칭시점의 소설을 생각하고 있었던 것이다(그의 책이 『지하묘지』*라고 불리고 있었을 때의 일이다). 그러나 이 소설에서의 '나'는 소설의 등장인물 '나'가 아니고, 소설가의 '나'도 아니며 그 양자의 관계 그 자체였던 듯하다. 작가가 예술──이것은 본질적으로 비인칭적인 것이다──을 통해서 자신을 비인칭화하고 비인칭성이라는 운명을 짊어진 인물이 됨으로써 체현해야 할, 그 자아 없는 자아였던 듯하다. 하나의 추상적인 '나', 불완전한 이야기의 공허함을 명시하고, 아직도 시도하는 상태에 있는 사유의 중간부를 채우기 위해 개입하는 공허한 자아이다. 아마도 무질이 정밀하게 그 수단들을 펼쳐 보인 이 형식을 애석하게 생각해야 할 것이다. 그러나 그는 결국 이야기의 그에, 소설예술이 아마도 지탱하기 어려운 그 요구를 끊임없이 받아들이려고 하면서, 또한 끊임없이 받아들이는 것을 주저하고 있는 그 기괴한 중성적 존재에 자신이 한층 더 이끌리는 것을 느끼는 것이다. 그는 고전적 예술이 가지는 비인칭적 성질을 고정한 형식으로서도, 또한 구석구석까지 지배한 하나의 줄거리를 최고주권에 따라 이야기하는 능력으로서도 받아들일 수 없음에도 불구하고, 그럼에도 마음이 끌리는 것이다. 그것은 그가 이야기해야 할 그 어떤 것도 갖고 있지 않다는 뜻이기도 하다. 왜냐하면 이 이야기의 의미란 우리가 실제로 실현된 사건과도, 그러한 사건을 개인적으로 실천하는 사람들과도 더 이상 아무 관련이 없고, 있을 수 있는 여러 출현 방

---

* 더 정확히 말하자면 그의 소설이 아직 분명한 제목을 갖고 있지 않았던 시기(1918년~1920년)에 이 소설에 관해서 마음에 떠오른 여러 가지 상념을 어떤 이름 아래 배열했었는데, 그 이름이 바로 『지하묘지』(Catacombes)인 것이다. 그 즈음 그는 몇몇 계획을 갖고 있었는데, 그는 이 모두를 하나의 책으로 융합시켰다.

식의 명확하지만 미결정적인 총체와 관련되어 있다는 사실에 다름 아니기 때문이다. 본질적인 것은 실제로 일어난 일이 다른 형태로도 일어날 수 있었다는 사실이다. 그러므로 그것은 분명하고 결정적인 형태로 **진실로** 일어나지는 않았으며, 유령과 같은 출현방식으로 상상적인 형태로 일어났을 뿐이라는 것이다. 그렇다면 이 경우에 도대체 왜 우선 이것이, 그리고 이어서 다른 것이, 마지막으로 저것이 일어났다라는 식으로 말할 수 있는 것일까(그 성취 불가능성 속에서 성취되는 근친상간이 가지는 깊은 의미가 여기서 나타난다)?

이렇게 해서 우리는 무질이 다음의 두 과제와 씨름하는 것을 볼 수 있는 것이다. 그중 하나는 고전적인 언어와 닮아 있긴 하지만, 근원적인 비인칭성에 한층 더 가까운 언어를 추구하는 것이고,* 다른 하나는 이야기의 시간을 결여하고, 우리로 하여금 사건 그 자체가 아닌 사건 속에 포함된 가능한 사건의 무한한 연속에, 아무런 확실한 결과를 주지 않는 원천적인 힘에 주의를 기울이게 하는 이야기를 가지고 이야기를 만들어 내는 것이다.

문학과 사유

무질의 예술에서 중요한 또 하나의 문제는 사유와 문학의 관계다. 명백히 그는 문학작품에서도, 철학적인 저작의 경우와 마찬가지로 성가

---

* 사실 무질은 종종 객관적 진실의 비인칭성과 그의 자아의 주관성 사이의 중간적 언어를 붙잡고 있다. 이를테면 어떤 시론 속에서는 다음과 같이 말한다. "관념들 간의 긴밀한 결합이 충분히 견고하지 않고 또 작가가 그것들에 부여할 수 있는 긴밀한 결합이 경멸된다 하더라도, 주관적이지도 객관적이지도 않으며 동시에 그 양자일 수 있는 어떤 연결고리가 남을 것이다. 세계에 관한 **가능한** 이미지, **가능한** 인격, 이것이 바로 내가 찾는 것이다."

신 사유를, 동일하게 추상적인 형식으로 표현할 수 있다고 생각한다. 단 그 경우에 그 사유들이 **아직** 생각되지 **않은** 것이라는 조건이 붙는다. 이 '아직⋯⋯ 않은' 것이야말로, 문학 그 자체이며 이것은 그 자체로서 성취이며 완성인 '아직⋯⋯ 않은' 것이다. 작가는 모든 권리를 소유하고 있으며, 의미나 진실을 지향하는 지극히 습관적인 말을 제외하고는 모든 존재 방식과 말하기 방식을 자신의 것으로 만들 수가 있다. 그가 말하는 것 속에서 말해지고 있는 것은 아직 의미를 갖고 있지 않고 아직 진실이 아니다. ──아직 없고 결코 그 이상 나아가지 않는다. 아직 없지만 이것은 일찍이 인간이 아름다움이라 이름 붙였던 충분한 반짝임인 것이다. 예술 속에서 현시되는 존재는 언제나 그 현시 이전의 것이다. 여기서부터 그 순진무구함(왜냐하면 그것은 의미를 통해 메워져야 할 그 어떤 것도 갖고 있지 않기 때문이다)이 생겨나는데, 그것이 진실이라는 약속의 땅으로부터 축출된 경우의 무한한 근심도 또한 여기서부터 생겨난다.

무질은 문학이라는 이 본래적 경험을 지극히 의식하고 있었다. 특성 없는 남자란 '아직⋯⋯ 않은' 남자에 다름 아니다. 그것은 아무것도 확고한 것으로 여기지 않고 모든 체계화를 저지하며 모든 고정화를 가로막고 '삶에 대해 아니다가 아니라 아직 아니라고 말하는' 인간이다. 요컨대 세계가──진실의 세계가──언제나 내일부터 시작되어야 하는 것이라는 듯 행동하는 인간이다. 결국 이것은 순수한 작가이며 다른 그 어떤 자일 수도 없는 것 같다. '시도'할 수 있는 유토피아야말로 그가 정념에 찬 냉정함으로 추구하고 있는 것이다.

무질은 자신의 작품의 모든 아름다운 부분에서는 작품을 작품으로서 제대로 지켜내고 있다. 거기서 여러 사유들을 표현하고는 있지만, 진실을 말하는 사유와 형태를 부여하는 사유를 구별하는 방법을 터득하고 있는 것이다. "시적 작품에서 심리학에 속한다고 여겨지고 있는 것은 심리학과는 다른 어떤 것이며, 이것은 시가 과학과는 다르다는 것과 마찬가지이다." 혹은 또 다음과 같은 지적도 있다. "사람들은 인간을 줄거리의 전개 속에서 안에서나 바깥에서의 그의 행동이라 생각되는 것에 따라 묘사해 낸다. 그러나 개성의 중심적 활동은 고뇌나 혼미, 정념, 나약함 등의 모든 표면적인 것의 배후에 있어서만, 그것도 많은 경우에 좀더 나중에서야 처음으로 시작되는 것이며, 이 중심적인 활동에 비교하자면, 심리적인 내면조차도 본래적으로 말하자면, 양의적인 바깥에 불과한 것이다." 그러나 그는 심리학이나 윤리적 탐구 등, 모두가 어떻게 살아야 하는가를 의미하는 문제들의 순환에 사로잡혀 있다. 게다가 사유와의 만남을 통해 예술을 변질시키고, 또한 자신의 사유를 예술에 위임함으로써 사유를 변질시킨 것은 아닌가라는 의구심에 사로잡혀 있다. "근본적 오류. 이론이 너무 많다." "나는 철학적으로 내 마음을 사로잡고 있었던 것을 과학적이고 철학적인 형태로 표현할 용기가 없었을 뿐이라던가, 이러한 것이 내 여러 이야기의 배후에서 계속해서 복작대고 있어서 그것들을 불가능하게 했다라는 식으로 말하게 되는 것은 아닐까?" 무질은 여기서 미완성을 불러일으킨 또 하나의 원인을 명민하게 보여 주고 있다. 확실히 그가 말하는 대로이다. 그의 책에는 사람들에게 불안을 느끼게 할 정도로 많은 여러 문제들이 넘쳐나고 있는 것이다. 너무나 많은 주제와 관련된 신중하지 못한 논의, 그리고 도덕과 올바른 생활, 사랑에 대한 철학적 형태를 취한 수다들이 너무 많다. 모두들 지나치게 수다를 떨어 댄다. "말이 많으면 많을수록 나쁜 징조이다." 그때 소설가는 등장인물에게 여러 관념을 표현하게 하기 위해 그들을 이용하고 있다는 무서운 인상을 우리에게 주는 것이다. 이것은 예술을 파괴하고, 관념을 관념의 빈곤함으로 축소시키는 중대한 결함이다.

 이러한 비판에 대해 사람들은 확실히 그 결함은 명백하지만, 그것은 이 작품의 주제 그 자체 속에 포함되어 있다고 답할지도 모르겠다. 즉 특색 없는 남자는 자기자신의 이론으로 살아가는 것을 소명으로 삼고 고뇌하는 인간이며, 감각적인 형태로는 존재하지 않고 실현되지 않는 추상적 인간인 것이다. 그렇다면 무질은 이론적 표현과 미적 표현 사이에서 혼란에 몸을 맡기면서도 이 혼란을 받아들임으로써 언제나 자신에게 고유한 경험을 추구하는 것일까? 나는 그렇게 생각하지 않는다. 그가 보다 근원적인 지점으로 거슬러 올라가는 대신에 자신의 작품을 이미 특수화된 여러 이상이나 구체적 정경, 이론적 담론, 활동적인 인물 등으로 분할하는 것에 동의했다는 점으로 봐서, 나는 오히려 그가 자기자신에게 충실하지 못했다고 본다. 그렇게 근원적인 지점에 있어서는, 유일한 형식이 가지는 결정성 속에서 아직 특수화되어 있지 않은 말이 특색 없는 존재의 충만함과 공허를 말하는 것이다.

5장

대화의 고뇌

비평은 너무나 곤란한 작업이다. 비평가는 거의 읽지 않는다. 이것은 꼭 시간이 없기 때문이 아니라, 쓰는 것만을 생각하고 있어서 읽을 수 없기 때문이다. 비평가는 때로는 복잡하게 읽어 놓으면서도 결국은 단순화하며 더러는 칭찬하고 더러는 비난한다. 또 더러는 어떤 판단의 공정함이나 자신의 풍부한 이해력을 통한 호의적 단언을 책이 갖는 단순함으로 대체함으로써, 그러한 단순함으로부터 서둘러 발을 빼는데, 이것은 초조한 마음이 그를 재촉하여 움직이게 하기 때문이다. 또한 한 권의 책을 읽지 못했을 경우, 당연히 그는 이미 그때까지 스무 권, 서른 권, 혹은 더 많은 책을 읽지 못했던 경험이 있을 것임에 틀림없기 때문이다. 한편으로는 그의 마음을 빼앗는 것이면서도, 다른 한편 그를 무시하는 이 읽지 못했던 셀 수 없이 많은 경험들이 그를, 모든 책 속의 그 어느 것도 읽지 못했기 때문에 아마도 자기자신과 충돌하게 되는 그 순간에 이르도록 하기 위해, 어떤 책으로부터 다른 책으로, 거의 읽지 않은 어떤 책으로부터 이미 읽었다고 생각하고 있는 다른 책으로, 언제나 자꾸만 더해 가는 속도로 이행시키기 때문이다. 그 자신과의 이러한 충돌은 어떤 무위無爲의 상태에서 일어나는데, 이 무위야말로 그 자신이 훨씬 이전부터 저자가 되어 있지 않은 경우에는 언제나 그에게 읽기 시작하도록 해주는 것이리라.

책은 그에게 언제나 너무 단순하거나 너무나 단순하지 않은 것으로 보이는데, 비평이 가지는 단순화에의 의지가 책의 단순함과 가까스로 연결되어 있다는 것을 느낄 수 있게 해주는 것이 마르그리트 뒤라스(Marguerite Duras)의 『작은 정원』(Le Square)이다. 확실히 이 책은 소박하지 않다. 이 책은 최초의 몇 페이지에서부터 이미 어떻게 회피할 수 없는 방식으로 우리를 사로잡긴 하지만, ─읽는 것이 우리 안에 되살리는 이 일종의 충실함은 너무나도 기묘한 것이다─일견 그렇게 보이는 단순함을 실제로는 갖고 있지 않고, 또 가질 수도 없다. 왜냐하면 이 책이 우리와 관련 짓는 단순한 사물이 가지는 엄격한 단순함은, 단순한 형태로 모습을 드러내기에는 너무나도 엄격하기 때문이다.

거의 추상적인 장소에서의 거의 추상적인 두 목소리. 우리를 우선 사로잡는 것은 이러한 점이다. 이 일종의 추상화抽象化이다. 즉 어느 광장에서 이야기하고 있는 이 두 사람은─여자 쪽은 스무살된 하녀이며, 남자 쪽은 그보다 나이가 많은데 장터에서 장터로 싸구려 물건을 팔면서 돌아다니고 있다─그들의 목소리 외에는 더 이상의 어떠한 현실성도 없는 듯하다. 이 우연한 대화로부터 살아 있는 인간에게 남겨진 모든 행운이나 진실을, 더욱 간단하게 말하자면 그러한 인간에게 남겨진 모든 말을 고갈시키고 있기라도 하는 듯하다. 그들은 어떻게든 말을 해야 한다. 그들이 주고받는 신중하고, 지나치게 격식을 차렸다고까지 할 수 있을 말에는 단순한 생활의 의례에 머무르는 것이 아니라, 그 극도의 허약함이 만들어 낸 신중함 때문에, 아주 무시무시한 데가 있다. 상처받지 않을까 하는 걱정과 상처 주지 않을까 하는 두려움이 말 그 자체 속에 녹아 들어 있다. 말은 서로에게 가닿지만 조금이라도 어느 정도 격하게 접촉했을 때에는 서로 급히 물러난다. 확실히 이 말들은 아직 살아 있는 것이다. 느리지만 끊어지지 않고, 시간을 놓칠 것이 걱정되어 결코 멈추지 않는다. 요컨대 지금도 앞으로도 언제까지라도 이야기해야만 하는 것이다. 그러나 그것은 결코 서두르지 않고 참을성 있으며 수세적이고, 마치 확실하게 억누르지 않으면 절규가 되어 흩날리게 될 말이 조용한 것처럼 조용하다. 그리고 또 어떤 종류의 행복이 만들어 내는 경쾌함과 자유로움에 다름 아닌 홀가분한 수다라는 성질을 고통스러울 정도로까지 박탈당하고 있다. 거기서는 욕구와 필요가 만들어 내고 있는 단순한 세계 속에서, 말은 본질적인 것에 맡겨져 있고, 한결같이 본질적인 것에 끌리고 있다. 그러므로 그것은 단조롭지만, 그것은 또한 무엇을 말해야만 하는가에 대해 극단적으로 세심하며, 그 때문에 모든 것을 끝내야 한다는 듯이 난폭한 표현을 피하고 마는 것이다.

    여기서는 그야말로 대화가 문제다. 현재 대화라는 것이 얼마나 드문 것인지는, 이 대화가 우리를 불가사의하다기보다는 차라리 고통스럽다고 말해야 할 어떤 이상한 사건과 직면하게 함으로써 우리 안에 생겨 나게 하는 놀라움으로부터 우리는 엿볼 수 있다. 소설에서는 모든 대화 부분이 나태하고 틀에 박힌 표현이다. 요컨대 등장인물들은 페이지 속에서 여백을 만들기 위해 수다를 떤다. 이야기는 없고, 그저 수다만이 있는 삶을 흉내 내어 수다를 떤다. 이러한 연유로 책 속에서는 대대로 사람들에게 수다를 떨게 할 필요가 있는 것이다. 직접적인 접촉은 절약이며 휴식(독자를 위한 것이라기보다는 저자를 위한)이다. 또 '대화'는 어떤 미국 저자들의 영향하에서 의미 있어 보이는 무의미함으로 이루어져 있기도 했다. 현실의 대화 이상으로 닳고 닳은 것으로, 일상생활에서 충분히 우리의 필요를 충족시키고 있는, 그 별것 아닌 말보다 더욱더 별 볼일 없는 것이 되었다. 누군가가 이야기할 때 이야기하는 것에 대한 그의 거부가 분명하게 느껴지게 된다. 그의 담론은 그의 침묵이다. 그것은 안으로 닫히고 폭력적인 것, 자기자신이나 타인과 거칠게 구별한 자신이라는 덩어리, 혹은 이야기한다기보다는 오히려 단어들을 내뱉겠다는 그의 의지 이외의 어떤 것도 말하지 않는 것이다. 혹은 자신을 영도^{零度}보다도 더욱 열등한 것으로 표현하는 이 교묘한 방법은 헤밍웨이(Ernest Hemingway)에서도 발견되듯이, 단순히 우리에게 삶이나 감동, 사유의 어떤 높은 단계를 믿게 하기 위한 술책인 것이다. 이것은 옛날부터 자주 활용되는 적절한 방책이며 때때로 성공하곤 하는데, 헤밍웨이에 있어서는 어떤 우울한 재능이 이 방책에 다양한 방법을 부여하고 있다. 그러나 오늘날 소설적 '대화'의 주요 세 방향은 내가 믿기로는 말로(André Malraux), 헨리 제임스, 카프카라는 세 이름으로 대표되고 있는 듯하다.

말로

말로는 이 두 위대한 책, 『인간의 조건』(*La condition humaine*)과 『희망』(*L'Espoir*)에서 예술과 삶을 아주 유서 깊은 어떤 태도로 되돌려 놓았으며, 이 태도는 그의 덕분에 하나의 예술적 형식이 되었다. 그 태도는 토론이라는 태도이다. 이 태도를 일찍이 영웅적으로 실천했던 것은 소크라테스이다. 소크라테스는 의견이 일치하기 위해서는 이야기하는 것만으로 충분하다고 확신했던 인물이다. 즉 그는 말이 자기모순을 일으키지 않는 한, 또 어떤 것을 증명하거나 증명을 통해 일관성을 확립하기에 충분할 정도로 길게 이어지는 한, 말이 유효하다는 것을 믿고 있다.

말은 당연히 폭력에 이길 수 있다는 것이 그가 냉정하게 체현하고 있는 확신이다. 이렇게 해서 그의 죽음은 영웅적이지만 냉정하다. 왜냐하면 그의 삶을 중단하는 그 폭력은 그의 진정한 삶인 그 이성적인 말을, 마지막에는 의견을 일치시키고 폭력을 잃게 하는 그 말을, 결코 중단시킬 수 없기 때문이다. 말할 것도 없이 말로의 등장인물들은 우리를 소크라테스로부터 아주 멀리 떨어진 곳으로 옮겨 놓는다. 그들은 열정적이고 활동적이며, 행동의 한복판에 있으면서도 고독함에 빠져 있다. 그러나 그들은 그의 책에서 사건이 일단락된 경우에는 갑자기, 그리고 너무나 자연스러운 형태로 그 이야기에 포함되는 중대한 사유들을 발언하는 목소리가 되는 것이다.

그들 자신이기를 그만두지 않고 그 중대한 사유들의 모든 측면에 목소리를 부여한다. 현대에 있어서 어떤 중대한 갈등의 때에 서로 싸우고 있는 여러 힘들 중 관념적인 용어로 표현할 수 있는 것에 목소리를 부여하는 것이다. ─그의 책들이 갖는 감동적인 충격이 여기 있다. 즉 우리는 토론이 지금도 여전히 가능하다는 것을 발견하는 것이다. 그들의 보잘것없는 파르나소스의 산에서 잠깐의 휴식을 맛보는, 사람의 형상을 한 이 소박한 신들은 서로 소란스럽게 떠들지도 않을뿐더러 대화를 나누지도 않고 그저 토론한다. 왜냐하면 그들은 자신에게 이성이 있기를 바라기 때문이다. 그리고 이 이성을 지탱하고 있는 것은 말이 갖는 불타오르는 생기인데, 한편으로 이 말들은 언제나 누구에게나 공통적인 어떤 사유와 만나고 있으며, 확실하게 지켜진 그 공통성은 이 말들 하나하나를 통해 존중되고 있다.

 의견 일치에 이르기 위해 결여되어 있는 것은 시간뿐인 것이다. 시간으로부터 분할된 정신이 말하고 있는 일시적인 소강상태가 끝나고, 다시 폭력이 노골적인 모습을 취하는데, 이것은 이제 다른 것이 된 폭력이다. 왜냐하면 그것은 말하는 힘도, 이 폭력적인 사람들 각자 속에 집요하게 존속하고 있는 공통의 말에 대한 존중도 끊지 못했기 때문이다.

 말로의 성공이 아마도 유일하다는 것을 덧붙여야 할 것이다. 그에게 있어서는 예술과 정치의 화해를 통해 진정한 창조적 표명과 지성의 서정성이 발견되는데, 그의 모방자들은 그것을 서술상의 편의와 토론을 위한 방법으로 바꾸어 버렸던 것이다.* 이것은 번거로운 예술이다. 이렇게 해서 『알텐부르크의 호두나무』(*Les Noyers de l'Altenburg*)에서 발견되는 바와 같이 앙드레 말로 자신이 그의 모방자 중 하나가 되어 버리는 것이다.

---

* 지성이다. 더 이상 이성이 아니다. 비평의 단순화하는 능력이 어떠한 것이든지 간에 이 말이 또 다른 말을 대치함으로써 우리를 소크라테스로부터 아주 멀리 떨어뜨려 놓는다는 것을, 은밀하면서도 분명하게 주의해야 할 필요가 있다. 지성은 모든 것에 관심을 갖는다. 세계들, 예술들, 문명들, 문명의 파편들, 밑그림과 실현들, 지성에게는 이 모두가 다 중요하며 이 모든 것은 지성에 속한다. 지성이란 모든 것을 열정적으로 이해하고, 모든 것을 모든 것과의 관계에서 이해하는 보편적 관심인 것이다.

헨리 제임스

헨리 제임스에게서 대화 부분은 그 예술의 중요한 수단 중 하나이다. 그것에 매혹되었다고 너대니얼 호손(Nathaniel Hawthorne)이 말했던 대화가 '노부인의 찻잔 속 차를 둘러싼' 쓸데없는 사교계 잡담으로부터 직접 나오고 있는 만큼, 이것은 한층 더 충격적인 것이다. 그러나 장대한 규모를 가진 그의 여러 대작도, 때로 더욱 단축된 이야기도 모두 몇몇 중요한 대화를 그 극으로 하고 있다. 그리고 그 대화에서 책 전체에 펼쳐진 남들을 열광시키고 스스로도 열광적인 은밀한 진실이 그 필연적으로 음험한 모습을 드러내려 시도하고 있다. 이 대화의 중심 인물들은 이런저런 기묘한 설명을 하지만, 자신들에게는 이해할 권리가 없다는 것을 알고 있는 이 은밀한 진실을 매개로 삼음으로써, 이러한 설명으로도 불가사의할 정도로 서로를 잘 이해하는 것이다. 그들은 소통할 수 없는 것 주변에서 그것을 소극적인 태도로 에워싸고, 그것에 대해 말하지 않고 말하도록 허락하지 않는 듯한, 잘 알고 있다는 듯한 얼굴을 함으로써 서로서로가 진정으로 소통하는 것이다. 그때 그들의 이야기는 언제나 부정적인 표현으로 이야기되는데, 이러한 말 돌리기는 설령 죽음의 위협을 당한다 할지라도 아무도 입에 담지 말아야 할 이 미지의 것을 알기 위한 유일한 방법인 것이다(『나사의 회전』에서 그 여자 가정교사는 말해질 수 없는 것을 무리하게 확인시키고 이야기하도록 하기 위해 아이에게 무시무시한 압박을 가해서 정말로 아이를 죽이고 마는 것이다). 이렇게 제임스는 대화 속에 그의 책들 각각의 중심이며 쟁점인 어둡고 모호한 부분을 **제3자**로서 집어 넣고, 그것들로 단순히 오해들의 원인뿐 아니라 어떤 불안하고 심원한 이해의 이유를 만들어 내는 데에 성공한 것이다. 말로 표현할 수 없는 것, 이것이 바로 우리에게 다가오는 것이며, 뿔뿔이 흩어져 있던 우리의 말들을 서로에게 끌어당기는 것이다. 모든 직접적 소통으로부터 벗어나 버리는 것 주변에서 그들의 공동체가 재형성되는 것이다.

카프카

헨리 제임스와 카프카를 대조하는 것은 제멋대로이긴 해도 손쉬운 일일 것이다. 왜냐하면 이는 금새 눈치챌 수 있는 일이지만, 제임스에 있어서는 더욱더 말들을 서로에게 접근시키는 것이었던 그 미지의 것, 표현되지 않은 것이 이제는 말들을 서로 떨어뜨리려 하고 있는 것이다. 담론이 갖는 이 두 측면 사이에는 분열이 있고 넘어설 수 없는 거리가 있다. 즉 멀어짐을 통해서만 비로소 가까워질 수 있는 그 무한이 활동을 시작한 것이다. 그 논리적 경직이나 합리적인 말을 하고 싶다는, 합리적인 담론이 갖는 특권들을 하나도 놓치지 않고 이야기하고 싶다는 강한 욕구는 여기로부터 발생한다. 카프카의 작중인물은 논의하고 반론한다. 그들 중 한 명에 대해서 "그는 언제나 모든 것에 반론을 제기했다"고 이야기한다. 이 논리는 한편으로는 살려는 의지의 고집이며, 삶이 틀리다는 것은 있을 수 없다는 확신이다. 그러나 또 다른 한편으로 그것은 이미 그들 안에 들어와 언제나 도리를 갖추고 있는 적의 힘이다. 주인공은 자신이 이제 토론이라는 행복한 단계에 있다고 생각하고 있다. 지금 문제가 되고 있는 것은 통상의 재판이라고 그는 생각하고 있다. 재판의 본질은 고소하는 측과 변호하는 측이 모든 토론을 정규 형식에 따라 전개하고 그러한 토론 후에 판결이, 모든 사람들의 일치된 의견을, 그 증명되고 확인된 말을 해야 한다는 점에 있다. 이 경우 이 말에 의해 진 쪽의 인간조차도 이 말을 기뻐하는 것이다. 왜냐하면 그는 적어도 그에게도 상대방에게도 공통되는 증거로 이길 가능성이 있기 때문이다. 단 K에게 있어 재판이란 담론의 법칙이 여러 규칙들, 그중에서도 특히 비모순의 규칙과는 관계가 없는, 어떤 **다른 법칙**으로 바뀌어져 있다는 점에 있다. 이 치환이 언제 일어나는지는 알 수 없고 또 이 두 가지 법칙을 식별하는 것도, 자신이 지금 어느 법칙과 관련되어 있는지를 아는 것도 불가능하기 때문에, 이 가짜 이원성이 다음과 같은 결과를 불러일으키는 것이다. 인간은 논리를 넘어서면서도 동시에 논리 이하이기도 한 이 **법칙**에 사로잡혀 있으면서, 바로 이 논리의 이름 아래 변함없이 피고인인 채로 있으며, 엄격한 논리를 지키는 의무를 지게 되고, 모순된 수단들에 의해 여러 모순들로부터 자신을 지키려고 할 때마다 자신을 유죄라고, 언제나 한층 더 유죄라고 느끼는 고통스러운 놀라움을 갖게 되는 것이다. 마지막으로 또 이 이야기 전체에서, 자신을 보증하는 것으로서 그 흔들리며 움직이는 아주 작은 이성만을 가진 이 인물에게 선고를 내리는 것도 또한 논리이며, 이 논리가 어떤 비웃는 투로 내리는 결정을 통해 ― 그는 이 결정 속에서 이성의 심판과 부조리한 심판이 다시금 손을 잡고 그를 적시하고 있는 것을 발견하는 것이다 ― 그에게 논리의 적으로서 사형선고를 내리는 것이다(『소송』의 말미에서 K는 다음과 같은 최후변론을 시도하고 있다. '아직 살아날 가망이 있는 걸까? 아직 제기하지 않은 이의가 있었던 걸까? 그런 것이 틀림없이 있었을 거야. 논리가 아무리 뒤흔들기 어려운 것이라 할지라도 살려는 인간을 거역할 수는 없어.' 이 사형수는 최후의 절망이라는 그물에 걸려 있으면서도 이의를 제기하고 논증하고 반론하려 하는 것 같다. 즉 마지막에 다시 한번 논리에 호소하려 하는 것 같다. 그러나 그와 동시에 논리를 거부하고 이미 목이 칼끝에 닿았으면서도 삶에의 의지라는 이 순수한 폭력의 힘을 빌려 논리와 마주하고 있다. 이렇게 그는 이성의 적으로서 행동하고, 이후에 이성에 의해 이성적으로 사형을 선고받는 것이다).

카프카가 대화하고 있는 말 사이에 도입한 진동하는 차가운 공간이 언제나 의사소통을 파괴한다고 생각하는 것은 잘못일 것이다. 목표는 여전히 단일성이다. 대화자들을 떼어놓고 있는 거리는 결코 넘어설 수 없는 것이 아니다. 그것이 넘어설 수 없게 되는 것은 담론의 도움을 빌려 집요하게 그것을 넘어서려 하는 자의 경우뿐이다. 왜냐하면 담론에는 이원성이 군림하고 있으며, 이 이원성이 거짓말이나 각자와 똑닮은 거짓 매개물을 언제나 점점 더 만들어 내고 있기 때문이다. 카프카에게 있어 관계의 이 불가능성이 어떻게 부정적인 것이 되지 않고, 역으로 어떤 새로운 소통의 형식을 구축하고 있는지, 이것이야말로 탐구해야 할 문제일 것이다. 적어도 그 대화들이 언제나 대화를 이루지 않고 있다는 것은 언제나 분명하게 볼 수 있다. 등장인물은 대화자가 아니다. 말들은 서로 교환되지 않고 그것들은 의미상에서는 공통되어 있으면서도 결코 같은 넓이나 같은 현실성을 갖지 않는다. 어떤 것은 말을 넘어선 말이다. 재판관의 말이나 명령의 말, 권위나 유혹의 말이다. 다른 것은 속셈이 있는 말, 핑계 대는 말, 거짓된 말이다. 이것만으로도 그 말들이 언젠가 상호적인 관계를 갖는 것을 방해하기에 충분할 것이다.

대화는 드물다

대화는 드물다. 그것이 쉽거나 행복하다고 생각해서는 안 된다. 이를테면 『작은 공원』에서 그 단순한 두 목소리에 귀를 기울일 필요가 있다. 토론의 말은 논증에서 논증으로의 길을 더듬어 수미일관성이라는 단순한 작업을 통해 서로의 일치를 보기에 이르지만, 『작은 공원』에서의 그 목소리들은 그러한 형태에서의 의견 일치 따위는 추구하고 있지 않다. 그것들은 결정적인 이해라는, 서로에게 인정받음으로써 각각 온화함을 얻는 그 상태를 추구한다고도 말할 수 있을까? 너무나 먼 목표이다. 아마도 그 목소리들은 이야기하는 것만을 추구하는 것이리라. 이것들은 우연히 주어졌지만, 언제까지나 자신의 것일 수 있는지 어떤지 확신이 없는 이 최후의 능력의 사용만을 추구한다. 첫 두세 마디를 하는 것만으로 이미 이 단순한 대화에 그 무거운 성격을 부여하고 있는 것은 약하고 위협에 노출된, 이 궁극적인 수단에 다름 아니다. 우리는 이 두 인물에게서, 특히 그 일방에게 이야기하는 데에 필요한 공간과 공기와 가능성이 아주 거의 고갈되어 있다는 것을 분명히 느끼고 있다. 이 경우 어떤 대화가 문제라면, 아마 우리는 이 대화가 갖는 첫번째 특징을 이 위협의 접근 속에서 발견하고, 침묵과 폭력이 이 위협이라는 경계 바로 앞에 인간을 가두고 마는 것이다. 누군가를 **상대로** 이야기를 시작하기 위해서는 벽에 등을 대고 있어야 한다. 안락함, 여유, 자제력이 말을 비인칭적인 소통의 형식으로까지 고양시키며, 이러한 형식에서 사람들은 여러 문제들을 **중심으로** 이야기하며 각각은 자기 자신을 단념하고 잠깐 동안 담론 일반이 말하게 하는 것이다.

혹은 또 역으로 이 경계를 넘어선 경우, 우리는 그 고독과 추방의 말을 발견하는 것이다. 이것은 중심을 빼앗기고, 그 때문에 마주 볼 수도 없고, 개인의 인격의 상실에 의해 다시 비인칭적이 된 극단의 말이다. 근대문학은 이 말을 사로잡아 열어젖히기에 성공했으며, 이것은 깊이 없는 깊이의 말에 다름 아니다.

마르그리트 뒤라스는 그 극도로 예민한 주의를 기울여 인간이 대화를 할 수 있게 되는 바로 그 순간을 찾으려 했고, 아마도 그것을 포착한 듯하다. 그러기 위해서는 우연적인 만남이라는 기회가 필요하다. 또한 이 만남이 갖는 단순함이 필요하다——이 만남은 어떤 광장에서 이루어지는데, 이 이상 단순한 것이 또 있을까——그리고 이 단순함은 두 인물이 직면해야 하는 감추어진 긴장과 대조를 이루고 있는 것이다. 그리고 게다가 또 가령 그곳에 긴장이 있다 하더라도, 그것이 아무런 극적 성격을 갖지 않고, 어떤 엄청난 불행이라든지 죄 등, 특수한 부정이라는 눈에 띄는 사건과 연결되어 있지 않고, 너무나도 평범하고, 어떤 특출한 데도 없으며, 어떤 '이해관계'(intérêt)와도 연관되어 있지 않고, 그러므로 지극히 단순하며, 거의 잊혀진 듯한 사건으로부터 발생하는 단순함이 또한 필요하다(사람은 어떤 거대한 불행에 입각해 대화할 수는 없고, 더욱이 두 개의 엄청난 불행이 함께 대화를 나눌 수도 없을 것이다). 그리고 마지막으로, 아마도 이것이 본질적인 점일 텐데, 이 두 인물은 서로 다른 이유로 인해 공동의 세계로부터 유리되어 있으면서도 또한 거기에 살고 있다는 사실 이외에는 아무런 공통점도 갖지 않기 때문에 서로에게 엮이고 있는 것이다.

이것은 더할 나위 없이 단순하고 필연적인 형태로 표현되어 있고 이 필연성은 특히 젊은 처녀가 하는 말 하나하나 속에 현전하고 있다.

그녀가 매우 신중하고 절도 있게 하는 모든 말 속에는 인간의 삶 밑바닥에 스며들어 있는 불가능성, 그녀의 처지로 인해 매 순간 그녀가 느끼는 그 불가능성이 있다. 이 하녀라는 직업은 직업조차도 아니고, 병 혹은 노예 이하의 상태라고도 말해야 할 어떤 것이어서, 여기서 그녀는 그 누구와도 현실적인 유대관계를 갖지 않는다. 심지어는 주인과도, 노예가 주인과 갖는 정도의 유대관계조차도 갖지 않는다. 자기자신에 대해서조차 그러하다. 그리고 이 불가능성이 그녀에게 고유한 의지가 되었다. 그것은 그녀의 생활을 보다 가벼운 것으로 만들 수 있는 모든 것, 그러나 또한 이 가벼움을 통해 그녀에게 그 생활이 갖는 불가능성을 망각하게 만들고, 유일한 목적을 잃어버리게 할 위험이 있는 모든 것, 그러한 것을 거부하는 그 난폭하고 집요한 엄격함이 되었다. 그 유일한 목적이란 누군가와의 만남이다. 그 누군가는 그녀와 결혼하고 그녀를 자신의 상태로까지 끌어올려, 그녀를 일반적인 사람들과 같은 인간으로 만들어 주기만 한다면 누구라도 상관없는 것이다. 그녀의 대화상대는 조용한 어조로 그 상대가 누가 되더라도 아마 그녀는 몹시 불행해질 것이라고 귀띔한다. 그렇다면 그녀가 선택할 것은 없는 것일까? 토요일은 그녀의 삶이 걸려 있는 유일하게 긍정적 시간으로, 그녀는 토요일마다 크루아-니베르$^{\text{Croix-Nivert}}$의 무도회에 간다. 이 무도회에 그녀는 스스로 자신에게 제일 잘 맞는 남자를 찾아 나서야 하는 것은 아닐까? 그러나 자신을 존재하도록 하기 위해 정말이지 이미 타인의 선택밖에는 기대할 곳이 없을 정도로, 자신의 눈으로 봐서는 자신이 거의 존재하지 않는 경우에는 도대체 어떻게 선택해야 할까? "왜냐하면 만약 제가 저 자신의 선택에 의존하고 있다면 어떤 남자라도 모두, 그저 나를 조금 원한다는 것만으로 나에게 딱 맞는 사람이 되어 버리겠죠." '세상 사람들의' 상식은 이렇게 답할 것이다. 선택되는 것은 그리 어려운 일이 아니고, 이 스무살의 젊은 아가씨는 하녀이긴 하지만 아름다운 눈을 가지고 있기 때문에 반드시 결혼을 통해 그 불행한 상황으로부터 빠져나와, 보통 사람들과 마찬가지 모습으로 행복해지거나 불행해지거나 할 것이라고 말이다. 그것은 확실히 그렇다. 그러나 이것은 공통의 세계에 이미 소속되어 있는 사람에 한해서만 진실이다. 여기엔 뿌리 깊은 어려움이 있다. 대화의 형태를 이루고 있는 긴장은 여기에서 생겨나는 것이다. 불가능한 것을 의식했을 때, 좀더 평범한 방법으로 그것에서 빠져나가고자 하는 욕구 그 자체에 이 불가능성은 영향을 주고 그것을 오염시킨다. "어떤 남자가 춤을 청해 왔을 때 당신은 즉시 그 상대가 당신과 결혼할지도 모른다고 생각하는 겁니까?"─ "네. 그래요. 제가 너무 실리적으로 보이시겠죠. 모든 안 좋은 일들은 여기서부터 생겨나요. 하지만 이 이상 더 뭘 어떻게 해야 좋을까요? 저는 자유의 시작을 손에 넣지 못한다면 그 누구도 사랑할 수 없을 것 같은 기분이 들어요. 그리고 이 시작을 나에게 줄 수 있는 것은 남자뿐이에요."

작은 공원에서의 이 우연한 만남으로부터 생활을 함께한다고 하는 그 다른 형태의 만남이 발생할 것이라는 생각은 마지막에 자연스럽게 떠오르고, 독자의 마음에, 그리고 아마도 저자의 마음에도 위로를 주고자 하는 것은 자연스러운 일일 것이다. 실제로 그것을 희망해야 한다. 그것도 아주 대단한 희망을 품지는 않으면서 말이다. 왜냐하면 오히려 행상인이라고 말해야 할 듯한 빈약한 외판원이며, 자신의 트렁크에 의해 언제나 더 먼 곳으로까지 이끌려 다니면서 아무런 미래나 꿈, 욕망도 품지 않고 이 마을 저 마을을 돌아다니고 있는 이 대화 상대는 심하게 상처 입은 사람이기 때문이다. 젊은 아가씨의 힘은, 아무것도 소유하지 않지만 그녀에게 다른 모든 것을 바랄 수 있게 해주는 단 하나의 것을 갈망하고 있다는 점에 있다. 더 정확히 말하자면 그 경우 그녀가 그것을 얻은 후에야 비로소 여러 일반적 가능성에 따라 가지거나 가지지 않거나 하기 시작할 수 있는 공통적인 의지를 빌리고 있다는 점에 있다. 이 난폭하고 영웅적이며 절대적인 욕망, 이 용감함, 이것은 그녀에게는 출구인데, 아마도 그녀의 출구를 닫는 것이기도 하리라. 왜냐하면 이 욕망이 가지는 격렬한 힘은 욕망되고 있는 것을 불가능한 것으로 만든다. 남자 쪽은 더 현명해서 사태를 받아들이고 아무것도 바라지 않는 현명함을 가지고 있다. 이 겉으로 봤을 때의 현명함은 고독이 가지고 있는 위험과 관련되어 있으며, 고독은 그를 만족시키지는 않지만 어쨌든 그를 점령하고 있다. 이제 그에게 다른 사항을 기대할 시간을 주지 않을 정도인 것이다. 세간에서 말하는 방식에 의하자면 그는 낙오자일 것이다. 그는 이 하찮은 직업에 자신을 내맡기고 있는데, 그 직업은 그런 종류의 그저 그런 직업 중 하나가 아니라, 여기저기 헤매며 걷고 싶다는 욕구에 따라 좋든 싫든 강요된 것이다. 그는 이 욕구 속에서 그에게 남겨진 유일한 가능성, 그라는 인간을 구현하는 유일한 가능성을 발견하고 있다. 그가 젊은 아가씨를 실망시키지 않으려고 한껏 진지한 태도로 자신의 생각을 말하고 있음에도 불구하고, 그녀에게 그는 유혹을 재현하고 있는 것처럼 보이는 것은 그 때문이다.

즉 그것은 어떤 미래도 없는 미래의 유혹이며, 그녀는 그것을 생각하고 갑자기 말없이 눈물을 흘리는 것이다. 그녀와 마찬가지로 그도 '**떨거지 중 떨거지**'이다. 그러나 그는 단순히 일반적인 세상 사람들의 행복을 빼앗긴 인간일 뿐인 것은 아니다. 그는 여러 곳을 여행하는 동안 잠깐의 행복한 계시를, 희미한 반짝임을 경험하고 있으며, 친절한 마음에 그것을 그녀에게 들려 준다. 그녀는 그것에 대해 이것저것 그에게 묻는데, 처음에는 무관심한 정도가 아니라 적의까지 느껴지는 태도이다. 그러나 불행하게도 이어서는 호기심이 점점 싹트고 완전히 마음을 빼앗기는 것이다. **사적** 행복, 고독에 속하면서 잠깐 고독을 빛나게 하고 소멸시키는 행복이 그곳에는 있다. 이 경우 이 행복은 불가능의 또 다른 형태이며, 불가능으로부터 아마도 눈이 멀 정도의 것이기는 해도 아마도 남의 눈을 기만하는 속임수적인 것일 수도 있는 어떤 빛을 얻고 있는 것이다.

그렇지만 그들은 이야기한다. 서로 이야기하지만 의견에 일치를 보지는 않는다. 그들은 서로를 전혀 이해하지 않는다. 그들 사이에는 이해라는 것이 실현될 공통의 공간이 없다. 그들의 모든 관계를 지탱하고 있는 것은 자신들 두 사람이 모두 **마찬가지로** 관계라는 공통의 둘레 바깥에 있다는 아주 강하고 아주 단순한 감정뿐이다. 이것만으로도 대단하다. 이것은 일시적인 가까움과 서로를 이해하지 않는 일종의 완전한 이해상태를 만들어 내는 것이다. 이러한 상태에서 말해야 하는 사항은 단 한 번밖에 말할 수 없고, 말하지 않을 수도 없는 만큼 한층 더 각자가 상대에 대해 보다 많은 주의를 기울이게 된다. 보다 세심하고 보다 참을성 있게 진실을 찾아 나가면서 자신의 생각을 표명하게 된다. 왜냐하면 그 경우 말해야 하는 여러 사항은 공동의 세계 속에서, 진실한 대화의 기회와 고뇌가 아주 드물게만 부여되는 이 세계 속에서 우리가 얻고 있는 손쉬운 상호 이해를 이용할 수 없다고 생각되기 때문이다.

6장
소설의 밝음

『엿보는 자』(*Le Voyeur*)와 같은 이야기를 지배하고 있는 빛은 어디서 들어오는 것일까? 이것은 빛일까? 아니 오히려 이것은 어떤 밝음이다. 그러나 모든 것에 침투하고 모든 그림자를 산산이 흩어 뜨리며 모든 두께를 파괴하고 모든 사물이나 존재를 어떤 빛나는 표면이 갖는 얄팍함으로까지 축소시켜 버리는, 놀라운 밝음인 것이다. 이것은 전체적으로 평범하며 단조롭다고까지 말할 수 있는 밝음이다. 이 밝음에는 아무 색채도 없고 아무 한계도 없으며 연속적이고 모든 공간에 스며들어 있다. 그것은 언제나 동일하기 때문에 시간도 변형시키고 우리에게 새로운 감각에 따라 시간을 편력하는 힘을 부여하고 있는 것 같다.

　이것은 모든 것을 밝게 만드는 밝음인데, 자기자신을 들여다본 모든 것을 명시하는 것이기 때문에 그 자체는 더욱 은밀한 것이다. 이 밝음은 어디서 오는 것일까? 어디서 우리를 비추는 것일까? 알랭 로브-그리예(Alain Robbe-Grillet)의 책에서는 가장 객관적인 묘사라는 겉모습이 반드시 필요하다. 거기서는 모든 것이 '본다'(voir)는 것으로 만족하고 있는 인간의 손이 그린 것처럼 규칙적인 명확함으로 아주 세세한 점에 이르기까지 공을 들여 묘사되어 있다. 우리는 모든 것을 '보고' 있는 듯하지만 모든 것은 우리에게 있어 단순히 가시적인 것에 불과한 것 같기도 하다. 이러한 결과는 너무나 기묘하다. 일찍이 앙드레 브르통은 소설에 대해 그들이 가진 묘사적 경향이나, 우리의 관심을 방의 노란 벽지나 검고 흰 마루, 선반, 커튼 등 너무나 따분한 세부에 기울이게 하려는 의지를 비난한 적이 있다. 확실히 그 말이 맞다. 이러한 묘사는 참으로 따분하다. 이 묘사들을 읽지 않는 독자는 없지만, 그는 이 묘사들이 그곳에 있다는 것에, 게다가 바로 단순히 건너 뛰며 읽기 위해 그곳에 있다는 것에 만족하고 있다. 우리는 어떻게든 빨리 방 안으로 들어가려 하고 있기 때문이다. 마침내 일어나야 할 일에 곧바로 뛰어들려 하고 있기 때문이다. 그러나 그 방에서 아무것도 일어나지 않는다면? 방이 비어 있는 채라면? 거기서 일어나는 모든 것, 우리가 갑자기 발견하는 모든 사건, 우리가 훔쳐보는 모든 사람들 등이 방을 단순히 눈으로 볼 수 있는 것으로, 언제나 보다 더 눈에 보일 수 있는 것으로 만들기 위한 역할을 할 뿐이라면? 보다 더 묘사될 수 있는 것으로, 확실하게 한정되면서도 게다가 한없는 어떤 완전한 묘사의 밝음에 보다 더 드러난 것으로 만들기 위한 역할을 할 뿐이라면? 혹시 이보다 더 열광적이고 더 기묘한, 이보다 더 잔혹한 것이 있을까? 그러므로 이보다 더 초현실주의에 가까운 것이 있을까(루셀)?

맹점

이 탐정소설에는 사설탐정소도 나오지 않고 탐정소설적인 줄거리도 없다. 필시 어떤 범죄가 있겠지만, 아마 그것은 극단적으로 계획적인 이 이야기가 우리에게 믿게 하려 하고 있는 외관상의 범죄뿐만은 아닐 것이다. 여기에는 어떤 미지수가 있다. 마티아스라는 외판원이 손목시계를 팔기 위해 어린 시절을 보냈던 시골에서 몇 시간을 보내는 동안 돌이킬 수 없는 어떤 죽은 시간으로 미끄러져 들어간다. 우리는 이 공허에 직접적인 방식으로 가까이 갈 수가 없다. 그것을 공통의 시간 속의 일정한 시간에 자리매김할 수조차 없다. 그러나 탐정소설의 전통에서 여러 흔적이나 실마리가 만들어 내는 미로를 통해 죄가 우리를 범인 쪽으로 이끌어 가는 것과 마찬가지로, 여기서 우리는, 모든 것이 기록되고 표명되며 명시된 이 면밀한 객관성을 갖춘 묘사는 우리가 그것을 통해 그것 자체 이외의 모든 것을 보는 그 극도의 밝음의 근원이라고, 혹은 원천이라고도 말해야 할 어떤 공백을, 그 중심으로 삼고 있는 것은 아닌지 의문을 품는 것이다. 우리로 하여금 볼 수 있게 해주는 이 은밀한 지점, 영원히 지평선 아래에 놓여진 이 태양, 시선이 알지 못하는, 비전^{vision}의 한복판에 있는 작고 부재해 있는 섬과 같은 이 맹점, 이것이 이 수색의 목표이고 이 줄거리의 장소이자 관건이다.

    어떻게 우리는 이곳으로 인도되는 것일까? 일화의 실에 조종된다기보다는 여러 가지 이미지의 미묘한 기술에 의해서이다. 우리가 직접 보고 들을 수 없는 정경이야말로 중심 이미지에 다름 아니며, 이 이미지는 여러 세부나 형상, 추억의 교묘한 겹쳐짐을 통해, 외판원이 바라보는 모든 것이 그 주위에 구성되고 생기를 얻는 어떤 구도 내지는 도식의 알 수 없는 변형이나 굴절을 통해 점차적으로 구축된다. 이를테면 마티아스가 거기서 몇 시간인가 보내고 시계를 팔기 위해 어렸을 때를 빼고는 처음으로 돌아온 그 섬에 가까워졌을 때, 그는 방파제 내

벽에 숫자 8의 모양을 한 표시가 새겨져 있는 것을 알게 된다. "그것은 옆으로 눕혀진 8로, 직경 10센티미터에 조금 못 미치는 정도의 비슷한 두 개의 원의 끝을 이어놓은 것이었다. 8의 중심부에는 불그스름하게 부풀어 오른 곳이 보였는데, 이것은 녹이 슨 지 오래된 철 하켄^{등산용 쇠기못}의 축인 듯했다." 이보다 더 객관적인 방식으로 말할 수도 없고, 그림자 하나 없는 묘사가 목표로 해야 할 기하학적 순수함에 이보다 더 가까울 수도 없다. 그러나 이 '8'은 어떤 집요한 모티프로서 이 이야기에 달라붙게 된다. 즉 그것은 섬을 둘러싼 길의 모양이 될 것이다. 이 길은 일종의 이중적 우회로인데, 그 한쪽은 우리에게 알려져 있지만 다른 한쪽은 알 수가 없는 것이다. 그것은 또한 그가 열지 않으면 안 되는 모든 입구 위에서 숲의 나무의 혈통이나 요철이나, 힘줄을 닮은 칠이 만들어 내고 있는 거무튀튀한 두 개의 원이 될 것이다. 그것은 소녀의 팔이나 다리를 지나가는 그 철로 된 사중의 고리가 된다. 실제든 상상으로든, 그는 그녀의 몸의 날렵함을 돋보이게 하기 위해 고문을 가하는 것이다. 또 특히 그것은 이 시각의 소설 중심에서 지그시 사물을 바라보고 있는 눈이 만들어 내는 그 완전한 두 개의 원이 될 것이다. 이 눈이 바라보는 방식에서는 어떤 절대적 시선이나, 어떤 종류의 새들에게 주어져 있거나 옛날 사진이 상기시키는 그 움직이지 않는 시선이 가지는 비정함과 잔혹함이 발견되는 것이다.

　하루라고는 하지만 유효한 사용법에서는 벗어난, 되돌릴 수 없는 시간이 어떤 형벌을 생각나게 하는 형상으로 가득 차 있다는 것에 놀랄 필요는 없다. 이 외판원이 '아래 쪽으로 휘어진 모서리 앞에 있는', 평범한 길이 아닌 길로 들어갔다는 것은 정말일까? 그는 옛 여자친구와 꼭 닮은 모습의 소녀에게 마음이 동요된 듯하지만, 그 소녀를 찾으러 가서 실제로 만나기는 한 것일까? 그녀의 벌거벗은 몸을 바다에 내던지기 전에 그녀를 묶고 옷을 벗긴 후 여기저기 화상을 만들어 괴롭힌 것일까? 이 조용한 젊은이는 사드^{Sade}인 것일까? 그러나 이러한 사건은 언제 일어났던 것일까? 우리는 이 사건이 실제로 일어났을지도 모르는 시간보다 훨씬 이전부터, 그것이 천천히 차례로 거듭되는 손찌검을 통해 생성되는 것을 목격하고 있다. 즉 그것은 이 이야기 전체를 관통하여 흐르고 있고, 모든 사물의 배후에, 모든 사람들의 얼굴 아래 존재하고 있다. 두 문장 사이에, 두 문단 사이에 삽입되어 있다. 이것은 차가운 밝음의 투명함 그 자체이다. 우리는 그것 덕분에 모든 것을 볼 힘을 얻는다. 왜냐하면 이것이 바로 그곳에서 모든 것이 투명함으로 변하는 공허에 다름 아니기 때문이다. 출발하려 했을 때 마티아스가 어떤 골목길에서 본 (혹은 상상했던) 폭력적인 광경, 어떤 형벌 때문에 묶이기라도 한 듯 배 위로 세워져 있는 소녀의 모습, 영화의 간판, 무릎을 꿇은 여자아이의 그림이 걸린 텅 빈 방, 오려 낸 신문조각, 가느다란 끈을 묶은 것, 거기에 이것은 사건과는 관계가 없지만 길 위에서 '뒷다리는 벌리고 앞다리는 교차시킨 채' 죽어 있는 작은 개구리의 시체. 이것들은 우리 눈에는 보이지 않고 볼 수 없는 중심 이미지(왜냐하면 그것은 비가시적이기 때문에)가 순식간에 밝음의 가벼운 환영과 같이 현실적인 환경 속에서 자신을 나타내는 움직임인 것이다. 아무도 모르는 내적 대참사에 의해 산산이 흩어진 시간이 현재를 지나 미래의 여러 부분을 생겨나게 하고, 혹은 과거와의 자유로운 소통에 들어가도록 하고 있는 듯하다. 몽상된 시간, 추억된 시간, 이미 존재했었을지 모르는 시간, 더 나아가서는 미래의 시간이 순수한 가시성의 전개의 장場인 공간의 빛나는 현전에서 끊임없이 변화하고 있는 것이다.

시간의 공간으로의 변형

여기에 바로 이 책이 갖는 본질적 흥미가 있는 것 같다. 여기서는 모든 것이 명확하다. 적어도 모든 것이 넓이의 본질인 그 밝음을 지향하고 있다. 사물이나 사건이나 사람들과 마찬가지로, 이야기 그 자체도 거기서는 균일한 선이나 기하학적 형태로 이루어진 균질한 배치에 따라 늘어서 있는데, 거기서 의식적으로 사용되고 있는 기술을 큐비즘(cubism)에 접근시키기는 것은 너무 안이할 것이다. 조이스, 포크너(William Faulkner)나 헉슬리(A. L. Huxley), 그리고 그 외의 많은 사람들이 이미 시간이라는 것을 격렬하게 뒤흔들었고 통상적인 계기가 사람들에게 부여했던 습관들과의 관계를 단절시켜 왔다. 의미 없는 기술상의 이유로 그러기도 하지만, 때로는 또 깊은 내적 이유에 근거하여 개성적인 지속의 변천을 표현하기 위해 그러기도 한다. 그러나 로브-그리예의 경우, 그 목적이 주인공의 여러 편집증이나 주인공을 움직이고 있는 계획의 심리적 이정표를 우리에게 묘사해 보여 주기 위한 것이라고는 생각되지 않는다. 그의 이야기에서 과거와 미래, 앞서 있는 것과 뒤에 있는 것이, 원근법과 접근법을 충분히 고찰한 미묘한 작동을 통해 현재의 매끄러운 표면에 모습을 드러내려 하는 것은, 그림자도 없고 두께도 없는 공간의 요청에 따르기 위함이다. 이 공간에서는 모든 것을 묘사하기 위해 시간을 공간으로 변형시킴으로써, 딱 회화의 경우처럼 동시적인 형태로 모든 것이 펼쳐져야 한다. 그리고 이 시간으로의 변형이야말로 솜씨의 차이는 있을지언정 아마도 모든 이야기가 시도하고 있는 바이다.

 이 점에서 『엿보는 자』는 소설적 문학의 경향들 중 하나를 우리에게 보여 준다. 사르트르는 소설이 소설가의 사전계획이 아닌 등장인물의 자유에 따른 것이어야 한다고 했다. 모든 이야기의 중심에는 어떤 주관적인 의미가 있다. 사건을 포착하는 시각에 따라 사건을 출현시키는 그 자유롭고 예상을 뛰어넘는 시선이 있다. 이것이 바로 생명의 근원이며 이것을 잘 지켜야만 한다. 이야기는 언제나 어떤 관점과 관계 지어져 있어서, 모든 것을 에워싸고 자신이 창조하는 것을 지배하는 예술을 가진 소설가에 의해서가 아니라 어떤 무한한 자유의 약동에 따라 소위 내부에서부터 쓰여야 하는 것이 된다. 그리고 이 자유는 무한하긴 하지만 그것을 확립하고 표현하며, 또 그것을 배신하는 세계 그 자체 속에서 국한되고 자리매김되며 방향이 결정되고 있다. 이것은 날카롭고 또 심오한 비평이며, 근대소설의 주요한 작품들과 많은 경우 일치해 왔다. 소설가에 대해 그 자신이 그 작품을 쓰고 있는 것이 아니라 작품이 그를 통해 자신을 탐구하고 있어서, 그가 아무리 통찰력 있는 인간이라 할지라도 자신을 넘어선 어떤 경험에 맡겨져 있다는 것을 상기하는 것이 언제나 필요하다. 이것은 귀찮고 수수께끼 같은 운동이다. 그러나 이것은 그 자유를 위협해서는 안 되는 어떤 의식의 운동에 불과한 것일까? 그리고 또 이야기 속에서 말하고 있는 목소리는 언제나 어떤 개인의 목소리일까? 개인적인 목소리일까? 그것은 무엇보다 우선 마음을 움직이지 않는 **그**라는 알리바이를 통해 이야기하는 기묘하고 중성적인 목소리가 아닐까? 『햄릿』에 나타나는 그 망령의 목소리처럼 여기저기 헤매고 돌아다니며, 시간의 빈 틈으로부터도 이야기하듯 어디에서라도 몰래 말을 걸며, 게다가 이 시간을 파괴시키지도 않고 변형시키지도 않는 그러한 목소리가 아닐까?

로브-그리예가 하고 있는 것과 같은 시도에서 우리가 만나는 것은 이야기 속에서 이야기 그 자체로 하여금 말하게 하려 하는 새로운 노력이다. 겉보기에 이야기는 그것을 체험한 인물, 즉 **엿보는 자**의 관점으로만 이야기되고 있으며 우리는 단지 그 인물의 발걸음을 좇는 것이다. 우리는 그가 알고 있는 것만을 알며 그가 본 것만을 본다. 아마도 우리와 그를 구별하는 것은 우리 쪽이 얼마간 아는 방식이 적다는 것뿐이다. 그러나 또 이 '적다'는 것으로부터 이야기 속에 뚫린 이 구멍으로부터 이야기 고유의 밝음이, 헤매고 돌아다니는 그 기묘하고 한결같은 빛이 생겨나는 것이다. 이 빛은 우리에게는 어느 때엔 유년시절로부터, 때로는 사유로부터, 또 때로는 꿈으로부터 나오는 것처럼 보인다. 왜냐하면 그것은 꿈이 가지는 명확함과 즐거움, 그리고 잔혹한 힘을 가지고 있기 때문이다.

잠시 개인 하늘

이렇게 이 이야기 속에는 주인공의 의식이나 이 의식의 중심적 사건과 일치된 일종의 간헐상태, 우리는 말할 것도 없고 그 자신도 그곳으로부터 멀어지고 있는 영역이 있다. 왜냐하면 그 자신의 내부의 이 빈틈을 통해 소위 잠시 개인 하늘처럼, 순수하게 보는 힘이 생겨 나고 행사되기 때문이다. 일반적으로 내면성이라 부르는 것의 가치를 축소하고 파괴하려는 시도가 여기서 스스로를 확정하려 한다는 것은 의심의 여지가 없다. 그러나 이야기가 진실한 수수께끼와 연결된 흥미와 특성을 가지고 있는 이유는, 내적 삶을 대체한 차가운 명철성이 살인이라든지 형벌 등의 덮개 아래에서만 환기될 수 있는 애매하고 가까이 갈 수 없는 사건인, 그 내면 그 자체에 대한 신비적인 통로의 역할을 계속해서 수행하고 있기 때문이다.*

엿보는 자의 죄는 그가 범한 죄가 아니라 시간이 그를 대신하여 저지른 죄이다. 그는 하루 종일을 유용하고 빈틈없이 정리 정돈된 행동들에 바치고 있었는데(시계를 파는 그의 일은 이 어느 것 하나 빠진 부분 없는 시간에 관한 쉽게 떠올릴 수 있는 상징이다), 이 하루 속에 공허하고 실재하지 않는 시간이 이끌려 들어온 것이다. 그러나 일반적인 하루의 규칙적 연속에서 벗어난 이 잃어버린 시간은 베르그손(Henri Bergson)이 표명했던 것과 같은 개인적인 지속의 깊이가 아니다. 오히려 역으로 이것은 아무런 깊이도 갖지 않는 시간이어서 오히려 그 작용은 깊이와 같은 것 일체를 —— 무엇보다 먼저 그 깊은 내적 삶을 —— 표면적인 변형들로 환원시키는 것에 있다. 그것은 소위 이 삶의 움직임을 공간적 어휘로 묘사하기 위해서이다. 이렇게 해서 이 이야기에서는 동일한 사물이 몇 쪽의 간격을 두고 거의 알아차리지 못할 정

---

* 『질투』(La Jalousie)에서 줄거리와 이야기의 중심을 이루고 있는 것은 어떤 강력한 부재성이다. 출판사 사람들의 요약에 따르면 이러한 부재를 통해 우리에게 말하는 자는 질투하는 인간, 즉 아내를 감시하는 남편이라고 생각해야 한다. 하지만 내 생각에 이것은 독자로 하여금 가까이 오도록 권유하는 이 이야기의 진정한 현실성을 인식하지 못하는 것이다. 독자는 뭔가가 결여되어 있다는 것을 분명히 느끼고 있으며, 바로 이 결여된 것이 모든 것을 말할 수 있고 또 모든 것을 볼 수 있게 해준다는 것을 예감하고 있다. 그런데 어째서 이 결여가 어떤 누군가와 동일시되는 것일까? 어째서 그곳에 여전히 하나의 이름과 하나의 신원이 있는 것일까? 이것에는 이름도 없고 얼굴도 없다. 이것은 순수한 익명의 현진인 것이다.

도로 적은 변화를 수반하면서 묘사되게 된다. 또한 그 중심적 인물, 요 컨대 엿보는 것을 자신의 일로 삼고 있는 그 남자가 서로 다른 집에 들어가고 있는데도, 그저 단순히 몇 가지 다른 지점으로 이동되었을 뿐인 같은 집에 들어가는 듯한 느낌을 보여 주게 된다. 그리고 모든 내적인 것, 추억의 이미지나 상상적인 것의 이미지가 언제나 거의 외재성이라고 말해야 할 형태로 자신을 확정하려 하기 때문에, 주인공도 또한 언제나 자신의 상상력이나 기억의 공간으로부터 현실의 공간으로 이행하려 하는 것이다. 왜냐하면 소위 그는 존재의 거대한 차원들이 어떤 표상 불가능한 바깥에서 하나로 연결되는 한계점에 이르고 있기 때문이다. 그런 연유로 그는 그 형벌의 행위가 현실의 것인지 상상의 것인지, 혹은 또 시간 속에서 여러 영역, 여러 지점으로부터 온 몇몇 이미지의 우연의 일치인지를 아는 것과 관련하여 거의 무관심한 것이다. 우리도 그것을 알 수도 없고, 알 필요도 없다. 그 소녀에게 닿았던 것은 확실히 마티아스의 손이었지만, 이 행위는 시간의 공허한 작용이 아마도 그러한 것처럼 확실히 그렇다고 인지할 수는 없는 것이다. 시간의, 그렇게 느껴지지 않는 이 작용을 우리는 그 자체로서는 결코 볼 수 없지만, 그것은 사물들의 표면에, 그 표면에서 벌거벗은 상태로 환원된 사물들의 표면에, 분명하게 보이는 형태로 놓여 있는 것이다.

우리는 알랭 로브-그리예의 훌륭한 솜씨나 그의 새로운 탐구를 지탱하고 있는 면밀한 고찰이나 그의 책이 가지는 실험적 측면에 관심을 가질 수는 있다. 그러나 내 생각에는 그것들에 그 매력을 부여하고 있는 것은 무엇보다도 먼저 그것들을 관통하는 그 밝음에 다름 아닌 것이다. 그리고 또 이 밝음은 우리의 장대한 꿈의 어떤 것을 밝게 비추는 눈에 보이지 않는 빛이 가지고 있는 것과 같은 괴이한 성질을 가지고 있는 것이다. 로브-그리예의 시선이 여러 가지 위험이나 돌발적 사건을 겪으면서 어떻게든 도착하고자 하는 '객관적' 공간과 우리 밤의 내적 공간이 서로 너무나 닮아 있다는 것에 놀라서는 안 된다. 왜냐하면 꿈의 괴로움, 계시의 힘, 매력을 만들고 있는 것은 꿈이 우리 안에 있으면서 우리를 우리 밖으로 옮겨 놓는다는 점이기 때문이다. 거기서는 우리 안에 있는 것이 영원한 바깥의 거짓된 빛에 비친 순수한 표면으로서 펼쳐져 있는 듯하다.

7장

H. H.

1. 자기자신의 탐색

이 두 개의 알파벳은 언젠가 1931년경에 동방순례의 비밀결사단체에 소속되어 있었고 그 매혹적인 순례여행의 역경을 체험한 여행자를 지시한다[『동방순례』(*Die Morgenlandfahrt*)]. 그것은 또 다른 두 사람의 소설 중의 인물인 헤르만 하이르너[『수레바퀴 밑에서』(*Unterm Rad*)의 등장인물]와 하리 할러[『황야의 이리』(*Der Steppenwolf*)의 등장인물]의 머리글자도 지시하고 있다. 전자는 마울브론^{Maulbronn}의 개신교 신학교를 탈출한 저자이고, 후자는 1926년경 어느 대도시의 남모르는 일대를 '황야의 이리'라는 이름으로 광기의 경계에 접한 채로 유랑하고 있던, 불안하고 고독하며 타인과의 사교에 익숙하지 않은 광폭한 오십 대의 남자이다. 이 H.H.는 결국 헤르만 헤세도 가리킨다. 이 고결한 독일어 작가에게는 뒤늦게 노벨상의 영광이 수여되었지만[1946년], 그러나 그는 토마스 만에게 부족함 없이 주어졌던 젊은 시절의 명성을 얻어 보지 못했다.

분명히 그는 여전히 세계문학에서 위대한 교양인이자 지혜를 갈구하고 사유의 능력을 갖춘 창조자의 형상을 영속화하는 세계적으로 명성이 있는 작가이다. 물론 이런 유형의 형상은 폴 발레리 및 앙드레 지드와 더불어 프랑스에서는 사라진 것 같지만 말이다. 게다가 그는 자기 시대의 정념에 불타는 오류의 함정에 빠지지 않는 장점 또한 지니고 있었던 인물이었다. 1914년부터 그는 불온한 사유를 가진 자로 취급되었다. 왜냐하면 그는 침통한 어조로 전쟁에 반기를 들었고, 자신들이 의미를 이해할 수도 없는 전쟁에 만족해 하는 지식인들의 타락을 비판하였기 때문이다. 그는 이 단절감을 혹독하게 느꼈고 그것은 그의 정신에까지 영향을 미쳤었지만, 그에겐 이 단절감에 대해 원한으로 가득 찬 추억이 남아 있었다. 그가 『데미안』(*Demian*)이나 『황야의 이리』를 쓴 유명한 작가가 되고 난 후에도 오랫동안 그의 조국은 그에 대한 이 원한을 거두지 않았다. 그가 1923년에 독일 국적을 포기한 것은 사실이다. 그가 때로는 스위스에서 때로는 이탈리아에서 자기자신 안에 망명하여 항시 불안하고 분열된 인간으로서 말하자면 여백에서 산 것도 사실이다. 이런 의미에서 그는 자신의 시대를 산 사람이지만 동시에 그의 시대와 대단히 무관하게 산 사람이기도 하다. 그의 운명은 대단히 이상한 운명이다. 다른 누구보다도 그는 사해동포주의자라 자칭할 권리가 있다. 우선 가족을 보면 그의 아버지는 러시아계 독일인이며 그의 할머니는 뒤부아[Dubois]라는 성을 가진, 프랑스어를 했던 프랑스계 스위스인이었다. 그의 어머니는 인도에서 태어났으며 그녀의 남자 형제 중 한 사람은 영국인이었다. 그 또한 슈바벤[Schwaben]에서 태어났지만 최초에는 스위스 국적이었고, 조국에서의 공부를 위해

뷔르텐베르크^{Württenberg}인으로 독일 국적을 취득해야만 했다. 이렇게 그의 출생으로 보나 그의 지식으로 보나 그뿐만 아니라 몇몇 영적인 취향으로 보나 그는 사해동포주의자이지만, 그럼에도 불구하고 그는 예를 들면 릴케와 같은 인물이 아주 일찍부터 획득한 국제적 공감을 받고 있지 않았다. 나는 그가 프랑스에서 알려지지 않았다고 말하려는 것이 아니다. 즉 그는 프랑스 문학이 특별히 생명으로 가득 차 있던 시기에 그것과의 개인적 접촉을 피하고 있었지만, 이렇게 냉정하게 자신을 이끌었던 태도를 발생시킨 이유가 그의 예술이나 운명과 일체가 되고 있다는 것을 이해할 필요가 있다는 것이다.

    이 예술 자체는 다소 여백적인 장소에 존재하는 것일까? 적어도 프루스트, 조이스, 브르통 등 생각나는 대로 이름을 들기만 해도 그 활기 넘치는 확실성을 환기시키기에 충분한 듯한 그 거대한 혁신의 힘과는 무관한 방식으로 존재하는 것인가? 그것은 사실 그럴 수 있다. 하지만 이것도 역시 진실은 아니다. 그가 문학과 그 자신 사이에서 그의 책 하나하나와 그의 생애의 여러 중대한 위기 사이에서 맺고 있는 관계들, 그의 내부에서 그 자신의 분할된 정신의 희생으로서 몰락하지 않으려는 배려와 연결되어 있던 글쓰기의 욕구, 비정상과 신경증을 받아들여 그것들을 비정상적인 시대에서의 정상적인 상태로서 이해하려고 하는 노력, 그가 받아들이고 그의 가장 아름다운 소설 가운데 하나를 탄생시킨 정신분석적 요법, 그를 해방시키지는 않지만 그가 정신분석을 명상으로, 융을 요가의 수련으로 대체하고 도교의 위대한 해설자에 비교할 수 있는 위치에 도달하려고 시도함으로써 심화시키려고 하는 저 해탈, 또 이러한 것에도 불구하고, 그가 가까이 있다고 느끼는 이러한 지혜에도 불구하고 그를 엄습하고, 그에게 1926년에 그의 시대의 열쇠가 되는 소설 가운데 하나이자, 아마도 표현주의의 걸작들 가운데 하나라고 인정한다고 생각할 수 있는 『황야의 이리』를 격렬한 문학적 정열을 갖고 쓰게 만든 저 절망. 이렇게 말할 수 있는 모든 것, 문학과 생의 탐구의 이러한 관계, 정신분석에의 호소, 인도 및 중국에의 호소, 그뿐만 아니라 더욱이 그의 예술이 도달할 수 있었던 마술적이고 때로는 표현주의적인 맹렬한 힘은 당연히 그의 작품을 근대문학의 대표적인 한 형태가 될 수 있게 한 것이 아닌가 싶다.

확실히 이런 일은 1930년에 일어났다. 독일은 점차적으로 그로부터 멀어져 갔고, 그는 점점 더 고독 속에 폐쇄되어 갔다. 질병 때문에 그는 이 고독을 해방시켜 망명이라는 불안한 세계로 투신하는 일은 일어나지 않는다. 하지만 그는 세 권의 책을 쓰는데 이것들은 살아남은 자의 정신의 작품과는 거리가 멀고, 뒤늦게나마 그가 훌륭한 수완을 갖게 된 것, 그때까지 오랫동안 서로 갈등을 빚어 왔던 여러 자질들의 다행스러운 화해를 그가 마침내 이루어 내었다는 것을 보여 준다. 그 세 작품 중에서 최후의 가장 장대한 작품이 『유리알 유희』(*Das Glasperlenspiel*)이다. 1931년부터 준비를 시작해 1943년에 출판된 이 작품은 당시에 아직도 비시대적인 문학에 관심을 갖고 있었던 소수의 사람들, 특히 독일의 망명작가들이나 토마스 만에게 깊은 인상을 주었다. 토마스 만은 당시에는 아직 『파우스트 박사』(*Doktor Faust*)를 쓰고 있지는 않았지만 그 준비를 하고 있었다. 그리고 그의 말에 의하면 그는 자신이 계획하고 있는 작품과 이 작품의 상호 유사성에 거의 공포에 가까울 정도의 놀라움을 느꼈다고 한다. 이상한 유사성이다.

그러나 그것은 무엇보다도 먼저 여러 재능의 독립성, 작품의 특이성, 서로 관계가 있는 여러 문제들이 문학에서 그 해결책을 찾으려고 할 때의 여러 독자적인 방법을 보여 주고 있다. 그러므로 이것은 중요한 작품이며 전쟁도 이 작품을 질식시키는 데 성공하지 못했다. 왜냐하면 노벨문학상이 찬양하려고 한 것은 바로 이 작품이기 때문이다. 우리는 확실히 이 작품을 읽을 수 있다. H. H. 따위에 마음을 쓰지 않고 여기에 흥미를 가질 수 있다. 왜냐하면 이것은 자기자신을 밝혀 내기 위해서 단지 우리의 경험만을 필요로 하는 신비적이고 아름다운 중심 이미지를 둘러싸고 그 자신의 힘으로 확립되는 작품이기 때문이다.

그렇다고 해서 이 작품에 차가운 모습이 없다는 것은 아니다. 이 작품은 비인칭적인 형태로 작가 본래의 열정이 결여된 것으로 보이는 세밀하게 주의를 기울이는 능란한 기술을 통해 전개된다. 그렇다면 이것은 시대의 여러 문제들에 참여하지 않고서 단지 관심만을 갖는 작가에 의해 지적이고 거의 현학적인 방식으로 구성된 평온한 영적인 알레고리에 지나지 않는 것일까? 이 책을 자세히 읽는 자는 이렇게 생각할 수는 없다. 헤세는 여기에 여전히 현전하고 있다. 그가 거기에 부재하려고 억지로 노력함에도 불구하고, 그는 여기에 있다. 그리고 무엇보다도 먼저 작품이 함축하는 문제들과 그 자신의 삶이 함축하는 여러 요청들을 항시 자기자신을 위해 하나로 결합시킬 수 있었던 그의 탐구를 통해 헤세는 거기에 현전하고 있는 것이다. 그의 모든 책들이 자서전적인 것은 아니지만 거의 모두가 자기자신을 내밀하게 토로하고 있다. 그는 오늘날의 시는 "고백의 형식으로 그리고 가능한 한 최대한 진지하게 자기자신의 비탄과 우리시대의 비탄을 표현하는 가치 외의 다른 가치가 없다"고 말한다(그가 자기자신과 특별히 갈등을 겪고 있었던 시기인 1925년에 이것은 사실이다). 항시 그의 이야기의 한 구석에는 H. H., 혹은 그의 이름의 첫글자가 때로는 숨겨진 채로, 때로는 절단된 채로 존재한다. 심지어는 에밀 싱클레어라는 빌려온 이름으로 출간된 『데미안』과 같이 그가 가명으로 책 한 권에 서명을 하는 경우에도, 이는 어떤 선택된 현전과 마술적으로 일체화하려고 함으로써 자기자신을 되찾기 위함이었다. 즉 횔덜린이 광기에 사로잡힌 시대의 친구와 일체가 된다. 이 사람은 처음에 횔덜린을 광기로부터 보호하고 그가 좀더 세상에서 살 수 있게 해주었다. 그의 작품 속에서, 작품에 의해 행해지는 이러한 자기자신의 추구는 대단히 흥미진진하다. 그의 작품은 이 추구를 대단히 중요시하고 있다. 그렇지만 그 한계를 보여 주고 있기도 하다. 그가 부분적이지만 자신을 해방하고 자신을 해방하는 데 어떻게 성공했는가. 결국에는 이 동일한 운동을 통해 작품을 자기자신으로부터 해방시키는 데 어떻게 성공했는가. 바로 이것이 그의 작가생활이 그리는 곡선으로부터 배울 수 있는 점이다. 그리고 바로 이것이 『유리알 유희』에 그 가장 생생한 진실을, 그의 전 생애가 때로는 문학을 희생시키면서까지 추구한 것으로 생각되는 진실을 부여하고 있는 것이다. 그래서 그는 이 진실을 결국에는 작품을 위해 그의 삶이 사라지는 것을 보여 주는 어떤 이미지 속에서만 발견될 수 있는 것이다.

그의 전기작가들은 상반된 두 경향 사이에서 분할된 그의 모습을 묘사해 왔다. 즉 방랑적이고 정주적^{定住的}이며 거의 사람의 빈축을 살 만큼 가족으로부터 자신을 해방시키면서도, 자기 가정의 정신적 전통에 충실하고 자기자신도 한 가정을 꾸렸다. 아주 일찍부터 집을 소유하고 독일의 시민계급의 안락한 생활을 영위하는 총명한 인간이 되고 있었으면서도 자신이 갈망하고 있는 이 안정으로 인해 번민하며, 게다가 여전히 자신이 이 안정을 참아낼 수 없는 것에 번민한다. 마찬가지로 또 그가 1914년에 정념의 착란으로부터 빠져나올 수 있는 힘을 얻게 된 것은 그가 사람들과 공통된 길을 걸어가지 않았기 때문이고 힘이 넘쳐흐르는 어떤 고유의 감각에 의해 움직일 수 있었기 때문이다. 그러나 그는 쉽게 자기자신에 만족하지는 않는다. 그는 자신이 모든 인간과 다른 부분이 있다고 생각하는 것은 자신 안에 어떤 위험한 부조화가 있다는 증거이고, 언젠가는 그 대가를 지불해야 한다고 생각한다. 그리고 실제로 어느 날 사태가 악화되고 가정생활이 붕괴되고 부인의 정신과 막내 아들의 생명이 위태롭게 된다고 여겨졌을 때, 무엇인가가 그의 내부에서 부서지고 만다. 그리고 1916년의 이 위기가 바로 그를 정신분석학과 만나게 해주었고, 그를 그의 정신과 예술에서 고통스럽게 그러나 강력하게 변화시키게 된다.

이 위기는 정신적인 제2의 탄생으로 말해야 하겠지만, 사실상 그것은 제2의 것에 지나지 않는다. 그의 내면적 삶에서 가장 중대한 사건은 그가 14살 때 마울브론*의 신학교로부터 탈출한 날에 일어난다. 이날 그는 가족에 부과된 운명으로부터도, 경건파의 신학교 규칙의 엄격성으로도 아버지나 할아버지의 뒤를 이어 목사가 되어야 하는 미래

---

* 횔덜린도 또한 마울브론에서 공부했다. 우리는 그의 편지들을 통해 그가 그곳에서 매우 괴로워했었다는 것을 알고 있다. 위고 발(Hugo Ball)은 18~19세기 슈바벤에는 신학교 기숙생 노이로제(Stiftlerneurose)라고도 말할 수 있는 것이 있었다고 생각한다. 횔덜린, 바이블링커(Waiblinger), 뫼리케(Möricke) 등의 경우가 바로 그러할 것이다.

로부터도 도주하려 한 것이다. 이틀 동안 그는 숲속에 숨어 있었고 추위에 거의 죽을 뻔했다. 밀렵감시인이 그를 발견하여 다시 데려온다. 신앙이 독실한 가정의 사람들은 몹시 놀란다. 그는 일종의 퇴마사退魔師라 할 수 있는 사람에게 맡겨진다. 이 사람은 그가 악령에 사로잡혔다고 생각했지만 그의 악령을 쫓아 버릴 수 없었다. 헤세에 의하면 그를 사로잡은 악령은 지극히 사악한 시적 정신에 불과한 것이었다.

그러면 당연히 우리는 앙드레 지드를 떠올려 보고 싶을 것이다. 앙드레 지드도 유전遺傳과 성향의 대립으로 인해 분열되었다. 그러나 모든 것은 완전히 다르다. 헤세의 경우 그 균열은 훨씬 더 고통스럽고 훨씬 더 무의지적인 것이었다. 그의 몸에서 발생하는 그 자신을 해방시켜야 한다는 의무는 이해할 수 없는 불행과 같은 것이었으며, 그가 그것을 지배하고 이해하기까지는 오랜 세월을 필요로 하였던 것 같다. 그것은 오만한 반역이 아니다. 그는 독립정신에 결부되어 있는 만큼이나 자신이 거부하는 것에도 결부되어 있다. 시인이 된 그가 막연한 낭만주의적 심정의 토로 속에서 자신의 곤란의 망각을 발견하여 행복한 목가적 시인이 되는 데는 거의 수고와 노력을 필요로 하지 않았다. 그리고 확실히 이것이 그의 생애의 초기에 일어난 일이었으며, 이 시기에는 그 자신의 내부의 몽상적이고 망각과 평화에 가득 찬 부분 『페터 카멘친트』(Peter Camenzind)에 의해 그의 명성을 구축하는 부분이 표현되고 있다. 반항적인 청소년들을 묘사한 이 이야기에서 이것은 정말로 그에게 고유한 것이다. 그는 자신을 시인으로 만들기 위해 격렬하게 자신으로 해방시키는 데 성공하지만, 이 반항이나 자신의 투쟁의 격렬한 힘을 표현하는 것이 아니라 오히려 반대로 그것을 잊어버리고,

자신의 예술을 통해 어떤 관념적인 도달하기 위해 할 수 있는 모든 노력을 다한다. 이러한 화해에 대해서는 그가 과도할 정도까지 그 경향을 갖는 낭만주의가 친절한 여러 견본을 보여 준다.* 그는 아주 일찍이 엄청난 경의로 가득 찬 명성을 누린 시인이면서 생활과 생활의 안락에 안주할 수 있었기 때문에, 이러한 성공은 그의 청소년기의 위기를 결정적으로 끝내는 것으로 그에게는 생각되었다. 그러나 그의 청소년기를 선동하고 그가 그것을 의식하기를 거부한 그 분할의 힘은 이것에서 보다 위험하게 작동할 뿐이었다. 그리고 이 힘은 전 세계적인 불균형을 이용해 그를 1916년의 그 격렬한 동요상태로 몰고 가게 되었으며, 그는 통찰력으로 가득 찬 용기를 갖고 이 상태로부터 재창조를 위한 가장 아름다운 기회를 끌어낼 수 있게 된다.

『데미안』

이 위기로부터 탄생한 『데미안』은 작가가 시원적인 뒤얽힘 속에 이르기까지 자신에 도달하기 위해 노력하는 매혹적인 작품이다. 젊은 싱클레어는 자기자신의 삶을 이야기한다. 요컨대 그는 이 세계가 한쪽은 아버지의 근처에서 생이 곧고 결백한 지대로, 다른 한쪽은 사람들이 거의 논의하지 않는 곳으로 하인들의 저급한 지역이고 이곳을 지나가는 사람이 사악한 거대한 힘에 노출되는 그러한 지대로 양분되어 있

---

* 이 시기에 쓰인 『수레바퀴 아래서』라는 이야기 속에서 그는 아마도 자신의 신학교 시절을 회상하고 있다. 헤르만 하일러의 도망은 바로 그 자신의 도망이다. 그러나 그는 이 사건에 접근하고 그것에 집착하면서도 불안한 마음을 느끼고 가능한 한 그것으로부터 거리를 두고 있다.

다는 것을 어떻게 발견하게 되었는지를 이야기하고 있다. 우연만 있으면 이곳에 떨어질 수 있다. 그리고 젊은 싱클레어는 불량배의 협박에 의해 일련의 비난받을 만한 행위로 끌려 들어가며 이 세계에 빠져들게 된다. 이 행동들의 중압감 때문에 그의 유년기의 세계는 변질되고 풍비박산이 나게 된다. 바로 그때 데미안이 나타난다. 데미안은 약간 나이가 많은 학교 친구에 지나지 않는다. 데미안은 싱클레어를 협박으로부터 해방시켜 줄 뿐만 아니라, 선과 대립하는 것이 아니라 신의 어둡고 아름다운 다른 면을 대표하는 **절대악**의 끔찍한 사유를 그에게 전수한다. 그 자신은 이상하고 매혹적인 피조물이다. 그가 카인을 변호하면서 목사에게 반항하는 일이 일어난다. 때때로 수업시간에 그의 얼굴이 돌처럼 굳어져서, 나이도 없고 표정도 없는 듯한 얼굴이 되기도 한다. 나중에 우리는 알게 되는데, 그는 어머니와 불륜의 관계를 맺고 살고 있었던 것이다.

헤세의 목적은 명백히 조물주적 세계를 찬미하는 데 있다. 이 세계에서는 도덕, 법률, 국가, 학교, 부성적인 좁은 엄격성 등이 입을 다물고, 모성적인 매혹적인 역능이 작용하는 압도적인 현혹이 모든 것을 허용하는 힘으로서 느껴진다. 이 노력은 그에게 많은 것을 요구하게 되며 그는 그것을 위해 영지주의靈智主義, 융의 정신분석학, 루돌프 슈타이너(Rudolf Steiner)의 범상한 신지학神智學에서 발견한 여러 자원수단을 다소 우연한 방식으로 활용하고 있다. 이야기에 마력을 불어넣는 데 이것만으로는 충분치 않다. 그러나 데미안이라는 인물, 이 인물의 휘광, 마치 밤에 우리가 우리 욕망의 형상화된 의미를 환대하듯이 이 인물이 발하고 우리가 환대하는 이 어두운 빛, 바로 이것들이 다른 시대의 우리라는 독자들을 여전히 매료시키고 있는 것이다. 유년기 세계의 추억이 그러하듯이, 끝에 가서 심각한 경험이 성취되는 이 이야기는 단순하고 거의 순박하기까지 하다. 그리고 작가는 이 비밀들을 숨김으로써 우리에게 호기심을 불러일으키려고 의도하지도 않는다. 데미안이라는 이름은 데미안의 어머니 에바의 이름처럼 우리에게 우리가 알고 싶어 하는 것 이상의 것을 즉각적으로 이야기한다. 헤세는 이후에도 항상 이러한 태도이다. 그는 일상생활 속에서 차츰차츰 자신이 결부되어 있는 마술적인 중대한 비밀을 출현시키려고 하지 않고, 자신 안에서 즉각적으로 발견되는 신비한 감각으로부터 출발하여 그 감각을 그 자체로서 솔직하게 우리에게 보여 준다. 그리고 이 소박한 단순함을 통해 이 감각을 일시적으로 우리의 세계 위에서 열리는 세계 속에 생기를 불어넣는 데 성공한다. 사람들은 그에게 생생한 형상이나 일상적인 세부 그리고 서사적인 서술의 재능이 없다고 말하며 비난하려고 한다. 아마 그럴 수 있다. 그러나 왜 사람들은 그에게 그와는 다른 것을 요구하는 것일까? 그 자신이 말하고 있듯이 정원의 사프란 꽃 앞에 있으면서 어떻게 그것이 종려나무가 아니라고 말하며 그를 비난할 수 있을까? 그가 말하지만, 그의 어떤 이야기에서도 줄거리나 인물 그리고 에피소드는 문제가 아니다. 모든 것은 결국 오직 한 인물이 세계나 자기자신과의 관계를 다시 파악해 보려고 시도하는 독백에 불과한 것이다. 그래서 『데미안』에서 우리는 모든 형상이 싱클레어라는 소년의 내적 생활로부터 생겨난 몽상적 이미지에 불과하다는 것을 확실히 느끼는 것이다. 그러나 우리가 이 몽상을 받아들여 그 빛을 통해 다시 자기자신을 되찾을 수 있다고 생각하는 것은 부질없는 일이 아닐까?

헤세는 정신분석학을 받아들이기로 했다. 거의 같은 시기에 릴케와 카프카는 모두가 자신들의 여러 난관들을 극복하기 위해 이 방법을 생각했음에도 불구하고 그것의 수용을 거부하였다. 릴케는 깨어나면 병이 낫게 되는데 시로부터 낫게 되는 것은 아닐까, 즉 극단적으로 단순한 인간이 되는 것은 아닐까라고 근심하고 있다. 헤세에게 사물은 이 이상으로 단순하게 되지는 않을 것이다. 오히려 반대로 그는 자신의 복잡한 분열상태나 자기자신과 모순되는 이 모순을 제거하지 않아야 하는 것의 필요성을 의식할 뿐이었다. 그는 늘 통일성을 갈구한다. 그가 성인이 되었을 즈음에 그것은 무의식적이고 외관에 불과한 막연한 통일성이고, 그는 자연의 주변에서 자기자신에 눈을 감으면서 이러한 통일성을 찾으려 했다. 그러나 이제 그는 이 행복한 통일성이 단지 자신의 무지에 의해 발생한 것에 불과하다는 것을 자각하는 것이다. 뒤이어 오는 수 년간은 물질적으로도 정신적으로도 여러 시련을 받은 중대한 해였는데(그는 모든 관계를 끊어 버리고 오직 홀로 몬타뇰라 Montagnola에서 혹독하게 궁핍한 세월을 보냈으며 식사라고는 숲에서 주워 온 밤이 전부인 때가 종종 있었다), 이 사이에 그가 들으려 하고, 들으며, 또 사람들에게 들려 주려고 했던 것은 이중의 선율이고, 두 극 사이의 유동이며, 이 세계의 두 "원리적인 지주" 사이의 왕복이다. "내가 음악가라면 두 소리의 선율을 어떤 어려움도 없이 쓸 수 있을 것이다. 이 것은 그 연속의 모든 순간, 모든 지점에서 더할 나위 없이 내밀하고 생생한 교환관계 및 대립관계 내에서 서로 부응하고 서로 보충하며 서로 다투고 서로 관계 맺게 할 수 있는 두 개의 선, 음과 음표의 두 연결로 이루어진 선율이다. 음표를 읽을 줄 아는 사람은 나의 이 이중의 선율을 읽을 수 있고 모든 음 속에서 형제이기도 하고 적이기도 하며 대척물이기도 한 대음^{對音}을 보고 들을 수 있을 것이다. 그런데 이 이중의 음, 이 영원한 대조운동이 바로 내가 말을 통해 어떻게든 표현하려고 하는 것이다. 하지만 아무리 노력해 보아도 나는 거기에 도달할 수가 없다……."

내면의 미결정성으로부터 출발하여 자신의 내부에서 여러 시간, 공간, 세계를 마술적으로 통일하려는 낭만주의적인 시의 위대한 몽상에 끊임없이 유혹되었듯이, 그러한 그가 어떻게 해서 힌두적인 영성에 의한 여러 해결, 더 나아가 중국 사상의 언어에 매료되기에 이르렀는가를 우리는 잘 이해할 수 있다. 그는 거듭 다음과 같이 말한다. "나에게 인류가 갖고 있는 가장 고도의 말은 그 속에서 근원적인 중복성이 마술적인 기호로서 표현되어 있는 듯한 이와 같은 한 쌍의 말이고, 세계의 중대한 대립들이 필연적임과 동시에 허망한 것으로서 확인되는 듯한, 그 몇몇 격언과 신비적인 상징이다." 그러나 헤세는 변증법적인 정신도 아니고, 사유를 가진 인간도 아니다. 시와 문학이 자기 안에 숨겨 갖고 있는 사유, 거기에 숨겨져 있다는 조건에서만 사유인 사유, 그런 사유를 가진 사람도 아니다. 그렇기 때문에 그가 하는 경험들은 그를 풍요롭게 하지만 확실한 지지점을 부여하지 않는다. 그의 통일성에의 열망은 종교적이다. 하지만 조화롭지 않은 시대에 조화롭지 않을 수밖에 없는 예술도 그의 종교인 것이다. 이 세계의 진실이 정념에 사로잡힌 분열상태에 불과한 때, 자신의 영혼을 구하고 그것에 일관성과 균형을 다시 부여하는 것이 도대체 무슨 소용이 있는 것일까?

『황야의 이리』

『데미안』보다 10년 뒤에 쓰인『황야의 이리』는 이러한 움직임을 설명하고 있다. 거기에 명확히 표현되어 있는 절망, 결국 우위를 점하고 있는 비현실의 감정에도 불구하고 이것은 강력하고 남성적인 작품이다. 그의 작품에서 종종 발견되듯이 공격이 이 책의 가장 진실된 부분이다. 이것은 나이 50세(헤세의 나이)가 된 한 고독한 자의 초상인데, 이 인물은 어느 날 어떤 대도시의 부유한 집에 방 하나를 임대한다. 그의 품위 있는 말씨나 태도에도 불구하고 그는 거기서 어떤 불쾌한 감정을 갖게 된다. 헤세는 세부사항을 장황하게 늘어놓는다거나 하지는 않지만 약간의 세부사항만으로도 우리에게 어떤 이미지를 떠오르게 하기에 충분하다. 요컨대 이 낯선 임대인의 여유 있어 보이는 부르주아적 복장과 대조적인 숨겨진 불안과 신경질적인 동작, 주저하고 불편해하는 거동. 그러나 한편으로 그의 태도는 거만하고 대단히 점잔을 빼는 어투 혹은 다음과 같은 장면이 있다. 예컨대 어느 날 집주인의 아들은 이 고상한 사람이 계단에 앉아 밀랍의 냄새를 맡으며, 독일의 시민계급이라는 밀랍을 칠한 낙원에 속하는 곁방을 향수에 잠겨 응시하는 것을 발견한다. 이는 웃음을 자아내게 하지만 감동적이기도 하다. 왜냐하면 여기에는 헤세를 항시 따라다녔지만 만족시킬 수 없는 가정에 대한 강력한 욕구가 발견되기 때문이다. 즉 예를 들어 그가 이 영속적인 거주지를 소유하게 되었지만, 그의 내부에 있는 방랑자는 끊임없이 그것을 포기한다. 또 마찬가지로 그는 은둔자이지만 우정 없이 지낼 수 없었고, 소박하고 목가적인 시인이었지만 이 시인은 여러 문제로 인해 자기파괴에 이르게 될 정도로 고통스러워하는 작가와 충돌한다.

『황야의 이리』의 주제는 인간이란 늑대이면서 인간이고, 본능이면서 정신이라는, 루터적인 사유로부터 유래하는 경직된 분열체가 아니라는 점에 있다. 내면세계의 흩어짐 속에 더 깊이 하강함으로써 너무나 단순한 이 이중성의 가면을 벗기고 마법을 풀 필요가 있다. 또 다른 주제는 혼돈으로부터 출발하여 세계를 재파악해 보려는 절망적인 시도이다. 책 속에서는 그것을 쓰는 인간의 고뇌와 그가 쓰는 시대가 갖는 고뇌가 서로 만나게 된다. 그것은 마치 자기자신 안에 폐쇄된 채로 자신의 불균형에 번뇌하는 작가인 그는 예컨대 아무리 내성적인 인간이라 해도 자신이 사는 시대의 불균형으로 인해 비로소 자신의 불균형을 의식할 수가 있었다. 환영적인 자아가 갖는 일관성을 희생시켜서라도 세계와 다시 만나는 것, 그는 이것에 성공하는 것일까? 어떤 의미에서는 그렇지 않은 듯하다. 그의 책이 그것에 부여하고 있는 묘사법에서조차도 그렇지 않다. 그는 대도시의 하층부를 묘사하면서 일종의 마술적인 변형작용을 이용해 그것을 현실적으로 묘사하는 것과 관련된 자신의 당혹감을 숨기고 있지만, 이러한 변형작용은 어떤 알리바이와 같은 것으로 보인다. 관능적인 생활의 시작은 항시 어떤 꿈의 전개에 불과하다. 하지만 이 꿈은 너무나도 현실에 가까워서 어떤 현실의 경험을 암시하지 않는다면 어떤 가치도 가지지 못한다. 요컨대 이 고독한 자는 '**마술극장**'(Théâtre magique)의 시련을 받아들이고 거기서 그는 거울작용과 도취작용 속에서 무의식적인 자기자신과 만나야만 한다. 이것은 근대적인 발푸르기스의 밤^{Walpurgisnacht}이며 거기서 H. H.는 기계들에 대한 그의 증오를 폭발시킨다. 반면에 상층부에서는 모차르트나 괴테 등과 같은 초연하고 미소를 머금는 신들이 주인공의 붕괴를 목격하면서 그에게 훨씬 평온한 세계, 기술 자체가 비난을 유발시키지 않는 미적 창조의 세계의 존재를 상기시킨다.*

『황야의 이리』는 중심적 인물의 상상성과 현실성 그리고 진실성이 서로 조응하지 못하고 삐걱거리는 책이다. 이 인상은 그 자체가 어떤 자연스러움도 갖고 있지 않은 시대에 대해 고통스럽게 기교를 집중시켜 만들어 낸 이미지가 주는 인상이다. 극단적인 표현과 그토록 관계없는 작가가 자신의 경험에 가장 정확한 형태를 부여하기 위해 이 정도로 자기자신으로부터 벗어나야만 했다는 것, 바로 이것이 주의를 끄는 점이다. 그의 친구들은 이 맹렬함과 조화의 결여에 깜짝 놀랐다. 헤세는 친구들에게 다음과 같이 답한다. "내게 문제인 것은 의견이 아니라 필연성이다. 성실함이라는 이상을 품고 있으면서 자기라는 인간 존재의 근사하거나 위엄 있는 부분만을 사람들에게 보여 줄 수는 없는 것이다." 그리고 다시 한번 다음과 같이 답한다. "내 글이 조화와 아름다움을 상실했다고 비난했던 친구들의 말은 옳았다. 그러한 말들은 나를 웃게 만든다. 붕괴된 벽들 사이를 생명을 찾아 달리고 있는 사형수에게 아름다움이란 무엇이고, 조화란 무엇이란 말인가?"

이때 사람들은 헤세가 실제로 파멸하였다는 느낌을 받는다. 그러나 그의 운명은 여러 대조 속을 활보하는 것이다. 그가 어떤 경험을 고갈시켜 버리자마자 이 고갈이 그를 다른 극단으로 다시 던져 버린다.

---

* 우리를 설득하지 못하는 이 상징적 도취에 대해 나는 말콤 로리(Malcolm Lowry)가 '영사'(consul) 조프리 퍼민(Geoffrey Firmin)의 도취를 묘사함으로써 표현할 수 있었던 그 고독과 궁핍과 모진 괴로움의 운명을 대치시키고자 한다. 『화산 아래서』(*Under the Volcano*)는 현대의 위대한 어두운 작품 중 하나이다. 몇몇 독자들은 이를 알고 있다.

정념의 폭발의 시기에 뒤이어 은거의 시기가 이어지고, 착란에 뒤이어 절도 있는 의지와 사람의 마음을 진정시키는 확신이 오게 된다. 『황야의 이리』를 통해 그는 처음으로 자신의 가장 위험한 성향을 끝까지 밀어붙이는 힘을 갖게 되었던 것 같다. 그가 이 작품에서 얻게 되는 탁월한 기교는 이제 더 이상 흔들리지 않게 된다. 『유리알 유희』는 이 기교의 완성이며 그것은 그가 늘 자기자신으로부터 이탈할 수 있고, 또 작품이 그의 개인적인 고난의 쟁점이 되는 것을 중단하는 어떤 공간을 지시한다.

2. 유희의 유희

『유리알 유희』의 집필은 1931년부터 1942년에 걸쳐 더 나아가 1943년에 걸쳐서 진행되었는데, 이것은 세계가 가장 격동적인 동요를 체험하고 독일이 그 숙명적인 시간을 경험한 시기이다. 헤세가 아무리 은둔을 했다 할지라도 이러한 사태에 고통을 느끼게 된다. 그는 수치심마저 느꼈다고 말한다. 그는 20세기의 심각한 혼란 이후에 일시적으로 평화를 회복한 세계에서 과학과 예술이 다시금 개화하는, 그러한 정신적인 국가를 이러한 사태에 대한 보상으로서 카스탈리엔Kastalien이라는 이름으로 건립하게 된다. 이것은 2400년경의 이야기이다. 이러한 연대 따위에는 거의 의미가 없다. 그는 미래소설을 쓰려고 한 것도 아니고, 유토피아적인 이야기를 쓰려고 한 것도 아니다. 헤세가 추구하는 것은 훨씬 더 섬세하고 훨씬 더 모호하다. 지극히 미묘한 뉘앙스를 갖고 그가 실현하는 것은 시간상의 일정한 시기에 모든 시대를 아우르는 실존이다. **유희**라는 형태로, **유희**라는 정신적인 공간 속에서 모든 세계, 모든 지식, 모든 문화에 소속될 수 있는 가능성이다. 이것은 **문학공동체**(Universitas litterarum)이고 인류의 오래된 꿈이다.

하지만 그것은 헤세의 오래된 꿈이기도 하다.『데미안』으로부터 시작해 거의 모든 책들에는 항시 **동맹**(Bund)이나 비밀단체가 있다. 전능하지만 어떤 실제적인 힘을 갖고 있지 않고, 편재하지만 파악이 불가능한 비교적秘敎的인 공동체가 있으며 중심인물은 이 단체와 연관을 맺어 보려고 헛되이 노력을 한다. 우리는 여기서 괴테의 관념, 니체의 관념, 더 나아가 독일 낭만주의의 향수를 확인할 수 있다. 그러나 이것은 차용된 주제인 것만은 아니다. 여기에는 우선 통일성을 지향하는 헤세의 고뇌에 찬 열망이 표현되어 있다. 또 고독과 단절하지 않고, 공동체에 들어가서 예술과 마술의 여러 수단들을 통해 일반 사람들이 소유할 수 없는 진실을 소유하고 있는 소수 사람들의 모임을 회복시키고 싶어 하는 욕구가 표현되어 있다. 마술은 헤세가 항시 빠질 준비가 되어 있는 유혹이다. 마술은 그에게 근대의 여러 시대에 대한 혐오와 이제 그 자신이 더 이상 고독하지 않을 세계를 발견하려고 하는 욕구를 쉽게 충족시켜 준다.『유리알 유희』의 집필을 시작하기 일 년 전에 그는『동방여행』(*Die Morgenlandfahrt*)을 쓴다. 이 짧은 글은 정신적인 사람들, 득도한 사람들, 깨달음을 얻은 사람들, **동방**을 추구하는 모든 사람들이 만들어 낸 거대한 공동체를 소박하게 의도적으로 소박하게 묘사한 것이다. 그리고 **동방**은 "단지 어떤 한 지역인 것이 아니고 지리적인 어떤 것은 아니다. 동방은 영혼들의 탄생지이고 그 청춘이다. 동방은 도처이자 아무것도 아닌 곳, 모든 시대의 일체화이다."

여기서 우리는 불가사의한 낭만주의 상태에 있다. 이 순례를 계속하는 동안에 H. H.는 호프만이나 노발리스의 등장인물이나 자신의 이전 책들의 등장인물들 그리고 자신의 유년기 환상적 이야기의 모든 등장인물들과 어깨를 나란히 하며 걸어간다. 그 목적은 확실히 노발리스가 **메르헨**(Märchen)에 부여한 것임에 틀림없다. 즉 그것은 전설이라는 상태의 부활이고 회상과 예감에 의한 사라진 시원의 왕국의 부활인 것이다. 이 **동방** 순례자들은 하나의 교단을 형성하고 있는데 어떤 교단에서나 볼 수 있듯이 그 중심을 이루는 것은 어떤 비밀, 어떤 타인에게도 누설되어서는 안 되는 봉인된 글인 것이다. 헤세가 바라는 것은 명백히 환상적 세계와 비유를, 천진난만한 신앙과 수수께끼처럼 보이는 탐구를, 콩트가 갖는 단순함과 인식에의 입문을 일체화하는 것이다. 다시 말해서 그것은 그의 정신과 재능의 두 측면을 화해시켜 보고자 하는 것이다. 그러나 이 여행이 여러 이론과 의혹에 빠지듯이 이 이야기 내에서 소박함은 알레고리와 접촉하면서 미묘하게 변하고 알레고리는 소박해져 버린다. 그렇지만 이 짧은 이야기가 그 주제를 다시 취하게 되는 장편소설을 쓰는 데 도움을 준 것은 의심할 여지가 없다. 헤세는 그 장편소설을 몽상의 안이함으로부터 해방시켰다. 몽상을 직접적인 형태로 표현함으로써 그것을 성숙하게 만드는 참을성과 그것을 보다 높은 수준으로 영입하는 힘을 획득하였던 것이다.

새로운 예술

카스탈리엔은 종교단체이기도 하지만 이제 마술적인 성격을 지니지 않고 수도원적인 성격을 띠고 있다. 카스텔리엔은 괴테를 기념하여 '교육구'라 불리는 어떤 지역이고, 거기서는 세계로부터 고립되고 엄격하고 예식적인 위계에 복종하며 어린 시절부터 선별되어 전문학교에서 배운 상당수의 사람들이 공평무사한 연구와 가르침에 몰두한다. 문법, 문헌학, 음악, 수학, 모든 예술이 여기서 엄격한 자유정신 속에서 실천된다. 그렇다면 이것은 교양 있는 사람들의 단체, 일종의 살아있는 백과전서, 세계가 동요할 경우에도 소멸의 위험에 처하지 않게끔 정신이 보호되는 폐쇄된 공간인 것일까? 어느 정도 그렇다. 그렇지만 만약 카스탈리엔이 항시 험악한 양상을 드러내는 세계로부터 벗어난 곳에서 문화를 영원히 존속시키기 위한 보존지이고, 이것 또한 근면한 인류의 오래된 꿈을 구성하는 데 불과하다면, 이렇게 흥미를 유발시키지 않는 기업에 대해 관심을 갖지 말아야 할 필요가 있다. 그러나 카스탈리엔의 중심에는 아주 희귀한 어떤 것이 존재한다. 카스탈리엔은 이것 주위에 모이고 자기자신을 찬양하며 새로운 예술의 형태하에서 작동한다. 이것이 바로 카스텔리엔의 선물이고 헤세의 선물이기도 하지만, 이것이 보잘것없는 것은 아니다. 왜냐하면 책이나 소설의 범주에서라 할지라도 한 창조자가 무엇인가 현실에는 있을 수 없는 중요한 유희를 꾸며 내 그것을 우리와 가까운 것으로 만들 수 있다는 것은 흔한 일이 아니기 때문이다.

 토마스 만도 『파우스트 박사』를 쓰면서 새로운 예술형식을 상상하려는 야망을 품었다. 그리고 그는 박학하고 정밀하며 매혹적인 환기를 통해 어떤 미지의 대작곡가가 쓴 작품이 주는 풍부하고 확실한 감정을 보여 줄 수 있었다. 프루스트는 『장 상테유』를 썼고, 발자크는 『알려지지 않은 걸작』(*Le Chef-d'œuvre inconnu*)을 썼다. 그러나 헤세는 우리에게 그 이상의 것을 약속한다. 누군가 다른 음악가가 아니라, 우리가 이제까지 음악에 대해 이해해 온 것을 약간 넘어서는 곳으로, 음악을 유도하는 음악의 형식도 아니며 그가 실제로 만들어 낸 새로운 규칙에 따라 표현된, 새로운 언어를 약속한다. 하지만 그는 그 규칙을 완전히 만들어 낸 것이 아니며 바로 이 점에서 그는 우리의 기대와 거의 신앙에 가까운 것을 불러일으키는 유혹자로 행동한다. 이 예술은 이미 우리들 안에 있다. 그리고 거드름을 피우는 어조로 우리에게 그 유래를 이야기하는 연대기 작가도, 이 예술을 예감한 모든 사람들의 이름을 거명하는 데 대해 어떤 불만도 갖지 않는다. 그는 헤라클레이토스나 피타고라스로부터 니콜라우스 쿠자누스(Nicolaus Cusanus), 라이프니츠, 독일 낭만주의의 대작가들에 이르는 사람들을 거명한다. 그 중에서 특히 그들과 가장 가까운 중국의 저술가들에 대해서도 언급한다.

그것은 역사의 흐름 전반을 통해 계속되어 온 하나의 관념과 같은 것이다. 그것은 어떤 때는 시대에 따라 다르지만 아무튼 어떤 과학이나 예술을 중심으로 해서 결집된 보편적 언어와 관련된 단순한 몽상이고, 이 언어를 통해 사람들은 여러 가치나 형태를 확실히 감지할 수 있는 기호로 표현하려고 한다. 또 어떤 때는——그리고 이것은 이미 보다 높은 단계인 것인데——그것은 정신이 그 안에서 작동하는 어떤 거대한 유희이고, 이 유희는 여러 지식, 문화, 작품을 어떤 공통의 척도에 따르게 함으로써 그것들의 총체를 지배하고, 그것들을 어떤 조화로 가득 찬 공간으로 변환시키려고 한다. 이 공간 속에서 머지않아 새로운 관계들이 생겨나게 될 것이고, 또 동시에 은밀한 리듬이나 궁극적인 법칙 혹은 단순히 무한한 교환 가능성이 하나의 노래로서 확립된다.

이 단계에서 이 **유희**는 피타고라스적인 몽상으로부터 직접 결과가 도출되는 것이지만 마찬가지로 직접적인 방식으로 노발리스의 사색과도 통한다. 노발리스는 18세기 말의 저 엄청난 도취 속에서 시는 과학이며 과학의 완결된 형태는 시이어야 한다고 단언하였다. 이 동일한 단계에서 우리는 유희자들이 세심한 연구를 통해 작품들을 해명하고 체계를 분석하며 그것들로부터 플라톤의 대화편, 어떤 물리적 법칙, 바흐의 성가가 공명할 수 있게 해주는 척도들을 추출하는 것을 볼 수 있다. 하지만 이 경우 우리는 이 유희가 순수한 지식인들이 지나치게 그들의 연구를 할 때 빠지는 극단적인 상태를 우리로 하여금 반성하게 만들기 위한 명인들의 예술적인 곡예를 의미하는 것이 아닌가라고 생각하게 된다.

그러나 이 **유희** 위에 고도의 또 하나의 **유희**가 있다. 혹은 더 정확히 말해서 이러한 학식을 축적하는 일, 종합 연구, 지식과 작품의 한없는 다양성을 어떤 공통의 공간 내에서 통일시키려고 하는 격렬한 노력은 이 고도의 유희의 일면을 구성하는 데 불과하다. 성찰도 또한 하나의 규율과 하나의 기술로서 이해되고 있고, 이 유희의 다른 면을 형성하고 있다. 이때 유희는 **유희의 유희**가 된다. 음악과 수학과 성찰이 서로 협력한 영감으로 가득 찬 결합을 통해 참가자들의 정신과 심정 속에 매번 무한한 것의 예감을 일깨우게 하는 통일성의 경험을 만들어내는 힘을 가진 보편적인 관계들의 예술이 전개될 수 있는 거대한 문화적 축제 혹은 집단적인 의식儀式이 된다. 이 **유희**는 여러 가치와 형식의 생생한 조화의 목록이기를 중단한다. 이제 그것은 여러 정식의 확실한 공명 속에 몸을 던진 유희자들에게는 정신을 향유하기 위한 특별히 섬세하고 미묘한 방법도 아니다. 그것은 엄격한 예배이며 종교적 축제이고, 그러한 축제가 행해지는 동안에 신성한 언어이고 숭고한 연금술이며, 또 아마도 그것으로 어떤 새로운 인간의 육성인 듯한 본질적인 비전에 접근할 수가 있다.

물론 헤세는 이러한 유희의 관념을 명확히 논리적인 방법으로 표현할 수 없다는 것을 잘 알고 있었다. 그는 우리를 마술로 끌어들이려고도 하지 않고, 교조주의적인 설명으로 이미지를 고정시키려고도 하지 않는다. 명확한 것과 불명확한 것을 교묘하게 결합시키고, 관점을 다양하게 변화시켜 이 다양한 지표들에 입각해 동일한 사유의 주변에서 여러 원을 묘사함으로써, 그는 실현할 수 없는 것을 본질적 특성으로 만드는 예술을 실현 가능한 것으로 우리가 생각하게 만드는 데 성공하였다.

카스탈리엔을 넘어서서

교육적인 유희자들의 마을인 카스탈리엔, 그 다양한 연구시설이나 독방, 이것들은 마울브론의 추억에서 비롯되는 생생하고 설득력 있는 묘사방식으로 묘사되고 우리의 목전에 어떤 폐쇄적인 지적 공동체의 이미지를 떠올리게 하고 있지만, 이것들만을 그 중심으로 하고 있는 것만은 아니다. 헤세는 최초에는 그의 작품에서 여러 주제들이 전개되어 가는 와중에 여러 역능과 형식의 영원한 운동 작용을 표현하려고 하는 인간이 출현하지 않는 오페라라고 말해야 하는 것을 꿈꾸었지만, 결국 거기서 **유희의 명인** 가운데 한 사람으로 요제프 크네히트 — 요제프 발레트──라 불리는 예외적 인물의 생애를 이야기하기로 결정했다. 이는 이 인물을 빌헬름 마이스터와 대립시킨다기보다는 **동방순례단의 단장**인 수사 레오를 발전시키기 위한 것이었다. 그리고 특히 그것들이 영적인 본질에 속하는 것이라 할지라도 아무튼 모든 **지도자**^{Führer}를 인정하지 않는 자신의 태도를 보여 주기 위한 것이었다. 이 전기는 카스탈리엔이라는 공간을 그 특기해야 할 대표적 인물들 가운데 한 사람의 말을 통해 설명하고 생기를 불어넣는다는 설명상의 의미만을 가질 수 있었을지도 모른다. 아마도 요제프 크네히트는 최초에는 저 도도한 카스탈리엔 사람, 자신의 차이성에 폐쇄되어 들어박혀 버린 정신의 지주에 불과했을 수 있다. 당시에 쓴 어떤 시 속에서 헤세는 이 **유희**를 자기자신을 위해 행한 활동으로 묘사하고 있다.* 이것은 그를 위로하고 마음을 진정시키지만 이 활동의 비밀을 그는 요제프 크네히트로부터 배우게 된다. "그리고 지금 내 마음속에서 수년 전부터 내가 몰두해 온 유리알 유희라 불리는 사유의 유희가 시작된다. 그것은 음악을 그 근간으로 삼고 성찰을 그 원리로 삼는 아름다운 창안이다. 요제프 크네히트는 그것의 달인이고, 이 아름다운 상상과 관련한 나의 지식은 요제프 크네히트에게 빚지고 있다."

이렇게 요제프 크네히트는 매우 가까운 그의 동반자가 되었다. 이 인물은 헤세에게 실현 불가능한 예술의 본질을 실존의 면 위로 이동시

---

* 소설을 준비하고 있을 때 그는 종종 주어진 주제를 시로 써 본다. 헤세가 그의 책들 중 몇몇에 수많은 수채화로 삽화를 그려 넣고 있다는 것에 특히 주의할 필요가 있다. 그의 생애 중 몇몇 시기에 그는 수백 점의 그림을 그린 것이다. 조형예술, 장인의 예술, 그에게 이것은 음악과는 반대로 유익한 규율이며 냉정을 되찾기 위한 하나의 방법이다. 파울 클레(Paul Klee)는 『동방여행』의 등장인물 중 한 명이다.

키는 데 도움이 되었을 뿐만 아니라 예전에 계획되었던 이상한 경험의 의미나 아마도 그 위험을 탐색하는 데 도움이 되었다. 그 결과는 거의 경이적인 것이었다. 지고한 예술과 신성한 언어의 모범적인 유희자인 크네히트를 카스탈리엔과 일체화하려는 이 동일한 움직임이 그를 이끌고 마침내 카스탈리엔을 버리면서, 이제 절대적인 것의 이미지로 보이는 것에 만족하지 않는 상태로 이끌어 간다. 사실 이러한 절차는 양의적인 방식으로 이루어진다. 우리가 여기서 볼 수 있는 것은 한편으로 세계로부터 독립된 정신이 만들어 내는 거만한 지방地方에 대한 합리적인 비판과 같은 것이다. 이미 이전에 노발리스가 시인들에 대해 '우리는 어떤 소명을 부여받았고, 우리는 지상을 형성시키는 일에 부름받은 것이다'라고 말하였듯이 정신의 근본적인 역할, 교육적인 역할, 지상의 교화라는 역할이 있어야 하지만, 이 정신은 역사를 알지 못하고 자신이 사는 시대를 모멸하고 있다. 헤세는 이것을 통해 자기 자신의 고립에 대해 비장하게 비난을 가하고 또 세계를 향한 결정적인 일보를 내디딤으로써, 이제 통일성을 신과 자기라는 정신의 두 축 사이에 있는 은밀한 관계가 아니라 무엇보다도 먼저 인간들의 살아 있는 공동체를 거쳐 나타나는 어떤 단언으로 만들어 버린다. 이것이 그의 고독한 경험의 궁극적인 말이고, 그것은 옳으며 또 공감할 수 있는 것이다. 하지만 여기로부터 그의 책이나 거기에서 나타나는 허구와 관련해 어떤 당혹감이 생겨난다. 왜냐하면 우리는 **유희**의 시대가 환기시키는 시간을 넘어선 시간을 우리가 기꺼이 인정하면 할수록, 카스탈리엔의 집의 창을 통해 응시하는 세계가 우리가 그 안에 들어가도록 권유받고 있는, 역사적으로 일시와 장소를 부여받은 이 미래의 시간이기보다는, 오히려 18세기의 독일에 유사하다는 것을 보면서 놀라게 된다. 헤세는 여기서 자신이 이 책의 관견으로 만들어 버린 움직임과 관련해 다소 경솔하게 위반하고 있는 것은 아닐까? 그는 공통 세계의 현실에 그 권리를 되돌려 주기를 갈망하지만 자신의 이야기에서 이 세계는 그림의 배경부분에 지나지 않으며 거기서는 명확히 장차 어떤 일도 결코 일어나지 않을 것이다. 그가 세계로 회귀한 것은 그 자신이 이루지 못하였고 그래서 알레고리적 의미만을 갖는 어떤 경건한 기원祈願은 아닐까라는 의심이 들게 한다.

다행히 우리에게는 또 하나의 의문이 생겨난다. 크네히트의 최후는 간단하지만 기묘하다. **유희의 최고 명인**인 그는 그 역할을 버리고 일상생활로 돌아가 거기서 학교 교사의 일에 매진하기로 결심한다. 그는 재능은 있지만 사람의 손에 맡겨진 적이 없는 학생의 선생이 되는데 이 학생은 감동할 만한 어린 시절의 헤세와 꼭 빼닮았다. 그가 카스탈리엔의 관념적인 문턱을 넘어서서 그의 제자를 만나자마자 그는 아침 수영 도중에 고산 호수의 얼음물 속에서 자취를 감추고 만다. 이러한 최후는 자연적인 원인들만을 보여 준다. 그러나 전기작가가 우리에게 집요하게 환기시키는 것은 이 최후가 전기적인 성질의 것이고, 크네히트는 카스텔리엔을 떠난 이래로 이제 역사적인 진실만으로는 충분하지 않은 **영역**에 들어갔다는 점이다. 그러므로 우리는 크네히트의 사직, 자신의 의지를 넘어서는 상위의 의지의 실현과 같이 그를 과거로부터 해방시키는 행복으로 충만한 결단, 모든 것을 영광스럽게 하는 신비와 같은 저 최후의 차가운 좌절이라는 그의 최후의 여러 거동을 이해할 수 있게 된다. 사실 이 최후의 장면이 갖는 의미는 저절로 명확해진다.

토마스 만은 이 장면에 경탄하고 거기서 이상하게도 대단히 에로틱한 의미를 발견한다. 떠오르는 태양 앞에선 크네히트의 상식을 벗어난 흥분상태에 몰두하고, 마치 열광한 춤과 같은 그런 상태 속에서 자신을 망각한다. 계속해서 그는 그러한 자신에 놀라며 최후에는 이 수치심까지 느끼게 되는데, 그것은 마치 이 이방인 스승에게 자신의 비밀을 털어놓고 있는 듯했다. 평온한 표정을 지으려 하면서 그는 선생에게 호수에 들어가 아직 태양의 빛이 미치지 않는 맞은편 기슭까지 헤엄쳐 가자고 제안한다. 요제프 크네히트는 주변의 고도 때문에 피곤하고 기분이 좋지 않았지만, 자신이 운동을 잘하지 못한다는 것을 제자에게 보여 줌으로써 그를 실망시키고 싶지 않았다. 그는 살을 에는 듯한 차가운 물에 뛰어들었으나 물은 곧 그를 삼켜 버린다. 소년은 자신이 이 죽음에 책임이 있다고 은밀하게 생각하게 된다. 소년이 미래의 시간의 부름에 응하기 위해 새로운 존재가 되어야 했는데, 이 죽음은 그의 내면에 이 새로운 존재를 자각하게 해주며 그 어떤 교훈보다도 더 유용하게 되었다.

이 결말에는 헤세의 예술과 그가 알레고리적 투명성으로 마음을 열게 될 때의 솔직함과 관련한 모범적인 한 예가 있다. 여기서 각각의 세부사항은 그 자체로서 존재하기도 하지만 그가 명확하게 표현하는 하나의 관념적인 의미로서도 존재한다. 크네히트가 세계로 복귀한 것은 등산을 통해 상징되고 있는데, 이것은 그가 자기자신의 개인적인 실존을 넘어가야 하는 최후의 초월의 걸음인 것이다. 떠오르는 태양은 말하자면 절대적인 것의 현현과 같다. 카스텔리엔은 이 절대적인 것에 대한 일시적인 찬미에 불과한 것이고 절대적인 것은 어떤 형태로도, 이른바 그것이 지극히 순수한 형식이라 해도 지속될 수 없다. 크네히트는 무명의 데미안으로 변하여 전설 속에서 그의 생을 끝마치는데, 이것은 그 자신이 절대적인 것에 바치는 희생이며, 그는 인간적인 지평을 확대시키기 위해 자신을 소거시킨다(헤세는 이 이야기에 주인공이 쓰게 되는 세 개의 가공의 전기를 첨가함으로써 비인칭적인 인격이라 해야 할 주인공의 수수께끼 같은 본성을 시적으로 표현하려 했는데 아마도 이 시도는 성공적이었던 것 같다. 이것들은 학교 시절의 작문이었다고 한다. 카스탈리엔의 인간 각자는 그 학교를 졸업할 무렵에 누구나가 어떤 시대와 문화를 선택하며 거기서 살았던 상태의 자신의 모습을 상상한다. 그러므로 헤세는 자기 고유의 경험의 방법을 이차적으로 적용한다. 이것은 또 그 책을 일종의 유리알 유희로 만들고 변화하는 여러 환경의 반짝임과 어떤 조화도 없는 여러 다양한 문화의 다양성을 통해서 어떤 인격의 통일성을 보여 주는 방법이기도 하다. 요컨대 그는 이제 더 이상 심리학적이지 않은 분석 수단을 통해 직선적인 이야기의 운동으로는 표현할 수 없는 여러 가능성들의 충만함을 암시하려고 시도한 것이다).

다른 많은 특질들도 정신에게 말하는 역할을 부여받는다. 호수마저도 은밀한 힘이 갖는 매력을, 이 세계로 되돌아온 인간이 보다 고도의 정념으로 인해 떨어지게 되는 모태적인 심층부의 환기를 암시하고 있다. 이러한 종류의 죽음은 헤세에게 강박관념적인 힘을 행사하였고, 그는 몇몇 이야기 속에서 종종 이 힘에 굴하게 된다. 이 이야기 속에서 익사한 사람이 네다섯 명에 이르고 있다. 여기서 알레고리적 의미는 마술적인 선동으로 대체된다. 이『유리알 유희』의 주인공은 그 작가보다도 오히려 작품을 표현하고 있는데, 여기서 헤세는 그 허구와 자신의 실생활 사이에 여러 관계망을 부단히 만들어 내고 있다. 그래서 그는 카스탈리엔의 경계지대에 살고 중국식으로 신탁을 묻는 거의 강박적인 은둔자로서 자기자신을 아이러니하게 묘사하고 있다. 크네히트가 공부한 학교의 이름은 '헬라스'이다. 이것은 과거에 마울브론에서 한 학생이 불행한 삶을 영위한 그 학원[이 학원의 기숙사에는 헤라스 방이라는 방이 있었다. 『수레바퀴 밑에서』 참조]을 떠오르게 한다. 유리알 유희의 최초의 창안자는 '바스티앙 페롯 드 칼로브'이다. 나골드의 페롯 드 칼로브는 어린 시절 헤세가 정규교육을 단념하고 헛되이 여러 시험을 하고 있었을 때 그를 자신의 기계공장의 견습공으로 받았던 인물이다. 크네히트에게 역사를 처음으로 가르쳐준 '야코부스 신부'는 야코브 부르크하르트(Jacob Burckhardt)이다. 유희의 명인 중 한 사람인 '토마스 폰 데어 트라베'는 토마스 만이다. 이들의 이름들은 『유리알 유희』가 다른 어떤 유희, 모델소설, 심지어는 동시대의 비판소설이 될 수 있다는 것을 의미하는 것일까? 거기서 헤세는 예를 들면 토마스 만의 우정과 경애에 가득 찬 충실한 초상을 만들어 냄으로써 그의 지적인 입장, 즉 지나치게 순수한 문학자라는 입장을 비판하고 있는 것일까? 이렇게 생각한다면 잘못 생각하는 것이다. 이들의 이름, 암시, 세부사항은 사정을 잘 알지 못하는 독자들에게만 비밀스러운 것이지만 그것들은 마술적인 힘을 지닌 비망록과 같은 역할을 하고 있다. 거기서 과거가 작가에게 신호를 하고, 현실에는 존재하지 않는 사물이나 시간이 만들어 내는 다소 차가운 공간 속으로 친밀하게 스며 들어온다. 아마도 헤세는 이 최후의 작품에서 자기 전 생애가 걸려 있는 모호한 사건을 다시 한번 파악해 보려는 시도를 더 중대한 방식으로 행하였던 것 같다. 크네히트는 카스탈리엔이라는 폐쇄된 공동체를 떠나는데, 이것은 마치 어린 헤세가 어느 날 마울브론의 신학교를 도망치는 것과 마찬가지이다. 자신의 소명을 굳건히 하는 성숙한 인물도, 자신의 감수성으로 인해 고통을 받는 청년도, 모두가 자기자신으로부터 해방되어 위험한 방식으로 자기자신의 운명을 완결한다. 결국 작가는 그의 경험의 극단 지점에서 마지막으로 자기자신의 소년기로 되돌아간다. 그가 선택한 상속인, 그가 자기자신을 맡기는 계승자는 다루기 어렵고 기대에 부합하지 않는 어린 소년이었던 예전의 자신이다. 이 소년에게 그는 단호히 미래의 열쇠를 건네준다.

늙어 버린 정신

그러므로 이 책은 여러 방식으로 연장되고 다양한 방식으로 독서될 수 있다. 그러나 **유희**의 이미지는 모든 것들이 그 주변을 맴도는 중심으로 남아 있다. 그것은 알려지지 않은 시대의 지고한 꿈으로 한편으로 우리들 속에서 어떤 추억을 환기시킨다. 조금 뒤늦은 시기에 앙드레 말로가 상상적 **미술관**이라는 경험에 하나의 이름을 부여하면서 조금 뒤늦은 유명해진 문제, 그러한 문제에 대한 새로운 답변이 여기에는 있다. **유희는 여러 미술관을 모은 미술관이다.** 유희가 행해지는 매 순간 이 유희 속에서 모든 작품, 모든 예술, 모든 지식이 한없는 다양성, 변화하는 여러 관계, 일시적인 통일성을 유지하면서 서로 활기를 띠고 깨어난다. 그것은 분명히 지고한 완결이다. 그렇다면 우리는 역사의 대단원에 있는 것일까? 미네르바와 헤겔의 새가 야간비행을 시작하면서 낮을 밤으로 만들고, 활동적이고 창조적이며 성찰하지 않는 낮을 밤의 고요하고 침묵하는 투명성으로 변화시키는 이 황혼의 순간에 이른 것일까? 낮이 입을 열어 이야기하기 위해서는 그것이 끝날 필요가 있다. 그러나 자기자신의 이야기가 되어 버린 낮은 엄밀히 말해 밤인 것이다. 이러한 관점은 헤세의 책에 고유한 것일까? 여기에 대해 연대기 작가는 다음과 같은 지적을 한다. 즉 유희라는 이 새로운 예술은 예술작품의 창조를 모두 단념하는 이 영웅적이고 금욕적인 결의를 통해 탄생할 수 있었다. 이제 더 이상 시를 쓴다든가 새로운 '곡들'로 음악을 풍요롭게 할 시기가 아니다. 창조적 정신은 자기자신으로 역류해야 한다. 이후에 모든 작품들의 무한한 현전만이 유일한 작품이 될 것이다. 예술은 지식·음악·명상과 같은 예술 전체를 노래하는 의식이다. 더욱이 이 모든 것에 숨겨진 모든 것의 의식이다. 이 반쯤은 미학적이고 반쯤은 종교적인 집전 속에서 어떤 지고한 기분 전환을 하며 모든 것이 공연되고 모든 것이 문제가 된다.

유희는 문화의 성취이다. 어떤 절대적인 요청이 여기서 성취된다. 그것은 우리의 운명일 수 있고 헤세는 분명히 이 운명을 사랑했던 것이다. 하지만 그는 그것에 공포를 느끼기도 했다. 『유리알 유희』라는 이 유치한 이름하[*]에서 헤세가 늘 꿈꾸었던 진정한 공동체가 실현되는

---

[*] 헤세는 이 이름을 통해 아마도, 가장 고도의 교양과 유아적 자각의 관계에 대해 우리가 생각해 보기를 원했던 것 같다. 그러나 그의 마지막 책인 『마법』(Beschwörungen)에서 그는, 어릴 적 작가나 예술가가 그들의 작품 목록과 함께 묘사된 카드를 갖고 놀았었다고 이야기하고 있다. 그리고 다음과 같이 덧붙인다. "이 색칠된 그림 카드들의 판테온(Pantheon)이야말로 모든 시대와 모든 문화를 포괄하는 **문학적이고 예술적인 공동체**(Universitas litterarum et atrium)을 '카스탈리엔'이라든지 '유리알 유희'라는 이름으로 나타내고 싶다는 생각에 최초의 자극을 부여해 주었던 것 같다."

데, 이 작품은 뒤늦게 꽃을 피우게 된다. 쇠퇴는 가장 높은 것과 더불어 시작된다. 카스탈리엔의 정신은 늙어 버린 정신이다. 카스탈리엔의 정신이 새로운 작품의 창조를 삼간다면, 그것은 이 정신이 정복자이기를 중단했기 때문이다. 절대적인 것은 어떤 고도의 영적 형태의 피로에 지친 고립에 불과하다. 이 형태는 생생한 현실과는 무관하며 또 이 현실을 모르면서도 자신이 전체라고 생각한다. 하지만 그것은 무지의 공허한 총체에 불과할 뿐이다.

이제 우리는 지극히 낮은 곳으로 떨어져 있다. **유희**는 이제 불모의 몽상이 되고 가식적인 위안이 되며, 기껏해야 쇠퇴의 우울한 음악이 될 뿐이다. 이 두 해석 가운데서 어떤 쪽을 선택해야 할지 몰라 주저한다. 그의 책은 이 불확실함으로부터 어떤 수수께끼가 갖는 모호한 빛을 받아들이고, 이 분열이 때로는 그것을 풍요롭게 하고 때로는 약화시킨다. 이제, 보다 중대한 하나의 망설임이 있기 때문이다. 이 **유희**란 무엇일까? 그것은 생생한 통일성 속에 모든 작품과 모든 시대의 창조물을 함께 모으는 데 있는 지고한 창조인 것이다. 그런데 여기서 중요한 것, 일차적인 것은 무엇일까? 통일성인가, 전체인가? 그것은 신이라는 통일성인가? 아니면 완결된 인간의 환인인 전체인가? 어떤 독일의 주석가들은 성급하게 헤세의 이 책에서 헤겔적인 작품을 보려고 했다. 그러나 이것은 전혀 적절한 해석이 아니다. 유희는 아마도 모든 것에 대한 박학하고 찬미하는 의식인 것 같지만, 바로 그렇기 때문에 유희는 쇠퇴와 쇠약의 위협을 받는 것이다. 반대로 그것이 그것이 통일성으로 향하는 한 단계이고 통일성의 일시적인 실현인 한에서, 저자에 의하면 그것은 여러 중대한 약속을 내포하고 있다. 왜냐하면 그것은

"완전한 것의 탐구의 선택된 상징적 한 형태를, 숭고한 연금술을 여러 이미지와 다양성을 넘어서는 일자 자체인 정신에의 접근을, 신에의 접근"을 의미하고 있기 때문이다."

아무튼 **유희**는 초극되어야 한다. 크네히트의 죽음은 초극이 이루어지는 종교적인 순간이다. 그런데 유희가 넘어서야만 하는 것은 그것이 역사와 그 진보를 무시하고 있기 때문에, 그렇지 않으면 그것이 중심으로 가는 올바른 길이고, 또 중심에 도달하면 중단되는 길이기 때문이며 우리 안에 존재하는 신과의 일체가 된 비전이기 때문은 아닐까? 헤세의 책은 이 모든 것을 이야기하고 있지만, 그것은 아마도 동시에 너무 지나치게 말하는 것일 것이다. 즉 그것은 책이 말할 수 있는 것 이상의 것이다. 그리고 마찬가지로 소설의 수미일관성과 관련하여 작품 전체를 지탱하는 거대한 이미지가 작품의 한가운데에 놓여 있을 경우, 그 이미지를 어떤 인공적인 형상으로 격하시키는 듯한 형태를 취하는 것은 아닌가라고 생각해 볼 필요가 있다. 그 경우 그 형상은 사람들이 가하려는 비판에 대비하기 위해 일부러 구성된 형상을 보여 준다. 어떤 작품에서 이 작품에 대한 부인否認은 아마도 작품이 갖는 본질적인 부분이지만, 이 부인은 늘 작품의 중심을 이루는 이미지, 결말이 다가오며 작품이 모습을 감추는 시점에서 비로소 나타나기 시작하는 이미지의 의미 내에서 그 심화를 통해 행해져야 한다.

8장
일기와 이야기

일기에는 사유, 몽상, 허구, 자기해설, 중요한 사건, 중요하지 않은 사건 등 모든 것이 생각나는 순서와 난잡하게 적절히 그 장을 점유하고 있기 때문에, 그것은 여러 형식으로부터 완전히 해방되고 생^{生}의 여러 운동에 순종적으로 따르며, 모든 자유를 부여할 수 있는 것처럼 보인다. 하지만 일기는 '달력을 존중해야 한다'는 얼핏 보기에는 아무것도 아니지만 실제로는 무서운 조항에 따르고 있다. 이것이 바로 일기가 서명하는 계약인 것이다. 달력은 일기의 악마이다. 그는 일기에 무엇인가를 불어넣고 구성하며 선동하고 수호하는 자이다. 자신의 일기를 쓴다는 것은 일시적으로 일상적인 나날들의 보호를 받는 것, 즉 글쓰기를 일상적인 나날들의 보호하에 두는 것이다. 그리고 세상사람들이 그것을 침범하지 않기로 약속한 저 행복한 규칙성에 글쓰기를 종속시킴으로써 글쓰기로부터 자신을 보호하는 것이기도 하다. 이때 쓰이는 것은 싫든 좋든 간에 일상생활 속에, 일상생활이 국한시키는 관점 속에 그 뿌리를 두게 된다. 가장 아득하고 모호하며 가장 순리를 벗어난 사유가 일상생활의 원환 속에 유지되고, 또 일상생활의 진실에 상처를 입혀서는 안 된다. 그렇기 때문에 일기에서 진솔성은 도달해야 하지만 넘어서서는 안 되는 요청을 나타낸다. 어떤 사람도 일기를 쓰는 사람보다 진솔한 자는 없을 것이다. 일기를 쓰는 사람은 그것을 쓰는 배려를 그의 하루하루의 생활로 제한하고 있으며, 진솔함은 이 생활 위에 어떤 어둠도 드리우지 않게 할 수 있는 투명성에 다름 아닌 것이다. 진솔함이라는 용기 또한 요구하는 이 중대한 미덕을 위반하지 않기 위해서는 표면적인 될 필요가 있다. 심층은 여러 유쾌한 성질을 지니고 있다. 적어도 심층은 어떤 진실을 통해 우리를 우리 자신 및 타자와 결부시키는 맹세로 만족할 수 없다는 결의를 요구한다.

자기화(磁氣化)된 장소
이야기가 일기와 구분되는 것은 그것이 이상한 사건들을 이야기하기 때문이 아니다. 기상천외한 것도 역시 일상적인 것의 일부이다. 그것은 이야기가 명증될 수 없는 것, 증명이나 보고의 대상이 될 수 없는 것과 싸움을 벌이고 있기 때문이다. 이야기는 자기화(磁氣化)된 장소이고 이 장소는 현실의 형상을 그것이 자기자신의 환영에 답하기 위해 몸을 두어야 하는 지점까지 끌어당긴다. 『나자』(Nadja)는 이야기이다. 『나자』는 "나는 누구인가?"라는 물음의 말로 시작된다. 여기에 대한 답변은 우리가 알고 있는 어떤 거리에서 어떤 날에 만났음 직한 생생한 어떤 형상이다. 이 형상은 상징도 아니고 창백한 몽상도 아니다. 이것은 젊은 융거(Ernst Jünger)에게 이따금씩 나타나는 도로테와 닮지도 않았고, 헤세가 학교의 벤치에서 동무로 삼았던 데미안과 닮지도 않았다. 나자는 이야기의 경이로움 속에서 드러나는 그대로의 인물이었다. 우연하게 태어나 우연히 마주치게 된 우연한 삶이다. 그녀의 뒤를 따르는 자로 하여금 우연한 삶이 갖는 가장 위험하고──가장 불결한──우여곡절 속으로까지 들어가게 할 정도로 이 우연에 충실한 여성이었다. 그러나 일기라는 형식, 일기라는 이 보고는 위치·날짜·시간을 부여받고 일상적인 행위라는 망 속에 사로잡힌 듯한 사건에 도대체 왜 적합하지 않은 것일까? 그것은 이 우연만큼이나, 앙드레 브르통으로 하여금 젊은 여인의 모습을 갖게 한 그 우연만큼이나, 우리가 공동 세계의 확실성에 싸인 채로 머무르고 있는 현실성과 무관한 것도 없기 때문이다. 또 일찍이 실제로 일어났지만 그것이 일어났다는 사실로 인해 사건들의 피륙을 파열시키는 것을 추구하기 위해서는 반드시 필요한, 길도 없고 한계도 없는 불안한 도정만큼 일상적인 증명과 다른 것은 없기 때문이다. 어떤 이미지를 '진정으로' 만나는 자나 우연과 만나는 자의 생 속에 그 이미지와 우연은 눈에 띄지 않는 빈틈을 열고, 이 빈틈 속에서 그 인간은 어떤 다른 태양의 빛의 현혹을 받아 다른 언어의 규준과 조화로운 상태에 있기 위해 고요한 빛과 일상언어를 단념해야만 한다.

    사람들은 보고할 수 없는 것을 이야기한다. 너무나 현실적이어서 우리들의 현실이기도 한 이 절도 있는 현실의 조건들을 파괴하고 마는 것을 이야기한다. 『아돌프』(*Adolphe*)는 벵자맹 콩스탕(Benjamin Constant)의 정화된 이야기가 아니다. 그것은 그로부터 그의 환영을 떼어 내어──이것을 그는 알지 못한다──그것을 자기 감정의 배후로, 자기 감정이 지시하는 타는 듯한 공간으로 유도하기 위한 일종의 자석과 같은 것이다. 그렇지만 일상생활과 해야 할 일들의 흐름과 마찬가지로 그 감정들을 '체험한다'(vivre)는 사실 그 자체가 그에게 늘 이 공간을 끝없이 은폐시켜 온 것이다. 일기 내에서 스탈 부인(Madame de Staël)은 이야기 속에서와 마찬가지로 열렬하며 벵자맹 콩스탕도 이야기 속에서와 마찬가지로 파열되어 있다. 그렇지만 『아돌프』에서 여러 감정은 그것들의 무게중심으로 향하고 있다. 그 중심에 바로 감정의 진정한 위치가 있는 것이고, 감정은 시간의 운동을 추방하고 세계를 분산시키며, 세계와 더불어 그것들을 체험할 수 있는 능력을 일소시켜 버림으로써 이 위치 전체를 점유한다. 즉 감정들은 자신들을 지탱시킬 수 있게 해주는 어떤 평형상태 속에서 서로서로를 가볍게 해주기는커녕 일체가 되어 이야기의 공간을 향하여 추락한다. 이 공간은 정념과 밤의 공간이고, 거기서 정념은 도달되지도 초극되지도, 노출되지도 망각되지도 않는다.

일기의 함정

일기의 중요성은 그 무의미에 있다. 바로 거기에 일기가 갖는 경향과 법칙이 있다. 매일매일 그 하루하루의 보증하에서 스스로에게 이 하루하루를 환기시키기 위해 글을 쓰는 것은 침묵을 벗어나고, 입말 속에 있는 극단적인 것을 벗어나기 위한 편리한 방법이다. 매일매일은 우리에게 무엇인가를 말한다. 기록된 매일매일은 모두가 보존된 매일매일이다. 이것은 유리한 이중작용이다. 그래서 사람은 두 번 산다. 그래서 사람은 망각으로부터도, 말해야 할 그 무엇도 없다는 절망으로부터도 자신을 보호할 수 있다. "우리의 보물들을 핀으로 고정시키자"라고 바레스Barrès는 무서운 어조로 말했다. "나에게 애초에 일기는 글을 쓰는 행위에 직면한 경우에 완전한 절망으로부터 벗어나기 위한 최고의 방책이었다"라고 샤를 뒤 보스(Charles du Bos)는 그의 특유의 단순성을 갖고 말하고 있고, 또 "나의 경우에 이상한 것은 내 일기가 삶의 퇴적물들을 기록하지 못할 경우 산다는 느낌을 참으로 느낄 수 없다는 사실이다"라고 말하기도 한다.* 그러나 버지니아 울프만큼이나 순수한 작가, 즉 오직 투명성과 빛나는 후광, 사물의 가벼운 윤곽만을 유념하는 작품을 창조해 내기를 열망하는 여류 예술가가 자기가 심정을 토로하고 자신을 달래는 수다스러운 일기 속에서 자기자신 곁으로 되돌아가는 것을 말하자면 의무로 느꼈다는 것, 이것은 완전히 의미심장하며 또 불안을 느끼게 한다. 여기서 일기는 글쓰기의 위험을 막기 위한 보호막과 같은 것으로 나타난다. 저쪽의 『파도』에서는 사람이 사라져 버려야 하는 하나의 작품이 갖는 위험이 포효하고 있다. 저기 작품의 공간에서는 모든 것이 소실되고 아마 작품마저도 소실되는 것 같다. 일기는 일상생활의 바닥을 긁어 사소한 일이라는 까칠까칠한 면에 달라붙는 닻과 같은 것이다. 마찬가지 사정으로 인해 반 고흐도 서신과 서신의 수신인이 되는 한 동생을 갖고 있었다.

일기에는 이중적인 무가치(nullité) 상호 간의 행복한 보상과 같은 것이 존재한다. 자신의 생을 갖고 아무 일도 하지 않는 자는 그가 아무 일도 하지 않는다고 글을 쓰게 되고, 이렇게 함으로써 결국 무엇인가를 하게 된다. 하루의 여러 범상한 일들을 통해 글을 쓰는 것으로부터

---

* 이 인용들 가운데 몇몇은 미셸 를루의 『내면일기』(Michèle Leleu, *Les Journaux intimes*, PUF, 1956)로부터 빌려 온 것이다.

비껴 나가게 되는 인간이 이것들의 사사로움을 이야기하고 고발하며 혹은 그것에 만족하기 위해 그것들 쪽으로 되돌아간다. 그리고 이렇게 하루가 채워지게 된다. 이것은 "영도가 자기자신에 대해 행하는 성찰"이며 이것에 대해서는 아미엘이 과감하게 말하였다.

일기를 씀으로써 과연 쓰고 있다는 착각을 갖게 되고 때로는 살고 있다는 착각을 갖게 된다. 또 그것을 통해 고독으로부터 자신을 보호하기 위한 작은 방책(모리스 드 게렝Maurice de Guérin은 그의 『수첩』에 이러한 식으로 말을 시작한다. "나의 부드러운 친구여, …… 이제 나는 너의 것이다. 모든 것이 너의 것이다." 그리고 아미엘은 이런 것을 쓰고 있는데 도대체 왜 결혼을 하는 것일까? "일기는 절친한 친구를 대신하게 된다. 즉 친구와 아내를 대신하게 된다.")이 보증된다. 또 일기는 아름다운 순간들을 영원화하고, 그뿐만 아니라 생 전체를 단단히 포옹해 자신에게 접합시킬 수 있는 견고한 덩어리로 만들려는 열망이나, 또 더 나아가 생의 무의미함과 작품의 비실재성을 하나로 연결한다. 그럼으로써 공허한 생을 예술의 경이로까지 고양시키고, 또 무정형의 예술을 생의 유일한 진실로까지 고양시키는 희망이 생겨나는 데 이 여러 동기들의 뒤얽힘이 일기를 구원의 시도로 만든다. 즉 사람들은 글쓰기를 구하기 위해 글을 쓰며, 글을 씀으로써 자기자신의 생을 구원하기 위해 글을 쓴다. 또 자기자신의 작은 자아를 구하기 위해(인간은 타인에 대해 여러 복수를 하며 여러 악의를 집약시킨다), 혹은 자기자신의 큰 자아에 숨 쉴 수 있는 공기를 불어넣음으로써 구하기 위해 글을 쓴다. 그리고 또 사람들은 매일매일의 빈곤함 속에서 자신을 상실하지 않기 위해서 글을 쓰며 혹은 버지니아 울프나 들라크루아(F. E. Delacroix)처럼 예술이라는 어떤 한계도 갖지 않는 예술의 요청이라는 이 시련 속에서 자신을 상실하지 않기 위해 글을 쓰는 것이다.

얼핏 보기에 대단히 쉽고 대단히 즐겁지만 그것에 의해 유지되는 자기자신에 대한 기분 좋은 반추(마치 자기자신에 대해 생각하고 자기자신 쪽으로 되돌아 가는 데는 전혀 관심이 없다는 듯이)로 인해 때로는 대단히 불쾌하기도 한 이 혼성적 형식이 갖는 독특한 성질은, 그것이 하나의 함정이라는 점이다. 사람들은 그날그날을 구해 내기 위해 글을 쓰지만, 그 구원을 그날그날을 변질시키는 글쓰기에 맡긴다. 사람들은 자기자신을 불모성으로부터 벗어나게 하기 위해 글을 쓰지만 사람들은 그때 아미엘이 된다. 자신의 삶이 녹아 있는 만 사천 페이지로 되돌아감으로써 '바쁜 태만과 지적 활동의 환상'*으로 인해 자신을 '예술적으로도 학문적으로도' 파멸시킨 것을 확인하는 아미엘이 된다. 사람들은 자기자신을 상기해 내려고 글을 쓰지만 쥘리앙 그린은 다음과 같이 기술한다. "내가 기록했던 것이 내 안에서 지나간 모든 것을 소생시키리라고 생각했었다. 하지만 오늘 남은 것이라고는 내 지나간 삶에 대해 공허한 반영만을 전해 줄 뿐인 불충분한 몇몇 문장뿐이다."** 결국 인간들은 산 것도 아니고 글을 쓴 것도 아니다. 이것은 이중의 실패이다. 이 실패로부터 일기는 자체의 긴장과 중력을 재발견한다.

---

* 마찬가지로 쥘 르나르(Jules Renard)는 이렇게 말한다. "나는 우물 밑바닥에 닿았었다고 생각한다······. 그리고 이 일기는 내 기분을 풀어 주고 나를 기쁘게 해주며 또한 나를 메마르게 만들어 버린다."
** 프루스트보다 더 자기자신을 회상하고 싶어 하는 자가 있을까? 자기 삶 하루하루의 기록이 그보다 더 낯선 작가도 없다. 생각해 내고자 하는 자는 망각에, 절대적 망각이라는 이 위험에, 그리고 그때 추억이 변화된 이 멋진 우연에 몸을 내맡겨야 한다.

일기는 자기자신을 관찰할 수 있고 자기자신을 인식해야 한다는 이상한 신념과 결부되어 있다. 하지만 소크라테스는 글을 쓰지 않았다. 가장 기독교적이었던 여러 세기도 침묵을 매개로 하지 않는 이러한 점검은 알지 못했다. 개신교는 고해신부 없는 이러한 고해를 이용했다고 말하지만, 그런데 왜 고해신부가 글쓰기로 대체되어야 하는 것일까? 작가들이 이 허위적인 대화에서 그들 자신을 탐색하고 그들 자신들 내에서는 말할 수 없는 것에 형식과 언어를 부여하려고 시도하기 위해서는, 개신교·가톨릭·낭만주의의 고약한 혼합상태를 재검토할 필요가 있다. 이러한 점들을 깨달으며 자신들이 자기를 인식할 수 없고 자신을 변형하며 파괴할 수밖에 없다는 것을 차츰차츰 확인한 자들, 자신들이 자신들의 밖으로 자신들이 접근 불가능한 어떤 장소로 이끌려 간다는 것을 느끼는 이 기묘한 싸움을 추구하는 자들은 저마다의 힘에 따라 여러 단편들을 우리에게 남겨 놓는데, 이 단편들은 때로는 비인칭적인 것이고 그리고 이들 단편들은 다른 어떤 작품보다 더 선호할 수 있는 것이다.

비밀의 주변들

작가가 자신이 쓰고 있는 작품에 관한 일기를 유지하려고 하는 것은 매혹적이다. 그것은 가능할까? 『사전꾼들의 일기』(*Journal des Faux-Monayeurs*)는 가능한 것일까? 자신의 계획들에 물음을 던지고 그것들을 측정해 보며 음미하는 것, 그것들이 전개됨에 따라 그것들에 자기자신을 위한 주석을 달아 보는 것, 그것은 그다지 어려워 보이지 않는다. 늘 창조자의 배후에 있다고 말해지는 비평가는 말해야 할 자기

자신의 말을 갖고 있지 않은 것일까? 그 말은 매일매일 항해의 행복과 실수가 기입되는 항해일지의 형태를 가지는 것은 아닐까? 그렇지만 이와 같은 책은 존재하지 않는다. 작품의 고유한 경험, 그것을 통해 작품이 시작하는 비전, 작품이 유발하는 '일종의 착란', 우리가 매일 만날 수 있고 명확히 자기자신에 관한 일기를 지탱할 수 있는 인간과 모든 위대한 작품의 배후에서, 작품이 이 작품으로부터 그것을 쓰기 위해 몸을 일으켜 세우는 존재 사이에서, 결국 이시도르 뒤카스와 로트레아몽 사이에 수립되는 이상한 관계,* 이것들은 늘 전달할 수 없는 것으로 남아 있어야 하는 것 같다.

    우리는 왜 작가들이 자신이 쓰고 있지 않은 작품에 관한 일기만을 지탱할 수 있는지를 이해할 수 있다. 또한 우리는 이 일기가 오직 상상적으로 됨으로써, 또 글을 쓰고 있는 자처럼 허구라는 비현실성 속에 침잠함으로써만 쓰일 수 있다는 사실을 알 수 있다. 여기서 이 허구는 그것이 준비하는 작품과 반드시 관련을 갖지는 않는다. 카프카의 『일기』는 자기자신의 삶과 연관된 날짜가 기록된 메모나 그가 본 사물과 그가 만난 사람들에 대한 묘사뿐만 아니라 많은 이야기들의 초고로 이루어져 있다. 그 가운데 어떤 것은 수페이지에 달한다. 대부분의 이야기들은 몇 줄에 달하고, 대부분이 분명한 형태를 갖고 있다 하더라도 모두가 미완성이다. 그리고 가장 주목해야 할 점은 거의 어떤 것도 다른 초고와 관계가 없으며 이미 사용된 주제의 반복이 아니라는 점이

---

* 하지만 로트레아몽에게 이 책은 아마도 존재하고 있는 듯하다. 그것은 『말도로르의 노래』이다. 프루스트에게는 프루스트의 작품들이 있다.

다. 마찬가지로 또 매일매일 일어나는 사건들과도 열린 관계를 갖고 있지 않다. 그렇지만 우리는 마르트 로베르(Marthe Robert)가 말하는 것처럼, 이 단편들이 '체험된 것들과 예술 사이에서', 삶을 사는 카프카와 글을 쓰는 카프카 사이에서 '단언된다'는 것을 분명히 느끼고 있다. 또한 우리는 이들 단편들이 자신을 현실화하려고 하는 책의 이름도 없고 모호한 흔적들을 구성하고 있다는 것을 예감한다. 단 그것은 이들 단편들이 그것들의 출발점이었다고 생각되는 현실생활과 그것들이 그 접근을 형성해 내는 작품과도 어떤 가시적이고 밀접한 관계를 갖고 있지 않다는 한에서이다. 그러므로 만약 우리가 창조적 경험에 관한 일기가 무엇일 수 있는지에 대해 예감할 수 있다면,* 우리는 그와 동시에 이 일기가 완성된 작품만큼이나 폐쇄적이고 그보다 훨씬 더 분리된 것이라는 증거를 갖게 된다. 왜냐하면 비밀의 주변은 비밀 그 자체 이상으로 비밀스럽기 때문이다.

'빠짐없이'(jour) 이 가장 모호한 경험의 여행기를 저장하려는 이 유혹은 아마도 소박할 수 있다. 하지만 이 유혹은 존속된다. 일종의 필

---

* 그 밖에도 몇몇이 있는데 이를테면 『말테의 수기』, 융거의 『모험을 즐기는 마음』(*Das abenteuerliche Herz*), 주베르의 『수첩』 그리고 아마도 조르주 바타유의 『내적 체험』(*L'Expérience intérieure*)이나 『죄인』(*Le Coupable*)도 그러하다. 이 작품들이 갖는 은밀한 법칙 중 하나는 그 운동이 심화되면 될수록 그것이 추상의 비인칭성에 다가간다는 점이다. 마찬가지로 카프카도 자기자신에 관한 날짜가 적힌 주석을 점점 더 내밀할수록 더욱더 일반적인 고찰들로 대치시키고 있다. 아빌라의 성녀 테레사(Thérèse d'Avila)의 그 매우 구체적이고 신비로운 비밀 이야기를 상기하시길. 또한 그것들을 마이스터 에크하르트(Meister Eckhart)의 설교나 논설, 그리고 성자 후안 데 라 크루즈(Saint Juan de la Cruz)의 주해서와 비교해 보시길. 여기서도 또한 열린 경험에 보다 가까운 것은 추상적 작품이라는 것을 깨닫게 될 것이다. 그 작품은 이러한 경험에 관해서 비인칭적이고 간접적으로 말할 뿐이지만 말이다.

연성이 항시 그것이 생겨나는 기회를 만들어 준다. 작가는 자신이 관조한 것을 자신의 그림자를 통해 감추지 않고서는 어떤 지점으로부터 자기에 가까운 쪽으로 되돌아갈 수 없다는 사실을 알아봐야 아무 소용이 없다. 원천이 갖는 흡인력, 항시 멀어지는 것을 정면에서 잡으려는 욕구, 결국에는 결과를 고려하지 않는 탐색에 자신을 맡기려고 하는 배려는 회의보다도 강한 것이다. 게다가 회의 그 자체는 우리를 붙잡아 놓기 보다는 우리를 밀어낸다. 오늘날 가장 굳건하고 가장 덜 몽상적인 시적인 시도는 바로 이 몽상에 속하는 것은 아닐까? 프란시스 퐁주(Francis Ponge)가 있지 않은가? 물론 퐁주도 그렇다.

9장

이야기와 스캔들

현대에서 가장 '아름다운' 이야기는 피에르 안젤리크*라는 그때까지 누구인지 모르는 이름을 가진 작가에 의해 1941년에 출간되었다고 말해진다. 그때의 발행부수는 50부이고, 1945년에 또 한 번 50부가 나왔다. 그 이야기의 제목은 『에드와르다 부인』이다. 하지만 독서를 마치고 뒷표지를 보게 되면 독자들은 거기서 첫 제목과 동일한 의미의 『신적인 신』(*Divinus Deus*)이라는 하나의 제목을 발견한다.

나는 '아름다운'이라는 말을 따옴표에 넣었다. 그것은 이 이야기의 아름다움이 감추어져 있기 때문이 아니다. 이것은 명백히 아름답다. 하지만 여기서 아름다운 것은 우리에게 자신이 독서한 것에 대한 책임을 지게 만든다. 그것에 대해 '아름답다'는 평가로 보상하는 것을 허용하지 않는 방식으로 책임을 부여한다. 이 몇 페이지에서 문제가

---

* 피에르 안젤리크(Pierre Angélique)는 로드 오슈(Lord Auch), 루이 트랑트(Louis Trente)와 더불어 조르주 바타유의 필명이다. 바타유는 『에드와르다 부인』(*Madame Edwarda*)을 피에르 안젤리크라는 필명으로 출간했고, 『눈이야기』(*Histoire de l'œil*)를 로드 오슈라는 필명으로, 『르 프티』(*Le Petit*)를 루이 트랑트라는 필명으로 출간한 바 있다.——옮긴이

되고 있는 것은 도대체 무엇일까?

"만일 네가 모든 것을 두려워하면 이 책을 읽어라. 하지만 먼저 내 말을 들어. 만약 네가 웃는다면 그것은 네가 겁을 먹고 있다는 거지. 네게는 책이 무기력한 것으로 보일 수 있어. 그것은 가능해. 그렇지만 만일 네가 책을 읽을 수가 없다면? 너는 겁내야 하지 않을까? ……너는 고독한가? 추운가? 너는 인간이 어느 정도까지 '너 자신'이고, 얼마나 어리석으며, 얼마나 벌거벗은 상태에 있는지를 아는가?"

나는 이 이야기의 첫 문장을 인용하고자 한다. "어떤 길의 한 모퉁이에 불안이, 더러워 보이고 넋을 잃게 만드는 불안이 나를 산산이 분해시켰다(아마도 세면소의 계단에 두 소녀가 숨어 있는 것을 보았기 때문이다). 그리고 마지막 단락은 다음과 같다. "나는 끝냈다. 그저 잠시 택시 구석에 우리를 방치해 놓았던 잠으로부터 나는 병자가 되어 깨어났다. 누구보다도 먼저 …… 나머지 것들은 아이러니이다. 죽음에 대한 길고 긴 기다림이다……."

이 양극 사이에 기입되는 것은 스캔들일까? 확실히 그렇다. 명백하지만 어디에 위치시켜야 할지 알 수 없는 스캔들을 통해 우리에게 충격을 주는 것은 이 이야기의 진실이다. 우리는 그 용어를 비난하고 싶어 한다. 그런데 말이 일찍이 이처럼 엄밀하게 사용된 적은 없다. 또 우리는 여러 정황을 비난하고 싶어 한다. 예를 들어 에드와르다 부인이 사창가의 여인이라는 사실이 있는데, 이것은 물론 역으로 안심해야 하는 것인지도 모른다. 또 당연히 외설적이라고 해야 하는 몇몇 세부 사항이라 해도 그것들은 어떤 필연성에 의해 외설적이다. 이 필연성은 단지 예술로 인해서뿐만 아니라 아마도 도덕적으로, 아마도 근본적인 어떤 구속으로 인해 이들 세부사항을 불가피한 것으로 만들고 그것들에 품위를 부여한다. 분명히 이러한 모순은 스캔들을 불러일으킬 정도로 거대한 힘을 갖고 있다.

또 그것에 대해 말하는 것이 일반의 도리에 부합하지 않는 대단히 저급한 내용이나 행위가 최고의 가치를 갖는 것으로서 갑자기 우리에게 부과될 때 이 단언은, 그것이 불쾌하지만 부인할 수 없고 용서 없는 명백함으로 우리에게 엄습하는 순간에 스캔들의 방식으로 우리를 감동시키는 것이다. 관습에 의해 대단히 저급하다거나 대단히 고상하다고 보여지는 것에 대해 우리가 아무리 자유로운 태도를 취한다 해도 여기에는 변함이 없다.

스캔들이 우리를 감동시키는 부분(예를 들어 욕구나 공포의 대상인 성스러운 것에 대한 우리의 지식에 호소하려고 하는)을 이론적으로 따로 분리해 내려고 하는 우리의 여러 노력은 상처가 난 부분을 회복시키기 위한 혈구의 운동과 유사하다. 신체는 회복되지만 상처의 경험은 남는다. 상처는 치료할 수 있지만 상처의 본질은 치료할 수 없다.

"나는 조용히 중얼거렸다. '너는 왜 그런 짓을 하는 거지?'"―"너도 알다시피 내가 **신**이기 때문이야"라고 그녀가 대답하였다.―"나는 미치광이야……."―"아니야, 너는 보아야 해. 자 어서 봐!"

이런 대화는 그것이 발생한 정황상 비정상적으로 생각될 수 있으며 또 대단히 쓰기 쉬운 것처럼 보일 수 있다. 우리가 그 대화에 찬동하지 않는다면 ―어떤 면에서 저자는 우리의 동의를 얻어 내려고 하지 않는다. 저자 자신의 동의도 마찬가지로 그 자신을 벗어나는 의미를 갖는다. 요컨대 스캔들은 이렇다. 그래서 스캔들은 우리를 벗어나지만 우리는 스캔들로부터 벗어날 수 없다. ─비록 우리가 그것에 대해 오직 웃음, 아이러니, 불안 혹은 무관심으로 답한다 해도, 이 이야기가 우리 앞에서 단언하는 상황 내에는, 물론 완전히 불확실하긴 해도 지극히 단순한 확실성이 존재한다. 그리고 이 확실성은 너무나 절대적이고 넓어서 우리의 태도는 그것이 어떤 것이든지 간에 이미 이 확실성에 속하고 있고 또 이 확실성을 확증한다. 이 책은 바로 이 점으로 인해 우리를 사로잡는다. 왜냐하면 누구도 그것으로부터 자신을 보호할 수 없고, 부인하면 할수록 거기에 자신을 위험한 상태에 빠트리게 되는 것이 스캔들의 본래적인 특질이고, 이 본질적으로 스캔들인 책은 우리를 온전히 내버려 두지 않기 때문이다.

 이 점에서 저자도 모든 독자들과 다르지 않다. 그는 그의 이야기만이 우리에게 전달되어 있는 사건을 통해 실제로 습격을 받았기 때문에 더더욱 사태의 중심부에 있다고 말할 수는 없다. 사태가 어떤 형태로 일어났든지 간에 그가 그것을 이야기하는 순간부터 모든 것은 그에게 중대한 것이 된다. 페드르에게 그녀가 에논을 위해 비밀의 폭로를 승인했을 때에 모든 것이 시작된다 해도 사정은 마찬가지이다. 그녀는 그 인륜에는 어긋나지만 순진무구한 정념 때문에 죄인이 된 것이 아니다. 그 정념을 가능적인 것으로 만들고, 침묵이라는 순수한 불가능성으로부터 이 세상에서의 그것의 실현이라는 추잡한 진실로 이행시킴으로써, 그 정념을 죄로 만들었기 때문에 죄인이 되는 것이다. 모든 비극작가 속에는 페드르와 에논의 만남이 가지는 이러한 필연성이 있다. 비치지 않는 것이 가지는 빛으로 향하고 ─단지 말 속에서만─ 지나친 것이 되고 스캔들이 되는 과정을 향하는 이 움직임이 있다.

조르주 바타유가 서문에서 평하고 있듯, 더할 나위 없이 상식 밖인 이 책이 결국 더할 나위 없이 아름답고, 아마도 더할 나위 없이 감미로운 것이라면 이야말로 참으로 스캔들인 것이다.

IV부

문학은 어디로 가는가?

1장
문학의 사라짐

사람들은 여러 기묘한 질문이 던져지는 것을 듣는 일이 있다. 이를테면 '현대문학의 경향들은 무엇인가' 따위의 질문, 혹은 '문학은 어디로 가는가'와 같은 질문이 그것이다. 그렇다. 확실히 이것은 사람을 놀라게 하는 질문이다. 그러나 가장 놀라운 점은 만약 답이 있다면 그 답은 쉬운 것이라는 점이다. 즉 문학은 그 자신으로 향하는 것이다. 사라짐이라는 그 본질로 향하는 것이다.

    이와 같은 정도로 일반적인 단언을 원하는 사람들은 역사라고 불리는 것 쪽을 향해도 좋다. 역사는 그런 사람들에게 '예술은 우리에게 이미 과거의 것이다'라는 헤겔의 그 유명한 말이 무엇을 의미하는지를 가르쳐 줄 것이다. 이것은 낭만주의가 약동하던 시대에 대담하게도 괴테의 눈앞에서 나온 말이었는데, 당시에는 음악도, 조형미술도, 시도, 여러 중대한 작품을 기대하고 있던 시절인 것이다. 이 무거운 말로 미학 강의를 시작한 헤겔도 이를 알고 있었다. 그는 이제 예술에 그러한 작품이 결여되어 있지 않다는 것을 알고 있었고, 동시대 사람들의 작품에 감탄하고 있기도 하다. 때로는 그것들을 특히 좋아하기도 한다

(물론 경시하기도 한다). 그럼에도 '예술은 우리에게 이미 과거의 것'이라는 것이다. 예술에겐 이미 절대적인 것을 향한 욕구를 지탱할 힘이 없다. 절대적인 형태로 문제가 되는 것은 이제 세계의 완성이고 행동이 가지는 중요함이며, 현실의 자유를 구축하는 작업이다. 예술이 절대와 가까운 곳에 있었던 것은 과거의 일일 뿐이다. 그것이 여전히 가치와 힘을 가지는 것은 **미술관**에서만의 이야기이다. 혹은 또 이것은 더 중대하게 실종된 상태인데, 예술은 우리에게 단순히 미적 쾌락이나 교양의 보조수단이 될 정도로까지 떨어져 있는 것이다.

이런 것은 잘 알려져 있다. 이것은 이미 현전하고 있는 미래이다. 테크닉의 세계에서 사람은, 계속해서 작가를 칭찬하고 화가를 부유하게 할 수는 있다. 책을 존경하고 도서관을 확장할 수도 있다. 예술이 유용하다거나 혹은 무용하다는 이유로 그것에 어떤 장소를 할당할 수도 있고 그것에 속박을 가할 수도 있으며, 그 역할을 축소할 수도 있고 마음대로 하도록 내버려 둘 수도 있다. 이렇게 바람직한 상황이라 해도 그 운명은 아마도 가장 바람직하지 않은 것이다. 명백하게 예술은 그것이 지고^{至高}한 것이 아닌 한 아무것도 아니다. 자신에게 어떤 근거도 부여되어 있지 않은 세계에서 여전히 어떤 것으로 존재하기를 계속하는 것에 대한 예술가의 당혹은 여기서부터 생겨나는 것이다.

난해하고 번민에 찬 탐구

역사는 대략적으로 이렇게 이야기하고 있다. 그러나 사람이 문학이나 예술 그 자체를 향했을 경우, 그것들이 이야기하고 있다고 생각되는 것은 이와 전혀 다르다. 시대가 예술 창조와는 관계없는 여러 움직임에 따름으로써 그 중요성을 받아들이지 않음에 따라 예술창조가 더 엄격하고 더 깊은 관점으로부터 자기자신에 가까워지기라도 하듯, 모든 것이 일어나고 있는 것이다. 이 관점이 더 거만한 관점이라는 것은 아니다. 이것은 프로메테우스나 마호메트의 신화를 통해 시를 고양시키려 하는 **질풍노도**(Sturm und Drang)이다. 이때 칭송되고 있는 것은 예술이 아니라 창조적 예술가이며 강력한 개인성이다. 예술가가 작품보다 더 사랑받을 때마다 이러한 취미나 천재성에 대한 선양(宣揚)은, 예술의 타락이나 그 본래의 역능으로부터의 후퇴를 의미하고 그에 따르는 몽상의 추구를 의미하는 것이다. 놀랍지만 혼란스러운 야망을 노발리스는 "영원한 시인인 클링조르(Klingsor)는 죽지 않고 이 세계 속에 남는다"는 말로 신비적으로 표현하고, 아이헨도르프(Joseph von Eichendorf)도 "시인은 세계의 핵심이다"라는 말로 표현하고 있는데, 이 야망은 1850년(이 해를 선택한 것은 1850년 이후 근대세계는 보다 결정적인 형태로 그 운명을 향하고 있기 때문이다) 이후에 말라르메나 세잔의 이름이 보여 주는 야망, 모든 근대예술이 그 움직임을 통해 지지하고 있는 야망과는 결코 닮아 있지 않은 것이다.

말라르메나 세잔은 다른 개인보다 더 중요하고 눈에 띄는 개인으로서의 예술가를 떠오르게 하지는 않는다. 르네상스 이래로 예술가의 머리 주위에 그것의 후광이 둘러지기를 언제나 바라 마지않아 왔던, 영광이라는 그 타오르며 반짝이는 공허 따위를 그들은 결코 추구하지 않는다. 그들은 어쨌든 겸손한 존재들이어서 자기자신들이 아니라 어떤 아무도 모르는 탐구를 향해 돌아서 있는 것이다. 그 중요성은 그들 개성의 확립이나 근대적 인간의 비약에 연결되어 있지 않은 어떤 본질적 관심으로 향하고 있는 것이다. 이 관심은 거의 아무도 이해할 수 없는 것인데, 그들은 그것에 어떤 집요함과 조직적인 힘을 통해 전념하고 있으며 그들의 검손함이라는 것도 이 집요함이나 힘의 숨겨진 표현에 다름 아닌 것이다.

세잔은 화가를 찬양하지 않고, 자신의 작품에 의한 것 이외에는 회화조차 찬양하지 않는다. 또한 반 고흐는 이렇게 말한다. "나는 예술가가 아니다. 자신이 그렇다고 생각하는 것은 완전히 천박한 일이기까지 하다." 그리고 다음과 같이 덧붙인다. "내가 이렇게 말하는 까닭은 재능이 있는 예술가 혹은 없는 예술가 등에 대해 운운하는 것이 얼마나 바보 같은 일이라고 생각하는지 알아 주기를 바라기 때문이다." 말라르메는 시 속에서 시를 만들었다고 생각하는 누군가에게 회부되지 않을 어떤 작품을 예감하고 있다. 또한 어느 특별한 개인의 발의에 의하지 않을 결정을 예감하고 있다. 시인이 이야기한 오래된 사유에 따르면 내가 말하는 것이 아니고, 신이 내 안에서 말한다는 것인데, 시가 가지는 독립성은 이러한 오래된 사유와는 반대로 문학적 창조를 어떤 창조주에 의한 세계 창조의 등가물로 만드는 오만한 초월성을 보이지는 않는다. 시적 영역의 영원성과 불변성을 보여 주고 있지조차 않다. 역으로 그것은 우리가 만든다든지 존재한다는 등의 말에 딸려 있는 통상적인 가치를 역전시키는 것이다.

역사가 인간에게 완전히 다른 과제나 목적을 부과하고 있을 때에 일어난 근대예술의 이 놀라운 변형은 이 과제나 목적들에 대한 반작용으로 보일지도 모르겠다. 또한 확증과 근거 짓기를 위한 공허한 노력으로 보일지도 모른다. 이것은 진실이 아니다. 혹은 표면적으로만 진실이다. 작가나 예술가가 공동체의 부름에 대해 경박한 자기폐쇄로 답하기도 한다. 그들의 시대의 강력한 작동에 대해 자기들의 쓸데없는 비밀을 소박하게 찬양함으로써 답하기도 한다. 혹은 플로베르와 같이 자신이 거부하고 있는 상황 속에서 자신을 알게 하고 어떤 절망으로써 답하기도 한다. 또 그들은 예술을 자기자신 속에 담아 둠으로써 예술을 구하려고 생각하기도 한다. 요컨대 그 경우 예술은 영혼의 한 상태가 될 것이다. 시적이라는 것은 주관적이라는 의미가 될 것이다.

그러나 말라르메나 세잔의 경우, ─여기서는 상징적으로 이 두 이름을 사용하는데 ─예술은 이러한 약해빠진 은신처를 원하지는 않는다. 세잔에게서 문제가 되는 것은 '**현실화**'(la réalisation)이며 세잔의 영혼의 상태가 아니다. 예술은 강력하게 작품 쪽으로 향하고 있으며 예술작품, 즉 예술 안에 그 근원을 가지는 작품은 노동, 가치, 교환 안에서 그 규준을 가지는 활동과는 전혀 다른 어떤 긍정으로서, 그곳과 다르기는 하지만 반대는 아닌 긍정으로서 나타나고 있는 것이다. 예술은 근대 세계나 기술의 세계를 부정하지는 않는다. 기술에 의존하는 해방과 변형의 노력을 부정하지는 않는다. 그러나 그것은 모든 객관적이고 기술적인 성취에 **앞서** 관계들을 표현하고, 아마도 그것을 성취하고 있는 것이다.

난해하고 번민에 찬 아무도 모르는 탐구다. 이것은 본질적으로 위험한 경험이며 거기에는 예술, 작품, 진실성, 언어의 본질이 다시 문제가 되며 위험 속으로 들어간다. 그러므로 동시에 문학은 경시되게 되고 익시온[Ixion]의 바퀴에 가로놓여, 시인은 시인이 체현하는 것에 대한 힘겨운 적이 되는 것이다. 겉으로 보면 이러한 위기나 비판은 예술가에게 거기서는 자신이 거의 아무런 역할도 하지 않는 강력한 문명 속에서 자신의 입장의 불확실함을 상기시킬 뿐이다. 이 위기나 비판은 이 세계로부터, 정치적·사회적 현실로부터 오는 것 같다. 이 위기와 비판은 역사의 이름으로 문학을 모욕하는 어떤 판단에 문학을 종속시키고 있는 듯하다. 즉 역사가 문학을 비판하고 시인을 멀리하며, 일상생활에 도움이 되는 임무를 가진 저널리스트를 시인 대신으로 삼는다. 이것은 확실히 사실이다. 그러나 이것은 주목해야 할 일치인데, 바깥으로부터 가해진 이 비판은 문학이나 예술이 그 자체의 이름으로 행하고 있는 고유의 경험에 따르고 있으며, 문학과 예술을 어떤 근본적인 이의제기에 노출시키는 경험에 따르고 있는 것이다. 이러한 이의제기에 대해서는 초현실주의의 격렬한 주장과 마찬가지로, 폴 발레리의 회의적 천재와 그 편집증적 완고함이 협력하고 있다. 게다가 폴 발레리나 호프만슈탈이나 릴케 사이에는 거의 아무런 공통점이 없는 듯하다. 하지만 폴 발레리는 "내게는 내 시가 시인에 대한 성찰들을 암시해 준다는 것 이외에는 아무 흥미도 없다"라고 쓰고 있다. 그리고 호프만슈탈은 다음과 같이 말한다. "시인의 본질에서 가장 내부에 있는 핵은 그가 자신이 시인이라는 사실을 알고 있다는 것 이외에 그 어떤 것도 아니다." 릴케의 경우,. 그의 시는 시적 행위가 노래하며 나아가는 행렬이라 하더라도, 그를 배신하지는 않는다. 이 세 사람의 경우 시는 시를 가능하게 하는 경험을 향해 열려 있는 심연이며, 작품으로부터 작품의 근원으로, 자신의 근원에 대한 불안하고 한없는 탐구로 변한 작품 그 자체를 향하는 기괴한 움직임인 것이다.

    또 덧붙여야 할 것은 역사적 환경이라는 것이 이러한 움직임에 대해 그것을 이끌어 가고 있다고 보일 정도의 압력을 행사하고 있다 하더라도(이런 연유로 사람들은 작가가 자기 활동의 수상한 본질을 그 활동의 대상으로 여김으로써, 사회적인 그의 입장으로 변하게 된, 거의 아무런 확실함도 없는 입장을 반영하는 것만으로 만족하고 있다고 말하는 것이다), 이 역사적 환경은 그것만으로는 이 탐구의 의미를 설명하는 힘을 갖고 있지는 않다는 점이다. 우리는 지금 각각 거의 동시대인으로 여러 중대한 사회적 변혁과 때를 같이 한 세 인물의 이름을 거론했다. 또 우리는 1850년이라는 해를 선택했는데, 이것은 1848년의 혁명이야말로 유럽이, 자신을 만드는 여러 힘의 성숙기에 몰두하기 시작하는 시기이기 때문이다. 그러나 이때까지 폴 발레리, 호프만슈탈, 릴케에 대해 이야기되어 온 모든 것은 횔덜린에 대해서도, 그것도 훨씬 더 깊은 차원에서 이야기될 수 있었을 것이다. 횔덜린은 그들보다 한 세기나 앞선 인물이지만 그에게서 시란 본질적으로 시에 관련된 시(하이데거는 거의 그런 의미의 말을 하고 있다)인 것이다. 시인에 관한 시인, 거기서는 노래한다는 것의 가능성과 불가능성이 노래되고 있는 시인, 이것이 바로 횔덜린이며, 또 다른 한 사람의 이름을 들자면 한 세기 반 후에 나타난 르네 샤르(René Char)이다. 그는 횔덜린에 응답하여 그 응답을 통해 우리들 앞에 단순한 역사적 분석이 포착하는 지속과는 전혀 다른 지속의 한 형식을 출현시키는 것이다. 이는 예술이나 예술작품이, 하물며 예술가가, 시간을 무시하면서 시간으로부터 벗어난 어떤 현실에 가까이 가 있다는 의미가 아니다. 문학의 경험이 우리를 이끄는 '시간의 부재'조차도 결코 비시간적인 것의 영역은 아니다. 그리고 우리가 예술작품에 의해 진정한 주도권을 가지는 동요상태로(존재한다는 사실의 새롭고 불안정한 출현으로) 되돌려진다 하더라도, 이 시작은 역사의 안쪽에서 아마도 여러 시원적 역사적 가능성에 기회를 부여하는 형태로, 우리에게 말을 거는 것이다. 이 모든 문제들은 애매모호하다. 이 문제들을 명확한 것으로 보여 주는 것, 뿐만 아니라 명확하게 표명할 수 있는 것으로서 보여 주는 것, 그것은 우리를 글쓰기라는 곡예로 이끌어 갈 뿐이고, 이 문제들이 우리에게 주는 도움, 요컨대 우리에게 강력하게 저항한다고 하는 도움을 박탈하기 십상이다.

우리가 예측할 수 있는 것은 '문학은 어디로 가는가?'라는 이 깜짝 놀라게 하는 물음이 그 답을, 소위 이미 주어져 있는 답을, 아마도 역사로부터 얻고자 기대하고 있다는 것이다. 그러나 그와 동시에 문학은 우리의 무지가 가지는 수단들이 작동하고 있는 어떤 계략을 통해 자신이 앞서 가고 있는 역사를 이용하면서, 이 물음 속에서 자기자신에게 물음을 던지고 자신이 갖고 있는 고유한 물음에 관한 어떤 답이 아닌, 그보다 깊고 보다 본질적인 의미를 보여 주고 있다.

문학, 작품, 경험

우리는 문학, 작품, 경험에 대해 이야기하고 있다. 그런데 이 말들은 무엇을 의미하고 있는 것일까? 오늘날의 예술 중, 주관적인 경험들의 단순한 한 예나 미학의 종속물만을 보는 것은 잘못된 것처럼 생각된다. 그러나 우리는 예술에 대해 여전히 경험을 운운한다. 예술가나 작가를 움직이고 있는 관심 중에 자기자신에 대한 흥미가 아니라 작품을 통해 자신을 표출하도록 요구하는 어떤 관심을 보고 있는 것은 올바르다고 생각된다. 그러므로 당연히 작품이 가장 큰 역할을 하고 있다는 것이 된다. 그러나 실제로 그런 것일까? 결코 그렇지 않다. 작가를 끌어당기고 예술가를 동요시키는 것은 직접적인 형태의 작품이 아니라 작품의 탐구이다. 작품으로 통하는 움직임이란 작품을 가능하게 하는 것으로의 접근인 것이다. 즉 예술이나 문학이며, 이 두 말이 숨기고 있는 것이다. 그러므로 화가는 완성된 하나의 그림보다도 그 그림의 여러 상태 쪽을 좋아한다. 또 작가는 때때로 거의 아무것도 완성하지 않으려고 무수한 이야기를 단편의 상태로 방치해 둔다. 이 이야기들은 그를 어떤 지점으로까지 인도하는 만큼 중요성을 갖고 있었는데, 그가 그 지점을 넘어서서 앞으로 나아가기 위해서는 그것들을 버려야 하는 것이다. 그러므로 이것 또한 놀라운 우연의 일치인데, 거의 모든 점에서 다르지만 엄밀하게 쓰려고 신경 쓴다는 점에서는 가까운 두 인물, 폴 발레리와 카프카라는 두 인물이 입을 모아 "내 작품 전체는 연습에 지나지 않는다"고 주장하는 것이다.

마찬가지로 또 사람들은 기록이라든가 증언, 거의 가공되지 않은 말이라는 이름이 붙어 있는, 어떠한 문학적 지향도 가지지 않으면서 언제나 그 수가 불어나는 텍스트의 더미들이 모든 문학적 작품을 대체하는 것을 보고 염증을 느끼고 있다. 사람들은 이런 것이 예술에 속하는 것의 창조와는 아무런 관계도 없다고 말한다. 또한 잘못된 리얼리즘에 의한 증언이라고도 말한다. 그러나 사람들은 이것들에 대해 무엇을 알고 있는 것일까? 통상적인 교양에서는 파악되지 않는 영역으로의 이러한 접근에 대해, 실패한 접근이라 할지라도 도대체 무엇을 알고 있는 것일까? 저자도 없고 책의 형태도 취하지 않으며, 사라지고 또 사라지기를 바라고 있기도 한 이 익명의 언어가 일반적으로 문학이라고 불리고 있는 것이 또한 우리에게 이야기하려 하는 중요한 어떤 것을 왜 우리에게 알리지 않는다고 말할 수 있는가? 문학이라는 이 시대착오적이고 어떠한 명예도 가지지 않는 말, 전적으로 개론서용으로 혹사되고 산문작가의 점점 더 압도적이 된 발걸음을 추종하고 있는 말, 문학 그 자체가 아니라 문학의 뒤틀림이나 과도함을 보여 주고 있는 말(마치 이러한 성질이야말로 문학에게 본질적인 것이기라도 하듯), 이러한 말이, 문학에 대한 이의제기가 한층 더 심해지고 장르가 세분화되고 형식을 잃어버리고 있는 시기에, 글을 쓰는 사람들의 감추어져 있지만 점점 강하게 현전하는 관심으로 변한다는 것, 이 관심 속에서 그 '본질'의 상태로 공공연하게 드러나야 할 것으로서 그들에게 주어지고 있는 것, 이것은 주목해야 하지만 난해한 것이 아닐까? 수수께끼처럼 주목해야 할 일이 아닐까? 이 시기에서는 한편으로는 세계가 이미 문학을 필요로 하지 않고, 다른 한편에서는 각각의 책이 다른 모든 책에 냉담한 얼굴을 하고 있어서 장르가 가지는 현실성에 무관심하며, 그뿐 아니라 작품 속에서 표현되고 있다고 생각되는 것이 영원한 진실이나 전형이나 성격이 아니라 이러한 본질들의 영역과 대립하는 요구이고 유효한 활동으로서, 장르들의 통일태로서, 이상적인 것이나 본질적인 것이 의지하는 세계로서 이러한 이의제기에 노출되어 있는 문학인 것이다.

    확실히 이러한 관심에서 문제가 되고 있는 것은 아마도 문학이라 할 수 있을 텐데, 그 문학은 한정된 확실한 하나의 현실인 형식들의 총체로서의 문학도 아니고, 확실하게 포착될 수 있는 활동 양식으로서의 문학도 아니다. 오히려 그것은 결코 직접적인 형태로는 발견되지 않고, 증명되지 않으며 근거 지워질 수 없는 것으로서의 문학이다. 사람들은 그것으로부터 벗어남으로써만 그것에 가까이 가며, 어떤 탐구를 통해 그것을 넘어서는 경우에만 그것을 포착할 수 있는 것이다. 이 탐구는 결코 문학이나 그 '본질적' 상태에 관련된 것이 되지 않고, 오히려 역으로 문학을 환원시키고 중성화시키는 것에 관련되는 것이다. 더 정확하게 말한다면 궁극적으로는 문학으로부터 벗어나서 문학을 무시하는 움직임을 통해, 비인칭적인 중성으로만 이야기할 수 있는 지점으로까지 내려가는 것과 관련되는 것이다.

비(非) 문학

여기엔 여러 가지 불가피한 모순이 있다. 중요한 것은 작품뿐이다. 작품 속에 있는 단언이나, 조밀한 특수한 형태를 띤 시나, 그 고유의 공간 속에 있는 그림뿐이다. 중요한 것은 작품뿐이다. 그러나 결국 작품이 그곳에 있는 것은 작품의 탐구로 우리를 인도하기 위해서일 뿐이다. 작품이나 우리를 영감이라는 순수한 지점으로 이끄는 운동이며, 작품은 그곳으로부터 도래했지만 사라지지 않고는 그곳에 도달할 수 없는 듯하다.

중요한 것은 책뿐이다. 그러나 이 책은 여러 장르로부터 멀리 떨어져서 산문, 시, 소설, 증언 등의 여러 항목의 바깥에 존재하는 책이며, 이 항목들 아래 나열되는 것을 거부하고 이 항목들이 자신의 위치를 정하고 형식을 결정하는 힘을 가졌다는 것을 부정하는 것이다. 책은 이미 어떤 장르에 속하는 것이 아니라 그저 문학에 속할 뿐이다. 마치 문학이 그것을 통해서만 쓰인 것에 책이라는 현실성을 부여해 주는 비밀이나 정식을, 일반적인 형태로 미리 소유하고 있기라도 하듯이 말이다. 이렇게 해서 장르가 뿔뿔이 흩어진 뒤에 문학만이 확립되고 있는 것처럼, 문학이 전개하고 모든 문학창조가 이렇게 저렇게 다양화하며 반사하고 있는 신비한 빛 속에서 문학만이 빛나고 있는 것처럼, 바로 여기에 문학의 '본질'이 있는 것처럼 모든 일이 일어나는 것 같다.

그러나 문학의 본질은 모든 본질적 한정을, 문학을 안정시킬 뿐만 아니라 그것을 현실화하는 모든 확립작용을 벗어나는 점에 있다. 문학이란 결코 이미 거기에 있는 것이 아니라, 언제나 반복되어 발견되고 발명되어야 하는 것이다. 뿐만 아니라 문학이라는 말이나 예술이라는 말이 현실의 어떤 것에, 가능한 어떤 것에, 중요한 어떤 것에 상응하고 있는 것조차도 확실하지 않은 것이다. 이것은 이미 말해져 온 것이지만 예술가로 산다는 것은 이미 어떤 예술이 있다는 것도, 어떤 세계가 있다는 것도 결코 알 수 없는 것이다. 물론 화가는 미술관에 가고 거기서 회화의 현실성에 대해 어느 정도 의미를 얻을지 모른다. 즉 그는 회화를 아는데, 그의 그림은 그를 모르고 오히려 회화가 불가능하고 비현실적이며, 현실화할 수 없다는 것을 알고 있다. 문학 그 자체 등을 확인하는 자는 아무것도 확인하고 있지 않다. 문학을 추구하는 자는 숨겨져 있는 것만을 추구하고 있다. 문학을 발견하는 자는 문학 바로 앞에 있는 것을, 보다 나쁜 경우에는 문학 저편에 있는 것을 발견하고 있는 것이다. 그러므로 결국 모든 책이 자신이 사랑하는 것의 본질로서 추구하고 열정적으로 발견하려 하는 것은 비-문학인 것이다.

그러므로 모든 책이 오직 문학에만 속해 있다고 말해서는 안 된다. 책 하나하나가 문학에 관해서 절대적인 형태로 판단을 내린다고 말해야 한다. 모든 작품이 그 현실성이나 가치를 문학의 본질에 적합한 힘으로부터, 뿐만 아니라 이 본질을 드러내고 확립하는 권리로부터 이끌어 내고 있다고 말해서는 안 된다. 왜냐하면 작품이라는 것은 그것을 지탱하고 있는 물음을 결코 자신의 대상으로 삼을 수 없기 때문이다. 만약 그림이 회화를 가시적인 것으로 만들려고 한다면 단순한 묘사조차 시작할 수 없을 것이다. 어떠한 작가도 자신이 그 고유한 무지를 통해서 홀로 문학이나 그 미래를 책임지기를 원하고 있다고 느끼고 있는지도 모른다. 이 미래는 단순히 역사적인 물음에 그치는 것이 아니라 역사를 통해 이루어지는 운동이며, 문학은 이 움직임을 통해 필연적으로 그 자신의 밖으로 향하여 '가면서'도, 한편으로 그 자신으로, 그 본질적인 상태로 '되돌아가는' 것을 원하고 있는 것이다. 작가로서 존재한다는 것은 이러한 의미에서의 물음에 답한다는 소명일지도 모른다. 작가는 정념과 진실과 제어력으로 이 물음을 유지해 나가는 것을 그 의무로 삼고 있는데, 그는 결코 이 물음을 포착할 수 없으며 이 물음에 답하려고 생각한다면 더욱더 그러할 것이다. 그는 어차피 작품을 통해 간접적인 답을 줄 뿐인데, 사람들은 결코 작품을 지배할 수 없고 또한 확신을 가질 수도 없다. 작품은 그 자신 이외의 어떤 것에도 답하려 생각하지 않고, 그것이 은폐되고 사라지는 장소에서만 예술을 현전시키는 것이다. 그러나 왜 그런 것일까?

2장
영도(zéro point)의 탐구

책이나 저작 혹은 언어활동 등이 우리의 습관이 무의식 중에 이미 그것에 노출되어 있기는 하지만, 우리의 전통은 여전히 그것에 거스르고 있는 변신의 운명에 처해 있다는 것. 도서관이 그 별세계적 외관을 통해 마치 우리가 우주여행을 한 후 침묵의 영원성 속에서 응고된 다른 유성의 흔적을 갑자기 발견하고 호기심과 놀라움, 존경을 느꼈다는 듯한 인상을 준다는 점. 이런 것들을 눈치채지 못한다면 자기자신에 대해 어지간히도 관심이 없는 사람일 것이다. 읽는다 혹은 쓴다는 말, 그것들이 금세기 초에도 여전히 맡고 있었던 역할과는 전혀 다른 역할을 우리의 정신 속에서 맡도록 요구되고 있다는 점에 대해서는 아마 아무도 의심하지 않을 것이다. 이것은 너무나 명백해서 어떤 방송국이나 스크린에서도 그것을 보여 주고 있다.

우리들 주변의 그 웅성거림, 우리들 속의 이 익명의 끊임없이 이어지는 웅얼거림, 활발하고 지칠 줄 모르는 이 불가사의하고 알아들을 수 없는 말, 이것들을 생각하면 점점 더 그 사실이 명백해진다. 이것은 순간순간마다 우리에게 찰나의 보편적 지식을 주며, 그곳에서는 우리를 각자가 언제나 사전에 모든 사람들과 교환되어 버리는 움직임의 단순한 변전變轉으로 만드는 것이다.

이러한 예측은 아직 우리의 범위 내에 있다. 그러나 더 놀라운 일이 있다. 즉 오늘날 우리가 아무 놀라움 없이 인정하고 있는 이 변화들의 방향과 전개를 발견하기 위해서는, 전파의 사용이나 영상의 이용과 같은 기술상의 발명보다도 먼저 휠덜린이나 말라르메의 주장을 듣는 것으로 아마 충분하리라는 것이다. 시나 예술은 그 자신에게 되돌아가기 위하여 시대와 무관하지 않은 어떤 움직임을 통해서, 그러나 또한 이 움직임에 형태를 부여한 고유의 요구들을 통해서, 오늘날 우리가 일상생활의 안락함에 둘러싸여 있으면서, 다른 한편으로는 그 인상 깊은 형태들을 감지하고 있는 것보다도 훨씬 더 중대한 대변동을 계획하고 확립한 것이다.

읽는다든지, 쓴다든지, 이야기한다는 말은 그것들이 실제로 행하고 있는 경험에 기초하여 이해되고 있는데, 말라르메가 말하는 것처럼 이 말들은 우리에게 우리는 이 세계 속에서 이야기하지도, 쓰지도, 읽지도 않는다는 것을 예감하게 하는 것이다. 이것은 비평적인 판단과 같은 것이 아니다. 이야기한다거나 쓴다는 것, 이 말들 속에 포함되어 있는 요청이 특수화된 일이나 지식의 유효성이 요구하는 이해의 양태에 적응하는 것을 멈추어야 한다는 것, 말은 이미 사람들이 서로를 이해하는 데에 불가결한 것이 아닌지도 모른다는 것, 이러한 것은 이 말 없는 세계의 빈곤을 의미하는 것이 아니라 그것이 행한 선택과 이 선택의 엄격함을 의미하는 것이다.

흩어짐

말라르메는 이상하리만치 단도직입적으로 여러 영역을 구분했다. 한편으로는 도구이자 수단인 유용한 말이 있지만, 이것은 행위·노동·논리·지식의 말이며, 직접적인 형태로 전달하는 말이고, 아주 잘 만들어진 도구로서 습관의 규칙성 속에서 그 모습이 사라진 말이다. 다른 한편으로는 시나 문학의 말이 있는데, 거기서 이야기한다는 것은 이미 일시적이고 종속적이며 습관적인 수단이 아니라, 어떤 본래적 경험 속에서 수행되기를 원하고 있다. 이렇듯 단도직입적 구분, 영역들을 철저하게 국한하려는 제국분할, 적어도 문학이 문학 자신의 주변에 집중하는 것과 문학에 그것을 두드러지게 하고 일체화하는 말을 빌려 줌으로써 문학을 좀더 가시화하는 것을 도와주었어야 할 터인데, 사람들이 목격한 것은 그것과는 반대되는 현상이다. 19세기에 이르기까지 글쓰기라는 예술은 그것을 실천하는 사람들이 파괴하려고도, 넘어서려고도 생각하지 않는 어떤 안정된 지평선을 형성하고 있었다. 운문으로 쓰는 것은 문학활동의 본질을 이루는 것이어서, 그 엄격한 틀 안에 있으면서 언제나 애매한 모습을 취하고 있었다 하더라도, 운문만큼 명확한 것은 아무것도 없는 것이다. 적어도 프랑스에서는 그렇고 글쓰기에 있어서 고전주의 시대라면 아마 어디라도 그럴 것이라 생각하지만, 시는 예술의 모든 위기를 자신 속에 집중하고 이렇게 해서 언어를 문학을 통해 짊어지게 된 여러 위험으로부터 구하는 것을 그 사명으로 삼고 있다고 말하고 싶다. 즉 사람들은 시를 높은 벽으로 둘러쳐진 영지領地처럼 확실히 눈에 보이는 아주 특수한 것으로 만듦으로써, 공통의 이해를 시의 작용으로부터 보호하는 것이다. 그리고 동시에 시를 강하게 고정하고, 시의 무제한성이 누그러질 정도로 매우 국한된 여러 규칙들을 시에 부여함으로써 시를 시 자체로부터 지키는 것이다. 볼테르는 가장 순수하고 가장 효과적인 산문가가 되기 위해 아마도 그의 산문 내에서 아직도 운문으로 글을 쓰고 있는 것이다. 샤토브리앙은 산문이 아니면 시인이 될 수 없는 인물이어서, 그는 산문을 예술로 변형시키기 시작한다. 그의 언어는 죽음 저편의 말이 되는 것이다.

문학이 일관성을 가진 영역이며 공통의 장이라는 것은 오직 그것이 실제로 존재할 수 없는 한에서의 일이다. 실제로 그것 자신으로서 존재하지 못하고 몸을 숨기는 한에서의 일이다. 문학의 모습이라 생각되는 것의 아득한 예감 속에서 문학이 출현하자마자 그것은 산산이 흩날리고, 명확하게 한정할 수 있는 기호를 통해 그것이라고 인정되기를 거부하는 흩어짐의 길로 접어드는 것이다. 그러나 그와 동시에 전통은 아직도 힘을 계속 휘두르고 있고, 휴머니즘은 예술에 그 도움을 계속 구하고 있으며, 산문은 여전히 세계를 위해 싸우고 있기 때문에 여기서부터 어떤 혼란이 생겨난다. 한눈에 분명히 알 수 있는 일이지만, 이러한 혼란 속에서 무엇이 문제가 되고 있는가를 결정하려고 생각하는 것은 완전히 부조리한 것이다. 일반적으로 이렇게 뿔뿔이 흩어진 상태에서 발견할 수 있는 것은 한정된 원인이나 부차적인 설명뿐이다. 사람들은 개인주의를 비난한다. 요컨대 개인주의에서는 모든 인간보다 뛰어나기를 원하는 '자기'라는 것에 부합해서 쓴다는 것이다.[*] 사람들

---

[*] 그러나 여전히 사람들은 천편일률적인 재능에 대해 그리고 작품의 획일성이나 비인칭성에 대해 불만을 토로한다.

은 공통적 가치의 상실, 세계의 심각한 분열상태, 이상^{idéal}이나 이성의 해체를 비난한다.** 혹은 또 몇몇 명확함을 회복하기 위해 시와 산문의 구별을 부활시킨다. 즉 시를 예측 불가능한 것의 무질서 상태에 내맡긴다는 것이다. 그러나 일반적으로 지적되고 있듯이 오늘날에는 소설이 문학을 지배하고 있고, 문학은 이 소설형식 내에서 언어가 가지는 습관적이고 사회적인 여러 지향에 대해 언제나 충실하다. 문학은 그것을 국한하고 특수화하는 힘을 가진 한정된 장르의 한계 속에 언제나 머물러 있는 것이다. 소설은 때때로 괴물적이라고 말해지고 있는데, 몇몇 예외를 제외하면, 그것은 그것은 잘 훈육되고 길들여진 괴물이다. 소설은 오해를 불러일으키지 않는 명확한 기호를 통해 자신을 나타내는 것이다. 소설은 그 외관상의 자유, 그 장르를 결코 위험에 노출시키지 않는 대담함, 그 숙명이 가지는 조심스러운 확실성, 그 휴머니즘적인 내용이 가지는 풍부함 등을 통해 탁월한 지위를 차지하고 있는데, 이것은 예전의 정형시의 초월성과 마찬가지로 우리가 느끼고 있는 문학을 위험한 것으로 만드는 것에 대항하여 스스로를 지키려는 욕구의 표현에 다름 아니다. 마치 문학이 독을 분비함과 동시에 유일하게 문학을 침착하고 천천히 맛보게 해줄 수 있는 해독제를, 우리들용으로 서둘러 분비하고 있는 것과 같다. 그러나 아마도 문학은 그것을 무해한 것으로 만듦으로써 허물어지는 것 같다.

    이처럼 종속적 원인의 탐구와 관련해서는 문학의 흩어짐이 바로

** 그러나 가톨릭 계열의 소설가와 공산주의 계열의 소설가 사이에서 그들을 문학적으로 구별하는 것은 거의 없으며, 노벨상과 스탈린상(Stalin)은 문학에서의 같은 관습과 같은 기호에 보답한다.

본질적인 것이며, 문학이 숨어 들어간 착란상태는 문학이 자기자신에게 접근하는 순간마저 보여 준다고 답할 필요가 있을 것이다. 쓴다는 행위가 안정된 지평 바깥에, 근본적으로 불화가 지배하는 지역에 위치하고 있다는 것은 작가의 개인성 따위로는 설명되지 않는다. 모든 것을 다시 문제 삼는 탐구가 가지는 긴장력은 기질이나 기분, 더 나아가서는 생활의 다양성보다도 더 깊은 것이다. 하나의 세계의 지평, 그 자체를 거부하는 요청은 세계들의 파열된 틈보다 더욱 결정적인 것이다. 경험이라는 말을 사용해 보더라도 우리에게는 믿어지지 않는 일이겠지만, 오늘날 문학이 이전 시대들이 알지 못했던 흩어진 상태로 우리에게 모습을 드러내고 있는 것은 문학을 언제나 새롭게 반복되는 여러 시도의 장으로 만들고 있는 그 방종 때문인 것이다. 오늘날 글을 쓰려 하는 사람의 손을 움직이게 하는 것은 아마도 어떤 한없는 자유의 감정이리라. 즉 사람들은 모든 것을 이야기할 수 있다고 생각하고, 그것을 모든 방식으로 이야기할 수 있다고 생각한다. 그 어떤 것도 우리를 방해하지 않고, 모든 것은 우리가 생각하는 대로 된다는 것이다. 모든 것이란 엄청난 것이 아닐까? 그러나 모든 것이라고 말해도 그것은 결국 아주 적은 것에 불과하다. 그를 무한의 지배자로 만드는 무관심 속에서 글을 쓰기 시작하는 자도 결국 어차피 자신은 자신의 전력을 단 하나의 점을 추구하는 데 바치고 있었다는 것을 깨닫게 되는 것이다.

문학은 예전에 그러했던 것 이상으로 다양하지 않고, 아마도 밤은 낮보다 단조롭다고 말하는 것과 같은 의미로 예전보다 더 단조롭다. 문학은 그것이 이제부터 쓰는 사람들의 임의성에 더욱더 맡겨진다거나, 장르나 규칙이나 전통의 바깥에서 다양하게 무질서한 시도가 행해지는 자유로운 장소가 되기 때문에 비통일적인 것은 아니다. 문학을 어떤 분산상태의 세계로 만드는 것은 여러 시도의 다양성, 환상성, 무정부성이 아니다. 더 다른 방식으로 표현하여, 이를테면 다음과 같이 말할 필요가 있을 것이다. 요컨대 문학의 경험은 분산상태의 시련 그 자체이며, 통일성을 벗어나는 것에 대한 접근이라고 말이다. 이해나 일치나 권리도 없이 존재하는 것 즉, 방황이면서 바깥이며, 포착할 수 없는 것이면서 불규칙적인 것, 바로 이러한 것의 경험이라고 말이다.

언어체계(langue), 문체(style), 글쓰기(écriture)

문예의 미래가 쓰여 있는 흔치 않은 책 중 하나인 최근의 어떤 시론에서 롤랑 바르트는 언어체계[한 집단에 고유한 보편적 규칙체계로서의 언어]와 문체와 글쓰기[쓰인 것과 쓰는 행위]를 구별하고 있다.* 언어체계란 우리들 각자에게 시간상의 어떤 시기에 또 우리가 속해 있는 세계 내의 일정한 영역에 따라 부여되어 있는 공통어의 상태를 일컫는다. 작가와 작가가 아닌 자도 동일하게 이것을 공유하고 있다. 이 공통어를 어렵게 받아들이던, 늘 기쁘게 받아들이던, 의도적으로 거부하던, 그런 것에 아랑곳하지 않고 언어체계는 실제로 그곳에 있으면서, 우리가 내던져져 있고 우리를 에워싸고 있으며 우리를 넘어서고 있는 어떤 역사적 상태를 보여 주고 있다. 언어는 역사를 통해 공들여 만들어졌고 모든 시작으로부터 아주 멀리 떨어져 있지만, 그럼에도 불구하

---

* Roland Barthes, *Le Degré zéro de l'ecriture*, Seuil, 1953(롤랑 바르트, 『글쓰기의 영도』, 김웅권 옮김, 동문선, 2007).

고 그것은 누구에게나 직접적인 것이다. 문체를 이야기하자면, 그것은 피나 본능의 신비와 연관된 어둡고 아무도 모르는 부분, 격렬한 심연, 이미지의 농밀함, 우리의 육체나 욕망, 우리 자신에 대해서도 닫혀진 우리의 숨겨진 시간 등 여러 취향이 맹목적으로 이야기하고 있는 고독한 언어활동(langage)일 것이다. 작가는 자신의 언어체계를 선택하지 않는 것과 마찬가지로 자신의 문체를 고르지 않는다. 문체는 체액이 강요하는 필연이며, 자신 안에 있는 분노이고, 그의 격정이나 경련이며, 자기자신과의 내밀한 관계로부터 생겨나는 완만함과 신속함이어서, 그는 이러한 것들에 대해서 거의 아무것도 알지 못한다. 그리고 이것들은 그의 언어활동에 이를테면 그의 모습을 식별하게 해주는 그의 독특한 자태와 마찬가지로 일종의 독특한 어투를 부여하고 있는 것이다. 이러한 것은 모두가 아직 문학이라고 불릴 만한 것은 아니다.

문학은 글쓰기와 함께 시작된다. 글쓰기는 여러 가지 의례의 총체이고, 분명하거나 은밀한 하나의 예식이다. 이 예식을 통해 표현하고자 하는 것과 무관한 형태로, 그리고 우리가 그것을 표현하고자 하는 방법과 무관한 형태로 어떤 사건이 예고된다. 즉 쓰여진 바는 문학에 속하며, 그것을 읽는 자는 문학의 일부를 읽는다는 사건이 예고되는 것이다. 그것은 수사법이 아니다. 그런 게 아니라, 그것은 우리가 문학의 공간이라는 닫히고 분리되고 신성화된 공간으로 들어갔다는 것을 우리에게 이해시키기 위한 일종의 독특한 수사학인 것이다. 이를테면 소설에 대한 여러 가지 고찰로 가득 찬 장에서 지적되고 있는 바와 같이, 구어^{口語}와는 관계없는 이 단순과거(passé simple)라는 형식은 이야기라는 예술^{art}을 예고하는 역할을 하고 있다. 그것은 저자가 서술이라는 이 선형적이고 논리적인 시간을 받아 들였다는 것을 미리 보여 주고 있다. 서술은 우연이라는 장으로부터 협잡물을 제거함으로써 확실하게 한정된 이야기가 가지는 안정성을 부과한다. 이러한 서술은 처음으로 어떤 시작이 있고 이어서 예를 들어 불행한 결말이든 아니든 어쨌든 어떤 결말이라는 행복을 향해 확실한 모습으로 나아가는 것이다. 단순과거나 삼인칭의 특권화된 사용이 우리에게 '이것은 소설이다'라고 말한다. 캔버스, 물감, 그리고 이전에는 원근법이 우리에게 '이것은 그림이다'라고 이야기했던 것과 마찬가지이다.

롤랑 바르트는 다음과 같은 지적까지 하게 된다. 즉 글쓰기가 누구에게나 동일하고 솔직한 동의로 받아들여지고 있던 시대가 있었다는 것이다. 그래서 모든 작가들은 잘 쓰는 것, 즉 공통어를 좀더 완성도 높은 것으로, 혹은 자신들이 말하고자 하는 것에 좀더 잘 들어맞는 단계의 것으로 끌고 가려는 것만을 고심했었다. 모든 사람들에게 지향의 통일성과 동일한 도덕이 존재했다는 것이다. 그러나 오늘날에는 사정이 더 이상 예전과 같지 않다. 작가들은 그들의 본능적 언어를 통해 서로 구별되고 있는데, 문학적 예식에 대한 그들의 태도를 통해 더욱더 서로 대립하고 있다. 쓴다는 것이 태생적 권리와 유기적인 숙명을 통해 우리의 언어인 언어로부터 독립된 형태로, 우리에게 몇몇 용례[用例] 어떤 무언의 신앙, 우리가 말할 수 있는 모든 것을 미리 변화시키는 웅성거림, 또 공공연하게 말해지지 않는 만큼 더욱더 작용이 강한 여러 의도들을 짊어지게 하는 어떤 웅성거림을 부과하는 어떤 성역으로 들어가는 것이라 할지라도, 그것은 신전을 짓기 이전에 우선 신전을 파괴하려 하는 것이다. 그것은 적어도 그 문지방을 넘기 이전에 이러한 장소의 예속상태나 여기에 틀어박히려 하는 결심이 이윽고 만들어 내게 될 근원적인 과오에 대해 자문하는 것이다. 쓴다는 것은 결국 이 문지방을 넘어서는 것을 스스로 거부하는 것이며 자신이 '쓴다'(écrire)는 것을 거부하는 것이다.

오늘날의 문학은 통일성의 상실에 괴로워하거나 그것을 자랑스러워하고 있는데, 그 상실은 이렇게 설명이 되고 또한 한층 더 잘 식별될 수 있다. 각각의 작가는 글쓰기를 자신의 문제로 만들고, 이 문제를 자신이 바꿀 수 있는 어떤 결정의 대상으로 만들고 있다. 작가들이 서로 소원疏遠하게 있는 것은 그저 세계에 대한 비전, 언어의 특질, 재능의 우연, 특수한 경험으로부터 기인하는 것이 아니다. 문학이 모든 것이 변형되는 (또한 미화되는) 장으로서의 자신의 모습을 보이자마자 그곳의 공기가 공허가 아니고 또 그곳의 밝음이 단순히 사물을 비추어 낼 뿐만 아니라 사물에게 관습적인 빛을 던져서 변형하는 것이기도 하다는 것을 사람들이 깨닫는 순간, 또 장르·기호·단순과거와 삼인칭의 사용 등, 문학적 글쓰기가 단순히 투명한 하나의 형식이 아니라 여러 가지 우상이 군림하고, 여러 편견들이 잠들어 있으며, 모든 것을 변질시키는 여러 힘들이 눈에 보이지 않는 모습으로 살아 숨쉬는 고립화된 세계라는 것을 예감하는 순간, 이 세계로부터 해방되어야 하는 것은 모든 인간에게 필수적인 일이 된다. 그 이전의 모든 관습을 깨끗이 씻어 낸 이 세계를 재건하기 위해 이 세계를 파괴하고 싶다는 것, 아니 더 잘 된다면 그 장소를 빈 채로 두고 싶다는 것은 모든 인간에게 유혹이 된다. '글쓰기'(écriture) 없이 쓴다는 것, 문학이 사라지고 우리가 허위라는 문학의 비밀을 더 이상 두려워할 필요가 없는 그 부재의 지점으로 문학을 이끄는 것, 이것이 '글쓰기의 영도'이다. 그것은 모든 작가가 결연히 추구하거나 자기도 모르게 추구하고, 몇몇 작가들을 침묵으로 이끄는 중성적 상태인 것이다.

전체적 경험

이러한 관점*은 우리를 도와주고, 우리에게 부과되어 있는 문제의 범위와 중대성을 더 잘 파악할 수 있게 해줄 것임에 틀림없다. 우선 첫번째로 만약 분석을 엄밀하게 따라가 본다면, 작가는 글쓰기로부터 자유로워짐으로써, 즉 독특한 관습·이미지·표식, 이를테면 중국 문명과 같은 다른 문명이 훨씬 더 완결된 범례를 보여 주는 것처럼 보이는, 이미 시험된 여러 정식을 가진 그 예식적인 언어로부터 자유로워짐으로써 직접적인 언어, 그 안에서 본능의 작용처럼 이야기하는 그 고독한 언어로 되돌아가게 되는 것같이 보인다. 그러나 이 경우 이 '회귀'는 무엇을 의미하는 것일까? 직접적 언어는 결코 직접적이지 않다. 그것은 역사로 덮혀 있고, 심지어는 문학으로 가득 차 있다. 그리고 이것이 바로 본질적인 점인데, 글을 쓰는 인간이 이 직접적 언어를 포착하려고 하자마자 그것은 그의 손 밑에서 그 본성을 바꾸는 것이다. 여기에서 문학이라는 이 '비약'이 분명하게 인식된다. 우리는 공통어를 자

---

* 맑스가 사회에 관해서 고려하고 있는 것과 같은 고려를 문학에 관해서 추구하는 것이 문제이다(바로 이것이 중요한 점이다). 문학은 소외되어 있으며, 그것이 소외되고 있는 이유 중 일부는 문학과 관련되어 있는 사회가 인간의 소외에 기초하고 있다는 점에 있다. 그것은 또한 그것이 드러내는 여러 요청에 의해서도 소외되어 있다. 그러나 오늘날 문학은 이 '드러내다'(trahir)라는 말이 갖는 두 가지 의미에서 그 요청들을 드러내고 있다. 즉 그것들을 고백하거나 스스로를 드러낸다고 착각함으로써, 그것을 통해 그것들을 배신하고 있기도 한 것이다.

유로이 사용한다. 그리고 이 공통어는 현실을 자유자재로 처리할 수 있는 것으로 만들고 사물을 이야기하며, 그것들을 멀리 떨어뜨려 놓음으로써 우리에게 주는데, 공통어 자체는 언제나 무無에 가깝고 바깥으로 드러나지 않음으로써 이 사용행위 속에서 사라지는 것이다. 그러나 이 공통어가 '픽션'의 언어가 되었을 때, 그것은 용례라는 것으로부터 벗어나 사용될 수 없는 것이 된다. 그리고 아마도 우리는 그것이 지시하는 것을 일상생활에서처럼 아니 그보다도 더욱더 용이하게 받아들이고 있다고 생각할 것이다. 왜냐하면 이 경우 빵이라는 말이나 천사라는 말을 쓰는 것만으로도 즉시 천사의 아름다움이나 빵의 향기로움을 우리가 생각하는 그대로 가질 수 있기 때문이다. 확실히 그렇다. 그러나 이것은 어떤 정황에 근거하는 것일까? 그것은 우리가 단지 사물을 사용할 수 있는 정도의 세계가 우선 붕괴되어 버리고, 사물이 사물 자체로부터 한없이 멀어지며, 다시금 이미지를 사용할 수 없는 거리가 된다는 점이다. 또한 내가 이미 나 자신이 아니고, 이미 나라고 말할 수 없다는 점이기도 하다. 무시무시한 변형이다. 내가 픽션을 통해 소유하는 것, 그것을 나는 확실히 소유하지만 이 존재는 나로부터 나와 모든 존재를 빼앗아 가는 것이다. 마찬가지로 그것은 언어를 말하는 것이 아니라 존재하는 것으로 만든다. 존재가 갖는 무위의 심연이 되어 버린 언어, 거기엔 이름이 존재해 있지만 아무것도 의미하지 않고 아무것도 드러내지 않는 장이 되는 것이다.

이것은 무시무시한 변형이며, 또한 가장 포착하기 힘든 변형이어서, 처음에는 그렇다고 느끼지 못하고 끊임없이 숨고 있다. 이 '비약'은 직접적이지만 이 직접적인 것은 모든 검증을 벗어나고 있다. 이미 알고 있듯이 우리는 이 비약이 이루어졌을 때에 비로소 쓰는데, 이 비약을 행하기 위해서는 우선 써야만 한다. 끝없이 무한을 출발점으로 삼아 써야만 한다. 구어가 가지는 순진무구함과 자연으로 되돌아가려고 생각하는 것(이것은 레이몽 크노Raymond Queneau가 다소 비꼬는 듯이 우리에게 추천하고 있는 바이지만)은 이 변신이 굴절률과 같이 계산될 수 있는 것이라 주장하는 것이다. 그렇다면 마치 사물들의 세계 속에 부동화된 어떤 현상이 문제인 듯하지만, 사실 이 변신은 이 세계의 공허 그 자체이며 자기자신이 바뀌었을 때 처음으로 들을 수 있는 목소리이고, 그것을 가진 인간을 비결정적인 것에 맡기는 결정인 것이다. 롤랑 바르트가 문체라고 이름 붙이고 있는 그 내장적內臟的이고 본질적인 언어, 우리의 은밀한 내면과 연결된 그 언어는 당연히 우리에게 가장 가까워야 하지만 만약 다음과 같은 사실이 확실하다면 이것은 우리에게 가장 가까워지기 어려운 것이기도 하다. 즉 이 언어를 재파악하기 위해서 우리는 그저 단순히 문학적 언어를 멀리해야 할 뿐만 아니라, 폴 엘뤼아르(Paul Eluard)가 중단되지 않은 시라고 말했을 때에 아마도 가리키고 있었다고 생각되는 그 멈추지 않는 말의 공허한 심연과 만나고 그것을 함구해야 한다는 것이다.

    프루스트는 처음에는 라 브뤼예르나 플로베르의 언어를 이야기하고 있다. 이것은 글쓰기로부터의 소외인데, 그는 부단히 씀으로써 그것도 특히 편지를 씀으로써 이 소외로부터 조금씩 해방되어 간다. '많은 사람들'에게 '많은 편지'를 씀으로써 그는 마침내 그의 것이 될 쓰는 운동으로 미끄러져 들어가는 듯하다. 이 형식은 바로 오늘날 우리가 놀라울 정도로 프루스트적인 것으로서 감탄하고 있는 형식이며,

소박한 학자들이 그의 육체적 구조에 연결시키는 형식인 것이다. 그러나 여기에서 대체 누가 이야기하고 있는 것일까? 프루스트인 것일까? 사교계의 일원으로 가장 공허한 사회적 야심이나 아카데믹한 취미를 갖고 아나톨 프랑스(Anatole France)를 존경하며 『피가로』(*Figaro*)지에 사교계의 소식을 기고하는 그 프루스트인 것일까? 여러 악습을 갖고 이상한 생활을 영위하고 바구니 속의 쥐를 괴롭히며 즐기고 있는 그 프루스트인 것일까? 이미 죽어서 움직이지 않게 되어 묻히고만 프루스트, 친구들도 이제 더 이상 알아보지 못하고 그 자신에게조차 모르는 사람이 되어 버린 프루스트, 필자 이외의 그 누구도 아닌 프루스트, '매일 언제나 어떤 때라도 쓰고' 마치 시간 밖에 있기라도 하듯 이미 누구에게도 속하지 않는 필자 이외의 그 누구도 아닌 프루스트, 그러한 프루스트인 것일까? 우리는 프루스트라고 말한다. 그러나 우리는 전혀 다른 사람이 쓰고 있다는 것을 분명히 느끼고 있다. 그저 단순히 다른 누군가 일뿐만 아니라 쓰기의 요청 그 자체가 쓰고 있다는 것을 느끼고 있다. 이 요청은 프루스트라는 이름을 사용하고 있긴 하지만 프루스트를 표현하고 있지는 않다. 프루스트에 대한 소유권을 포기하고 그를 타자로 만듦으로써만 프루스트를 표현하고 있는 것이다.

문학이라는 경험은 전체적인 경험이며, 어떠한 한계도 견딜 수 없는 물음이며, 이 물음은 안정되거나 이를테면 어떤 언어상의 문제(이 유일한 관점 아래에서 모든 것이 흔들리지 않는 한)로 환원되는 것을 받아들이려 하지 않는 것이다. 즉 이 경험은 자기 고유의 물음 그 자체의 열정이며, 자신이 끌어당기는 자에게 이 물음 안으로 완전히 들어가라고 강요하고 있는 것이다. 그러므로 문학적 예식이나 성화된 여러 가지 형식, 예식적인 이미지, 아름다운 언어, 운율이나 조화나 이야기와 관련된 여러 관습 등을 의심스러운 것으로 만드는 것만으로는 이 경험에게 충분하지 않다. 단순과거나 삼인칭을 무수히 사용하여 쓰인 소설과 만났을 경우 결코 '문학'과 만나지 않았을 뿐만 아니라, 문학을 고립시키고 좌절시키는 것과 만난 것도 아니다. 실제로 문학의 접근을 가로막거나 보증하는 것은 전혀 존재하지 않는 것이다. 오늘날 훌륭한 기량으로 쓰인 것, 내던지듯이 쓰인 것, 아름다운 문체로 쓰인 것, 남들을 감동시키는 것, 지루한 것 등 셀 수도 없이 많은 소설이 있지만 이것들은 모두 한결같이 문학과는 관계가 없다. 게다가 그것이 관계가 없다는 것은 내던지듯 썼기 때문도 아니고 훌륭한 기량을 갖고 썼기 때문도 아니며, 고상한 언어 때문도 아니고 방만한 언어 때문도 아니다.

롤랑 바르트는 중요한 고찰을 통해 우리를 그가 글쓰기의 영도라고 명명한 것 쪽으로 향하고 있는데, 아마도 이 경우 그는 문학이 자기 자신을 포착할 수도 있는 순간을 지시했던 것 같다. 그러나 그 시점에서 문학은 단순히 부재하고 중성적이며 무색인 글쓰기가 아니라, 이 '중성'(neutralité)의 경험 그 자체가 될 것이다. 이 '중성'은 아무도 들을 수 없는 것이다. 왜냐하면 이 중성이 이야기하는 경우, 그것에 침묵을 부과하는 자만이 그것을 듣기 위한 준비를 하는 것이다. 하지만 거기서 들어야 하는 것은 그 중성의 말이고, 언제나 이미 이야기된 것이면서 자신을 끊임없이 이야기하고 있는 것이며, 또 들을 수 없는 것이다. 사뮈엘 베케트(Samuel Beckett)의 구절들이 우리를 그 예감 가까이로 가게 만드는 그 고뇌인 것이다.

3장
지금 어디에? 지금 누가?

사뮈엘 베케트의 책에서는 누가 이야기하고 있는 것일까? 얼핏 언제나 같은 말을 하고 있는 것처럼 보이는 그 지칠 줄 모르는 '나'는 대체 누구인 것일까? 그는 어디로 되돌아오려고 생각하는 것일까? 저자는 확실히 어딘가에 있을 테지만, 대체 그는 무엇을 희망하고 있는 것일까? 읽고 있는 우리는 무엇을 희망하고 있는 것일까? 그것도 아니라면 그는 어떤 원 속으로 들어가 버려서, 그곳에서 방향을 잃진 않았지만 중심을 잃은 방황하는 말, 시작도 끝도 없는 갈망과 요구로 넘치고 장래에도 결코 멈추지 않는 방황하는 말에 이끌려서 아무도 모르게 돌아다니고 있는 것일까? 우리는 이 말이 멈추는 것을 참을 수 없다. 왜냐하면 멈추었을 경우, 이 말은 말하고 있지 않을 때에도 역시 말하고 있고, 끊어졌을 때에도 집요하게 이어지고 있다는 무시무시한 발견을 해야 한다고 생각하기 때문이다. 게다가 그 집요하게 이어지는 말은 침묵하는 말이 아니다. 왜냐하면 그 속에서는 침묵이 영원히 자신을 이야기하고 있기 때문이다.

이 경험은 책으로부터 책으로, 그것이 이어질 수 있게 하는 박약한 수단들을 버리면서 보다 순수한 형태로 이어질 수 있는데, 거기에는 어떠한 해결도 없다.

우선 첫번째로 놀라운 것은 이 움직임이다. 여기에서는 누군가가 쓰고 있지만, 그 누군가는 아름다운 책을 쓴다는 멋진 즐거움 때문에 책을 쓰는 것도 아니고, 일반적으로 영감이라 부를 수 있으리라고 생각되는 아름다운 구속에 의해, 즉 우리에게 말해야만 하는 중요한 사항을 말하기 위해서라든가, 그것을 자신이 해야만 하기 때문이라든가, 쓰는 것을 통해 미지의 것 속으로 들어가고 싶다고 생각하고 있다든가, 그러한 이유로 인해 쓰고 있는 것도 아니다. 그렇다면 그만 두려는 생각으로 쓰고 있는 것일까? 자기가 자기를 끌어당기는 움직임을 지금 다시 지배하고 있고, 자신이 이야기하고 있기 때문에 이야기하는 것을 멈추는 것도 가능하다는 인상을 손에 넣음으로써, 그 움직임으로부터 벗어나려고 시도하기 때문인 걸까? 그러나 도대체 그가 이야기하고 있는 것일까? 거기서 사라져 버린 인간의 열린 내밀성 속에서 말로 변한 이 공허는 대체 무엇일까? 그는 어디로 떨어진 것일까? "지금 어디에? 지금 언제? 지금 누가?"

방황의 영역에서

그가 싸우고 있다는 사실은 분명하게 볼 수 있다. 그러나 때로는 비밀스럽게, 소위 우리에게도 자기자신에게도 숨기고 있는 어떤 비밀을 기초로 싸우기도 한다. 그의 싸움에 책략이 없는 것은 아니어서, 자신의 패를 까발려 보이는 가장 심오한 책략을 쓰기도 한다. 첫번째로 사용되는 수법은 그와 말 사이에 여러 가면이나 형상을 놓아 두는 수법이다. 『몰로이』(*Molloy*)는 아직 거기서 표현되고 있는 것이 이야기라는 확실한 형식을 취하려 시도하는 책이다. 물론 이것이 행복한 이야기는 아니다. 그것이 이야기하고 있는 한없이 비참한 사항 때문만이 아니라, 그 이야기가 그것을 이야기하는 데 성공하지 못하고 있다는 점 때문에도 그것은 잘 만들어진 이야기는 아니다. 이미 방황을 위한 수단이 없는 이 방랑자(그러나 그에게는 아직 발이 있고 자전거까지 있다)는 숨겨져 있다가 폭로되었다가, 다시 숨겨지는 모호한 어떤 목표 주위를 영원히 맴돌고 있다. 이 목표에는 이미 죽었지만 아직도 계속 죽고 있는 그의 어머니와 연관된 무엇인가가 있다. 그리고 이 책의 서두에서부터 이미 그가 그것에 도달해 있기 때문에("나는 어머니 방에 있다. 지금 거기서 살고 있는 것은 확실히 나다"), 그로 하여금 자신을 감추고 남들에게 보여 주려 하지 않는 이상한 성질 속에서 끊임없이 그 주위를 방황하게 하는 어떤 것이 있다. 그래서 우리는 이 방랑자가 더 심각한 어떤 방황에 사로잡혀 있으며, 이 삐걱거리는 운동이 비인칭적인 강박의 영역이라고도 말할 수 있을 영역에서 행해지고 있다는 것을 확실히 느끼는 것이다. 그러나 우리 눈에 비친 몰로이의 모습이 너무나 정돈되지 않은 모습이라 해도, 그는 언제나 확실하게 그것의 본질을 끝까지 캐낼 수 있는 한 인물이며, 우리를 더욱 혼돈스러운 위협으로부터 지키는 확실한 하나의 이름인 것이다. 그러나 이 이야기에는 사람들에게 불안을 느끼게 만드는 어떤 풍화운동이 있다. 요컨대 이 운동은 방랑자의 불안정한 경계만으로는 만족하지 않고 더 나아가서 그로 하여금 결국에는 분열하여 다른 인간이 될 것을, 형사 모랑이 될 것을 요구하는 것이다. 이 형사는 그를 뒤쫓지만 잡을 수 없고 이렇게 추적하는 와중에 형사 자신도 한없는 방황의 길로 들어가고 마는 것이다. 몰로이는 자기도 모르는 사이에 모랑이 된다. 즉 다른 사람이 된다. 다시 말해 바뀌더라도 또 다른 한 인물로 바뀔 뿐이며, 이 변신은 이야기의 안정적 요소를 상처 내지는 않는 것이다. 다만 거기에 어떤 알레고리적 의미를 주입하기는 하지만 이 의미는 실망을 가져다주는 것 같다. 왜냐하면 그 의미가 그 변형에 숨겨져 있는 심연에 상당할 정도의 것으로는 느껴지지 않기 때문이다.

『말론 죽다』(*Malone meurt*)는 명백히 더욱더 멀리까지 나아가고 있다. 여기에서 방랑자는 죽어 가는 인간이 되어 있다. 그가 방랑해야만 하는 공간은 『몰로이』에서는 여전히 우리에게 주어졌었던 것과 같은 무수한 길이 있는 마을이라든지 숲과 바다의 자유로운 지평 등의 수단을 이미 제공해 주지 않는다. 여기에 있는 것은 방과 침대뿐이다. 거기에는 죽어 가는 인간이 물건을 당기거나 밀거나 하여 자신의 부동성의 원을 넓히고 있는 봉이 있다. 또 특히 자신의 공간을 말과 이야기의 무한한 공간으로 만듦으로써 이 원을 더욱 넓히는 연필이 있다. 말론은 몰로이와 마찬가지로 하나의 이름이며 인물이지만, 그것은 일련의 이야기이기도 하다. 그러나 이 이야기들은 이미 그 자체에 기초하고 있지 않은 것이다. 독자가 믿을 수 있도록 이야기하기는커녕 그것들은 즉시 허구적 인공성을 폭로당하고 만다. "이번에는 어디로 갈 것인지 알고 있다. …… 자, 이번에는 여행이다. 나는 여행하러 간다. …… 각기 다른 주제로 네 가지 이야기를 자신에게 들려줄 수 있을 것이라고 생각한다." 왜 이렇게 무의미한 이야기를 만드는 것일까? 말론이 떨어졌다고 느끼고 있는 공허 속에 가구처럼 그것들을 늘어놓기 위해서이다. 요컨대 죽음의 무한한 시간이 되는 이 공허한 시간에 대한 불안을 통해서 말이다. 이 공허한 시간이 제멋대로 지껄이도록 내버려 두지 않기 위해서이다. 그리고 이 공허한 시간으로 하여금 입을 다물도록 할 수 있는 유일한 방법은, 어떠한 희생을 치르더라도 그것으로 하여금 억지로 뭐든 말하게 하고, 어떤 이야기를 말하게 하는 것이다. 그러므로 이 책은 이제 공공연한 속임수에 불과하다. 그러므로 어떻게든 맞춰져 있는 논리가 삐걱거리며 이 책의 균형을 잃게 하고, 여러 허구적 인공성들이 서로 부딪혀서 경험은 혼란스러워지고 마는 것이다. 왜냐하면 이야기는 결국 이야기이고 그 광채라든지 비아냥이 넘치는 교묘함 등, 이야기에 형식과 흥미를 주는 모든 것은 이야기를 말론이라는 이 죽어 가는 인간으로부터 떨어뜨려 놓는 것이기도 하기 때문이다. 그것들은 이야기를 말론의 죽음의 시간으로부터 떼어 내어, 우리가 믿지도 않는 이야기가 가지는 통상의 시간에 다시 연결시키고 만다. 이 경우 그 이야기는 우리에게 어떠한 중요성도 없다. 왜냐하면 우리는 훨씬 더 중요한 것을 기대하고 있기 때문이다.

『이름 붙일 수 없는 것』

『이름 붙일 수 없는 것』(*L'Innommable*)에서는 확실히 여러 이야기들이 자기를 유지하려고 시도하고 있다. 일찍이 저 죽어 가는 인간은 침대와 방을 갖고 있었다. 마후드는 식당 입구의 장식으로 사용되고 있는 항아리에 들어 있는 쓰레기와 같은 인간이다. 웜이라는 인물도 있는데 이는 아직 태어나지도 않은 인물이며, 그의 생활은 실존하는 데에서의 무력(impuissance)이 만들어 내는 가슴통증뿐이다. 동시에 또한 이전의 여러 인물들도 모습을 드러내고 있는데 이들은 실체 없는 환영이라고 할 수도 있고, 이름 없는 '나'가 점하는 공허한 중심의 주변을 기계적으로 돌고 있는 공허한 이미지라고 할 수도 있을 어떤 것이다. 그러나 이제 모든 것은 바뀌었고 경험은 그 진정한 심연으로 들어가고 있다. 이제 그 한 사람 한 사람 개인의 이름이라는 확실한 보호 아래에 있는 인물이 문제도 아닐뿐더러, 설령 내면독백이라는 형태도 사용하지 않고, 현재형으로 옮겨지고 있는 이야기이든 어쨌든, 어떤 이야기가 문제인 것도 아니다. 일찍이 이야기였던 것이 이제는 싸움이 되었고, 쓰레기처럼 흐트러진 인간의 모습이건 간에 어쨌든 어떤 모습을 하고 있었던 것이 이제는 아무 모습도 아닌 것이 되었다. 이제 누가 말하고 있는 것일까? 어쩔 수 없이 끊임없이 이야기하는 나, "나는 이야기하도록 강요당하고 있다. 결코 입을 닫지 못할 것이다. 결코!"라고 말하는 그 인물은 대체 누구인 것일까? 아주 안심할 수 있는 관습에 따라서 우리는 그 사람은 사뮈엘 베케트라고 스스로 우리의 질문에 답한다. 그렇게 함으로써 우리는 가공적이지 않기 때문에, 어떤 현실적 실존의 진정한 고뇌를 환기하는 상황에 포함된 답답한 것을 받아들이고 있는 것 같다. 경험이라는 말은 진정으로 체험된 것을 시사하려고 하는 듯하다. 그러나 또한 우리는 이렇게 해서 이름이 갖는 안정성을 다시 발견하고, 책의 '내용'을 그 개인적 단계에 자리매김하려는 것이다. 이 단계에서는 일어나는 모든 것이 어떤 의식의 보증하에서 일어나고, 우리가 **나**라고 말하는 능력을 잃어버린다는 최악의 불행을 벗어나게 해줄 수 있는 세계 속에서 일어나는 것이다. 그럼에도 불구하고 『이름 붙일 수 없는 것』은 바로 비인칭적인 것의 위협 아래에서 체험된 경험이며, 단지 자신만을 말하는 중성적인 말의 접근이다. 이 말은 그것을 듣는 자를 관통하고, 어떠한 내면도 없으며, 모든 내면을 배제하는 것이고, 또한 그것으로 하여금 말하기를 멈추게 할 수가 없다. 왜냐하면 그것은 멈추지 않는 것, 끊어지지 않는 것이기 때문이다.

그렇다면 여기서는 누가 말하고 있는 것일까? '저자'인가? 그러나 쓰는 자가 결국 이미 베케트가 아니라 그를 자기자신의 밖으로 끌어내는 요청이라면, 그로부터 소유권을 빼앗아 해방시키며 그를 외부에 맡기고 그를 이름 없는 존재로, 이름 붙일 수 없는 것으로, 살거나 죽거나 멈추거나 시작하거나 할 수 없는 존재 없는 존재로 만드는 요청이라면, 그를 공허한 말의 무위가 말하고 작은 구멍들이 뚫린 죽어 가는 나가 간신히 뒤덮고 있는 공허한 장으로 만드는 요청이라면, 도대체 이 '저자'라는 이름은 무엇을 나타낼 수 있는 것일까?

여기서 예고되고 있는 것은 바로 이와 같은 변신이다. 계속해서 말하는 생존이, 결코 굴복하려 하지 않는 알 수 없는 잔존이, 바로 이 변신의 내면에서 방황하는 것이며, 어떤 능력을 의미하는 것이 아니라 자신을 멈출 수 없는 것에 대한 저주를 의미하는 인내심을 가지고 어떤 부동의 방랑을 계속하면서 싸우는 것이다.

자진해서 모든 수단을 버려 버리고, 이제 가능적인 어떠한 연결고리도 없는 지점에서 시작하는 것을 받아들이고, 어떠한 속임수도 없이 집요하게 그 지점에 머무르며 300페이지에 걸쳐서 언제나 변하지 않는 부자연스러운 움직임과 결코 앞으로 나아가지 않는 발걸음을 들려주고 있는 책, 이러한 책을 아마도 찬미해야 할 것이다. 그러나 이것도 여전히 무심한 독자의 관점이어서 그러한 독자는 힘들어 보이는 것을 차분하게 바라보고 있는 것이다. 벗어날 수 없는 시련에는 결코 감탄할 만한 것 따위는 없고, 거기에 떨어지기 위해서는 바로 이미 삶의 밖으로 떨어져 있지 않으면 안 되기 때문에, 죽음을 통해서만 벗어날 수 있는 공간 속에 갇혀서 그곳을 빙글빙글 맴돌고 있다는 사실에는 감탄을 불러일으키게 하는 어떤 것도 없는 것이다. 심미적 감정 따위의 것은 이미 여기서 통용되지 않는다. 아마도 우리는 한 권의 책에 직면하고 있는 것이 아니고, 아마도 한 권의 책을 훨씬 넘어서는 것이 문제인 것 같다. 모든 책이 그곳으로부터 생겨나는 움직임으로의 순수한 접근이 문제이고, 아마도 작품이 사라져 버리는 그 근원적 지점이 문제인 것 같다. 이 지점은 언제나 작품을 파괴하고 작품 속에 한없는 무위를 회복시킨다. 그러나 작품은 아무것도 아니게 되는 위험을 감수하여 이 지점과 언제나 한층 더 시원적 관계를 맺지 않으면 안 되는 것이다. **이름 붙일 수 없는 것**은 바로 무한을 소진할 수밖에 없는 것이다. "나에게는 해야 할 것이 아무것도 없다. 즉 특별한 것을 아무것도 갖고 있지 않다. 말하지 않으면 안 되는데, 이것은 애매한 작업이다. 아무것도 이야기할 게 없고, 다른 사람의 말밖에 없는 데도 말해야만 한다. 말하는 법도 모르고, 말하고 싶지 않은 데도 말해야만 한다. 아무도 나에게 강요하고 있지 않고 아무도 없다. 이것은 우연의 사건으로, 하나의 사실이다. 결코 그 누구도 나의 이 작업을 면제해 줄 수 없을 것이다. 여기에는 아무것도 없다. 발견해야 할 것도, 아직도 이야기해야 하는 것을 줄여 주는 것도, 아무것도 없다. 바다를 마시는 것과 같다. 그러므로 바다가 있는 것이다."

주네

왜 이러한 일이 일어난 것일까? 장 주네(Jean Genet)는 어떤 심오한 '악'의 구속을 받아야만 했는데, 문학이 이 악을 표현함으로써 어떻게 주네에게 서서히 지배권과 힘을 부여하고, 그를 수동적인 상태로부터 능동적 행동으로, 형태를 이루지 않는 것으로부터 하나의 형상으로, 두리뭉실한 시로부터 호화롭고 분명한 산문으로 고양시킬 수 있었는지에 대해 사르트르는 다음과 같이 지적한다. "저자는 눈치채지 못하고 있지만 『꽃의 노트르담』(*Notre-Dame des fleurs*)은 어떤 해독과 회심에 관한 일기이다. 주네는 거기서 자기자신의 독으로부터 해방되며 타자를 향한다. 이 책은 해독작용 그 자체를 실현하고 있는 것이다. 유기적인 산물, 여러 몽상의 응축물, 마스터베이션의 서사시로서 이 책은 어떤 악몽으로부터 태어난 후, 죽음으로부터 삶으로, 꿈으로부터 각성으로, 광기로부터 건강으로, 여러 타락이 이정표처럼 늘어선 길을 한 줄 한 줄 더듬어 가는 것이다……." "그는 우리를 그 악에 물들이면서도 자신은 그것으로부터 해방된다. 그의 책 하나하나는 카타르시스적 사로잡힘의 발작이며 영혼의 연극이다. 겉으로 봐서는 각각 그에 앞서는 것을 반복하고 있을 뿐이지만, 각각을 통해 이 사로잡힌 인간은 자신을 사로잡고 있는 악령을 조금씩 지배할 수 있게 된다……."

이것은 고전적이라 칭할 수 있을 경험의 한 형식이며 괴테의 '시는 해방이다'라는 말에 대한 전통적 해석을 통해 그 정식이 확립되고 있다. 『말도로르의 노래』도 또한 이 경험을 명백히 하고 있다. 왜냐하면 거기서는 변신의 힘과 이미지의 정념이 언제나 보다 더 집요한 것이 되는 주제의 회귀를 통해, 조금씩 밤의 밑바닥으로부터 밤이라는 수단을 통해, 어떤 새로운 존재가 나타나, 그것이 낮의 반짝임 속에서 그 형상의 현실성을 발견하려 하고 있는 것을 우리가 볼 수 있기 때문이다. 이렇게 해서 로트레아몽이 태어나는 것이다. 그러나 문학이 우리를 낮으로 인도한다 생각되더라도 그것이 이성적인 빛의 조용한 향유로 인도해 줄 거라고 생각하는 것은 경솔한 것이다. 공통의 낮에 대한 정념은 로트레아몽에 있어서 이미 비속함에 대한 무시무시할 정도의 찬양으로까지 고양되어 있으며, 공통의 언어에 대한 정념은 상투구나 모방어에 대한 냉소적인 긍정이 됨으로써 자신을 파괴해 버리는 것이다. 이것들은 그를 밀어내어 낮의 무한계성 속에서 헤매게 만들고 그는 거기서 사라져 버리는 것이다.

 주네의 경우에도 사정은 마찬가지다. 사르트르가 완벽하게 간파한 대로, 설령 문학이 인간에게 어떤 출구를 열고 인간이 지배력을 성취하는 것을 용이하게 하는 것처럼 보인다 할지라도, 문학은 모든 일이 잘 풀렸을 때에 갑자기 그것에 고유한 출구의 부재를 드러내고, 게다가 그 성취의 절대적 좌절성을 드러내는 것이어서, 문학 자체가 아카데믹한 경력의 무의미함 속에서 해체되어 버리는 것이다. "『꽃의 노트르담』 시대에 시는 출구였다. 그러나 오늘날 깨어나고 합리화되어 내일에 대한 불안이나 공포가 없는 그는 도대체 왜 쓰는 것일까? 문인이 되기 위해 쓰는 것일까? 이것은 그야말로 그가 바라지 않는 바다. …… 어떤 저자의 작품이 매우 깊은 욕구로부터 생겨난 것이며, 그 문체가 매우 명확한 의도하에서 다듬어진 무기이고, 그 이미지나 추리 하나하나가 매우 명백한 형태로 삶 전체를 요약하고 있는 경우, 그 저자가 단번에 다른 것을 말하기 시작하지는 않으리라고 상상할 수 있다. …… 얻는 자는 잃는 자이다. 그는 작가라는 이름을 얻음으로써 동시에 글을 쓸 필요와 욕구와 기회와 수단을 잃는 것이다."

게다가 또 사실 문학적 경험에 관해서는 이미 고전적인 것이 되어 버린 어떤 말하기 방식이 있다. 이 말하기 방식에 따르자면 사람들은 작가가 작품 속에서 자기자신의 어두운 부분으로부터 행복한 형태로 해방되는 것을 보게 된다는 것이다. 그 부분은 작품 속에서는 마치 기적과도 같이 작품이 가지는 고유의 행복과 밝음으로 변하며 작가는 작품 속에서 어떤 은신처를 발견하는 것이다. 일이 더 잘 풀린다면 타인과의 자유로운 교류 속에서 자신의 고독한 자아가 개화하는 것을 발견하는 것이다. 이것은 프로이트가 승화작용의 효력을 강조하면서 주장했던 생각이며, 이 주장을 관통하고 있는 것은 그가 의식과 표출이 가지는 여러 가지 힘에 대해 품고 있었던 아주 감동적인 그 신뢰의 마음이다. 그럼에도 불구하고 사태는 반드시 그렇게 단순하지는 않다. 경험에는 또 하나의 다른 단계가 있다고 말해야 할 필요가 있다. 그 단계에서 사람들은 미켈란젤로가 점점 더 고뇌에 찬 인간이 되고, 고야가 점점 더 악령에 사로잡힌 인간이 되며, 그 밝고 쾌활한 네르발이 가로등에서 생을 마감하고, 횔덜린이 시적 생성의 너무나 강한 움직임 속으로 들어가 버린 탓에 자기자신과 자기자신의 이성적 소유와 사별하는 것을 보게 되는 것이다.

중성적 언어에 접근하기

왜 이러한 일이 일어나는 것일까? 여기서는 두 종류의 성찰의 장을 제시하고자 한다. 그 중 하나는 글을 쓰기 시작한 인간에게 작품이란 그가 그 평화롭고 충분히 보호받고 있었던 자아 속에 갇혀 인생의 여러 곤란으로부터 은신할 수 있는 피난처가 아니라는 것이다. 아마도 그는 자신이 사실상 세계로부터 보호받고 있다고 생각하고 있겠지만, 그것은 훨씬 더 중대한 어떤 위험에 자신을 노출시키기 위함이다. 이 위협은 그가 무방비 상태라는 것을 발견하기 때문에 더욱더 위협적인 위협이며, 바깥으로부터, 그가 바깥에 있다고 하는 사실로부터 그에게 다가오는 위협에 다름 아니다. 그리고 그는 이 위협에 대해 자신을 지켜야 할 것이 아니라, 역으로 그것에 자신을 맡길 수밖에 없는 것이다. 작품은 그것을 쓰는 인간이 작품을 위해 자신을 희생하여 과거에 살았던 자기와 비교해 다른 것이 되도록 요구한다. 어떤 다른 사람, 요컨대 의무나 만족이나 흥미를 가진 작가가 되기를 요구하는 것이 아니라, 오히려 아무도 아닌 자로 작품이 부르는 소리가 울려 퍼지는 공허하지만 생기 넘치는 장이 될 것을 요구한다.

그러나 왜 작품은 이러한 변형을 요청하는 것일까? 이 물음에 대해서는 이런 식으로 답할 수 있다. 작품은 그 출발점을 익숙한 것 속에서 발견할 수 없고, 아직 생각된 적도, 들렸던 적도, 보였던 적도 없는 것을 추구하고 있기 때문이라고 말이다. 그러나 이 답은 본질적인 점을 완전히 방치하고 있는 듯하다. 혹은 또 다음과 같이 답할 수도 있으리라. 작가도 살아 있는 인간이고 또 공동체 속에서 살아가는 인간이어서, 거기서 그는 유용한 것에 대해서 영향력을 행사하고 있고, 만들어진 것이나 만들어야 할 것이 가지는 견고함에 기초하여 그가 바라건 바라지 않건 무언가 어떤 공동의 계획의 진실성에 관여하고 있는데도, 작품은 작가에게 거처로서 상상계라는 공간을 부여함으로써, 그로부터 세계를 빼앗고 있기 때문이라고 말이다. 사실 『이름 붙일 수 없는 것』이 우리에게 환기시키고 있는 것 중 일부는 이 세계 밖으로 떨어져 버린 인간의 불안이다. 그것은 그러한 일탈상태 속에서 이후에는 더 이상 죽지도 못하고 태어나지도 못하며, 자신이 만들어 내기는 했으나 그 존재를 믿지도 않고, 또한 그에게 어떤 말도 하지 않는 온갖 환상에 사로잡혀 있으면서 존재와 무 사이를 영원히 부유하는 인간의 불안이다. 그러나 이것도 아직 진정한 대답은 아니다. 우리는 오히려 그 진정한 대답을 작품이 자신을 완결하려 함에 따라 작품을, 작품이 불가능성의 시련에 노출되는 지점으로 이끌어 가는 그 움직임 속에서 발견하는 것이다. 거기에서 말은 말하는 것이 아니라 존재하는 것이며, 말 속에는 아무것도 시작되지 않고 아무것도 말해지지 않는다. 말은 언제나 다시금 존재하며 언제나 다시 시작되는 것이다.

이러한 근원으로의 접근이 바로 작품의 경험을, 그것을 견디고 있는 인간에게도 작품 그 자체에게도 점점 더 위협적인 것으로 변화시키는 것이다. 그러나 또한 이 접근만이 예술을 본질적인 탐구로 변화시키는 것이며, 또한 가장 위태로운 방식으로 이 접근을 감지할 수 있는 것으로 만들었기 때문에, 『이름 붙일 수 없는 것』은 문학이 우리에게 제공하고 '성공한' 작품의 대부분과 비교하여 문학에서 훨씬 더 중요한 것이다. "자신이 거짓말쟁이이고 자신이 말하고 있는 것에 대해 아무 관심도 없으며, 아마 너무 늙고 또 너무 모욕을 많이 당한 나머지 결코 자신을 멈추게 할 말들을 결국 말할 수 없다는 것을 알면서도 말하고 있는 그 목소리"를 들으려고 노력해 보자. 글을 쓰기 위해 시간의 부재 속에 떨어져 버린 인간이 이후에 말에 자신을 내맡기면서 빠져

들어가는 그 중성적 영역, 그가 끝없는 죽음을 통해 죽어야만 하는 그 영역으로 내려가려고 노력해 보자.

"…… 말은 모든 곳에 내 안에도, 내 밖에도 있다. 어찌된 일인지 방금 전까지 나에게는 밀도라는 것이 없었다. 말이 들린다. 들을 필요는 없고 머리도 필요하지 않다. 말을 중지시키는 것은 불가능하며 나는 말 속에 있고, 말로 이루어져 있다. 다른 것들의 말로 이루어져 있다. 다른 것들은 장소이기도 하고, 공기이기도 하며 게다가 벽, 마루, 천장, 말들이다. 전 세계가 여기에 나와 함께 있다. 나는 공기이고 벽이며, 벽에 갇힌 자다. 모든 것은 굴복하고 열리며 흘러나오고 역류한다. 눈송이, 나는 교차하고 하나로 뭉쳐지며, 또 뿔뿔이 흩어지는 모든 눈송이다. 나는 어디에 가더라도 내 자신을 발견하고 내 자신을 버린다. 내 자신에게로 향해 가고 내 자신으로부터 온다. 언제나 그저 자기자신뿐. 자신의 조각뿐, 되돌리고 상실하고 놓친다. 말들, 나는 그 모든 말들이다. 그 모든 낯선 것들, 그 말의 먼지다. 떨어져 내릴 땅도 없이, 흩어질 하늘도 없이, 그것들은 서로 만나고 또 서로를 벗어나고는 말하는 것이다. 내가 그 모든 것이라고. 사람이 아니다. 전혀 다른 것이다. 나는 전혀 다른 것이라고 이야기한다. 침묵할 수 있는 한 물건, 그것이 있는 장소는 단단하고 공허하며, 닫혀 있고 건조하며, 명확하고 어두우며, 그곳에서는 아무것도 움직이지 않는다. 아무도 말하지 않는다. 그리고 나는 귀를 기울이며 듣고, 탐구한다. 마치 우리^{cage} 안에서 태어난 짐승(bêtes), 그 놈은 우리에서 태어난 짐승, 우리에서 태어난 짐승, 우리에서 태어난 짐승, 우리에서 태어난……."

4장
마지막 작가의 죽음

그 인간과 함께 아무도 모르는 사이에 글쓰기라는 이 소소한 신비가 사라지는, 마지막 작가를 꿈꿀 수는 있다. 이러한 상황에 몇몇 환상성을 부여하기 위해 이를테면 랭보, 그것도 진짜 랭보보다 더 신화적인 랭보가 자기자신 속에서 자기자신과 함께 죽는 그 말을 침묵시키려 하고 있다고 상상할 수도 있다. 더 나아가서는 세계와 문명들이 만드는 테두리 안에서, 이 결정적인 종말이 어떤 방식으로든 지각될지도 모른다고 추측할 수도 있다. 이러한 것으로부터 도대체 어떠한 결과가 나오는 것일까? 겉으로 봐서는 그저 거대한 침묵이 있을 뿐이다. 그것은 어떤 작가가 죽었을 때에 예의상 흔히 말해지곤 하는 것이다. '하나의 목소리가 입을 다물었다. 하나의 사유가 상실되었다'라고 말이다. 그렇다면 세간의 평판의 웅성거림이 수반된 작품의 언어라는 저 탁월한 어투로는 이제 아무도 말하지 않는다면, 참으로 대단한 침묵이 지배하는 것이리라.

    이와 같은 것을 몽상해 보자. 이런 시대는 이전에도 존재했었고, 앞으로도 존재할 것이다. 이런 허구적 상황은 우리들 각자의 삶 속 어떤 순간에서는 현실인 것이다. 상식은 놀라겠지만 이 빛이 사라지는 날에 말없는 시대가 예고된다 할지라도, 그것은 침묵에 의해서가 아니라 침묵의 후퇴에 의한 것이며, 침묵의 층위의 균열에 의한 것이고, 또한 이 균열을 통한 어떤 새로운 소리에의 접근에 의해서이다. 진중한 것은 아무것도 없고 소란스러운 것도 아무것도 없다. 가까스로 웅얼거리는 듯한 것이 있을 뿐이지만, 이것은 우리가 고뇌하고 있다고 생각하고 있는 이 도시 저 도시의 거대한 야단법석에 아무것도 덧붙이지 않을 것이다. 그 유일한 특징이라고도 말할 수 있는 것은 그것이 멈추지 않는다는 점이다. 한번 듣고 나면 듣기를 멈출 수가 없다. 사람들은 결코 그것을 진정으로 듣고 있지 않고 그것은 사람들의 이해에서 벗어나 있지만, 그것은 모든 방심放心에서도 벗어나 있으며 사람들이 그것으로부터 벗어나려 하면 할수록 더욱더 현전하는 것이다. 즉 이전에도 말해진 적이 없고 앞으로도 말해질 일이 없는 것이 미리 울려 퍼지고 있는 것이다.

비밀 없는 비밀의 말
그것이 가까이 다가옴에 따라 우리 주위에서는 모든 것이 소리로 변하는데, 이것은 하나의 소리가 아니다(게다가 현재 우리는 소리가 무엇인지를 모른다는 점을 상기할 필요가 있다). 이것은 오히려 하나의 말인데, 그것은 말하고 있고 말하기를 멈추지 않는다. 이것은 말하는 공허와도 같은 것이며, 경쾌하고 집요하며 무심한 웅얼거림이다. 이것은 아마도 모든 사람에게 동일한 것으로 비밀이 없고 한 사람 한 사람을 고립시키며 각자를 다른 자들로부터, 세계로부터 그리고 그 자신으로부터 떼어놓고 조롱하는 듯한 미로로 끌고 간다. 어떤 매혹적인 반발력을 통해 일상적 말의 공통적 세계 아래 쪽으로, 언제나 보다 먼 곳으로 즉각적으로 끌고 가는 것이다.

이 말의 기이함은 그것이 아무것도 말하고 있지 않은 데도 무엇인가를 말하고 있는 것처럼 생각된다는 점에 있다. 뿐만 아니라 이 말 속에서는 깊이가 말하고 있는 듯하다. 전대미문의 것이 스스로를 들려주고 있는 듯하다. 그것은 놀라울 정도의 차가움으로 어떠한 친밀함이나 행복도 가지지 않는 것이지만 각자에게, 만약 그가 잠깐이라도 이 말을 고정할 수 있다면 그와 가장 가까운 것이 될 수 있는 것을 말하고 있는 듯하다. 이 말은 아무것도 약속하지 않고 아무것도 말하지 않기 때문에 기만적인 말이 아니다. 이것은 언제나 단 한 사람이지만 비인칭적으로 말하며, 모든 것을 내부에서 말하면서 바깥 그 자체이고 그것을 듣기만 하면 모든 것을 들을 수 있을 것 같은 유일한 장소에 현전하고 있지만, 그것은 어디에도 없는 곳이면서 모든 곳이다. 또한 이것은 침묵하는 말이다. 왜냐하면 이것은 말하는 침묵이고 들을 수 없고 외관뿐인 말로 변한 침묵, 그 비밀 없는 비밀의 말이 된 침묵인 것이다.

어떻게 이 말을 멈추게 할 수 있을까? 어떻게 하면 이 말을 듣고, 또 듣지 않을 수 있을까? 이 말은 낮을 밤으로 바꾸어 버린다. 이 말은 잠이 없는 밤을 공허하고 날카로운 꿈으로 만들어 버린다. 이 말은 낯익은 모든 사유의 배후에 있으면서 그것에 눈치채이지 않는 방식으로, 인간의 모든 성실한 말을 가라앉히고 마셔 버리며, 모든 대화에 제3자로서 참여하며 모든 혼잣말에 대해 메아리처럼 울린다. 이 말의 단조로움은 이 말이 인내를 갖고 지배하고 그 경쾌함을 통해 부숴 버리며,

안개처럼 모든 것을 산산이 흩어 버린다고 생각하게 만들지도 모른다. 그것이 모든 열정 대신에 부과한 대상 없는 매혹을 통해, 인간을 서로 사랑하는 힘으로부터 벗어나게 해버린다고 생각하게 만들지도 모른다. 대체 이것은 무엇일까? 인간의 말일까? 신의 말일까? 이제껏 발화된 적이 없는 발화되어지기를 바라고 있는 말일까? 모든 말의 부재 그 자체가 말하고 있는 것일까? 그 누구도 이에 대해서는 굳이 왈가왈부하려 하지 않고 암시조차 하지 않는다. 그리고 모두들 감추어진 고독 속에서 이 말을 공허한 것으로 만들 적절한 방법을 찾고 있는 것이다. 이 말은 공허하다는 사실만을, 언제나 보다 더 공허하다는 사실만을 요구하고 있으며 그것이 이 말의 지배 형식인 것이다.

작가란 이 말에 침묵을 부과하는 인간이며, 문학작품이란 거기에 들어갈 수 있는 인간에게는 침묵으로 넘치는 풍부한 거처이며 견고한 방어이고, 우리를 우리로부터 벗어나게 함으로써 우리에게 말을 거는 이 끊임없이 말하는 광대함에 대한 높은 방벽인 것이다. 이미 그 누구의 위에서도 성스러운 표시를 발견할 수 없는 이 상상의 티베트^{Tibet}에서 모든 문학이 말하기를 멈췄을 경우 결여되는 것은 침묵이며, 이 침묵의 결여야말로 아마도 문학의 말이 사라지는 것을 분명하게 보여 주게 될 것이다.

조형미술의 모든 위대한 작품을 응시할 경우, 언제나 어떤 특수한 침묵이 갖는 명백함이 반드시 평온함이지는 않은 어떤 놀라움으로서 우리를 엄습한다. 이것은 감지할 수 있는 침묵이며 때로는 권위적이며 때로는 더없이 냉담하고, 또 때로는 떠들썩하며 생기와 기쁨으로 넘쳐 있다. 그리고 진정한 책은 언제나 어느 정도 조각상과 같다. 그것은 침묵에 대해서 그리고 침묵을 통해서 모양과 견고함을 부여하는 어떤 침묵하는 힘으로서 구축되고 조직되는 것이다.

느닷없이 예술의 침묵이 없어지고 다른 모든 말을 파괴하는 힘을 가진 무無와 같고 낯선 말의 수수께끼와 같은 적나라함이 확연히 모습을 드러내는 이 세계에는 이미 새로운 예술가나 작가는 없다 할지라도, 거기에는 아직 사람들이 은밀하게 어느 정도 조용하거나 침묵하는 분위기를 찾아 갈 수 있는 옛 작품들의 보고寶庫, 즉 **미술관**, **도서관** 등과 같은 은신처가 있다고 사람들은 반론할지도 모른다. 그러나 분명히 상정해야 하는 것은 이 방황하는 말이 어쩔 수 없이 부과되는 날에는 우린 모든 책의 지극히 독특한 착란상태와 마주하게 된다는 것이다. 즉 언젠가 순식간에 이 말을 지배하고, 많든 적든 언제나 이 말의 공범자인 모든 작품이(왜냐하면 이 말이 바로 그 작품들의 비밀이기 때문이다), 이 말을 통해 다시 정복되는 것과 마주하게 된다는 것이다. 시설이 잘 되어 있는 **도서관**에는 읽어선 안 되는 책을 넣어 두는 **지옥**이 있다. 그러나 모든 위대한 책들에는 다른 지옥이 있다. 여러 말들 중 하나가 아니라 영원한 되풀이에서 비롯된 달콤한 숨결과 같은 이 말의 국한된 힘이 눈을 반짝이며 기다리고 있는, 읽을 수 없는 중심이 있는 것이다.

그러므로 이러한 시대의 거장들은——이런 것을 상상하는 것은 그다지 대담한 일은 아닌데——알렉산드리아에 숨어 살려고 생각하지 않고, 그곳의 **도서관**을 불태우려 할 것이다. 틀림없이 책에 대한 깊은 혐오가 그들 각자에게 침투할 것이다. 책에 대한 분노, 격렬한 비탄, 독재를 원하는 가련한 시대에 항시 목격되는 저 비참한 폭력이 침투할 것이다.

독재자

독재자, 이것은 성찰을 하게 만드는 이름이다. 독재자란 **말하는 것**을 그 특징으로 하는 인간이며 명령적인 반복을 그 직업으로 삼는 인간이다. 그는 미지의 말의 위험이 예고될 때마다, 반론의 여지도 없이 아무 내용도 없는 명령이 갖는 엄격함을 통해 이 말과 싸우려 하는 인간이다. 사실 그는 말의 공공연한 적인 듯하다. 아무런 한계가 없는 중얼거림에 다름 아닌 것을 그는 슬로건의 명확함으로 대치한다. 들을 수 없는 것이 암시하는 움직임을 단호한 절규로 대치한다. 『햄릿』에 나오는 망령은 지면 아래를 늙은 두더지처럼 아무런 힘도 운명도 가지지 않고 이곳저곳을 방황하는데, 그 망령의 종잡을 수 없는 탄식 대신에 그는 명령을 내리고 결코 의심하지 않는 왕의 이성의 확고한 말을 입 밖에 내는 것이다. 그러나 이 완벽한 적, 그 망령 든 말의 애매모호함이 만들어 내는 안개를 자신의 절규와 강철과도 같은 결정을 통해 덮어 버려야 할 천명을 받고 태어난 이 인물은, 사실 그 말을 통해 태어난 것은 아닐까? 부재의 무시무시한 웅성거림을 벗어나려 하고 피곤에 절어 불행해져 버린 사람들의 간청에 따라, ─이 웅성거림은 무시무시한 것이지만 속임수는 아니다 ─ 그저 순종만을 요구하고 내면적인 귀먹음이라는 깊은 평온을 약속하는 절대적 우상의 존재로 사람들이 향할 때에 나타나는 이 말의 패러디는 아닐까? 이 말보다 더욱더 공허한 가면, 이 말에 대한 속임수의 대답은 아닐까?

 이리하여 독재자들은 당연한 결과로서 작가, 예술가, 사상가를 대신하게 된다. 그러나 명령의 공허한 말이 주의력이라는 강한 개인적 노력을 통해 사람들이 받아들여야 하고 자신 안에 가라앉혀야 하는 것이라기보다는 오히려 사람들이 광장에서 아우성치는 것을 듣고 싶어 하는 것의 공포와 거짓으로 가득 찬 연장인 반면에, 작가는 전혀 다른 책무, 전혀 다른 책임을 가지게 된다. 요컨대 그 시원의 웅성거림과의 내밀한 관계에 누구보다도 깊이 들어가야 하는 책임이다. 이러한 희생을 함으로써 비로소 그는 그 웅성거림에 침묵을 부과할 수 있고, 그 침묵 속에서 그것을 들을 수 있으며, 이어서 그것을 변형한 후에 표현할 수 있는 것이다.

 이러한 접근 없이 그리고 이 접근이 가하는 시련을 확실히 받아들이지 않으면 작가는 존재하지 않는다. 이 말하지 않는 말은 영감과 많이 닮아 있지만, 영감과 섞이는 일은 없다. 그것은 단지 사람들을 각자에게 유일한 장소, 오르페우스가 내려가는 그 지옥, 그 흩어짐과 부조화의 장으로 이끄는 것이다. 거기서 갑자기 사람들로 하여금 이 말에 직면하게 만들어야 하고, 자신 안에서, 이 말 안에서, 또 모든 예술의 경험 안에서 무능력을 능력으로 바꾸고 방황을 길로 바꾸는 것을 발견할 수 있게 해야 한다. 말하지 않는 말을 그것으로부터 시작해 그 말이 진실로 말할 수 있는 어떤 침묵으로 변화시키는 것, 그것이 있고 나서야 비로소 이 말이 인간들을 멸망시키지 않고 자신 안에서 근원을 말하게 할 수 있는 그 침묵으로 바꾸는 것, 이러한 것을 발견해야만 한다.

근대문학

이것은 단순한 것이 아니다. 오늘날 문학이 체험하고 있는 언제나 한층 더 이 고독한 웅얼거림에 가까이 다가가려는 유혹은 우리 시대, 역사, 예술의 운동 등의 자체에 고유한 다수의 원인과 연관되어 있다. 이 유혹의 결과로 우리는 근대의 모든 작품들에서, 갑자기 이미 예술이나 문학도 없어진 경우에 듣게 되는 것과 같은 것을 들을 위험이 있다고 말해도 좋을 정도다. 그래서 이 작품들은 독자적인 것이고 그러므로 또한 이것들은 우리에게는 위험한 것으로 보인다. 왜냐하면 이 작품들은 직접적으로 위험으로부터 탄생한 것이며 또한 가까스로 그 위험에 마법을 걸고 있기 때문이다.

확실히 이 사막의 말을 지배하기 위한 많은 수단(그리고 그것과 같은 만큼의 작품이나 작품의 스타일이 있다)들이 있다 수사학은 이 방어 수단들 중 하나이다. 수사학은 이 위험을 쫓아 버릴 수 있도록, 그러나 또한 이 위험과의 관계가 경쾌하고 유익한 것이 될 정도로 이 위험을 필요하고 긴급한 것으로 만들 수 있도록 효과적으로 제안되어 있고, 더 나아가서 악마적인 형태로 조직되어 있다. 그러나 수사학은 너무나 완벽한 방어수단이어서, 자신이 무엇을 목적으로 조직되었는지를 잊어버릴 정도이다. 요컨대 그 말하기를 멈추지 않는 광대함을 거부할 뿐만 아니라 그것을 벗어나면서 끌어들이는 목적이 그것이다. 일요일에 산책하는 사람들이 방문하는 공상적인 성채가 아니라, 요동하는 불모의 사막 한가운데에서 전초前哨가 되는 그런 목적 말이다.

사람들은 어떤 '위대한' 작가들이 그들의 목소리 속에 뭔가 잘 알 수 없는 단호한 울림을 갖고 있음을 눈치챌 수 있을 것이다. 이것은 전율과 경련의 극한에서 탄생하는 것으로, 이것이 예술의 영역에서는 **말하는** 태도를 지배하는 것이다. 그들은 자기자신, 어떤 신념, 각자의 확고한 의식 내에 그들의 몸을 웅크리고 있는 듯하다. 그러나 이 의식은 그들 속에 있는 적을 대신하기 위해 즉시 닫히고 국한되며, 그들은 이 말투의 오만함이나 그 목소리의 격렬함, 신념 및 신념의 결여가 만들어 내는 선입견을 통해 가까스로 이 적을 침묵시킬 수 있는 것이다.

다른 어떤 작가들은 중성적인 어조를 갖고 있다. 이 어조는 너무나도 눈에 띄지 않아서 어떠한 그늘도 없을 정도로 투명하며, 그들은 이 투명함을 통해 그 고독한 말에 그 말의 있는 그대로의 모습을 보여주는 충분히 제어된 이미지를 부여하고 있는 듯하다. 그 말에 그곳에 상을 비추고 싶어질 만큼 차가운 거울과 같은 것을 내보이고 있는 듯하다. 그러나 대부분의 경우 그 거울은 한결같이 그 어떤 상도 비추지 않는 것이다.

앙리 미쇼는 감탄스러운 인물이며 그는 자기자신의 가장 가까운 곳에서 이 미지의 목소리와 일체가 되었던 작가인데, 그의 마음속에서는 자신이 덫에 걸린 것은 아닐까라는 의문이 생겨나고, 여기서 경련하는 듯한 유머와 함께 표현되고 있는 것은 이미 그의 목소리가 아니라 그의 목소리를 흉내 낸 목소리가 아닐까라는 의문이 생겨난다. 이 목소리의 허를 찌르고 그것을 확실히 움켜쥐기 위해서 그는 연이은 유머, 계산된 천진함, 교활한 우회로, 후퇴, 포기 등, 여러 수단을 사용한다. 그리고 그가 바로 파멸하려 하는 순간에 그 웅성거림의 베일을 가로지르는 어떤 이미지의 갑작스럽고 예리한 선단이 나타나는 것이다. 극단적인 싸움, 놀라운 승리, 그렇지만 그렇게 느껴지지 않는 승리.

여기에는 수다가 있고, 또 일반적으로 내면독백이라고 불리는 것도 있다. 그러나 주지하는 바와 같이 이 내면독백은 결코 한 인간이 자기자신에게 말하는 것을 재현하지 않는다. 왜냐하면 인간은 결코 자기자신에게 말을 걸거나 하지는 않기 때문이다. 그리고 인간의 내면은 결코 침묵하는 것이 아니라, 대부분의 경우 입을 다물고 간격을 둔 몇몇 표시로 환원되어 있는 것이다. 내면독백이란 지극히 대략적인 모방이어서 말하지 않는 말이 만드는 끊이지 않고 멈추지 않는 흐름의 몇몇 외견적 특징을 흉내 내고 있을 뿐이다. 이 말의 힘은 그 약함 속에 있다는 것을 잊지 말아야 한다. 이 말은 들을 수 없고 그러므로 사람들은 멈추지 않고 그것을 계속 듣는다. 그것은 가능한 한 침묵에 가까운 것이고 그러므로 침묵을 완벽하게 파괴한다. 요컨대 내면독백은 모든 것을 자기자신으로 되돌리는 '**나**'라는 중심을 갖고 있는데, 이 또 하나의 말은 중심을 갖지 않고 본질적으로 방황하는 말이며 언제나 바깥에 있는 것이다.

    이 말에 침묵을 부과해야 한다. 이 말을 그 안에 존재하는 침묵으로 다시금 인도해 가야 한다. 삼중의 변신을 통해 어떤 참된 말로, 말라르메가 **책**의 말이라고 말하는 그 말로 태어날 수 있기 위해서는 이 말이 순식간에 망각되어야만 한다.

5장

도래할 책

1. 이 책을 보라

책. 이 말을 통해 말라르메는 무엇을 이해했을까? 1866년 이래로 그는 언제나 동일한 것을 생각하고 동일한 것을 말해 왔다. 그러나 이 동일한 것이 언제나 동일했던 것은 아니다. 여기서의 과제 중 하나는 왜, 어떻게 이 반복이 그에게 천천히 하나의 길을 여는 운동을 형성하는가를 보여 주는 것이리라. 그가 말해야 하는 것은 모두 처음부터 확정되어 있는 듯하지만, 또 동시에 그것들의 공통적인 성격은 대략적인 형태로서만 확정되어 있는 것이다.

여러 권으로 이루어진 책

공통적인 성격이란 다음과 같은 것이다. 즉 책은 애초부터 문학의 핵심인 바로 그 **책**이면서 또한 "그저 단순히" 어떤 한 권의 책이기도 하다. 이 유일한 책은 몇 권인가로 이루어져 있다. 1866년에 그는 다섯 권이라 말하고, 1855년에도 여전히 여러 권으로 이루어진다고 단언한다.* 이렇게 복수인 것은 왜일까? 과작이며 또 특히 1885년에는 자신 안에서 담론이라는 외연을 갖기를 거부하는 모든 것에 대해서 아무것도 의심하지 않게 된 작가의 경우, 이러한 복수성은 의외의 일이다. 성숙기에 갓 들어섰을 즈음, 그는 여러 측면을 갖는 책을 필요로 했던 것 같은데, 이 책이 가지는 여러 측면 중 하나는 그가 **무**^{無}라고 부르는 것을 향하고, 다른 하나는 **아름다움** 쪽을 향하는 것이었던 듯하다. 그가 후에 말하는 것처럼, **음악**과 **문예**는 "어떤 유일한 현상이 서로 번갈아 나타나는 두 면이며, 여기서는 어둠 쪽으로 확대되어 거기서는 저 의심의 여지없이 현란하게 빛나고 열거할 필요로부터 생겨난다"는 것은 명백할 것이다. 그가 이 시기에 **작품**의 계획에 대해 마치 이미 끝마친 작업에 대해 말하듯이 그렇게 대담하게 말하는 것은 그 작품의 구조에 대해 생각하고 있기 때문이며, 이 구조는 그의 정신 속에서 내용에 앞서 존재하고 있기 때문이다.**

실제로 그는 먼저 필연적 성향을, 이 책의 또 다른 불변하는 특징으로 여긴다. 즉 "건축적이고 계획적이며 설령 불가사의한 것이라도 어떤 우연의 영감을 모아 놓은 것은 아닌" 책이라는 특징말이다. 이 주장들은 훗날(1885년)의 것이지만, 1868년부터 이미 그는 자신의 저작

---

* 1867년에 그는 **작품**의 전개를 세 개의 운문시와 네 개의 산문시로 '경계' 짓는다. 1871년에는 그러나 생각이 조금 달라져서, 콩트집 한 권, 시집 한 권, 비평서 한 권이라고 말한다. 세레르가 발표한 유고에서는 20부로 나뉠 수 있는 네 권을 예상하고 있다.
** 각 권 속에 존재하지만 거기서 전개됨으로써 거기로부터 벗어나려 하는 이 다양한 관계를 한 권부터 다른 여러 권으로 반복하고 풍부하게 만들어 가는 이 관계를 그는 후일 다음과 같이 표현하고 있다. "그때 시 속에서의 시구의 상황과 책 속에서의 시의 진정성이 서로 연결된 어떤 균형이 평행하게 책을 넘어 날아 오른다. 그것은 익명의 미술품과 같이 완벽한 천재가 잔뜩 영적인 공간에 써 놓은 수결이다(플레이아드 『전집』, 367쪽)."

에 대해 그것은 "아주 잘 준비되고 위계화되어 있다"고(다른 곳에서는 "완벽하게 경계가 확정되어 있다"고)말하는데, 저자는 자신의 저작으로부터 아무것도 빼앗을 수 없고 어떤 "인상"이나 사유 내지는 정신적 경향과 같은 것을 추출할 수도 없는 것이다. 거기서부터 다음과 같은 주목할 만한 결론이 도출된다. 만약 그가 그후에 이 **작품**의 바깥에서 무엇인가를 쓰려 하더라도 "별 볼일 없는 소네트"밖에는 쓸 수 없다는 결론이다. 이것은 기이하게 미래를 예고하고 있다. 왜냐하면 **책**을 유보하라는 이 요청은──이것은 언제나 그저 그 자신의 유보에 불과한 것이 되지만──그로 하여금 이미 별 볼일 없는 시 이외의 그 어떤 것도 쓸 수 없도록 만들어 버린 듯하다. 요컨대 전체의 밖에 **있는** 것(그리고 책이라는 이 전체의 밖에 있는 것)에만 시적인 힘과 실존을 부여하도록, 그러나 또한 그것을 통해 **책**의 중심 그 자체를 발견하도록 만들어 버린 듯하다.

……우연 없이

"계획적, 건축적, 확정적, 위계적"이라는 말들은 무엇을 의미하는 것일까? 이 모두는 어떤 계산적 지향을, 저작 전체를 필연적인 형태로 조직할 수 있게 하는 극단적 성찰의 작동을 가리키고 있다. 우선 첫번째로 문제가 되는 것은 엄밀한 구성을 위한 규칙들에 따라 쓴다는 단순한 배려이다. 이어서 더욱 복잡한 요청이 문제가 된다. 즉 정신의 제어에 따라 엄밀하게 숙고된 방식으로, 또 정신의 충만한 전개를 확보하기 위해, 글을 쓴다는 것이다.

그러나 더 나아가 우연이라는 말과 우연을 배제하려는 결단을 통해 드러나는 또 하나의 지향이 있다. 원칙적으로 이것은 조절되고 또 조절하는 형태의, 언제나 변하지 않는 의지이다. 1866년에 그는 코페(François Coppée)에게 다음과 같이 쓴다. "우연은 단 한 행의 시구에 대해서도 상처를 주지 않고 있습니다. 이것은 대단한 일입니다." 그러나 그는 이렇게 덧붙인다. "우리 역시 몇몇 사람은 이것을 달성했습니다. 그래서 제 생각에는 이렇듯 완벽하게 시행의 경계가 확정되어 있는 경우 우리가 무엇보다 먼저 목표로 해야 하는 것은 시작품 속에서 말이 ─ 이것들은 이미 더 이상 바깥으로부터의 인상을 받아들이지 못할 정도로 충분히 말 그 자체인데 ─ 더 이상은 각각의 고유한 색채를 갖지 않고 어떤 색상의 이행에 불과한 것으로 보일 정도로 서로 반영하고 있다는 것입니다." 여기서는 훗날의 텍스트가 심화시키게 되는 여러 주장들을 볼 수 있다. 우연을 배제하겠다는 결단, 그러나 이것은 현실의 사물을 배제하고, 감각적 현실에 시적인 지시를 할 수 있는 권리를 인정하지 않겠다는 결단과 일치된다. 시는 사물의 부름에 응답하는 것이 아니다.

 시는 사물을 명명함으로써 그것들을 지키기 위한 것이 아니다. 오히려 역으로 시적 언어란 자연적인 것을, 그것이 진동하면서 사라지는 것으로 변조하는 불가사의인 것이다. 만약 언어가 자기 능력의 끝까지 가고, 특수한 현실들의 구체적 실체에 공격을 가하며, 이제는 "전체 속에 존재하는 관계들의 총체"밖에 출현시키지 않는다면, 우연은 책에 의해 꼼짝 못하게 될 것이다. 그때 시는, 음악이 그 침묵하는 본질로 환원될 때 되는 것과 같은 것이 된다. 즉 순수한 관계들의 진전이며 전개이다. 즉 순수한 운동성이다. 우연을 거스르는 긴장은 어떤 때에는 시구에 관한 고유의 테크닉과 구조에 관한 고찰들을 통해 말을 변형시키고자 하는 말라르메의 작업을 의미한다. 어떤 때에는 신비적이거나 철학적인 성질의 경험, 「이지튀르」의 이야기가 수수께끼 같은 풍부함으로 작품화하고, 부분적으로 실현한 경험을 의미한다.

여기서는 지표적인 지적에 머무르기로 하고, 그렇게 함으로써 나는 그저 말라르메와 우연의 관계가 이중적 형태로 이루어져 있음을 상기시키고자 한다. 즉 그것은 한편으로는 그로 하여금 일화적인 것과 현실적인 것, 그리고 우연한 것 중 그 무엇도 자리잡지 못하는 부재와 부정의 시로 향하게 하는 어떤 필연적 작품의 탐구이다. 그러나 또 한편으로는, 이 역시 언어 속에서 활동하는 이 부정적 힘, 그가 생살을 깎아 가면서 어떤 엄밀한 말에 도달하기 위해 한결같이 이용하는 듯한 그 힘인데, 우리는 그가 이 힘을 본질적 중요성을 갖는 어떤 직접적 경험으로 변화시키고 있다는 것을 알고 있다. 바로 그 직접적인 것이 이 경험 속에서 "직접적으로" 부정되는 것이 아니라면, 이것이 바로 직접적이라고 불릴 수 있을 만한 경험이다.

여기서는 그저 1867년에 르페뷔르(Lefébure)에게 보낸 다음과 같은 선언을 상기해 보도록 하자. "나는 나 자신의 작품을 언제나 삭제만을 통해 만들어 왔다. 후에 얻었던 모든 진실은 어떤 인상의 소실로부터 비로소 생겨난 거야. 이 인상은 반짝반짝 빛난 후에 불타 버리고 말았지만, 그것이 해방한 어둠 덕분에 나는 '**절대적인 어둠**'(ténèbres absolues)의 감각 속으로 더욱더 깊이 들어갈 수 있었다. '**파괴**'가 나의 베아트리체였던 거야."

……비인칭화된

책이라는 이 **책**은 다른 여러 책들 중 하나이다. 이것은 여러 권으로 이루어져 있어서 소위 그 자신 안에서 그것에 고유한 어떤 움직임을 통해 증식하는데, 거기서는 그것이 자신을 펼쳐 보이는 공간의 여러 깊이에 따른 다양성이 필연적인 형태로 성취되고 있다. 필연적인 책은 우연으로부터 빠져나가고, 이렇게 그것은 언어의 본질을 성취한다. 즉 사물들을 그것들의 부재로 변형시키고, 또한 이 부재를 여러 관계의 순수한 움직임에 다름 아닌 리듬 있는 생성으로 옮으로써 사물들을 소모하는, 그러한 언어의 본질을 말이다. 우연이 없는 책은 저자가 없는 책이다. 즉 비인칭적인 책이다. 이 주장은 말라르메의 가장 중요한 주장 중 하나인데, 이것도 또한 우리를 다음과 같은 두 측면으로 이끌어가는 것이다. 그 하나는 테크닉과 언어의 탐구에 상응하는 측면(이것은 말하자면 말라르메의 폴 발레리적 측면이다)이며, 다른 하나는 1867년의 편지들을 통해 잘 알려져 있는 경험에 상응하는 측면이다. 이 두 측면은 서로가 서로를 지지하고 있는데, 양자의 관계가 명확히 밝혀져 있지는 않다.

 말라르메가 그의 주장을 배열한 모든 차원을 명확화하기 위해서는 면밀한 연구가 필요할 것이다. 때때로 그는 책이 언제나 익명적인 것이어야 한다고 말하고 싶을 뿐이다. 즉 저자가 그 책에 서명하지 않는 것을 감수한다는 것이다("한 권의 책이 그 어떤 서명도 갖고 있지 않은 것이 인정되고"). 시작품과 시인 사이에는 어떠한 직접적 관계도 없고 소유관계 따위야 더더군다나 존재하지 않는다. 시작품은 시인이 쓴 것이라고 주장될 수 없다. 그가 쓴 것은 설령 그의 이름이 붙어 있다 하더라도 언제나 본질적인 의미에서 이름 없는 어떤 것이다.

 왜 익명성일까? 말라르메는 책에 대해 마치 그것이 우리 속에 이미 존재하고 자연 속에 쓰여져 있어서 이미 현실에 존재하고 있는 것처럼 말하고 있는데, 여기에서 이 물음에 대한 하나의 답을 발견할 수 있다. "나는 이것이 모두, 아무것도 보지 않으려고만 하는 사람들에게는 마음대로 눈을 가려 버리는 방식으로 자연 속에 쓰여 있다고 생각하고 있습니다. 이 작품은 현실에 존재하고 있으며, 모든 사람은 그것을 알지 못한 상태에서 이 작품을 시험해 온 것입니다. 천재든 익살꾼이든 간에 이 작품 속의 한 구절을 자신도 깨닫지 못한 채로 발견해 본 적이 없는 자는 아무도 없는 것입니다." 이 문장들은 어떤 조사에 답한 것이고, 아마도 표면적인 호기심에나 가까이 갈 수 있는 것밖에는 말하고 있지 않다. 폴 베를렌과 관련해서도 그는 거의 똑같이 표현한다. 또 다른 어떤 때에 그는 다음과 같이 쓰고 있다. "시로 된 책이 갖는 배열은 선재적 내지는 편재적으로 모습을 드러내고 있으며 우연을 배제한다. 그러나 또한 저자를 제거하기 위해서는 그것이 반드시 필요한 것이다." 그러나 여기서는 그 의미가 이미 다른 것이 되어 버렸다. 말라르메는 신비학의 유혹을 받고 있다. 신비학은 문학적인 요청이 그에게 부과하는 여러 가지 문제에 대한 하나의 해결책으로서 나타난다. 이 해결은 예술과 그 예술의 몇몇 능력들을 분리하여 이 몇몇 능력을 실제적인 목적에 직접 도움이 될 수 있는 힘으로 변형시킴으로써 그것들을 별개로 실현하려고 시도한다는 점에 있다. 이러한 해결을 말라르메는 받아들이지 않는다. 그의 공감적인 표명을 사람들은 인용하지만 그가 언제나 그것에 덧붙이는 유보들을 무시하고 있다. "아니, 당신들은 그들(불쌍한 카발리스트들)처럼 부주의와 오해로, 예술에 있어서는 전체적이고 근본적인 것인 작용들을 예술로부터 떼어 내고 그것들을 잘못 실행하는, 즉 개별적으로 실행하는 것만으로는 만족하지 않는다. 이러한 것은 아직 서투른 일종의 숭배인 것이다. 당신들은 그 신성한 시원적 의미마저도 지워버리는 것이다……."*

말라르메에게는 문학 이외의 그 어떠한 마술도 있을 수 없다고 생각되는데, 문학은 마술을 배제하는 형태로 그 자체와 직면함으로써 비로소 성취되는 것이다. 그가 명확하게 보여 주고 있듯이, 정신적 탐구에는 미학과 정치경제학이라는 두 길밖에는 열려져 있지 않다. "연금술은 주로 이 마지막 목표와 관련해 찬란하고 성급하며 혼란스러운 선구자였다." 이 '성급하다'(hâtif)는 말은 주목할 만하다. 성급함이야말로 마술을 특색 있게 하는 것이며 마술은 자연을 즉시 지배하려 하는 야망을 품고 있는 것이다. 그러나 오히려 반대로 시적인 단언 속에서는 참을성이 작동하고 있다.** 연금술은 창조하고 만들어 내기를 원한다. 시는 존재하지 않는 것, 있을 수 없는 것의 지배를 명하고 확립하며 인간에게 그 지고의 소명으로서 권력의 언어로서는 표현해 낼 수 없는 어떤 것을 지시하는 것이다(여기서 우리가 폴 발레리의 대극에 있다는 것을 주목할 필요가 있다).

말라르메는 신비술적 교의와 세속적 관계밖에 갖지 않았지만, 여

---

* 말라르메는 여기서 저주를 통해 불랑(Boullan) 신부를 죽였다고 고발된 불쌍한 카발리스트들과 저널리스트들을 대조시키고 있다. 그런데 예술이라는 관점에서 보자면 전자가 후자보다 더 죄질이 나쁘다. 후자가 "예술의 고유한 작용을 예술로부터 떼어 놓는" 실수를 저질렀음에도 불구하고 말이다(마술은 예술로부터 분리되어서는 안 된다).
** 「데제쌍트를 위한 산문」(Prose pour des Esseintes).

러 가지 외면적 유사성을 감지하고 있었다. 그 교의들로부터 용어나 어떤 종류의 색조를 빌리고 있으며 또한 다소간의 향수를 느끼고 있다. 자연 속에 쓰여져 있는 책은 태초부터 있었고, 전수자들이 지켜 온 성스러운 **전통**을 상기시킨다. 즉 그것은 여기저기서 조각들이 반짝거리는, 숨겨진 유서 깊은 책인 것이다. 독일 낭만주의 작가들은 이 유일하고 절대적인 책에 관해서 동일한 생각을 표명하고 있다. 이를테면 노발리스는 한 권의 성서를 쓰는 것이야말로 사물에 통달한 모든 인간이 완전한 존재가 되기 위해서는 어떻게든 맞이해야 하는 광기라고 말하고 있다. 그는 성서를 모든 책의 이상^{idéal}이라고 이름 붙이고 있으며, 또한 프리드리히 슐레겔(Friedrich Schlegel)은 "무한의 책, 절대적으로 책인 것, 절대적인 책에 대한 사유"을 환기하고 있다. 그리고 또 한편 노발리스는 성서의 뒤를 잇기 위해 '메르헨'이라는 시적 형식의 도움을 받으려 하고 있다(그러나 여기서 우리는 말라르메로부터 매우 멀어져 있다. 그는 바그너를 다음과 같이 혹독하게 비판하는 것이다. "상상력이 풍부하고 추상적인, 그러므로 시적인 프랑스 정신이 빛을 발한다면 이렇지는 않을 것이다. 프랑스 정신은 **전설**을 혐오하고, 그럼으로써 모든 것을 새로이 발견하는 완전한 형태에서의 **예술**과 일치하는 것이다").

아마도 말라르메가 신비학자나 독일낭만주의 혹은 자연철학이 말하는 방식으로 그 생각을 표명하고, 책 속에 쓰인 등가물, 우주적 자연의 텍스트 그 자체를 발견하려 하고 있는 듯한 단계가 있을 것이다. "키메라^{Chimaera}, 그것에 대해 생각해 보았다는 것이 이미 증명하고 있다. …… 모든 책은 반복되는 몇몇 문구들의 융합을 다소간 포함하고 있다는 것을. 뿐만 아니라 여러 나라 국민들이 자국의 것인 양하는 성

서처럼, 세상에 하나밖에 없고 그것의 법도 하나밖에 없다는 것을."*
이것은 그의 경향 중 하나이며, 이것을 부정하는 것은 불가능하다(마찬가지로 그는 "물질적으로 진실"인 언어를 꿈꾸고 있다).

그러나 저자 없는 책의 단언이 아주 다른 의미를 갖는, 그리고 내 생각에는 훨씬 더 중요한 의미를 갖는 또 하나의 단계가 있다. "작품은 화자로서의 시인의 사라짐을 포함하고 있으며, 시인은 불균등성 때문에 충돌해서 동원된 말들에 주도권을 위임하는 것이다." '화자로서의 시인의 사라짐'이라는 표현은 다음과 같은 유명한 문장에서 볼 수 있는 것에 매우 가깝다. "자연적 사실을 말의 작동에 따라 그 떨리는 떨림 속에서 거의 사라지게 만드는 불가사의가, 만약 그것이 ……가 아니라면 무슨 소용 있으랴." 시인은 작품의 압력 아래 있고 자연적 현실을 사라지게 만드는 것과 똑같은 운동에 의해 사라지고 만다. 더 정확히 말하자면 이렇다. 요컨대 사물이 흩어지고 시인이 사라진다 말하는 것만으로는 충분하지 않다. 게다가 또 사물도, 시인도 진정한 파괴작용에 의해 중단되면서 이 사라짐 그 자체 속에서, 이 사라짐의 생성 속에서 ─ 한편으로는 떨리는 사라짐이고 다른 한편으로는 말하는 사라짐이다 ─ 자신을 확립한다고 말해야만 한다. 자연은 말을 통해, 그것을 끊임없이 무한정으로 사라지게 만드는 리듬 있는 움직임 속에 옮겨 놓이게 된다. 그리고 시인은 그가 시적으로 말한다는 사실로 인해

---

* 그러나 이 텍스트를 그가 연극의 전체를 "매년 되풀이되는 어떤 주기와 함께 전개되는" 유일하고 다양한 작품에 속해 있는 텍스트와 대조해 보면 여기서 그가 아마도 낭만주의적이고 연금술적인 목적으로부터 멀리 떨어져 있다는 것을 알 수 있다. 요컨대 우리가 쓰고 있는 것은 필연적으로 동일한 것이고, 동일한 것의 생성이 그 반복이라는 점에서 무한한 풍부함을 가진 것이 되는 것이다(『전집』, 313쪽).

이 말 속에서 사라지고, 유일한 선도자이며 원리이고 그러므로 원천인 이 말 속에서 성취되는 사라짐 그 자체가 된다. "시는 축성식이다." "자기의 생략"이나 "어떤 사람으로서의 죽음"은 이러한 시적 축성식과 연관되어 있으며 그것이 시를 진정한 희생으로 변화시키게 되는데, 그것은 불안한 마술적 흥분을 목표로 하는 것이 아니라, 거의 기술적이라고 말할 수 있을 정도의 이유 때문이다. 즉 시적으로 말하는 자는 진정한 말 속에서 필연적으로 활동하고 있는 일종의 죽음에 노출되는 것이다.

'만들어지고, 존재하다'
책은 저자 없이 존재한다. 왜냐하면 책은 저자가 화자로서 소멸된 후에 비로소 쓰여졌기 때문이다. 책은 작가를 필요로 하지만, 작가가 부재하고 또 작가가 부재의 장소인 한에서만 그러하다. 책은 그것을 읽는 인간 고유의 감각으로부터 자유로운 것과 마찬가지로 그것을 썼다고 생각하는 누군가의 이름으로 더럽혀져 있지 않고, 그 존재로부터 자유로우며 그러한 누군가에게 되돌아가는 것이 아닌 경우에 책인 것이다. 우연적인 인간──특수한 인간──이 저자로서 책 속에서 그 위치를 점할 수 없다면 왜 그가 독자로서 거기서 중요한 존재로서의 자신을 발견할 수 있는 것일까? "비인칭화된 책으로부터 사람들은 저자로서 떨어져 나오는데 이 책은 독자의 접근도 원하지 않는다. 책은 이러한 것으로서, 바로 그러한 것으로서 여러 인간적인 부속품 사이에서 단독으로 발생한다. 요컨대 만들어지고, 존재한다."

이 마지막 단언은 말라르메의 가장 위대한 단언 중 하나이다. 그것은 자신 안에서 결정의 표시를 지닌 형태로 작품의 본질적 요청을 집약시켜 놓는다. 즉 작품의 고독, 어떤 장소를 출발점으로 삼는 것처럼 그 자체를 출발점으로 삼는 작품의 완성, 작품 속에서 병치되고 논리적이면서 시간적인 충돌을 통해 분리된 이 이중적 긍정이다. 즉 작품을 존재**하게 만드는** 것과 존재"하게 하기"와는 무관하게 자기자신에게 속하는 작품의 **존재**에 대한 이중적 긍정인 것이다. 즉 작품은 만들어지자마자 더 이상 만들어진 것이 아니고 이제는 그것이 존재한다는 것만을 말하는 것이다.

 이제 우리는 낭만주의적 전통에서의 **책**이나 비교적秘教的 전통의 책으로부터도 가능한 한 멀리 떨어져 있다. 그러한 책은 실체적인 책이며 영원한 진실을 통해 실재하고 있고, 이 진실은 접근 가능한 것이지만 숨겨진 형태의 폭로이다 즉 이 진실에 도달한 인간에게 신적인 비밀과 존재를 소유하게 하는 폭로인 것이다. 말라르메는 항구적이며 현실적인 진실이라는 관념도, 그리고 실체라는 관념도 거부하고 있다. 말라르메가 이상이든 몽상이든 간에 본질적인 것을 명명할 경우 그것은 항시 그 근거로서 픽션의 확인되고 확언된 비현실성만을 갖는 어떤 것과 관련되어 있다. 그러므로 그에게 중요한 문제는 **문예**와 같은 것이 실재하는가라는 문제가 된다. 문학이 어떤 방식으로 실재하는가, 문학과 존재의 확립 사이에는 어떤 관계가 있을까라는 문제가 된다. 말라르메가 현재로부터 모든 현실성을 제거하고 있다는 것도 주지의 사실이다. "……어떤 현재도 없다. 그렇다. 현재 따위는 실재하지 않는 것이다.""자기가 자기자신과 동시대를 살고 있다고 외치는 자는 사정을 잘 모르는 것이다……." 또한 마찬가지 이유로 그는 역사적 생성 속에 어떠한 이행상태도 인정하지 않는다. 모든 것은 단절이며 결렬이다. "역사에서 모든 것은 중단함으로써 현실적인 힘을 가지며 유동적 추이 따위는 거의 없다." 그의 작품은 어떤 때에는 소박하고 무색의 부동하는 잠재성 속에 응고되어 있지만 또 다른 때에는——그리고 이것이 가장 의미심장한 점인데——극도의 시간적인 불연속성을 통해 생기를 얻고 시간상의 여러 변화나 가속, 감속, "단편적 정지"(arrêts fragmentaires)에 맡겨져 있다. 이것은 이 운동성들의 완전히 새로운 본질을 나타내는 표시이며, 거기엔 일상적 지속이나 영원의 항구 불변성과는 관계가 없는 어떤 다른 시간과도 같은 것이 예고되어 있다. "미래나 과거이면서 현재라고 하는 기만적 외관 아래에서, 여기서는 앞서고, 저기서는 상기시킨다."

작품을 통해 표현되고 작품에 포함된 작품 내부의 시간은 이 두 형태하에서 현재를 가지지 않는 시간이다. 또 마찬가지로 책은 결코 진실로 거기 있는 것이라고 여겨져야 하는 것은 아니다. 책을 손에 쥐는 것은 불가능한 것이다. 또 다른 한편으로는 확실히 현재 따위의 것은 없고, 현재는 필연적으로 비현실적이며 소위 겉모습뿐인 허구적인 것이라 한다면, 작품이 표현하는 시간(이 시간은 언제나 과거이거나 미래이며, 현재의 심연을 넘어선 비약이다)이 아니라, 작품이 자신에게 고유한 명백함 속에서 자신을 확립하고 있는 시간이야말로 가장 탁월한 의미에서 비현실적인 작품의 시간이라 할 수 있을 것이다. 이때 작품은 그 자신의 비현실성과 현재의 비현실성의 일치를 통해, 자신이 그 빛나는 것 같은 집중화인 어둠을 출발점으로 삼아 모든 것을 비추는 번개 같은 빛 속에서 이 양자를 서로 존재시키는 것이다. 말라르메는 현재를 부정하고 있지만 작품에서는 현재를 보존하고 있고, 이 현재를 존재하는 것을 사라지게 함과 동시에 빛나게 하고 있는 듯한, 현전이 배제된 단언이 발설되는 현재로 변화시키고 있다("그것들이 거기서, 급속한 꽃 속에서, 에테르로 만들어진 듯한 투명함 위에서 빛나고 죽어 가는 순간"). 책이 가진 명백함, 그 명백한 반짝임, 이것은 책과 관련해 그것은 존재하고 현전하고 있다고 말하지 않을 수 없는 것이다. 왜냐하면 책이 없다면 아무것도 결코 현전할 수 없기 때문이다. 그러나 또 다른 한편으로 책에는 현실존재를 위한 존재들이 언제나 결여되어 있다고 말하지 않을 수 없다. 그것은 존재하고 있지만 불가능한 것이다.

셰레르 씨가 말하고 있듯이 말라르메의 유고는 비평가들의 조소와는 정반대로,* 말라르메의 책은 결코 단순한 뜬구름 잡기가 아니라 말라르메가 그것을 실제로 실현시키려고 진지하게 생각하고 있었다는 것을 분명하게 보여 주고 있다. 이러한 지적은 아마도 소박한 것이

---

* 이 초고는 몽도르(Henri Mondor)를 통해 셰레르(Jacques Schérer)에게 넘겨지고 셰레르는 이것에 정성을 들여 『말라르메의 책, 미공개 문서에 의거한 기초적 연구』(*Le Livre de Mallarmé, Premières recherches sur des documents inédits*, Gallimard, 1957)라는 제목으로 출판했다. 이 초고가 그 중심적 계획을 우리에게 밝혀 주는 것일까? 아마 그럴 것이다. 그러나 우리가 실제적으로 이 책의 초고와 마주하고 있다고 착각하지 않는다는 조건하에서 무엇이 이 책을 구성하고 있는가? 그것은 「이지튀르」처럼 이어지는 텍스트도 아니고, 여전히 흩어져 있는 긴 단편도 아니다. 허술한 메모들, 그리고 종이쪽지 위에 널브러져 있는 고립된 말들과 해독할 수 없는 숫자들인 것이다. 이 모든 종이쪽지와 메모는 동일한 작업과 관련된 것일까? 우리로서는 알 수 없다. 오늘날 그것들이 출판되었을 때에 그것들에 부여된 순서와 말라르메가 죽은 후 그것들이 발견되었을 때의 순서는 아무런 관련이 없지 않을까? 혹은 발견되었을 때의 순서가 우연적인 분류이거나, 옛 작업이 애초에 우연적으로 배열되어 있었던 것은 아닐까? 우리로서는 알 수 없다. 우리가 알 수 없다는 것보다 더 심각한 것은 어떤 결정에 의한 것이지는 모르지만, 보존되어 있던 이 메모들이 대부분 파기되었는데 — 그렇다고 몽도르는 말한다 — 이것들이 다른 메모들과 관련하여 무엇을 표현하고 있는지조차도 알 수가 없다는 것이다.

리라. 말라르메의 거의 모든 이론적 저작은 이러한 **작품**의 계획을 시사하고 있고, 언제나 이 **작품**에 대해 생각하고 있다. 그리고 이 작품에 대해서 언제나 한층 더 심화된 관점, 실현되지 않을 작품이 우리에게 본질적인 형태로 단언되는 것같은 관점을 부여하고 있다. 이런 종류의 보증에 대해 무관심하고, 여전히 말라르메 속에서 형편 없는 작품에 대해 화려하게 말하면서 또 무의미한 종이 쪽지를 신비한 방식으로

그 결과 우리는 말라르메가 그의 연구의 전체 내에서 이 메모들에 부여하고 있던 위치도 알 수가 없다. 아마도 그것들은 그에게 있어서 얼마간 관계 있는 그 어떤 것도 의미하고 있지 않았다. 그가 받아들인 것이 아니라 받아들이기는 중지한 것, 혹은 또 그 자신으로부터 먼 곳에서 말하자면 심심풀이로 작성된 피상적 사고였던 것이다. 결국 그는 그 말에 고유한 구조와 형식상의 견고함으로 표현된 것에서만 의미나 현실성을 인정하였기 때문에 이 무정형의 메모는 그에게 있어서 어떠한 가치도 없는 것이었다. 그리고 그 자신, 타인이 거기서 무언가를 읽어 내는 것을 금지하고 있었다. 이것은 애매함 그 자체였다. 쓰인 시기도 불확실하다면 개개의 메모의 날짜도 불확실하다. 그것들의 소속도, 외면적인 연결고리도, 지향하고 있는 방향도, 현실성들조차도 불확실하다. 그러므로 우연을 종속시키기 위해 그 자신에 의해 쓰여졌다고 말해야 할 유일한 본질적 책이, 대대로 모인 몇 장의 종이 위에 1이나 8이라는 형태로 뿔뿔이 던져져 있는 우연적인 말로 구성된 더없이 우연적인 출판물로서 나타나 있는 것이다. 이것은 말라르메의 좌절이라는 흥미조차 없는 좌절이다. 왜냐하면 이것은 후세의 간행자의 소박한 작업이며, 이러한 간행자는 가끔 노아의 방주의 파편이나 모세가 부순 율법의 판의 단편을 갖고 돌아오는 여행자와 꼭 닮았기 때문이다. 조금이라도 이것이 책의 정수로서 나타난 이 자료들을 목도했을 때 최초로 떠오르는 생각은 그렇다. 그러나 두번째 생각은 다르다. 즉 거의 아무것도 쓰여 있지 않고, 쓰였다고 말하기보다는 말에 의해 그려졌다고도 말할 수 있는 이 페이지들은 우리를 순수한 흩어짐의 이미지와 필연성이 만나는 점을 만지게 한다. 이 출판들은 아마도 말라르메의 마음에 들지 않았던 것은 아니라고 생각한다 그러나 여기서 이 초고가 작가의 분명한 의지에 반해서 출판되었다는 사실을 상기해 주시기를 바란다. 애초에 이는 그것으로 울분을 말하기 위함이 아니라 유고 출판이 문제가 될 때마다 가장 성실한 사람들조차도 동의하는 그 흥미로운 정신상의 약속 무시를 상기시키기 위함이다. 카프카의 경우 사정은 애매하지만 말라르메의 경우는 분명하다. 말라르메는 갑작스럽게 죽었다. 죽음이 둘러본 최초의 발작으로부터는 회복했고, 이것이 아직 희미한 위험에 불과하지만 이 최초의 발작과 순식간에 그에게 승리를 차지한 두번째 발작 사이에 거의 시간이 흘러 있지 않다. 그러나 그는 이 아주 적은 유예기간을 이용하여 "나의 서류에 관한 의뢰"를 쓰고 있는 것이다. 그는 모든 것이 파기되기를 바라고 있다. "즉, 태워 버리고 싶은 것입니다. 문학상의 유산은 아무것도 없는 겁니다."

휘두름으로써 세상을 30년 동안 기만해 온 어떤 사람을 계속해서 보고 있는 자들은 이 새로운 증거에 의해서도 설득될 수 없을 것이다. 이와는 반대로 이들은 현실에 존재하지도 않는 책을 둘러싸고 그 출판에 관한 모든 물질적·경제적 문제가 세세하게 취급되고 있는 이들 세부사항 내에서, 세간에 잘 알려진 완전히 분류된 어떤 병적인 상태의 여러 징후들을 발견하게 될 것이다.

뿐만 아니라 그는 모든 외부의 간섭이나 호기심 많은 검토 또한 거부하고 있다. 파기되어야 하는 것은 미리 모든 사람의 눈으로부터 멀어져 있지 않으면 안 되는 것이다. "확실히, 판단 당하는 일이 없도록 호기심으로부터든 우정으로부터든 모든 간섭을 끊어 주세요. 이 중에서 어떤 것을 구별하거나 하지 않도록 말해 주세요. 정말입니다. 게다가 ……." 확고한 의지이다. 그러나 이 의지는 곧 무시되고 공허한 것이 되어 버린다. 죽은 자란 완전히 약한 자이다. 몇 개월 후 이미 폴 발레리는 이 서류를 보도록 허락되었다. 이 50년 내에 수많은 중요한 이론의 여지 없는 미발표 작품이 시종일관 놀랍도록 규칙적으로 끊임없이 발표되고 있다. 이것은 마치 말라르메가 죽은 후에만큼 글을 쓴 적이 없다고 말하는 상황이다.

나는 아폴리네르(Guillaume Apollinaire)가 말한 그 규칙을 알고 있다. "모든 것을 발표해야 한다." 이 규칙은 매우 의미심장하다. 이는 감추어진 것이 빛을 향하고 비밀이 어떤 비밀도 없는 시작으로 향하며, 말하지 않은 채로 내버려진 모든 것이 공공의 단언으로 향하는 깊은 경향을 분명히 보여 주고 있다. 이것은 규칙도 없을 뿐만 아니라 원리도 없다. 누구라도 글을 쓰려 하는 자가 그 지배를 받기에 이르는 힘이며, 그가 그 힘을 거슬러 반대하면 할수록 한층 더 엄격하게 그 지배를 받는 것이다. 이 독 같은 힘이 작품의 비인칭적 성격을 확립하고 있다. 작가는 작품에 대해서 어떠한 권리도 없고 작품에 직면해서는 그 무엇도 아니다. 그는 언제나 이미 죽어 있고 언제나 배제되어 있는 것이다. 그의 의지가 실현되지 않았다는 것이다. 논리적으로 말하자면 작가의 사후에 그 의지를 무시하는 것이 적당한 일이라고 판단한다면 당연히 작가의 생전에도 작가 등이 고려되지 않는 것을 승인해야만 한다. 그런데 생전에는 반대인 것처럼 보이는 일이 일어난다. 작가는 발표를 원하고 출판하는 사람은 원하지 않는다. 그러나 이것은 겉보기에만 그럴 뿐이다. 우리가 바라고 있지 않은 것을 억지로 우리에게 쓰게 하고 발표하게 하기 위해 우리에게 가해지는, 그 일체의 남 모르는 우정에 가득 찬 집요한, 이상할 정도의 힘을 생각해 보면 된다. 눈에 보이지 않음과 동시에 보이지 않는 것으로서, 이 힘은 언제나 현존하고 우리를 조금도 고려하지 않고 우리를 기습하여 우리 손으로부터 우리의 서류를 훔쳐 버린다. 살아 있는 자는 완전히 약한 자다.

이 힘은 대체 무엇일까? 그것은 독자도 아니고, 사회도 아니며, 국가도 아니고, 문화도 아니다. 그것에 이름을 부여하고 그것을 그 비현실성 그 자체에서 현실화하는 것. 이것은 말라르메의 과제이기도 했다. 그는 그것을 **책**이라고 불렀다.

게다가 또 다음과 같이 말해야 한다. 즉 만약 이 책이 실제로 존재했을 경우 셰레르 씨는 우리에게 **이 책을 보라**고 말하며 우리에게 이 책을 확인시키기 위해 어떠한 태도를 취할 것인지, 나는 그것을 알고 싶다. 이 책의 본질은 그 자신을 확인하는 것조차도 비현실적인 것으로 만드는 것이며, 게다가 또 그 명백한 현전성과 그 언제나 의심스러운 현실성과의 갈등이기 때문이다.

'기억해야 할 위기'
이 원고가 작품의 실현을 계획할 때에는 비용, 발행부수, 매출액 등등 여러 실제적인 조건(발자크적 조건이다)이 있지만, 이러한 조건에 관해 주목할 수 있는 점은 그것들이 말라르메가 역사적 행위의 가능성이나, 문학상의 생성에 언제나 가해 온 극도의 주의를 분명히 보여 주고 있다는 것이다. 꽤나 이전부터 사람들은 말라르메가 언제나 로마 거리의 살롱에 틀어 박혀 있지는 않았다는 것을 고려에 넣기 시작했다. 그는 역사에 물음을 던지고 있다.

또한 경제학에 기초한 일반적 행위와 작품을 출발점으로 삼아 "한정된 행위" 간의 관계들에도 물음을 던지고 있다. 시대라는 것이 아마도 작가에게는 언제나 어떤 "터널"이며 틈과 같은 "시간", 소위 중간적 시간이라는 것을 확증함으로써 그는 다음과 같은 사유를 표명하고 있다. 요컨대 책의 완전성 속에 포함된 극한적인 예술적 결론에 대해서 언제나 불완전한 형태로만 기능하는 상황들에 기초하여 모험을 하기보다는, 오히려 그 결론들을 모든 역사적 호기에 거스르는 형태로 작동시키고 그것들을 시대에 맞추기 위해서는 아무것도 하지 않으며,

오히려 역으로 그 갈등이나 시간적 틈을 명확히 하여 그로부터 어떤 명백함을 이끌어 내는 편이 좋다는 사유이다. 이리하여 작품은 '당면한 시간'과 문학적 활동 간 부조화의 의식이 되어야만 한다. 그리고 이러한 불일치는 이 활동의 일부를 이루며 이 활동 그 자체인 것이다.[*]

말라르메는 그의 시대에 문학이 경험하고 있던 중대한 위기에 대해서도 주의를 게을리하지 않았다. 사람들은 이제 횔덜린과 낭만주의를 연결지으려 하지 않지만 그와 마찬가지로 말라르메 속에서 더 이상 하나의 상징주의 시인을 발견하려 하지 않는다. 말라르메는 『음악과 문예』(*La musique et les lettres*) 속에서 30년 전에 우선 그 자신의 위기였던 위기에 대해 당연한 형태로 그것을 최근의 세대에 특유한 역사적 위기로 바꾸면서도 아주 명확하게 말하고 있는데, 이 경우 상징주의의 도발적 사건이 문제인 것이 아니다. "⋯⋯ 이러한 여러 가지 소란 속에서 최근의 세대를 대신해 글쓰는 행위를 그 근원까지 탐구한 것입니다. 이 탐구는 매우 철저하며 이를테면 다음과 같이 표현할 수 있을 정도입니다. 즉 '쓴다는 것이 존재할 여지가 있는가'라는 것입니다."

그리고 조금 뒤에서 다음과 같이 말하고 있다. "**문예**와 같은 어떤 것이 실재하는 것일까⋯⋯. 너무나 기분이 우울해지는 이 수수께끼는 이제까지 거의 문제시된 적이 없지만, 나는 이렇게나 나이를 먹고 나서 내 자신이 꿈속에서 말하려 하는 것에 관해 갑작스러운 의혹에 사로잡히면서도 이 수수께끼를 생각하고 있는 것입니다." 그리고 주지하는 대로 그는 이 "이상한 독촉"에 대해 다음과 같이 답하고 있는 것

---

[*] 『전집』, 373쪽.

이다. "……그렇습니다. 문학은 확실히 존재합니다. 모든 것을 제외하고 오직 문학만이 존재한다고 말해도 좋은 것입니다."

책의 계획과 그 완결은 명백하게 이 근본적 문제제기와 연결되어 있다. 그러고 나서 문학은 가능성의 일상적 조건들을 제거하는 경험으로부터 시작해 처음으로 그 본질적 완전함 속에서 이해될 수 있을 것이다. 말라르메의 경우에는 바로 그러했다. 왜냐하면 그가 마음속에 **작품**을 구상하면 "쓴다는 행위만으로 야기되는 매우 불안한 여러 징후"를 느낀 후에 계속해서 쓰고 있을 때와 다르지 않기 때문이다. 왜냐하면 이때 쓴다는 것은 그에게 가능적인 활동으로서는 더 이상 나타나지 않기 때문이다. "정화의 폭풍우." 그저 그 과정을 통해 모든 문학적 관습이 옮겨지고, 두 심연이 만나는 곳에서 문학으로 하여금 그 근거를 찾도록 강요하는 폭풍우는 결과적으로 또 다른 하나의 소란을 야기시키는 것이다.

말라르메는 이 전적인 놀람으로 이 소란과 만나고 있다. "확실히 나는 새로운 소식을 갖고 왔습니다. …… 이러한 예는 여태껏 본 적이 없습니다. 사람들이 시구에 손을 댄 것입니다." "정부는 바뀌지만 음율법은 언제나 변하지 않습니다." 여기에 있는 것은 그가 보기에는 역사를 본질적인 형태로 규정하는 듯한 종류의 사건이다. 역사가 변화하는 것은 거기에 문학의 전체적인 변화가 있기 때문이며, 문학은 철저하게 자신에게 이의를 제기하고 "근원까지" 자신을 문제 삼음으로써 비로소 구축되는 것이다. 그리고 이러한 변화는 전통적인 음율법의 문제화를 통해 우선 최초로 나타나는 것이다.

말라르메에게는 중대한 타격이다. 왜일까? 이것은 명백히 밝혀지지는 않았다. 이것은 그의 가장 변함없는 지적 중 하나인데, 그는 리듬이 있는 곳에는 언제나 시구가 있다고 주장하고, 존재의 순수하고 리듬이 있는 모티브의 발견과 지배만이 중요하다고 주장하고 있다. 또한 모든 것이 언어에 이를 수 있기 위해서는 문학적인 중요한 리듬이 부서져 버리는 것이 불가결하다는 것을 인정하고 있다. 그러나 동시에 또한 그는 이제 무시되기에 이른 통사법에 대해 이야기하면서 시의 휴지와 시가 통과하고 있는 중간적 상태에 대해 이야기하고, 마치 전통적 시구가 그 결함을 통해 시 그 자체의 파괴를 보여 주고 있기라도 하다는 듯이, 자신에게 어떤 여가를 허락하고 있다. 이 모든 것은 우리에게 "보수적"인 음률에 대한 공격이, 그에게는 중대한 변동을 나타내고 있었다는 것을 예측할 수 있게 하는 것이다. 그러나 그의 최초의 작품은 '시작품'이다.

이것은 본질적인 시작품(산문시가 아닌)인데, 처음으로 또 단 한 번에 전통과의 인연을 끊은 시작품이다. 즉 그 결별에 동의하고 있을 뿐만 아니라, 자진해서 아직도 도래할 예술이며 예술로서의 미래인 어떤 새로운 예술을 시작하고 있는 것이다. 이것은 근본적인 결정이며 작품 그 자체도 결정적인 것이다.

2. 문학의 공간의 새로운 이해

말라르메가 항시 전통적인 시구 내에서 우연을 "축어적"으로 극복하기 위한 수단을 인정한 것을 우리가 승인한다면, 「주사위 던지기」 내에서는 우연을 극복할 수 없다고 표명하는 중심적인 시구의 권위와 옛 시구라는 가장 덜 우연적인 형식의 단념 간의 어떤 긴밀한 대응이 있다는 것을 볼 수 있을 것이다. "한 번의 주사위 던지기는 우연을 결코 배제할 수 없을 것이다"라는 시구는 이 새로운 형식이 갖는 의미를 만들어 내고, 그 특질을 표현하는 데 지나지 않는다. 그렇지만 그로 인해 또 시의 형식과 시를 지탱하며 관통하고 있는 단어 사이에 명확한 상관관계가 존재하는 순간부터 다시 필연성이 회복된다. 우연은 정형시의 파괴를 통해 해방된 것은 아니다. 그와 반대로 명확히 표현됨으로써 거기에 대응하는 형식의 정확한 형식에 따르고 있는 것이며, 또 그것은 이 형식에 대응하여야만 하는 것이다. 우연은 이것을 통해 타파되지는 않는다 해도 적어도 언어의 엄밀함으로 이끌리고, 우연이 폐쇄되는 형식의 견고한 형태로 고양된다. 그리고 여기로부터 다시 필연성을 완화하는 어떤 모순과 같은 것이 생겨나는 것이다.

분산을 통한 회집

「주사위 던지기」에서는 우연이 구성하고 있는 작품 그 자체도 확실하게 지시되어 있다. 이 작품은 시작품을 현존하는 하나의 현실 혹은 그저 단순히 미래적인 하나의 현실로 만드는 것은 아니다. 작품은 예외적인 불확실성의 극단적으로 아득한 곳에 있는 작품을 미완료 과거와 불가능한 미래라는 두 부정적인 차원하에서 지시하는 것이다. 그로 인해 우리가 사물들의 현실적인 창조를 유일하게 결정하는 여러 확신들을 요구한다 해도, 모든 것은 시작품이 현실에 존립할 수 없는 상태가 되고 있다.

우리의 손도, 눈도, 주의력도 「주사위 던지기」의 확실한 현전성을 단언하지만, 이 작품은 단지 비현실적이고 불확실할 뿐만 아니라, 우연에 법의 위상을 부여하는 일반적 규칙이 존재의 어딘가 어떤 영역에서 요컨대 필연적인 것과 우연적인 것이 재앙적 힘으로 인해 좌절상태에 놓이게 되는 영역에서 붕괴될 때만 비로소 존재할 수 있다. 그러므로 이 작품은 현재 거기에 존재하지 않으며 늘 다른 곳에 있는 것과 일치된 경우에만 현전하는 것이다. 「주사위 던지기」는 그것이 그 자체, 요컨대 저 성좌의 극단적이고 정교한 비개연성을 표현하는 한에서 존재한다. 이 **성좌**는 어떤 예외적인 불확실성(하늘의 공허와 심연의 해체 이외의 어떤 근거도 가질 수 없다) 덕분에 "어딘가 공허하게 높은 표면" 위에 몸을 던진다. 아직 알려지지 않은 어떤 공간, 작품의 공간의 탄생인 것이다.

그래서 이제는 **책**에 대단히 가깝다. 왜냐하면 오직 **책**만이 그것이 체현하고 있는 작품에 대한 고지告知와 기대와 동일시되는 것이기 때문이고, 그 한없이 불확실한 미래의 현전 이외에 어떤 내용도 가질 수 없으며, 존재할 수 있기 이전에 늘 존재하고 있고 마침내는 자신의 분할과 분리 자체가 되기 위해 항상 분할되고 분리되는 것을 중단하지 않기 때문이다. "계속해서 깨어 있고, 의심하며, 요동하고, 빛나며, 명상한다." 여기서 이 다섯 개의 어구에 머물러 볼 필요가 있다. 이 말을 통해 작품은 자신에 고유한 생성의 비가시성 속에서 모습을 드러낸다. 이 다섯 개의 어구는 모든 마술적인 도발적 언사를 극도로 정화시켜서 어떤 새로운 시간, 기대와 주의의 순수한 시간이 만들어지는 것처럼 보이는 무제한의 긴장 속에서 그 유일한 사유에 호소함으로써 이 사유로 하여금 시적 운동의 빛에 마음을 기울이라고 할 뿐이다.

물론 나는 「주사위 던지기」가 **책**이라고는 말하지 않을 것인데, 이러한 주장은 **책**에 대한 요청에서 볼 때 전혀 의미가 없을 것이다. 하지만 셰레르 씨가 소생시킨 다수의 메모를 훨씬 넘어설 정도로 이 작품은 **책**에 근거와 현실성을 부여하고 있다. 이 작품은 **책**에 대한 준비적 존재이고, 그 항시 은폐된 현전이다. 책의 기도가 포함하는 위험이고, 그 대책도 없는 도전이 갖는 척도이다. 그것은 책으로부터 다음과 같은 본질적인 특성을 받아들이게 된다. 요컨대 자신을 분할하고 회집시키는 번개의 화살과 더불어 현존하고 있지만, 한편으로는 극도로 모호한 존재여서 오늘날에도 친숙하지 않은 모든 것에 대해 이처럼 친밀하게 된(되었다고 생각하는) 우리들에게 가장 일어날 수 없을 것 같은 작품으로 계속해서 존재할 정도이다. 우리는 말라르메의 작품을 다행히도 다소간 동화시켰다고 말할 수 있지만, 「주사위 던지기」의 경우는 그렇지 않다. 「주사위 던지기」는 여전히 우리의 책인 것 같은 책과는 완전히 다른 책을 예고하고 있다. 서구적 전통에서는 시선이 이해의 운동과 선적인 왕복운동의 반복을 동일시하고 있지만, 이 작품은 우리가 이렇게 말하는 전통의 관습에 따라서 책이라고 부르는 것이 분석적 이해의 용이함 내에서만 그 근거를 갖는다는 것을 예측하게 해준다. 사실상 다음과 같은 것을 충분히 고려할 필요가 있다. 즉 우리는 생각할 수 있는 가장 빈약한 책만을 소유할 수밖에 없다는 것이다. 또 항상 마치 읽는 법을 배우기 시작한 것처럼 수천 년 이래로 계속해서 읽고 있다는 것이다.

「주사위 던지기」가 설정한 이 책의 미래의 방향은 가장 강력한 흩어짐이라는 방향임과 동시에 보다 복잡한 구조의 발견을 통해 한없는 다양성을 하나로 **모이게** 할 수 있는 어떤 긴장이라는 방향이다. 말라르메가 헤겔의 뒤를 이어 말하고 있듯이 정신은 "휘발성의 분산물"인 것이다. 그러므로 정신을 모으는 책은 극도의 폭발력과 한없는 불안을 한데 모으는 것이다. 이 불안은 책이 내부에 간직할 수 없는 것이며 그것은 책으로부터 모든 내용과 제한되고 한정되고 완결된 모든 의미를 제거해 버린다. 이 디아스포라^{Diaspora}의 움직임은 결코 억압되어서는 안 되고, 이 움직임을 출발점으로 해서 돌출되는 공간 속에서 있는 그대로 보존되고 환영받아야 한다. 이 움직임은 늘 단순히 이 공간에 대응할 뿐이지만, 이 응답은 무제한적으로 증식된 공허에 대한 대응이고 이 공허 내에서는 흩어짐이 통일의 형태와 외관을 갖는다. 항시 움직임 가운데 있고, 항시 흩어짐의 극한에 있는 이 책은, 그 분산 자체를 통해 이 책에 본질적인 분열에 따르고 있고 늘 모든 방향으로부터 하나로 집중되기도 한다. 이 책은 이 분열을 소멸시키지는 않고 그것을 출현시켜 유지하는 것이며, 그래서 거기서 자신을 성취하는 것이다.

「주사위 던지기」는 새로운 운동의 관계를 통해 새로운 이해의 관계가 생겨날 수 있듯이, 문학의 공간에 대한 새로운 이해로부터 생겨났다. 말라르메는 언어가 통상의 기하학적 공간도, 실생활의 공간도 결코 그 독자성을 파악할 수 있게 해줄 수 없는, 한없는 복잡한 공간적 여러 관계들의 한 체계라고 하는, 그에게 이르기까지 무시되어 오거나 그 이후에도 아마도 무시되고 있는 사실을 늘 의식하고 있었다. 사람은 아무것도 창조하지 않는다. 또 언어가 국한되고 표현된 언어이기 이전에 여러 관계의 침묵하는 움직임이고, 다시 말해 '존재의 리듬 있는 압운분해'(la scansion rythmique de l'être)가 되는 극도로 공허한 장소에 사전에 접근함으로써 비로소 사람들은 창조적으로 말하는 것이다. 언어가 거기에 있는 것은 항상 그들의 관계의 외연을 지시하기 위한 것에 불과하다. 즉 그것들의 관계가 투사되는 공간을 지시하기 위한 것에 지나지 않는다. 그리고 이 공간은 지시되자마자 접히고, 어디에도 없는 곳이 되며, 어디에도 없는 곳에 존재하게 되는 것이다*. 언어의 원천이고 "결과"인 시적 공간은 결코 사물처럼 존재하지 않는다. 항시 "그것은 사이가 생기고 분산되어 존재하고 있다." 말라르메가 그를 장소가 갖는 독특한 본질로 유도하는 모든 것에 흥미를 갖는 것은 이 때문이다. 연극도 무용도 그러하며 인간의 사유나 감정의 특성도 또한 어떤 '환경'을 만들어 내는 것임을 잊지 않는다. "모든 감동은 사람들로부터 나오며 하나의 환경을 확장하거나 혹은 사람들에게 녹아들어가 이 환경과 합체시킨다." 그러므로 시적 감동은 내면적 감정이 아니고 주관적 변형도 아니다. 그것은 어떤 기이한 바깥이고 이 바깥에서 우리는 우리의 밖에 있는 우리의 안으로 던져진다. 그래서 무용은 다음과 같은 것이 된다라고 그는 덧붙인다. "이렇게 해서 이 다양한 해방은 어떤 나신을 둘러싼 것이며 이 나신이 해방을 질서 짓고 있는 서로 모순된 여러 요동에 의해 위대하고 폭풍우와 같이 분출하며 곧바

---

* 하이데거가 말에 가하고 있는 주의는 아주 집요한 성격의 것인데, 그것은 단독으로 다루어지고 그것 자체에 집중한 말에 대한 주의이며, 근본적인 것으로 여겨지고 그 형성의 역사를 통해 존재의 역사가 이해되기까지 책임과 고통이 가해진 말에 대한 주의이다. 그러나 결코 말의 관계에 관한 주의가 아니라는 것, 바로 이 관계들이 전제로 그 근원적 운동을 통해 처음으로 전개로서의 말이 가능하게 되는 그 선재적 공간에 관한 주의가 아니라는 것, 이것을 여기서 지적할 수 있을 것이다. 말라르메에게 있어 말은 순수한 말 그 자체에 의해 만들어진 것이 아니다. 말이란 그 속에서는 말이 언제나 이미 소멸되어 있고, 나타남과 사라짐, 이 흔들리는 움직임인 것이다.

로 아름답게 움직이면서 거기서 이 나신을 그것을 해체시킬 정도로 찬양한다. 중심을 만드는 나신……."

말라르메가 누구도 잘 알지 못하는 비교적^{秘敎的} 욕구를 통해 창조했다고 하는 이 새로운 언어 ─ 예전에 셰레르 씨가 대단히 세밀하게 연구했던 ─ 는 여러 새로운 수단을 통해 언어활동에 고유한 공간을 만들어 내기 위한 엄밀한 언어이지만, 우리는 일상적인 산문에서도, 문학상의 관습에 입각해 말해서도 이것을 단지 불가역적인 움직임을 통해 주파된 단순한 표면으로 환원하려고 한다. 말라르메는 이 공간의 깊이를 회복시킨다. 하나의 어구는 선적인 방식으로 자기자신을 전개하는 것으로 만족하지 못하고 자신을 연다. 그리고 이 열림을 통해 여러 단계의 심연에 다른 어구의 움직임이나 다른 언어의 리듬이 층을 이루고 해방되며, 틈을 만들어 내고 수축한다. 이것들의 움직임이나 리듬은 통상의 논리 ─ 종속적 논리 ─ 와 무관하지만, 견고한 구조상의 한계를 통해 서로 관계를 맺고 있다. 통상의 논리는 공간을 파괴하고 운동을 획일화한다. 말라르메는 심오하다고 말할 수 있는 유일한 작가이다. 비유적인 의미에서 그가 심오하다는 것도 아니고, 그가 말하는 것이 갖는 지적인 형태의 의미 때문에 심오하다는 것도 아니다. 그가 말하는 것은 몇몇 차원을 갖는 공간을 규정하고 있으며 그것은 상이한 몇몇 단계에서 동시에 포착해야 하는 이 공간적 심오함을 통해 비로소 이해될 수 있는 것이다(게다가 우리가 즐겨 사용하는 이 "이것은 심오하다"라는 표현은 무엇을 의하는 것일까? 의미의 심오함은 배후로의 후퇴적인 행보 속에 있으며 의미는 우리를 이끌고 자신을 위해 이러한 행보를 강화하는 것이다).

「주사위 던지기」는 이 새로운 공간의 명확한 단언이다. 그것은 시작품이 되어 버린 공간이다. 거기서 작용하고 있는 허구는 늘 보다 더 아득한 공간을 차츰차츰 미묘하게 암시하는 여러 형상이 거기로부터 생겨나고, 거기에서 쇠퇴해 가는 난파의 시련을 통해 모든 것의 현실적인 외연의 해체와 "심연의 동일한 중성적 성질"에 도달하는 것 이외의 어떠한 목표도 갖지 않는 것 같다. 이것을 통해 흩어짐의 극점에서 이제 다음과 같은 장소만이, 요컨대 아무것도 일어나지 않는 장소로서의 무無라는 장소만이 확립되는 것이다. 그래서 이것은 『이지튀르』가 도달하려고 하는 저 영원의 무인가? 순수하게 결정적인 공백인 것일까? 그렇지 않다. 이것은 부재의 무제한적인 요동이고 "무엇이라 말할 수 없는 하층의 파열음"이며 "그 가운데 모든 현실성이 해체되는 막연한 것의 영역"이다. 이 해체의 움직임 자체가 장소의 심연 속에서 부단히 생성을 계속하는 생성작용을 해체할 수 없는 한해서이지만 말이다.

그렇지만 이 경우 심연의 "크게 입을 벌린 깊이"는 예외적으로 높은 곳에서 역전되고 공허한 하늘과 같은 또 하나의 심연을 구축하고 거기서 성좌와 같은 자태를 갖는다. 요컨대 그것은 별들의 한정된 복수성 속에 집중되는 무한의 흩어짐이며 말이 항시 그들의 공간이기 때문에 이 공간은 순수한 별이 수놓아진 빛나는 시이다.

시적인 공간과 우주적 공간

시에 대한 말라르메의 사유는 특히 우주적인 용어로 말해지고 있지만 이것이 단순히 에드거 앨런 포(Edgar Allan Poe)의 (『유레카』, 『언어의 힘』)의 영향에 의한 것만은 아니고, 그보다는 오히려 창조적인 공간,

그것도 무한히 공허한 것으로서 창조적이고, 무한히 동적인 공허에 속하는 것으로서 창조적인 공간의 요청에 의한 것이라는 것은 명백하다. 말라르메에 의하면「장례의 건배」(Toast funèbre)에서의 대화는 인간에게 어떤 명칭이 적합한지를 예감하게 해준다. 즉 인간은 지평에 속하는 존재이고, 그의 언어 내에 존재하는 이 아득한 곳의 요청이며, 그는 말하자마자 녹아 버리는 이 공간을 그의 죽음을 통해서만 확대하는 것이다.

> 이미 옛적에 허물어져 버린 이 인간에게 무는 말한다,
> "수많은 지평의 추억, 너에게 대지는 무엇이냐?"
> 이 꿈을 외쳐 보자. 그러면 그 명철함도 이제는 완전히 변질되어 버린 목소리.
> 공간은 장난처럼 외치네. "난 몰라."

공간의 영원한 침묵 앞에서 파스칼의 공포, 그리고 공허가 별처럼 박혀 있는 하늘과 직면한 주베르의 황홀 사이에서 말라르메는 인간에게 새로운 경험을 부여한다. **또 다른** 공간에의 접근으로서의 공간을, 시적 운동의 창조적 근원이고 모험인 것 같은 공간을 부여하였다. 불안, 불가능성에 대한 염려, 무에 대한 의식, 확실히 그의 시간인 저 비탄의 시간, '저 공위적^{空位的} 시간과 간극의 시간'이 시인에게 속하는 것이라 해도 그렇다고 해서 사람들이 일반적으로 그렇게 하듯이 말라르메의 얼굴 위에 스토아주의적인 가면을 씌운다거나, 그에게서 오로지 영민한 절망의 투사를 본다거나 하는 것은 적절한 방식은 아니다.

모호한 철학적 용어 가운데서 무엇인가를 선택해야 한다면, 그의 사유에 가장 잘 부합하는 것은 염세주의라는 용어는 아닐 것이다. 왜냐하면 말라르메가 시를 어쩔 수 없이 자리매김해야 될 때마다, 시는 항시 기쁨이라든가 열정적 긍정이라는 측면에서 표명되고 있기 때문이다. 『음악과 문예』에서의 어떤 유명한 문장은 이러한 지복의 상태를 말하고 있다. 그 문장은 24개의 문자에 대한 신앙과 함께 그것들의 상호관계의 의미를 유지하려는 노력을 경주하였고 그 결과 "에덴이 어디 있는지 잘 알고 있는 사람"*은 "다른 행복을 넘어서서 지복의 요소를 소유하고, 하나의 이론을 수중에 넣음과 동시에 하나의 영토를 수중에 넣는다"고 말하고 있다. 이 영토라는 말은 우리를 거주지라는 말에 연루시킨다. 말라르메가 어떤 서신에서 다소 성급하게 답하고 있듯이 시는 "이렇게 우리의 거주지에 본래성을 부여한다"**는 것이다. 우리는 시가 스스로 생겨나서 무엇인가를 생겨나게 하는 장소에서만 진정으로 체류한다. 이것은 횔덜린의 말이라고 알려진 그 말(이것은 만년의 진위와 관련해 이론이 있는 텍스트 속에 있는 말이다)에 대단히 가깝다. "……시적으로만 인간은 거주한다." 게다가 횔덜린의 다음과 같은 시구도 있다. "하지만 거주하는 것, 시인들은 그것을 설립한다." 우리는 이 모든 것을 생각하고 있지만, 아마도 하이데거의 주해가 일반적으로

---

* Edennique, Ainsi écrit, contre l'usage, Mallarmé.
** "시는 그 본질적 리듬으로 환원된 인간의 말에 의한, 존재의 모습들의 신비로운 의미의 표현이다. 이렇게 그것은 우리의 체류지에 진정성을 부여하고 유일한 정신적 과제를 구성한다." 또한 리하르트 바그너(Richard Wagner)에 대한 「한 프랑스 시인의 몽상」(rêverie d'un poète français) 속에서는 다음과 같이 말한다. "인간, 그리고 그의 진정한 현세적 거처는 증거의 상호성을 교환한다."

인정하고 있는 해석에는 합치되지 않는 방식으로 생각하고 있는 것 같다. 왜냐하면 말라르메의 경우 시인들이 구축하는 것, 즉 언어의 심연이자 기저인 그 공간은 머물지 않는 공간이기 때문이며, 진정한 거주지는 거기서 인간이 자신을 보호하는 은신처가 아니기 때문이다. 그렇지 않고 그것은 조난과 심연을 통해 암초와 관계가 있고, 그로 인해 비로소 저 움직이는 공허로, 창조의 과업이 시작되는 그 장소에 도달할 수 있게 되는 "기억해야 할 위기"와 관련이 있기 때문이다.

말라르메는 "**지상**의 오르페우스적인 해명"과 "인간의 해명"을 시인의 의무와 책의 과제로 삼고 있는데, 이 경우 그는 반복되어 사용되고 있는 이 '해명'이라는 말을 통해 무엇을 말하려고 하는 것일까? 그것은 확실히 이 말에 포함되어 있는 것, 즉 지상과 인간을 노래의 공간에서 전개시키는 것을 말하려 했던 것이다. 이 양자가 자연적인 형태로는 어떤 것인가를 인식하는 것이 아니라 인간과 세계를—그들에게 부여된 현실성의 바깥에서 그들이 갖는 신비적이고 명확하지 않은 것 속에서 공간이 갖는 확산력과 리듬 있는 생성의 집중력을 통해—전개하는 것이다. 시가 존재한다는 사실로 인해 이 우주 속에 무엇인가 변화된 것이 존재할 뿐만 아니라, 우주의 본질적인 변화라고 말해야 할 만한 것이 존재한다는 것이다. **책**의 현실은 항시 이 변화의 의미를 발견해 내고 구축하고 있는 것이다. 시는 항시 **다른 것**의 단초가 된다. 현실과 관련해 우리는 시를 비현실이라고 부를 수 있다("이 나라는 존재하지 않는다"). 우리 세계의 시간과 비교해서 그것을 "공위적 시간" 혹은 "영원"이라 부를 수 있을 것이다. 자연을 변형시키는 행위와 비교해서 그것은 "한정된 행위"라 부를 수 있을 것이다.

여기서 다음과 같은 지적을 할 필요가 있다. 즉 「장례의 건배」, 「어둠이 시작되었을 때」로 시작하는 「소네트」와 「주사위 던지기」 사이에는 25년의 간극이 있지만, 그래도 그것들은 시적인 공간과 우주적 공간과 관계된 세 편의 작품을 형성하고 있다. 이 시들 사이에는 많은 차이점이 있다. 그들의 상이함 가운데 어떤 것은 대단히 현저하다. 「소네트」에서 하늘에 "축제의 별"처럼 빛나는 시적 작품보다 확실한 것은 결코 존재하지 않는다. 그것은 여러 태양들 가운데 한 태양으로서 상위의 품위와 현실성을 갖고 있어 현실의 별들의 "저급한 빛"은 이 태양의 주위를 둘러싸고 그 빛을 증명하고 있는 것에 다름 아니다. "그렇다. 나는 알고 있다……." 하지만 「주사위 던지기」에서는 이러한 확신은 사라져 버린다. 작품의 성좌는 존재하지 않음과 동시에 아득히 먼 것이고, 예외성에 의해 높아진 고지대에 감추어져 있고, 현전하는 것이 아니라 그것이 형성될지도 모르는 미래 속에 항시 단지 머물러 있다. 작품의 성좌는 자신을 표명한다고 생각하기보다는 오히려 존재하기에 앞서 자신을 망각하는 것이다. 이것에 입각해 회의에 빠진 말라르메가 작품의 창조도, 별에 필적하는 그 성질도 이제는 거의 믿지 않게 되었다고 결론지어야 하는 것일까? 시를 믿지 않게 된 상태에서 죽음에 가까이 다가가는 그 자신의 모습을 보았다는 것인가? 사실 그렇게 생각하는 것은 논리적일지도 모른다. 하지만 논리가 **다른 것**을 위한 법을 정하려고 하는 경우 얼마나 기만적인가를 우리는 여기서 분명히 볼 수 있다(논리는 이 **다른 것**을 다른 초지상적인 세계로, 다른 정신적인 현실로 만들기 위해 사용되고 있다). 「주사위 던지기」는 오히려 반대로 창조적인 언어에 고유한 결정력을 「소네트」보다도 훨씬 더 단호한 방식으로, 또 우리를 보다 본질적인 미래와 관련시키는 듯한 어투로 말하고 있다. 그리고 말라르메 자신은 모습이 변하지 않는 작품에 사물에만 적합한 듯한 그런 종류의 확실성을 부여함으로써, 작품의 존재가 더욱 아득하고도 불확실한 것에 대한 기대로서 우리에게 도달할 수 있는 관점에 입각해서만 작품을 환기함으로써, 작품의 긍정과 훨씬 더 신뢰에 가득 찬 관계 안에 들어가 있다. 이것은(불확실한 어투이지만) 다음과 같이 말할 수 있을지 모른다. 요컨대 회의는 시적인 확신에 속하며 마찬가지로 또한 작품을 긍정하는 것의 불가능성이 우리를 작품 고유의 긍정으로 근접시키는 것이다. "계속해서 깨어 있고, 의심하며, 요동하고, 빛나며, 명상한다"는 다섯 개의 어휘를 통해 사유에 그 배려가 맡겨져 있는 저 긍정으로 다가가게 할 것이라고 말이다.

작품과 생성의 비밀

시의 현전은 도래해야 하는 것이다. 즉 그것은 미래를 넘어서서 도래하는 것이고, 현재 거기 있으면서 계속해서 도래한다. 이 세계의 시간이 우리로 하여금 지배하게 해준 것과는 다른 어떤 시간적 차원이 언어 속에서 작동하고 있다. 그리고 그때 이 언어는 존재의 리듬 있는 운각화를 통해 그 전개의 공간을 드러내 보인다. 거기에서는 확실한 것은 결코 고지되지 않는다. 확실성에 매여 있는 자, 혹은 심지어는 개연성에 속하는, 보다 낮은 형식들에 매여 있는 자는 결코 '지평선'을 향해 걸음을 내딛는 것이 아니고, 마찬가지로 또 그는 우연의 내밀함 속에서 저 다섯 종류의 방식으로 행해지고 있는 그 노래하는 사유의 길동무도 아니다.

작품은 작품에 대한 기다림이다. 이 기다림 속에서만 언어라는 본래적 공간을 수단과 장소로 하는 비인칭적 주의가 집중되는 것이다. 「주사위 던지기」는 도래해야 할 책이다. 말라르메는 공간과 시간적 움직임과의 여러 관계를, 그것들을 변화시키는 방식으로 표현하려 하는 자신의 계획을 특히 그 서문에서 명확히 단언하고 있다. 공간은 존재하는 것이 아니라 저작의 유동성이 갖는 여러 형식에 따라서 '운각화되고', '내밀하게 되어' 산산이 흩어져 휴식을 취하고 있는 것이고, 그것은 일상적 시간을 제거해 버린다. 이 공간에서는— 책의 공간이기도 하다— 불가역적인 생성의 수평적인 전개에 따라 순간이 순간에 이어지는 것이 결코 아니다. 거기서는 가령 허구적이라 할지라도 이미 일어난 듯한 어떤 것이 이야기되는 것은 아니다. 이야기는 "예를 들면……"이라는 가정으로 대체된다. 이 시가 그 출발점으로 삼고 있는 사건은 역사적이고 현실적인 사실로서 제시되지는 않는다. 허구 위에서의 현실적인 사건으로서도 제시되지 않는다. 이 사건이 가치가 있는 것은 그것으로부터 발생할 수 있는 사유와 언어의 모든 움직임과 관련될 때뿐이며 "후퇴, 연장, 회피를 통해" 이 움직임을 감지할 수 있게 형상화함으로써만 공간과 시간의 새로운 작용을 만들어 내는 또 하나의 언어활동과 같은 것이 된다.

이것은 당연히 대단히 모호하다. 우리는 한편으로 역사적인 지속을 말라르메의 탐구가 항시 중요하게 사용해 온 균형과 상호성이라는 관계로 대치함으로써 그 지속을 배제하려고 기도하고 있다. "이것이 저것이면 저것은 이것이다"라고 하는 것이다. 이것은 유고 속의 메모에 나타나는 말인데 거기에는 이런 말도 있다. "동일한 주제에 관한 두 선택 ─ 이것이나 저것이 ─ 이것은 연속적이고 역사적으로 취급되는 것이 아니라 항시 지적으로 취급된다." 그는 프랑스의 17세기가 그리스나 로마의 추억 속에서 비극을 찾는 대신에, 데카르트의 작품 속에서 그것을 발견하지 않았던 것을 늘 유감스럽게 생각했지만(라신Jean Racine과 결부된 데카르트. 폴 발레리는 다소 피상적으로 이 꿈에 대해 기억하려고 시도하게 될 것이다), 마찬가지로 또한 언어를 감각적인 계기로부터 해방시키고 언어에 그 자체의 여러 관계적 지배성을 되돌려 주기 위해 기하학적 엄밀함에 속하는 여러 수법을 모방하려고 했다. 그러나 그것은 모방에 불과하다. 말라르메는 스피노자가 아니다. 말라르메는 언어를 기하학화하지 않는다. **예를 들면**이라는 것만으로도 그에게는 충분하다. "모든 것이 요약되어 가정이라는 방식으로 발생하게 되자"마자 "사람들은 이야기를 피한다." 왜 사람들은 이야기를 기피하는 것일까? 그것은 그저 단순히 사람들이 이야기의 시간을 배제하기 때문만은 아니다. 이야기하는 대신에 보여 주기 때문이다. 주지하듯이 이것은 바로 말라르메가 자부심을 갖고 싶어 하는 혁신이다. 여기에서 비로소 사유와 언어의 내적 공간이 감각적인 방법으로 표현되고 있다. "어군이나 개개의 어휘를 정신적으로 분리하는 …… 거리"가 인쇄상에서 감지될 수 있게 되며, 마찬가지로 이러한 어휘들의 중요함도, 그것들의 단언의 힘도, 그것들의 상호관계의 가속도, 그것들의 집중도, 그것들의 분산상태도, 마지막으로 또 어휘의 행보와 리듬을 통해 그것들이 지시하는 대상의 재현도 감지할 수 있게 된다.

   이 효과는 대단한 표현력을 가지고 있다. 정말로 사람을 놀라게 하는 힘을 가졌다. 하지만 놀라움은 말라르메가 여기서 자기자신과 대립하고 있다는 사실 속에도 있다. 이제 그는 이전에 그가 그 비현실적인 부재의 힘을 성찰한 언어와 관련해 모든 존재와 현실성을 다시 부여하고 있지만, 언어는 예전에는 이것들을 사라지게 만드는 것을 그 임무로 하고 있었던 것이다. "추상작용의 침묵하는 비상"이 말들의 가시적인 풍경으로 변한다. 나는 이제 꽃이라고는 말하지 않고, 여러 용어를 통해 꽃을 묘사하는 것이다. 이러한 모순은 용어 내에 있음과 동시에 언어에 대한 말라르메의 이중적 태도 속에도 있다. 이 이중적 태도는 이제까지 누차 지적되고 연구되어 왔다.「주사위 던지기」는 무엇을 더 우리에게 가르쳐 주는 것일까? 문학작품은 거기서는 그 가시적인 현전과 가독적인 현전 사이, 즉 읽어야 할 악보 및 그림과 보아야 할 시 사이의 허공에 매달려 있다. 또 그것은 요동하는 이 교대성 덕분에 전체적이고 동시적인 비전을 통해 분석적인 독서를 풍요롭게 하려 한다. 더불어 여러 움직임의 작용이 만들어 내는 활력을 통해 정적인 비전을 풍요롭게 하려 하고, 결국 듣는 것이 보는 것이자 읽는 것인 교차지점을 점유하려 한다. 그러나 거기서는 실제의 접속이 행해지지 않기 때문에, 시는 예외적인 미래를 형성하는 그 중심의 빈 곳을 점유하는 데 불과한 듯한 그런 지점에 위치하고 있는 것이다.

　말라르메는 이 이전의 지점 ─개념에 앞서는 노래*─에 머물고자 했는데, 여기서 모든 예술은 언어이고 또 언어는, 존재를 소거시킴으로써 표현하게 되는 존재와, 의미의 비가시성에 형태를 획득시켜 주고 말을 계속하는 유동성을 획득시켜 주기 위해 언어가 자기자신 안으

---

* "노래는 타고난 샘, 개념에 선행하는 샘으로부터 솟아난다."

로 모으고 있는 존재의 외현 가운데 어느 쪽도 택하지 않는 상태에 머물러 있다. 이 움직이는 비결정성이 바로 언어에 고유한 공간의 현실성 그 자체이며, 또한 시만이 ─ 오직 이 미래의 책만이 ─ 이 공간이 갖는 운동과 시간의 다양성을 확립시킬 수 있다. 이 운동과 시간은 이 공간을 모든 의미의 원천으로서 유지하면서 그것을 의미로서 구성하고 있는 것이다. 그래서 책은 비전으로서의 독서와, 독서할 수 있는 투명성으로서의 비전의 거의 동시적인 교차작용이 형성시키는 이해에 집중된다. 그러나 그것은 그 자체와의 관계에서 항시 중심을 벗어나고 있으며, 그것은 그저 단순히 완전히 현전함과 동시에 완전히 운동상태에 있는 작품이 문제가 **되기** 때문인 것만은 아니다. 작품을 전개하는 생성 자체가 작품 속에서 형성되고 작품에 의존하고 있기 때문이다.

작품의 시간은 우리의 시간으로부터 차용된 것이 아니다. 작품에 의해 형성된 **이** 시간은 우리가 생각할 수 있는 가장 덜 부동적인 것이라 할 수 있는 작품 속에서 작동하고 있는 시간이다. 그러므로 마치 여기에는 오직 하나의 지속의 방법만이 있기라도 하듯이 단수로서 시간을 말하는 것은, 이 책의 본질적인 수수께끼와 그 고갈시킬 수 없는 매력을 무시하는 것이다. 이른바 세밀하게 연구해 보지 않아도 "현재라는 허위의 외관하에서" 상이한 여러 시간적 가능성이 부단히 중첩되고 있는 것은 자명한 사실이다. 그렇지만 그것은 막연한 혼합상태로 서로 중첩되는 것은 아니다. 어떤 전체가 있고(그것은 대개의 경우 두 페이지로 표시된다) 거기에 어떤 하나의 시간이 적합하게 되기 때문에, 이 전체는 그것이 속하고 있는 전체**군**이 다른 시간적 구조를 우위에 놓기 때문에 다른 여러 시간에 속하는 것이고, 이것으로부터 그러한 사태가 생겨나는 것이다——반면에 '그와 동시에' 작품 전체를 통해 한복판을 관통하는 강력한 횡선과 같이 중심을 이루는 견고한 소리가 울려 퍼지고, 그 소리 속에는 미래가 말하고 있는데, 이 미래는 영원히 부정적인 미래인 것이다.——"결코 배제할 수 없을 것이다"——하지만 또 이 미래는 이중의 형태로 연장되는 것이다. 요컨대 한편으로는 행위를 그 비현실성이라는 외관에 이르기까지 무화시키는 과거적 미래에 의한 것이고,——"일어나지는 않았을 것이다"——다른 한편으로는 완전히 새로운 어떤 가능성을 통한 것이다. 작품은 여러 부정을 넘어서 이 부정을 지탱하면서 여전히 이 가능성으로 향해 비약한다. 요컨대 그것은 어떤 추측의 고지에서의 예외적인 시간이다.

읽는다는 것, "조작"
이 작품 속에서는 그것을 가까이 할 수 없는 것으로 만드는 여러 시간이 작동하고 있는데, 말라르메는 이러한 작품을 현전시키려는 배려를 읽는다는 행위에 맡기고 있는 것이 아닐까라고 사람들은 자문할지도 모른다. 이것은 말라르메가 독자를 버리는 한이 있어도 결코 버리지 않았던 과제였다. 오히려 독자가 멀어짐으로써 읽는다는 문제가 보다 본질적인 것이 되었던 것에 불과하다. 말라르메는 이 문제에 대해 생각을 깊이 집중했다. '절망적인 작업'이라고 그는 말하고 있다.

    책의 소통——작품에 고유한 **생성** 속에서의 작품의 작품 자신과의 소통——에 대해서는, 유고를 통해 몇몇 새로운 해명이 주어져 있다. 저자도 독자도 가지지 않는 책은 반드시 닫혀진 것이 아니라 언제나 움직임 가운데 있는데, 만약 이 책이 어떤 형태로 자기자신 바깥으로 나오지 않는다면, 또 그 구조에 다름 아닌 움직이는 내밀성에 응답하기 위해 자신의 거리 그 자체와 접촉하는 외부를 발견하지 않는다면, 어떻게 그것은 자신을 구성하는 리듬에 따라 자신을 긍정할 수 있을 것인가? 이 책에는 매개자가 필요하다. 그것이 '읽는다'는 행위이다. 여기서 말하고 있는 '읽는다'는 행위는 언제나 저작을 자신의 우연적 개인성에 접근시키려 하는 그저 그런 독자의 독서가 아니다. 말라르메는 이 본질적 독서의 목소리가 될 것이다. 저자로서 사라지고 배제되지만, 이 사라짐을 통해 그는 **책**의 나타나면서 사라져 가는 본질과 관계 맺는 것이다. 이 책의 소통 자체인 끊임없는 흔들림과 관계 맺는 것이다.

    이 매개자라는 역할은 오케스트라의 지휘자나 미사가 진행되는 동안 사제의 역할에 비교될 수 있을 것이다. 그러나 유고가 마술이나 연극 혹은 가톨릭의 전례와 닮은 신성한 의식 등의 성격을 독서에 부여하고 있다 할지라도, 이 경우에는 무엇보다 먼저 다음과 같은 점을 염두에 두어야만 한다. 요컨대 말라르메는 자신이 진부한 독자도 아니지만 그렇다고 텍스트를 해석하거나 어떤 의미로부터 다른 의미로 이행시키거나, 가능한 모든 의미 사이에서 텍스트를 운동상태로 유지하는 힘을 가진, 단순히 특별한 해석자도 아니라는 것을 의식하고 있다는 점이다. 그는 진정한 의미로는 독자가 아니다. 읽는 행위 그 자체인 것이다. 그것을 통해서 책이 책 자신과 소통하는 소통운동 그 자체인 것이다. 이 운동은 우선 첫번째로 종이의 움직임이 그것을 가능하게하고 필연적으로 만드는 여러 물리적 교환을 통해 이루어지며,[*] 이어서 언어활동이 여러 장르, 여러 예술을 통합함으로써 만들어 내는 새로운 이해의 운동을 통해 행해진다. 마지막으로 또한 책이 그것을 출발점으로 해서 그 자신 쪽으로, 또 우리들 쪽으로 향하며 우리를 공간과 시간의 극한적 작용에 노출시키는 예외적 미래를 통해 행해진다.

말라르메는 독자를 "조작자"라 부른다. 읽는다는 것은 시와 마찬가지로 "조작"인 것이다. 그러나 그는 조작이라는 말과 관련해 그가 작품이라는 말에서 포착한 의미를 부여하고, 그와 동시에 이 말의 기술적 용법으로부터 아이러니한 방식으로 끌어낸 거의 외과의술적 의미를 항시 부여한다. 즉 조작이란 제거이며 어떤 의미에서는 헤겔적인 **지양**^{Aufhebung}인 것이다. 읽는다는 것은 제거이며 그것은 자신을 제거함으로써 자신을 성취하는 작동인 것이다. 자기자신과 대결함으로써 자신을 증명하고, 자신을 확립하면서 자신을 중단시키는 작동인 것이다. 유고 속에서 말라르메는 읽는다는 행위가 포함하는 위험하고 대담한 성격을 강조한다.

위험은 읽는다는 것이 책으로부터 일종의 저자적 권리를 찬탈하려는 것처럼 보이고, 이 저자권이 책을 다시금 통상적인 책으로 만들어 버릴 수 있다는 점에 있다. 이 위험은 소통 그 자체로부터 생겨난다. 즉 말라르메라는 독자에게조차도 책이 무엇인지를, 책이 존재하는지

---

* 이 **책**은 초고에 따르면 낱장의 종이들로 구성된다. "그렇기 때문에 그 위치들을 바꿀 수도 있고, 평범한 질서를 통해서가 아니라 순열의 법칙을 통해 정해진 분명하게 다른 몇몇 순서로 읽을 수 있을 것이다"라고 셰레르는 말하고 있다. 책이란 언제나 다른 것이며, 그것은 그 부분들의 다양성을 대조함으로써 변화하고 교환된다. 이렇게 해서 독서의 선적 **움직임**──그 유일한 방향──을 피할 수 있다. 게다가 책은 펼쳐지고는 접히며, 흩어지고는 또 모임으로써 그것이 어떠한 실체적 현실성도 가지지 않는다는 것을 보여 주는 것이다. 그것은 결코 현전하는 것이 아니라, 자신을 만들어 내는 한편 끊임없이 자신을 해체하고 있다.

어떤지를, 또한 책이 그 제거작용을 통해 자신을 구성하면서 상응하고 있는 그 생성이, 지금 이후로 우리에게 있어 뭔가 의미를 갖고, 언젠가 무엇인가 의미를 가지게 될 것인지 어떤지를 미리 알 수 있게 해주지 않는, 그런 모험과 시련의 운동으로부터 생겨나는 것이다. "계속해서 깨어 있고, 의심하며, 요동하고, 빛나며, 명상한다." 여러 시간의 이러한 붕괴 속에서 무한정한 교환작용이 표현되고 이 교환작용을 통해 작품이 만들어지는데, 이 붕괴가 언젠가는 모든 것이 성취되어야 하는 순간에 부딪히게 되는 것일까? 책보다 앞서 사라지면서 책 앞에서 "그것을 축성하는 궁극적인 점"을 둠으로써, 미리 책을 부동화하는 그 마지막 시간에 부딪히는 것일까? 그것은 모든 순간이 끝없는 것의 끝이라고도 말해야 할 마지막 완성 속에서 정지하는 순간이다. 이것이 끝인 것일까? 우리가 지금 이후로, 바로 이 부동의 지점에서 보편적인 죽음이라는 미래적 시선으로, 언제나 얼마간 독자의 시선인 이 시선으로 작품 전체를 바라보아야만 하는 것일까?

'아마도'라는 고지에서
그러나 「주사위 던지기」는 이 정지나 이 저 너머를 넘어서 아직도 말해야 할 무엇인가가 있다는 것을 우리에게 가르쳐 준다. 그 단언의 확고한 어조는 이 책 전체의 요약이라고도 말할 수 있고 "결말"이라고도 말할 수 있는 것이며 작품이 자신을 만천하에 드러냄으로써 자신을 해결하고 있는 단호한 말이다.

"모든 사유는 한 번의 주사위 던지기를 발한다." 이 구절은 가혹하다고까지 말할 수 있는 어조를 통해 고립적으로 말해지고 있으며,

마치 이 한 구절을 통해 말의 고립성이 더할 나위 없는 형태로 완성되기라도 하는 듯한데, 이 구절을 자리매김하는 것은 어려운 일이다.

이 구절은 결론과도 같은 힘을 갖고 있어서 우리가 이야기를 더 진전시키는 것을 금하고 있다. 그러나 이 구절 자체는 이미 소위 **시**의 바깥에 있으며, 시라고 하는, 이 구절에 가해진 한계는, 시에 속하고 있지 않은 것이다. 이 한 구절은 사유와 우연을, 운명에 대한 거부와 운명을 향한 부름을, 여기에 걸려진 사유와 사유로서의 내기를 소통시킴으로써, 짧은 한 구절 속에 가능한 것 일체를 보유한다고 주장하는 내용을 갖고 있다.

"모든 사유는 한 번의 주사위 던지기를 발한다." 이것은 맺는 구절이며 또 시작하는 구절이다. 구체를 이루는 운동이 계속해서 끝이면서 시작인 것과 같은, 보이지 않는 이행운동이다. 모든 것은 끝나 있으며 모든 것은 다시 시작되고 있다. 이렇게 해서 책은 아마도 그 의미인 **생성** 속에서, 조용히 단언되는 것이며, 그 의미는 원환의 생성 그 자체가 될 것이다.*

작품의 종말은 그것의 원천이며, 그 새롭고도 또한 보다 이전의 시작이다. 즉 작품이란 새로 던져진 주사위가, 지배적인 말의 던져짐

---

* 이 조건법은 여기서 문제가 되고 있는 시적 생성의 의미에 관해서 「주사위 던지기」의 마지막 말을 이용하고 있는 것은 아니라는 것을 보이고 있다. 이 시를 마주한 우리는 책이나 작품, 예술이라는 개념들이 거기서 은폐되어 있는 도래할 여러 가능성에 대해 어떻게 해도 딱 들어맞지 않는다는 것을 통감하는 것이다. 오늘날의 회화는 우리에게 그것이 만들어 내려 하고 있는 것이, 즉 그 '창출물'이 이미 작품일 수는 없다는 것을, 그것들은 우리가 아직 이름을 갖고 있지 않은 어떤 것에 응하려 하고 있다는 것을 예감하게 해준다. 문학의 경우에도 사정은 마찬가지다. 우리가 향해 가는 것은 우리가 낡디낡은 구조물이라는 전통 속에 응고시켜서는 안 되는 어떤 미래의 풍부함과 궁핍함을 갖고 있을 것이다.

그 자체가 되도록 하기 위해 다시 한 번 열린 그 가능성이다. 이 말은 **작품**이 존재하는 것을 방해함으로써——"한 번의 주사위 던지기는 결코"——그 궁극적인 난파를 되돌이키는 것이며, 그 난파 속에서 언제나 모든 것이 장소의 심연 속으로 이미 사라져 버린 뒤다. 우연도, 작품도, 사유도, **아마도**라는 **높이 이외에는** 모두 사라져 버리고 없는 것이다.

6장
권력과 영광

나는 문학과 작가의 위치설정을 위해 도움이 될 수 있는 몇몇 단순한 주장들을 요약해 보고자 한다.

예술가처럼 작가도 영광과 연관되었던 시대가 있었다. 작가의 저작은 예찬의 대상이었고, 영광은 그가 주거나 받거나 하는 것이었다. 고대적인 의미에서 영광은 현전의 (성스럽거나 지고한) 광휘이다. 예찬하기는 인식시키는 것을 의미하는 것이 아니라고 릴케는 말한다. 영광은 존재를 은폐하는 것으로부터 해방되어 발견된 현전의 진실 속에서 확립된 웅장함 속에서 돌출하는 존재의 현현이다.

영광에 이어 명성이 온다. 명성은 이름 속에서 보다 구체적으로 공인된다. 명명할 수 있는 힘, 지시할 수 있는 힘, 이름의 위험한 확보(명명하는 데는 위험이 있다), 명명할 수 있고 자신이 명명하는 것을 다른 사람에게 이해시킬 수 있는 자의 특권이 된다. 합의는 공명에 속한다. 말은 글 속에서 영원성을 획득하고 어떤 불멸성을 약속한다. 작가에게는 죽음을 이기는 것과 연관된 부분이 있다. 작가는 일시적인 것을 모른다. 작가는 영혼의 친구, 정신적인 인간, 영원한 것의 보증인이다. 오늘날 많은 비평가들은 여전히 예술과 문학이 인간을 영속화하는 것이라고 진지하게 믿고 있는 것 같다.

명성 뒤에는 평판이 따른다. 마치 진실 다음에 의견이 오듯이 말이다. 출간하는 것 ─ 출판 ─ 은 본질적인 것이 된다. 우리는 이것을 쉬운 의미에서 파악할 수 있다. 작가는 공중에게 알려져 있고 유명하며 자신의 가치를 고양하려고 한다. 왜냐하면 그는 가치 있는 것, 즉 돈이 필요하기 때문이다. 그러면 무엇이 이 가치를 제공하는 공중을 일깨우는 것일까? 그것은 공개성이다. 공개성 그 자체가 예술이 된다. 공개성은 예술 중의 예술이다. 공개성은 가장 중요하다. 왜냐하면 공개성은 여타의 모든 것을 한정할 수 있는 힘이 있기 때문이다.

여기서 우리는 분쟁적인 충동으로 인해 단순화시켜서는 안 되는 성찰의 질서, 즉 공적인 작가 속으로 들어간다. 출판하는 것은 공적인 것으로 만드는 것이다. 그러나 공표하는 것은 어떤 것을 마치 한 공간(양심의 심판, 폐쇄된 방)으로부터 또 다른 한 공간(밖, 거리)으로 단순히 이동하는 것처럼, 사적인 상태에서 공적인 상태로 보내는 것이 아니다. 공표하는 것은 어떤 특정한 사람에게 어떤 소식이나 비밀을 털어놓는 것도 아니다. '독자'는 자기자신을 위해 독서하는 다수나 소수의 독서자들에 의해 구성된 것이 아니다. 작가는 유일한 친구에게 한정된 글을 쓴다고 말하기를 좋아한다. 이러한 염원은 기대에 어긋난다. 독자 속에서 친구의 자리는 없다. 어떤 특정한 사람을 위한 자리는 존재하지 않는다. 가족, 집단, 계급, 국가 등 사회적으로 한정된 구조를 위한 자리는 더더욱 존재하지 않는다. 그 누구도 거기에 속하지 않으며, 모두가 거기에 속한다. 또 그것은 인간 세계뿐만이 아니라 모든 세계, 모든 사물, 아무것도 아닌 것, 즉 타자이다. 그렇기 때문에 검열이 아무리 엄격하고 명령에 아무리 잘 따른다 할지라도 권력이 보기에 출간행위에는 항시 무엇인가 의심스럽고 부적절한 무엇인가가 있다. 요컨대 출간행위는 항시 독자를 존재하게 만들고, 항시 비결정 상태에 있는 독자는 가장 단호한 정치적 결정을 피해 간다.

출간하는 것은 자기자신을 읽게 만드는 것도 아니고, 어떤 것을 읽게 만드는 것도 아니다. 공적인 것은 엄밀히 말해 읽혀질 필요가 없다. 그것은 모든 것을 알고 있고, 아무것도 알려고 하지 않는 인식에 의해 항시 이미 미리 알려진 것이다. 항시 각성되어 있으며 만족할 수 없으나, 항시 만족하고 있는 공적인 관심은, 관심을 갖고 있지 않음으로써 모든 것에 관심이 있다고 생각하고 있다. 공적인 관심은 중상을 하는 편견을 갖고 기술하려는 오류를 범한 어떤 움직임이다. 우리는 여기서 문학적인 노력의 기원에 있는 장애물이자 방책과도 같은 비인칭적인 동일한 역능을, 솔직히 말해 느슨하고 안정된 형식하에서 발견한다. 저자는 한도 끝도 없고, 시작도 끝도 없는 말에 대항해, 하지만 이 말의 도움을 받아 자신을 표현한다. 공적인 관심, 산만하고 불안정하며 보편적이고 전지한 호기심에 반反하여 독자는 글을 읽게 된다. 읽기도 전에 이미 읽어 버린 최초의 이 독서로부터 간신히 빠져나오면서 말이다. 요컨대 이와 같은 최초의 독서에 반하면서도 이 독서를 통해 독서를 하는 것이다. 독자는 중립적인 합의에 참여하고, 저자는 중립적인 말에 참여하며, 더욱 잘 합의된 내용에 자리를 마련해 주기 위해 독자와 저자는 잠시 멈추어 선다.

문학상文學賞 제도를 환기해 보자. 이 제도는 근대의 출판 구조와 지적인 삶의 사회·경제적 조직을 통해 쉽게 설명이 될 수 있을 것이다. 그러나 몇몇 예외를 제외하면 대체로 아무것도 아닌 상을 받으면서 작가가 반드시 느끼게 되는 만족감을 생각해 보면, 그것은 어떤 진부한 쾌락으로 설명될 수 있는 것이 아니라, 독자의 합의라는 교류 이전의 이 교류에 대한 강렬한 열망, 심연과 표층의 웅성거림의 환기를 통해 설명될 수 있을 것이다. 이 웅성거림 속에서 모든 것은 모호한 현존 속에서 출현하고 사라지며 자신을 지탱한다. 이것은 한낮에 우리의 거리에 흐르며 더욱 잘 망각되기 위해 기억되기를 열망하는 이미 어둠과도 같이 불가항력적으로 생명존재들을 매혹시키는 망각의 강^{Styx}과 같다.

아직까지는 영향력이 문제가 되지는 않는다. 맹목적인 군중들에게 보여지는 쾌락도, 모르는 사람들에게 알려진다는 쾌락도 문제가 되지는 않는다. 이러한 쾌락은 결정되지 않은 현전을 이미 한정된 **어떤** 공중으로 변환시키는 것, 다시 말해서 파악 불가능한 움직임이 완벽하게 조종 가능하고 접근 가능한 현실로 변화되는 것을 상정하는 것이다. 조금 더 낮은 곳에 이러한 광경의 모든 정치적 경박함이 존재할 것이다. 그러나 작가는 이 마지막 게임에서 항시 푸대접을 받게 될 것이다. 가장 유명한 작가는 라디오의 일상적인 재담꾼보다도 명성이 없다. 그리고 유명한 작가가 지적인 권력을 열망한다 해도, 그는 자신이 이 권력을 자신의 이 무의미한 명성 속에서 탕진하고 있다는 것을 알고 있다. 내 생각에 작가는 자신과 관련해서나 자신의 작품과 관련해서도 아무것도 열망하지 않는다. 그러나 출판되기를 열망하는 것—다시 말해서 외적인 실존, 바깥으로의 열림에 도달하고자 하는 열망, 우리의 대도시가 그 전형적인 장소라고 할 수 있는, 누설-해체에 도달하려는 열망——은 작품의 소관이다. 출판의 열망은 작품의 출처가 되고 작품이 부단히 연장시켜야 하지만, 또 철저하게 극복하고 싶어 하는 움직임의 추억과도 같다. 또 자기가 작품일 때마다 매번 일순간 그 움직임의 추억을 끝장낸다.

'바깥'(항상 거기에 있고 가깝지도 멀지도 않으며, 친숙하지도 낯설지도 않고, 중심이 없으며 모든 것을 흡수하지만, 아무것도 간직하지 않는 현전의 인력)이라는 의미에서의 이러한 '공중'의 군림은 작가의 행선지를 바꾸어 놓았다. 작가가 영광과 멀어지게 되었고 익명의 탐색을 선호하고 모든 불명성의 열망을 상실하게 된 것과 마찬가지로——아마도 이것은 처음 보기에 확실하지 않은 것처럼 보이지만——작가는 한편으로는 바레스가, 다른 한편으로는 테스트 씨가 영향력을 행사하면서든지, 영향력 행사를 거부하면서든지 간에 행사해 온 지극히 전형적인 두 유형의 권능의 야망을 포기한다. 사람들은 다음과 같이 말할 것이다. "그러나 글쓰는 자들은 이 정도로 정치에 관여한 적은 결코 없었다. 단지 그들이 서명하는 탄원서, 표명하는 관심, 단지 글을 쓴다는 이유로 자신들이 모든 것을 판단하도록 허용되었다고 믿으면서 그들이 보이는 열정을 보라." 이것은 사실이다.

두 작가가 만나면 문학에 대해 논의하는 적은 없다. 이것은 참 다행스러운 일이다. 하지만 그들의 입에서 나오는 첫마디는 항시 정치에 관한 것이다. 나는 다음과 같이 상정해 본다. 요컨대 그들은 전체로서 보자면 어떤 역할을 담당한다거나, 어떤 권력을 행사한다거나, 사람들을 자신의 명령에 복종시키려는 욕망을 극단적으로 삼가고 있고, 고명하면서도 놀라울 정도로 겸손하며, 개인숭배와는 극도로 멀어져 있다(그뿐만 아니라 확실히 이 점 때문에 현대의 두 작가를 비교해 오늘날의 작가와 옛 작가를 구별하는 것이 항시 가능할 것이다). 하지만 그들이 바깥의 웅얼거림에 더 한층 깊이 침잠하고, 어떤 공적인 불안에 한층 더 가까이 접근하며, 마침내 그 부름에 대한 존중을 촉구받는다고 느끼는, 저 소통 이전의 소통의 추구를 한층 더 진척시킴에 따라, 한층 더 정치의 유혹에 빠지게 된다.

이러한 것은 최악의 사태를 야기시킬 수도 있다. 디오니스 마스콜로가 그의 『프랑스의 지적인 비참에 관하여』라는 시론에서 말하고 있는, 그런 자들을 생겨나게 할지도 모른다.* "아무 데나 머리를 들이미는 자, 아무 일에나 수다를 떠는 자, 아무것이나 다 아는 자, 이러한 자는 모든 것을 알고 있고, 모든 것에 즉각적으로 단정적인 의견을 말할 수 있으며, 막 일어나려고 하는 일에 대단히 신속하게 결정적인 평가를 내리고, 그래서 우리는 곧 아무것도 배울 수가 없게 될 것이다. 우리는 이미 모든 것을 알고 있는 것이다." 그리고 마스콜로는 다음과 같이 덧붙인다. "이곳 사람들은 모든 것을 다 알고 있고 총명하며, 호기심이 강한 사람들이다. 그들은 모든 것을 이해한다. 어떤 것이나 즉각적으로 이해하고 있기 때문에, 어떤 것에 대해서도 그것을 사유하는 시간 따위는 허비하지 않는다. 그들은 아무것도 이해하고 있지 않다. …… 모든 것을 이미 알고 있는 자들에게 무엇인가 **새로운** 일이 발생했다는 사실을 인정시켜 보라." 이와 같은 서술 속에는 아마도 어떤 대중적인 존재가 갖는 여러 특질, 요컨대 중성적 이해, 한없이 열린 관심, 직관으

---

* Dionys Mascolo, *Lettre polonaise sur la misère intellectuelle en France*, Minuit, 1957.

로 예감하는 이해력과 같은 특질을 ─ 하지만 여기서는 다소 강조되고 특수화되며, 또 하락되어 있긴 하지만 ─ 분명히 확인할 수가 있을 것이다. 거기서 모든 사람은 항상 일어난 일에 대해 알고, 모든 가치판단을 파괴하고 있으면서도 모든 것에 이미 판단을 내려 버린 것이다. 명확히 이러한 것은 최악의 상태를 발생시킬지도 모른다. 하지만 그것은 어떤 새로운 상황을 발생시키고 있는 것이다. 이 상황에서 작가는 어떤 방식으로 자신의 고유한 실존과 개인적인 확신을 잃고, 아직은 어떤 한정도 받지 않으며, 무력한 동시에 강력하고, 무가치함과 동시에 완전한 어떤 소통의 시련을 체험하게 됨으로써, 그 결과 그는 마스콜로가 확실히 지적하듯이 자신이 "무력함으로 환원된다"는 것을 알아차리지만, "그러나 또 단순함으로 환원된다"는 것도 알고 있다.

그러므로 오늘날 전문가들이 싫어 하는 흥분상태에서 작가가 정치에 몰두한다 해도, 그 경우는 여전히 정치에 몰두하는 것이 아니라, 아직 확실하게 간파되지 않은 이 새로운 관계에 몰두하는 것이라고 말할 수가 있다. 문학작품이나 문학의 언어는, 대중적 현존과 접촉함으로써 그 새로운 관계를 각성시키려고 한다. 그렇기 때문에 그는 정치에 대해 말하면서 완전히 다른 무엇, 예를 들면 윤리에 대해 말하기도 하며, 윤리에 대해 말하면서 존재론에 대해 말하기도 하고, 존재론에 대해 말하면서 시에 대해 말하기도 한다. 그리고 마지막으로 "그의 유일한 정념"인 문학에 대해 말하지만, 이것은 "그의 유일한 정념"인 정치로 되돌아가기 위한 것이다. 이러한 유동성은 사람을 실망시키고 이번에도 최악의 사태를 발생시킬지도 모른다. 즉 효율적인 사람들에 의해 항시 부질없는 대화라든가 지적인 대화라고 부르는 이 공허한 논의를 발생시킬지도 모른다(이러한 형언 자체가 당연히 그 수다스러운 공허의 일부를 이루고 있다. 왜냐하면 그것들은 능력을 갖춘 자들의 성마름을 억제시킬 수 없는 허약함을 감추는 데 도움이 되지 않기 때문이다). 이러한 유동성에 대해서는 마스콜로가 정당하게 지적하여 정의하고 있듯이,* 초현실주의가 우리에게 그것이 함의하는 여러 곤란함과 용이함, 또 그 다양한 요청과 위험을 보여 주고 있는데, 우리로서는 단지 이 유동성이 결코 충분히 유동적이지 않고, 또 매우 불안하고 기진맥진하게 만드는 불안정성에 결코 충분하게 충실하지 않다고 말할 수 있을 뿐이다. 이러한 불안정성은 부단히 증대되면서 모든 언어의 내부에서 그 어떤 결정적 단언에도 결코 말을 멈추지 않겠다는 거부를 전개하는 것이다.

게다가 작가가 모든 전문가적인 이용으로부터 벗어난 이 유동성 때문에 문학의 전문가일 수도 없고, 심지어는 문학의 특수한 한 장르의 전문가일 수는 더더욱 없다 해도, 그렇다고 해도 그가 17세기의 신사(l'Honnête homme), 괴테적 인간, 다음으로는 계급 없는 사회의 인간(테야르 드 샤르댕Teilhard de Chardin신부가 말하는 더 아득하게 묘사된 인간에 대해서는 언급하지 않고도)이 환상 및 목표로서 우리에게 제시하는 보편성을 목표로 하지 않는다는 것을 덧붙여 둘 필요가 있다. 대중적인 이해가 항시 모든 것을 미리 이해하였으면서도, 모든 것

---

* '프랑스가 이 20세기 전반에 알 수 있었던 유일한 사상운동인 초현실주의가 가지는 극도의 중요성을 강조해야 한다. ……양차대전 사이에서 단지 이 운동만이, 어떠한 점으로부터도 그것이 넘어섰다고는 말할 수 없는 어떤 엄밀함으로, 순수한 사상의 요청임과 동시에 인간의 직접적 부분의 요청이기도 한 요청들을 제시할 수 있었다. 이 운동만이 지칠 줄 모르는 집요함으로 **혁명과 시가 일체를 이룬다**는 것을 상기시켜 줄 수 있었다.'

에 대한 고유한 이해를 좌절시키는 것과 마찬가지로, 대중적인 웅성거림이 확고하고 결정적인 모든 말의 부재이고 공백이며, 늘 말해지는 것 이외의 것을 말하는 것과 마찬가지로(이 때문에 어떤 끝없는 가공할 만한 오해가 생겨나고 이오네스코 덕분에 우리는 이 오해를 일종의 웃음으로 만들 수가 있다), 또 대중이 모든 단체, 모든 계급을 파괴하는 무한정성인 것과 마찬가지로, 작가는 그가 '공표한다'는 사실로 인해 작동되기 시작하는 것의 현혹력 아래로 들어가서, 오르페우스가 지옥 속에서 에우리디케를 구하려 하듯이, 대중 속에서 독자를 구하려 할 때에, 어떤 언어로 향하게 된다. 이 언어는 누구의 언어도 아니고 누구도 들을 수 없다. 왜냐하면 이 언어는 항시 다른 누군가에게 향해지고 있으며, 그것을 영입하는 인간 내에서 늘 어떤 타자를 자각시키고, 늘 다른 사물에 대한 기대를 자각시키기 때문이다. 결코 보편적인 것은 없고, 문학을 모든 것에 대해 권리를 갖는 프로메테우스적이거나 신적인 힘으로 만드는 것은 결코 없다. 존재하는 것은 소유권을 박탈당하고 뿌리가 뽑힌 언어의 움직임이며, 이 언어는 모든 것을 말한다는 자만심보다도 아무것도 말하지 않는 것을 좋아한다. 그것은 무엇인가를 말할 때마다 만약 말하기 시작한다고 생각하면 그것을 넘어서서 한층 더 내려가야 하는 듯한 단계를 지시할 뿐이다. 그러므로 우리의 '지적인 비참' 내에는 사유를 위한 재산도 또한 존재한다. 사유한다는 것은 항상 일반적으로 사람들이 사유하는 것보다 훨씬 적게 사유하는 것을 배우는 것이고, 또 말하는 것으로 인해 오늘 일어나는 것처럼 극단적으로 장황한 반복을 통해서라도, 이 결여를 언어로 유도하여 이 결여를 유지하는 방법을 배우는 것이고, 이러한 것을 우리에게 예감하게 만드는 저 빈곤상태가 존재하는 것이다.

그러나 작가가 유혹에 이끌려서 대중적 존재라는 익명적이고 중성적인 존재에 대해 고심하게 될 경우, 또 그가 다른 흥미를 갖지 않고 다른 지평을 갖지 않는 것처럼 생각되는 경우, 그는 결코 그 자신을 사로잡아서는 안 되는 것에, 혹은 단지 간접적으로만 사로잡아야 하는 것에 마음을 빼앗기고 있는 것은 아닐까? 오르페우스가 작품을 찾으러 지옥에 내려갔을 때 그는 완전히 다른 망각의 강과 대면한다. 요컨대 그것은 밤이라는 경계이며, 그는 결코 고정시키지 않는 시선을 통해 이 경계를 매혹시켜야 한다. 이것은 본질적 경험이고, 남김없이 몸을 맡겨야 하는 유일한 경험이다. 낮으로 되돌아왔을 때 여러 외적인 권력에 대한 그의 역할은, 곧 그들의 권력의 대표자인 디오니소스의 무녀들에 의해 산산이 흩어져 모습을 감출 뿐이지만, 한편으로는 낮의 망각의 강, 즉 그의 육신이 분산되어 던져진 저 대중적인 웅성거림의 흐름은, 노래를 계속하는 작품을 운반해 온다. 그저 단순히 운반해 오는 것만이 아니라 이 작품 내부에 자신을 노래로 만들고, 그 속에서 자신의 유동적인 현실성과 강기슭과 무관하지 않고 웅성거림을 계속하는 생성을 유지하려고 한다.

오늘날 작가가 지옥으로 내려간다고 생각하면서 단지 길거리로 내려가는 것으로 만족하고 있는 이유는, 이 두 흐름이, 기본적인 소통의 이 두 거대한 움직임이 상호 침투하고 있고 하나로 용해되기 때문이다. 깊은 근원적인 웅성거림은——거기서 무엇인가가 말해지지만 언어는 아니고, 무엇인가가 입을 다물고 있지만 침묵은 아니다——공중적인 '정신'이나 '방도'라는 말하지 않는 말, 잘 들리지 않고 항시 귀를 기울이고 있는 경청과 유사성이 없지 않다. 그렇기 때문에 작품은 대개의 경우 존재하기 이전에 출간되려고 하는 것이며, 그것에 고유한 공간 속에서가 아니라 외부적인 소란 속에서 풍요로운 외관을 갖고 있으나, 그것을 수중에 넣으려 하면 위험한 변덕스러움을 보이는 저 삶 속에서 실현되려고 한다는 것이다.

이러한 혼란은 우연한 것이 아니다. 작가로 하여금 쓰기 이전에 공표하게 만들고, 대중으로 하여금 듣지도 않은 것을 형성시키고 전달하게 하며, 비평가로 하여금 읽지도 않은 것을 평가하게 하고 규정하게 하며, 마지막으로 독자로 하여금 또 쓰여지지도 않은 것을 읽게 만드는, 이 이상한 뒤범벅상태. 작품형성의 여러 계기 전체를 항시 그것들에 앞서서 혼합하는 이 운동은 그것들의 계기를 어떤 새로운 통일성의 추구 속에서 집중시키기도 한다. 우리들의 문학적 작업의 풍요와 빈곤, 오만과 겸허, 극도의 노출상태와 극도의 고독, 이러한 것은 확실히 여기로부터 생겨나는 것이지만, 이 작업은 적어도 권력도 영광도 추구하지 않는다는 장점을 갖고 있다.

후기

손을 좀 보긴 했지만 이 텍스트들은 1953년 이래로 『누벨 르뷔 프랑세즈』에 「탐구」(Recherches)라는 제목으로 발표된 일련의 작은 시론들에 포함되어 있는 것들이다. 아마 나중에 또 다른 선집을 고르게 될지도 모르겠다. 여기에 골라 놓은 일련의 「탐구」에서 문제시되는 바는 이 책의 여기저기에서 명백히 드러날 수 있을 것이다. 혹 그것이 결여되어 있더라도 발자취를 가리키고 근거들을 날조하지 않는 경우로 열려 있는 이 탐구를 지속시킬 필요성 그 자체는 명백해질 수 있을 것이다. 여기서 나는 르네 샤르를 인용하겠는데, 만약 이 이름이 어떤 사유를 통해 그것을 모호하게 하거나 국한시킬 우려가 없다면, 이 이름을 글 중에서 때때로 떠올려야 했을 것이다. 그러나 어쨌든 책을 마치면서 다음의 세 말을 인용해 두고자 한다. "우리가 겪고 있는 이 세계의 폭발 속, 기적이여! 무너지는 조각들이 살아 있는 듯하구나." "우리가 예견하고 있지도 않고 밝혀 드러내지도 않은 것, 그것이 갖는 수단만으로 우리 마음에 말을 걸려 하는 어떤 것, 그것이 실현될 때, 우리 안의 모든 것은 기쁨 넘치는 축제에 다름 아니리라." "죽도록 시달리는 밤을 바라보라. 그리고 그 안에서 자족해 나가시라."

옮긴이 해제

모리스 블랑쇼 연보

모리스 블랑쇼 저작목록

찾아보기

옮긴이 해제

오늘날 "문학이란 무엇인가?"라는 물음은 문학의 실천, 그 자체와 연관되어 있는 듯하다. 문학의 문제는 어떤 제3자로부터 어떤 낯선 외부 대상에 대해 "이것은 무엇이지?"라는 방식으로 제기되는 것이 아니라, 쓰는 행위 그 자체와 일체가 되어 제기되는 것 같다. "문학이란 무엇인가?"라는 문제는 어떤 특정한 언어현상에 대해 물음을 제기하는 비평가, 역사가, 사회학자의 문제가 아니다. 이 물음은 말하자면 문학 안에 열린 빈 공간과 같다고 할 수 있고, 이 빈 공간 속에 문학이 위치하는 듯하며, 또 그 존재 전체가 이 빈 공간에 담겨 있는 것 같다.

여기에는 하나의 역설이 존재한다. 문학은 "문학이란 무엇인가?"라는 문제 내에 존재하는데, 이 물음은 근대에 생겨났다. 요컨대 "문학이란 무엇인가?"라는 물음은 말라르메의 작품이라는 사건이 발생하고 난 이후에야 비로소 오늘날에까지 전승되어 구체화될 수 있었다. 반면에 서구문학에는 그것이 인간의 언어라는 것을 제외하고는 그 어떤 연대기나 정체성도 존재하지 않는데, 바로 이것이 역설인 것이다.

그렇지만 우리가 상식적으로 알고 있는 것처럼, 문학 자체가 유구한 것인지는 확실치 않다. 물론 관습적이고 회고적으로 "문학"이라 불리는 것들이 수천 년 전부터 오늘날까지 존속하고 있는 것은 사실이다. 바로 이 점에 대해 문제제기를 할 필요가 있다. 단테, 세르반테스, 에우리피데스 등의 작품이 문학에 속하는 것인지는 확실치 않다. 물론 이들의 작품은 문학에 속할 수 있다. 다시 말해 이들의 작품은 오늘날 우리의 문학에 속하는 것이고, 그것도 이들 작품이 오늘날 서구인과 맺는 특수한 관계 때문에 현대 서구인의 문학에 속하는 것이다. 즉 그들의 작품은 현대 서구문학에 속하는 것이지, 결코 그들의 문학에 속하는 것이 아니라는 말이다. 왜냐하면 그리스 문학, 라틴 문학 그 자체는 존재하지 않았기 때문이다. 달리 말해서 에우리피데스와 오늘날 서구 언어가 맺는 관계는 문학인 반면에, 에우리피데스의 작품과 당대 그리스어가 맺는 관계는 문학적인 관계가 아니라는 말이다. 그러므로 다음과 같이 구분할 필요가 있다.

한편으로 언어활동(langage)이 존재한다. 주지하듯이 언어활동은 발설된 웅얼거림(murmure)의 총체이고, 또 동시에 우리가 말할 때 그 말을 타인이 이해할 수 있게 만들어 주는 투명한 체계이기도 하다. 요컨대 언어는 역사 속에 축적된 파롤(parole)의 총체임과 동시에 랑그(langue)의 체계이다.

그러므로 한편으로는 언어활동이 있고, 다른 한편으로는 이른바 언어활동 내부에 존재하는 이상한 것, 즉 작품들이 존재한다. 자기자신 위에 정지해 부동하며 자기 고유의 공간을 구축하고, 이 공간 속에 언어활동의 웅얼거림의 흐름을 가두어 기호와 말의 투명성을 혼탁하게 하여 난해한 볼륨을 만들어 내는 언어의 구성 및 그 형상, 요컨대 바로 이것을 작품이라고 정의할 수 있을 것이다. 마지막으로 언어활동도 아니고 작품도 아닌 문학이 존재한다. 문학은 언어활동으로 이루어진 모든 작품이 갖고 있는 보편적 형식도 아니고, 작품이 위치하는 보편적 공간도 아니다. 문학은 말하자면 제3항으로서, 언어에서 작품으로 이행하는 관계나 역으로 작품에서 언어로 이행하는 관계가 거쳐 가게 되어 있는 삼각형의 꼭지점이라고 할 수 있을 것이다.

바로 이것이 17~18세기 고전주의적 관점에서 본 "문학"이다. 고전주의적 의미에서의 "문학"은 일상언어와 그것으로 구성된 작품이 맺는 친밀한 관계를 지시한다. 그래서 고전주의 시대에 문학을 구성하는 관계에서 관건이 되는 것은 언어와 작품 간에 존재하는 기억, 친밀성, 지식, 수용의 문제였다고 할 수 있다. 그러나 언어와 작품 간의 관계, "문학"을 거쳐 가야 하는 이 관계는 근대부터 기억과 지식이라는 전적으로 수동적인 관계이기를 중단하고 능동적이고 실천적인 관계가 되었으며, 그 결과 언어와 작품 간에 설정되는 능동적이고 실천적인 관계, 즉 언어, 작품, 문학으로 이루어진 삼각관계의 세번째 항이 되어 버린 것이다. 물론 이러한 관계의 변형이 이루어진 시기는 샤토브리앙, 라 아르프(Jean-François de La Harpe), 마담 드 스탈(Madame de Staël)의 시대, 요컨대 18세기 말 혹은 19세기 초라고 생각된다.

문학이 자기자신과 맺는 관계, "문학이란 무엇인가?"라는 문제는 애초부터 삼각관계에 속하는 것이었다고 생각된다. 문학은 어떤 언어가 작품으로 변형되는 현상도 아니고, 언어로 이루어진 작품이라는 현상도 아니다. 문학은 언어와도 다르고 작품과도 다르며, 작품과 언어의 직접적 관계의 바깥에 존재하는 제3항이다. 이러한 이유로 문학은 "문학이란 무엇인가?"와 같은 문제가 제기되는 일종의 빈 공간을 만들어 내었던 것이다. 따라서 "문학이란 무엇인가?"라는 문제는 문학과 중첩되는 것이 아니다. "문학이란 무엇인가?"라는 문제는 비판적 의식을 통해 문학에 부가된 문제가 아니라는 것이다.

따라서 중요한 것은 언어, 작품, 문학이 무엇인지를 규정하는 것이 아니다. 중요한 것은 언어, 작품, 문학이 서로에 대해 맹목적이고 분산적인 상태에 있다는 사실에 대한 논의일 것이다. 문학이 존재하기 시작한 이래로, 즉 19세기 이후 문학에 빈 공간을 만들어 내는 이 언어의 동공(洞空)을 파악하는 것이 문제인 것이다. 이 문제를 파악하기 위해서는 우선 기성의 문학 개념, 즉 문학은 일상의 말과 동일한 말로 이루어진 언어 혹은 텍스트라는 생각, 잘 선별되고 정돈된 말을 통해 형언할 수 없었던 어떤 것이 문학을 통해 표현되는 것이라는 생각을 버려야 한다.

문학은 형언할 수 없는 것으로 이루어진 것이 아니라, 형언할 수 있는 것으로 구성되었다는 것을 염두에 둘 필요가 있다. 문학은 말할 수 있는 어떤 이야기로 이루어졌다. 하지만 이 이야기는 부재라는 언어, 시뮬라크르(Simulacre)라는 언어로 이야기되고 있고, 이 부재라는 언어로 인해 문학에 대한 담론이 가능하게 되는 것이다. 물론 여기서 이 문학에 대한 담론은 침묵, 비밀, 말할 수 없는 것, 심정의 변화 등을 암시하는 담론, 개인성의 분화에 대한 담론은 아니다.

확실히 해두어야 할 첫번째 사항은 문학이 시원(始原)의 언어라는 생각, 세심한 물음을 거치며 그 본질을 파악할 수 있는 시원의 언어가 아니라는 것이다. 문학은 언어 내에 생겨난 거리, 계속 주파되지만 결코 좁힐 수 없는 거리, 요컨대 문학은 제자리에서 진동하는 일종의 언어인 것이다. 이 '진동'이라는 말은 그다지 좋은 용어라 할 수는 없다. 왜냐하면 이 말은 두 개의 축을 가정하기 때문에 그렇다. 요컨대 문학은 문학 자체에도 속하지만 언어에도 속하고, 그래서 문학과 언어 사이에서의 일종의 망설임 같은 것이 존재한다는 느낌을 주기 때문이다. 이러한 문학의 관계는 부동하는 작품의 층위에 사로잡혀 있고, 또 그와 동시에 이 관계는 작품과 문학이 서로를 벗어나는 그런 관계이기도 하다. 어떤 때 작품이 문학이 되는지의 문제가 제기되기 때문이다. 작품의 역설은 바로 이것이다. 책 위에 쓰여진 언어, 이 언어를 문학으로 만드는 것은 무엇일까?

백지의 공간이 채워지기 시작하는 순간, 아직 순결한 이 백색의 표면에 말들이 옮겨지기 시작하는 순간, 전사(轉寫)된 각각의 말은 문학의 문제와 관련해 우리를 실망시킨다. 왜냐하면 그 어떤 말도 본질적으로나 권리적으로 문학에 속하는 것은 없기 때문이다. 사실 하나의 말이 문학의 공간이라 할 수 있는 백지에 쓰여지는 그 순간, 그것은 더 이상 문학이 아니다. 다시 말해서 실제적인 모든 말은 문학이라는 순수하게 빈 공간의 본질을 침범하는 것이다. 이러한 침범은 모든 작품을 문학의 완성으로 유도하는 것이 아니라 그 단절, 타락으로 유도해 버린다. 그것은 어떤 위상도 명성도 없는 모든 말들의 난입이며, 산문적이고 일상적인 말들의 난입인 것이다.

"오래전부터 나는 일찍 잠자리에 들어 왔다"는 『잃어버린 시간을 찾아서』의 첫 구절이다. 이 구절은 어떤 의미에서는 문학 내로의 진입의 역할을 하지만, 이 문장 가운데 그 어떤 말도 문학에 속하는 것은 없다. 이것은 문학 내로의 진입이지만 그것이 문학의 징표가 되는 기호나 문장을 갖춘 언어의 출현이기 때문이 아니라, 그저 언어가 백지의 공간에 난입하기 때문이다. 요컨대 문학이라는 부재의 공간에 말이 난입하였기 때문이다.

 19세기 이래로 문학은 서구문화에 이상한 대상을 제공해 왔고, 문학은 항시 문학을 살해하는 임무를 갖게 된다. 19세기부터 작품들 사이에서는 고전 문학이 부단히 제기해 온 신구(新舊)의 관계가 문제가 된 것이 아니다. 19세기부터 문제가 되어 온 것은 문학의 완성과 문학의 최초의 살해 간의 관계의 문제였다. 보들레르와 낭만주의의 관계, 말라르메와 보들레르의 관계, 초현실주의와 말라르메의 관계는 라신과와 코르네유(Pierre Corneille)의 관계 혹은 보마르셰(Pierre A. Beaumarchais)와 미라보(Honoré G. Mirabeau)의 관계와 다르다.

 사실 19세기부터 문학의 영역에서 나타나는 역사성은 완전히 특수한 유형의 역사성이다. 이 역사성은 18세기까지 문학의 연속성 혹은 불연속성을 확보해 준 그런 역사성과 동일한 것이 아니다. 19세기 문학의 역사성은 다른 작품들의 거부나 수용을 거치는 것이 아니라, 문학 자체의 거부를 반드시 거치게 된다. 보들레르가 되었건 말라르메가 되었건 초현실주의자가 되었건 간에, 문학적 행위는 4중의 거부, 4중의 살해를 내포하고 있다. 요컨대 타자의 문학을 거부하는 것, 타자가 문학을 할 권리를 거부하는 것, 자기자신이 문학을 할 권리를 부정하는 것, 마지막으로 문학 언어를 사용하는 데 있어서 문학을 살해하는 것이 그것이다.

 그러므로 19세기부터 모든 문학적 행위는 문학이라는 접근 불가능한 순수 본질에 대한 침범으로 주어지고, 또 그렇게 의식된다. 하지만 이 문학적 행위가 백지의 공간에 쓰여지게 되는 순간, 모든 말들은 무엇인가를 환기시킨다. 왜냐하면 이 쓰여진 말들은 일상적인 말이 아니기 때문이다. 말들이 작품의 빈 공간에 쓰여지는 순간부터 이 말들은 오늘날 우리가 문학이라고 명명하는 바를 환기시키는 것이다.

그러나 솔직히 말해서 언어작품 속에서 일상적 언어활동으로부터 차용된 것은 하나도 없다. 물론 몇몇 작가들은 실제 대화를 추출해 활용하기도 하고, 미셸 뷔토르(Michel Butor)는 산 마르코 성당의 묘사를 위해 녹음기로 관광객들의 대화를 녹음해 활용하기도 하였다.

하지만 현실로부터 추출해 낸 실제적인 언어가 작품 내에 존재한다 해도 그것은 입체파 회화의 콜라주와 같은 것에 불과하다. 입체파 회화에 붙여진 종이는 진실 효과를 위해 붙여진 것이 아니라, 그림의 공간을 구멍 내기 위해 존재하는 것이다. 이와 마찬가지로 실제 언어가 실제적으로 문학작품에 도입되었을 경우, 그것은 문학의 공간에 구멍을 내는 것이다. 그러므로 작품은 매 순간 각각의 말들이 문학으로 향하고, 또 동시에 그것으로부터 벗어나 문학을 피하고 모독하는 조건하에서만 존재할 수 있는 것이다. 하지만 아이러니하게도 이 문학은 애초부터 이 말들을 지탱하고 있는 것이다. 그러므로 난입으로서의 작품은 문학의 반복이라 할 수 있는 웅얼거림 속에서 완전히 녹아 버린다. 그래서 문학의 파편이 되지 않는 작품은 존재하지 않는다. 문학의 주변, 앞과 뒤에 문학의 연속성과 같은 무엇이 존재하기 때문에 이 단편이 존재하는 것이다. 이러한 모독과 각각의 말들이 문학에 부단히 보내는 신호, 바로 이 두 이질적이면서도 서로에게 속하는 두 형상이 문학이라는 것의 모범적이고 범례적인 형상을 이룬다고 생각된다.

전자는 침범이라는 형상이다. 이것은 침범적 말이고, 후자는 반대로 문학을 지시하고 문학을 환기시키는 모든 말의 형상이다. 따라서 한편으로는 침범의 말, 다른 한편으로는 도서관의 반복이 존재한다. 전자는 금기의 형상, 한계언어라는 형상이다. 이것은 유폐된 글쓰기의 형상이고 후자는 축적되어 서로 옆에 놓이게 되는 책들의 공간이다.

18세기 말에 사드가 이 침범의 언어를 명확화하였다. 사드의 작품은 모든 침범의 언어를 한데 모아 놓았고 또 가능하게 했다고 말할 수 있을 것이다. 의심할 여지 없이 사드의 작품은 방대한 모작이다. 사드 작품의 모든 구절은 루소를 비롯해 사드 이전의 철학자들이 한 말을 표적으로 삼고 있다. 사드 작품의 모든 에피소드와 장면은 18세기 소설의 장면을 모독하고 조롱하지 않는 것이 없을 정도다. 사드의 작품에 등장하는 인물들을 검토해 보면 그가 실제로 누구를 거명하고 있는지를 잘 알 수 있고, 이러한 거명을 통해 자기 이전의 모든 문학, 모든 철학, 모든 언어를 소거하려 하고 있다는 것을 알 수 있다. 잘 알려진 사드의 에로틱한 장면에서 거리낌 없는 명명과 가능한 모든 것을 세심하게 편력하려는 운동은, 침범의 언어로 환원된 작품에 다름 아니다. 그것은 이제까지 쓰여진 모든 언어를 소거하는 작품이고 이러한 소거를 통해 빈 공간을 여는 작품이기도 하다. 바로 이렇게 열린 빈 공간에서 근대 문학이 전개된다. 그렇기 때문에 사드는 문학의 범례(範例)라고 할 수 있다.

이러한 사드의 형상은 침범의 언어이고, 그 분신은 영원 속에서 자신을 지탱하는 책의 형상이다. 침범적 언어의 분신은 도서관 안에 존재한다. 사드의 침범적 언어의 분신은 샤토브리앙의 언어일 것이다.

그리고 사드와 샤토브리앙이 동시대 인물이라는 것은 우연이 아니다.

애초부터 샤토브리앙은 자신의 작품이 책이 되기를 갈망한다. 샤토브리앙의 작품은 절대적 도서관이라는 먼지로 뒤덮인 영원성 속으로 이동하기를 갈구한다. 샤토브리앙의 작품은 자기 이전에 말해질 수 있었고, 쓰여질 수 있었던 모든 것을 일종의 선사시대 속으로 후퇴시키면서 견고한 문학 존재의 부름에 응답하려고 한다. 그래서 샤토브리앙과 사드는 현대 문학의 두 문턱을 구축한다고 말할 수 있을 것이다. 『아탈라』(Atala)와 『누벨 쥐스틴느』(La Nouvelle Justine)는 거의 같은 시기에 출현했다. 물론 이 두 작품을 근접시키거나 대립시키는 것은 대단히 쉬운 일이다. 그러나 중요한 것은 양자의 분리 불가능성이고 또 근대적인 문학 경험은 침범과 죽음으로부터 분리될 수 없다는 사실, 요컨대 근대적인 문학 경험은 사드가 자신의 자유를 희생해 가면서까지 평생 동안 행한 침범, 그리고 글을 쓰기 시작하는 순간부터 샤토브리앙을 강박적으로 따라다니던 죽음이라는 문제와 분리 불가능하다는 사실이다. 글을 쓰기 시작할 때 그 글이 샤토브리앙에게 의미를 갖게 되는 것은, 그 글이 샤토브리앙 자신의 삶을 초월해 회자된다는 한에서뿐이다. 그러므로 침범과 죽음을 넘어선 이행은 현대 문학의 주요한 두 범주를 대표한다고 말할 수 있고, 19세기 이후 존재하는 이러한 형식의 언어에는 두 발화주체가 존재한다고 말할 수 있을 것이다. 요컨대 문학 내에서 말하는 주체는 침범과 관련하여서는 오이디푸스이고, 죽음과 관련해서는 오르페우스일 것이다. 그리고 이들이 논의하는 두 인물, 그것은 다름 아닌 모독된 이오카스테와 잃어버렸다가 되찾은 에우리디케일 것이다. 침범과 죽음, 금기와 도서관이라는 이 두 범주가 대략적으로 근대 문학 특유의 경험을 구성하고 있고, 바로 이것들을 통해 문학이 우리에게 다가온다고 말할 수 있을 것이다.

문학이나 문학작품이 언어 이전의 순결함으로부터 기원하는 것이 아니라, 도서관의 반복, 말이 갖고 있는 치명적 불결함으로부터 기원하는 것이고, 바로 이러한 순간에 언어는 실제적으로 우리에게 문학을 환기시킨다는 사실을 자각할 필요가 있다. 작품이 문학을 환기시킨다는 것이 의미하는 바는 작품이 문학을 소환한다는 것, 작품이 문학에 저당물을 준다는 것, 작품이 자신뿐만 아니라 타자에게 자신이 문학에 속한다는 것을 증명하는 일정한 징표들을 스스로에게 내놓는다는 것을 의미한다. 이러한 실제적 징표들을 통해 각각의 말과 구절은 자신들이 문학에 속한다는 것을 지시하는데, 이것을 바로 롤랑 바르트 이후의 신비평(nouvelle critique)에서 '에크리튀르'(Écriture)라 부르는 것이다.

에크리튀르는 모든 작품을 문학의 구체적인 모델로서의 작은 표상으로 만들어 버린다. 하지만 에크리튀르는 문학의 가시적 이미지를 간직하고 있다. 이런 의미에서 모든 작품은 자신이 말하고 이야기하는 바, 요컨대 이야기를 말하고 있을 뿐만 아니라 그와 동시에 문학이 무엇인지에 대해서도 말하고 있다. 하지만 에크리튀르는 이것을 두 번에 걸쳐서, 즉 한편으로는 내용을 말하고 다른 한편으로는 수사학을 말하는 식으로 나누어 말하지 않는다. 에크리튀르는 두 가지 것을 단번에 통일적으로 말한다. 수사학이 18세기 말에 사라졌다는 사실을 통해 우리는 이러한 통일성을 확인할 수 있다. 수사학이 사라졌다는 것은 문학이 문학이 되게끔 하는 그 징표들과 작용을 문학이 정의해야 하는 임무를 맡게 되었다는 것을 의미하는 것이다.

그러므로 수사학이 소멸한 후 문학은 무엇인가를 말해야 하고, 그리고 이 이야기한 바가 문학에 속한다는 것을 현시하는 명백한 징표, 즉 수사학의 징표들을 부가할 필요가 없게 되었다. 그 대신 문학은 단일하고 통일된 언어, 하지만 양분된 언어, 요컨대 매 순간 무엇인가를 이야기하면서도 그와 동시에 그것이 문학에 속한다는 것을 함께 보여주는 그런 언어를 구비해야 한다. 왜냐하면 아름다운 언어가 무엇이어야 하는지를 설명하는 임무를 띤 수사학이 이미 사라졌기 때문이다.

문학에서는 도스토예프스키의 『분신』에서 일어나는 일과 유사한 일이 일어난다고 말할 수 있을 것이다. 누군가 야심한 밤에 골랴드낀에게로 다가온다. 으레 지나가는 어떤 사람이겠거니 하며 지나쳐 가려는데, 순간 그 사람의 등장에 놀라고 경악하게 된다. 처음 봤을 때는 어렴풋이 누군지 알겠다는 생각을 하게 되고, 차차 그를 재확인하며 인정한다. 결코 대면하고 싶지 않지만 대면해야 하는 누구, 그것은 바로 자신의 분신이라는 사실에 경악하면서 그 상황으로부터 골랴드낀은 도주하려 한다. 문학과 작품 사이에서도 이와 유사한 상황이 발생한다. 작품은 부단히 문학을 앞질러 가려 하고, 문학은 작품 앞에서 배회하고 있는 분신과 같은 존재다. 작품은 부단히 문학과 조우하지만 문학을 결코 알아보지 못한다. 문학과 작품 사이에는 도스토예프스키의 『분신』에서 볼 수 있는 분신과의 만남의 경악적인 순간은 없다. 작품은 이미 주어져 있는 분신과 결코 만나지 못한다. 그리고 이런 조건에서 작품은 언어와 문학 사이의 거리, 분열의 공간, 거울적인 공간, 한마디로 말해 시뮬라크르의 공간이 되어 버린다.

문학과 문학의 존재가 무엇이냐는 물음에는 오직 다음과 같은 답변만이 있을 뿐이다. 요컨대 문학에는 존재가 없고 단지 시뮬라크르만이 있을 뿐이며, 이 시뮬라크르야말로 문학의 존재라고 말이다.

마르셀 프루스트의 『잃어버린 시간을 찾아서』는 문학이 왜 시뮬라크르인지를 잘 보여 준다. 주지하듯이 『잃어버린 시간을 찾아서』는 마르셀 프루스트의 실제적인 삶으로부터 그의 작품으로 가는 여정에 관한 이야기가 아니라 그의 실제적인 삶, 즉 사교계 생활이 중단된 순간으로부터 시작해 작품으로 가는 여정의 이야기이다. 그러나 한편으로는 프루스트의 이 실제적 삶이 전혀 이야기되지 않고 있고, 다른 한편으로는 사교계 생활을 중단하면서까지 그가 자신의 삶을 바쳐 창조해 내고자 했던 그 작품도 『잃어버린 시간을 찾아서』에서 발견되지 않는다. 왜냐하면 프루스트는 『잃어버린 시간을 찾아서』의 말미에서 시작되어야 했지만 구체적인 내용을 알 수 없는 이 작품에 어떤 과정을 거쳐 도달하게 되었는지를 설명하고 있기 때문이다.

따라서 『잃어버린 시간을 찾아서』에서 "잃어버린"이라는 말은 적어도 세 가지 의미를 지니게 된다. 먼저 이 말은 실제 프루스트의 삶의 시간이 이제 아득히 멀어진 참조대상이 되어 버렸다는 것을 의미한다. 다음으로 작품의 시간은 아직 형성되지 않았다는 것을 의미하는데, 그 이유는 『잃어버린 시간을 찾아서』가 완결되는 순간에도 작품은 아직 모습을 드러내지 않기 때문이다. 작품의 시간은 프루스트가 자신의 삶과 쓰고자 하는 작품의 방식에 대해 이야기하는 텍스트인 『잃어버린 시간을 찾아서』가 사전에 허비해 버린 시간이다. 그리고 마지막으로 장소도 없고, 일시도 없으며 연보도 없이 표류하는 시간, 일상의 나날들에 의해 질식되어 버린 언어와 빛나는 작품의 시간 사이에서 실종되어 표류하는 시간, 사금 조각들처럼 파편적으로 되찾을 수밖에 없는 시간을 의미한다. 그래서 프루스트에게 작품은 문학 속에 미리 주어진 것이 아니다. 프루스트의 실제 작품인『잃어버린 시간을 찾아서』는 작품을 쓰려는 계획, 문학을 완성하려는 계획이다. 그러나『잃어버린 시간을 찾아서』는 끊임없이 문학의 문턱에서 옴짝달싹하지 못하는 답보 상태에 있다. 지고한 언어 속에서 문학이 출현할 수 있도록『잃어버린 시간을 찾아서』의 실제적인 언어가 침묵하게 되는 바로 그 순간, 작품은 끝나 버리고 시간이 멈추게 된다. 그렇기 때문에 네번째 의미에서 시간은 되찾는 그 순간 잃어버리게 되는 것이다.

프루스트의 작품 내에는 실제로 작품에 해당하는 시간이 있다거나 실제로 문학에 해당하는 시간이 있다고 말할 수 없는 것이다. 사실 프루스트의 모든 실제적인 언어, 독자가 지금 읽고 있는『잃어버린 시간을 찾아서』라는 작품, 요컨대 우리가 문학이라고 명명하는 이 작품 자체가 무엇인지에 대해 자문해 본다면 그것이 문학도 아니고 작품도 아니며『잃어버린 시간을 찾아서』에 볼륨을 부여하는 시뮬라크르의 공간인 것을 알 수 있다.

그러므로 프루스트의 기획 자체, 요컨대 그가 작품을 쓰면서 행한 문학적 행위는 어떤 존재도 갖고 있지 않으며, 언어와 문학 사이의 그 어떤 지점에도 결코 위치하고 있지 않다는 것을 알 수 있다. 그리고 프루스트에게 시간이 중요한 이유는 한편으로 분산과 소멸, 다른 한편으로는 행복한 순간들의 회귀와 일치라 할 수 있는 프루스트의 시간은 문학 언어의 심층적 존재를 구성하는 작품과 문학 간의 본질적인 거리를 내적이고 극적이며 서술적으로 투사한 것에 다름 아니다.

그러므로 문학의 특성이 무엇인지를 규정해야 한다면 우리는 그것이 앞서 언급했듯이 사드로 대표되는 침범과 금기라고 말할 수 있으며, 또 손에 예수의 수난상을 들고 무덤으로 내려가는 사람의 이미지, 무덤 저편을 위해서만 글을 쓰는 사람의 이미지, 요컨대 샤토브리앙으로 대표되는 죽음의 형상이라고 말할 수 있고, 또 프루스트로 대표되는 시뮬라크르의 형상이라고 말할 수 있을 것이다. 하지만 이것들만으로 문학을 규정할 수는 없다. 19세기 이후 출현한 특수한 형식의 언어인 문학을 규정하기 위해 역사적으로 중요한 것이 빠져 있다.

19세기 이전에도 침범적인 문학이 존재했기 때문에 침범만으로 문학을 정의하는 것은 무리이다. 프루스트 이전에도 시뮬라크르와 같은 것이 존재했기 때문에 시뮬라크르만으로 문학을 정의하는 것도 무리가 있어 보인다. 예컨대 소설의 시뮬라크르를 쓴 세르반테스의 『돈키호테』와 디드로의 『운명론자 자크』(*Jacques le fataliste*)가 좋은 예라고 할 수 있다. 이 작품들에는 문학도 존재하지 않고 작품도 존재하지 않지만 양자가 서로 부단히 교류하고 있는 가상적 공간은 존재한다. 운명론자 자크가 주인에게 말하기를, "아! 내가 소설가라면 내가 당신에게 이야기하게 될 것이 내가 당신에게 이야기하는 현실보다 훨씬 더 아름다울 텐데요. 내가 당신에게 이야기하고 있는 것을 미화시키려 했다면 그것은 아름다운 문학이 되었으리라는 것을 당신은 알 수 있을 텐데요. 하지만 나는 그렇게 할 수 없어요. 나는 문학을 할 줄 몰라요". 바로 이 문학의 시뮬라크르, 문학의 거부라는 시뮬라크르 내에서 디드로는 소설의 시뮬라크르인 소설을 쓴 것이다. 사실 디드로에게 있어서의 이러한 시뮬라크르의 문제와 19세기 이후 문학 내에 등장하는 시뮬라크르의 문제는 대단히 중요하다.

『운명론자 자크』에서 이야기는 여러 수준에서 전개된다. 첫번째 수준은 디드로가 이야기하는 운명론자 자크의 모험에 관한 이야기, 요컨대 자크와 그의 주인과의 대화가 있다. 그리고 디드로가 하는 이야기는 자크가 디드로 대신 발언권을 갖게 되면서 중단되고 자크는 자신의 사랑 이야기를 하기 시작한다. 그리고 다시 자크의 이야기가 중단되고 다른 사람들이 이야기를 시작하는 식으로 전개된다. 이처럼 하나의 이야기 속에 여러 층위를 갖는 다른 이야기들이 내포되어 있고, 이는 마치 러시아 마트료시카 인형과 비슷하다. 바로 이것들이 『운명론자 자크』라는 모험소설을 구성하고 있다.

그러나 중요한 것은 이야기 속에 또 다른 이야기들이 삽입되어 있는 현상이 아니다. 중요한 것은 매 순간 디드로가 이야기를 뒤로 되돌리며 연쇄적으로 삽입되어 있는 이야기들을 거슬러 올라가게 하는 여러 종류의 형상들을 부과하여, 이야기를 이른바 중립적인 언어, 일상의 언어, 요컨대 디드로의 언어, 독자의 언어의 현실 쪽으로 끌고 간다는 사실이다.

이렇게 거슬러 올라가는 형상에는 세 종류가 있다. 우선 삽입된 이야기의 등장인물들의 반응이 있는데, 이들은 매번 자신들이 듣고 있던 이야기를 중단시키는 역할을 한다. 두번째로 여인숙 여주인은 등장인물들이 알 수 없는 어떤 사람에 대해 이야기를 늘어놓는다. 이 어떤 사람은 이 이야기 속에 가상적으로 존재하는 인물, 여인숙 여주인의 이야기 속에 삽입된 인물에 지나지 않지만 디드로의 이야기에서 불현듯 실제 인물로 출현하다. 세번째 형상, 그것은 매 순간 디드로가 독자를 향해 다음과 같이 말하는 것에서 찾을 수 있다 "내가 이야기하는 것이 여러분들에게는 이상하게 생각되시겠지만, 이야기는 실제로 내가 이야기하는 그대로 일어났습니다. 물론 이 모험담은 문학의 규칙에 부합하지 않습니다. 이 모험담은 잘 구성된 이야기의 규칙에 부합하지 않습니다. 하지만 저는 제 등장인물들의 주인이 아닙니다. 그들은 나의 권한 밖에 있고 그들은 각자 자신들의 과거와 모험을 가지고 나의 지평 속에 들어온 것입니다. 제가 하는 일은 단지 실제로 일어난 사건을 있는 그대로 이야기하는 것뿐입니다……."

그래서 이야기의 가장 간접적인 부분인 가장 겹겹이 봉인된 심장부로부터 글쓰기 이전이라고 할 수 있는 현실에 이르기까지 디드로는 자신의 문학으로부터 벗어나려고 하는 것이다.

매 순간 디드로는 사실 자신이 이야기하는 모든 것이 문학에 속하는 것이 아니라는 것, 사실 일차적이고 직접적인 언어가 존재하며, 이 언어야말로 유일하게 견고한 언어이고, 이 언어를 토대로 즐거움을 위해 임의적으로 이야기들이 만들어졌다는 것을 보여 주려고 한다. 이 실체로서의 언어는 디드로에게 특징적인 것이라 할 수 있는데, 이는 세르반테스에게서도 발견되고 16세기에서 18세기에 이르는 시기의 수많은 이야기들에서 발견되는 것이기도 하다. 문학에서, 다시 말해 19세기에 출현한 이러한 형식의 언어에서『운명론자 자크』에서 볼 수 있는 유희와 같은 것은 사실상 하찮은 일에 불과하다.

예를 들어 제임스 조이스가『오디세우스』에 기초해 소설을 쓸 때 그는 디드로가 악당소설에 기초해 자신의 소설을 구축하는 방식과는 다른 방식을 취한다. 실제로 조이스가 『율리시스』를 반복할 때 그는 이 언어의 주름 속에서 디드로의 경우에서처럼 일상어와 같은 것이 아니라 문학과 같은 것이 출현하기를 갈망한다. 달리 말해서 조이스는 자신의 이야기 속에서, 또 자신이 사용하는 말과 문구 속에서, 요컨대 모든 도시와 닮은 어떤 도시에서, 모든 사람과 닮은 어떤 사람의 하루의 이야기에서 무엇인가를 출현시켰다. 『율리시스』가 문제시되기 때문에 그것은 절대적으로 문학이어야 하지만, 동시에 그것은 거리를 두고, 즉 『율리시스』와 가장 멀어지면서 문학이어야 하는 어떤 것을 출현하게 만든다.

그 결과 조이스의 『율리시스』에 본질적이라 할 수 있는 순환적인 형상들과 언어, 하루의 아침에서 시작해 저녁에 이르는 시간의 순환, 그리고 도시를 일주하는 주인공의 산책이 보여 주는 공간의 순환과 같은 구성은 조이스의 『율리시스』에서 본질적인 것을 이루고 있다. 그리고 이런 순환적 형상들 외에도 조이스의 『율리시스』의 에피소드와 『오디세우스』의 모험 간의 일종의 잠재적이지만 정확한 일대일 대응 관계가 존재한다. 이러한 대응을 통해 매 순간 조이스의 『율리시스』의 주인공의 모험과 『오디세우스』의 율리시스의 모험은 서로 겹쳐지지 않는다. 반대로 문학의 소유자이지만 접근 불가능한 아득한 곳에 있는 『오디세우스』의 율리시스의 부재하는 현전으로 인해 더욱 거리가 벌어지게 된다.

요약하면 고전주의 시대에 언어작품은 진정으로 문학에 속하는 것이 아니었다고 말할 수 있다. 왜 디드로, 세르반테스, 코르네유, 라신 등의 작품은 우리가 그들의 작품을 우리의 언어와 연관시켜 논하는 경우를 제외하고는 문학에 속하지 않게 되는 것일까? 왜 디드로와 그의 언어와의 관계는 문학이 아닌 것일까? 그 이유는 고전주의 시대, 아무튼 18세기 말까지는 모든 언어작품이 구현해야 할 시원의 침묵하는 언어가 존재했기 때문이다. 이 침묵의 언어는 원초적인 토대, 절대적인 토대이며 그 위에서 모든 작품이 펼쳐졌고 그 안에 모든 작품이 존재했었다. 다수의 인간 언어들 이전에 존재하는 이 침묵하는 절대적 언어는 신의 말씀, 절대적 진실, 모델, 선조의 말, 성서이다. 절대적 진실, 절대적 자연, 절대적 신의 말씀과 같은 일종의 선행하는 책이 존재했다. 이 책은 절대적 진실을 감춤과 동시에 현시하였다.

그리고 이 언어는 이처럼 숭고하고 미세하여 모든 다른 인간의 언어들이 작품이 되려면 이 절대적 언어를 재해석하고 전사하여 반복하고 복원하면 되었다. 그러나 이 절대적 언어는 숨겨져 있다. 이 절대적 언어는 모든 현시의 토대였지만 자체는 숨겨져 있었다. 그래서 이 언어는 직접 전사될 수가 없었다. 그렇기 때문에 말들을 비틀어 변형시키는 기술, 요컨대 수사학이라 불리는 체계가 필요하게 되었던 것이다. 결국 은유(隱喩), 환유(換喩), 제유(提喩) 등은 모호한 인간의 말을 가지고 작품이 복원해야 하는 이 침묵하는 언어를 재발견하려는 노력이었던 것이다.

달리 말해서 아무것도 말하지 않는 수다스러운 인간의 언어와 모든 것을 말하지만 아무것도 보여 주지 않는 절대적 언어 사이에서 전자를 후자로 이끌어 갈 수 있는 매개 언어가 필요했는데, 이 매개 언어가 문학적 언어였다는 것이다. 버클리를 비롯한 18세기 철학자들의 관점에 입각해 기호를 신과 자연이 말한 바라고 명명한다면, 고전주의적 작품은 수사학의 문체를 이용하여 불투명하고 모호한 언어를 투명하고 밝은 기호로 환원시키는 역할을 수행한다.

이와는 달리 서구 근대 문학은 수천 년 동안 계속해서 들려오고 지각되고 전제되어 왔던 이 절대적 언어가 침묵하는 그 순간에 출현하기 시작했다. 19세기부터 이 절대적 언어는 들리지 않게 되었고 그것을 대신하여 한없는 웅얼거림, 이미 말해진 것들의 한없는 축적이 발생한 것이다. 이러한 조건하에서 작품은 이제 더 이상, 침묵하는 절대적 언어를 수사학의 문체를 통해 구현하는 역할을 담당하지 않는다. 이제 작품은 이미 말해진 바를 반복하는 언어일 수밖에 없고, 또 이 반복의 힘을 통해 이미 말해진 바 모두를 소거하고 동시에 문학의 본질이 무엇인지를 파악하기 위해 자신의 가장 가까운 지점에까지 도달하는 언어가 된다.

수사학의 공간이 책의 공간으로 변화된 순간부터 근대 문학이 존재하기 시작했다고 말할 수 있을 것이다. 아주 이상하게도 책은 문학의 존재와 관련해 아주 뒤늦은 시기에 중요한 사건으로 여겨지게 되었다. 실제적으로, 기술적으로, 물질적으로 발명된 지 4세기가 지나서야 책은 비로소 문학 내에서 위상을 갖게 되었던 것이다. 그리고 말라르메의 책은 최초의 문학 책이라 할 수 있다. 근본적으로 실패할 수밖에 없었던 말라르메의 이 계획은 구텐베르그의 성공이 문학에 미친 파급효과라고 할 수 있다. 다른 모든 책들을 반복하는 동시에 소거해 버리려고 한 말라르메의 책은 침묵하고 있지만 기호들로 가득 찬 절대적 언어에 대답했고 결국 이 절대적 언어를 대체해 버린다.

고전적인 작품은 이미 존재하는 언어를 재현하는 역할을 수행했다. 그렇기 때문에 고전적인 작품의 본질은 그것이 셰익스피어가 되었든 라신이 되었든 간에 극장에 존재했다. 왜냐하면 고전주의 시대의 작품은 재현의 세계에 있기 때문이다. 그러나 19세기부터 문학의 본질은 극장이 아니라 책 속으로 자리를 옮긴다. 결국 다른 모든 책들을 소거하려 하고 또 동시에 이 책 속에서 문학을 만들어 내려는 계획은 항시 실패할 수밖에 없다. 하지만 이 책 속에서 문학은 자신의 존재를 발견하고 기초하는 것이다. 이와 같은 문학이 발명되기 이전인 수세기 전부터 책은 이미 존재하고 있었지만 당시에 책은 문학의 공간이 아니었고, 단지 언어를 유치하는 물질적 근간에 불과했다. 『운명론자 자크』가 자꾸 뒤로 건너뛰면서 부단히 책의 마법으로부터 벗어나려고 시도하고 있다는 것, 『돈키호테』도 이와 유사하다는 것, 바로 이것이 그 구체적인 증거라 할 수 있다.

하지만 문학이 책 속에서 자신의 존재를 완결한다 해도 책의 본질을 받아들이지는 않는다. 뿐만 아니라 책은 본질을 결여하고 있다. 책은 그것을 채우고 있는 내용 이외의 다른 본질이 없다. 그렇기 때문에 문학은 항시 책의 시뮬라크르인 것이다. 문학은 마치 자신이 책인 것처럼 작동한다. 문학은 일련의 책인 척한다. 마찬가지로 그렇기 때문에 문학은 책의 정형적 본질, 책의 여성성에 대한 침범과 폭력을 통해 수행된다. 하지만 결국 이와 같은 문학은 도서관의 공간에 늘어선 많은 책들 가운데 한 권의 책이 아니라면 도대체 무엇이란 말인가? 문학이 사후 언어의 희미한 존재가 아니라면 도대체 무엇이란 말인가? 바로 그렇기 때문에 문학은 무덤의 저편이 아닐 수 없다.

그래서 열리고 닫히며 비어 있기도 하고 기호들로 덮여 있는 이 종이 더미들 속에, 그리고 이 책의 볼륨 속에 모여드는 것이 바로 문학의 존재와 같은 것이다. 그러므로 문학은 신의 말도 아니고, 절대적 자연의 언어도 아니며, 침묵하는 마음의 언어도 아니다. 문학은 침범적인 언어, 죽음의 언어, 반복적인 언어, 책의 언어 자체로 이해할 필요가 있다. 문학 내에서 말하는 유일한 주체는 책인 것이다. 세르반테스가 그처럼 갈망했고, 디드로가 그처럼 벗어나려 했으며, 사드가 갇혀 버렸고, 오늘날 우리도 여전히 갇혀 있는 공간으로서의 책이 문학의 유일한 주체가 아닐까?

여기서 문제가 되는 것은 문학의 공간도 아니고 작품의 공간도 아니다. 문제가 되는 것은 말라르메의 작품 자체 내에서 분명하게 드러나는 매우 복잡한 언어의 공간, 백지의 빈 공간에 놓여 있는 언어 자체의 공간이다. 이 순수하고 순결한 공간은 차갑고 눈이 내리는, 얼어붙은 창문의 공간이기도 하다. 여기에 새가 갇혀 있는 것이다. 이 공간은 주름 없이 펼쳐진 공간이기도 하고, 닫혀지고 접힌 공간이기도 하다. 그것은 시선이 침투하는 공간이기도 하다. 시선이 주파할 수 있는 이 열려진 공간은 얼어붙어 있고 폐쇄되어 있기도 하다. 바로 이것이 말라르메에 고유한 말의 공간이다. 이와 같은 말라르메적인 대상들의 공간, 말라르메적인 호수의 공간, 이 공간들은 말들의 공간이기도 하다. 말라르메의 부채와 날개를 예로 들어 보자. 부채와 날개는 펼쳐지면 시선을 가리는 특성을 가지고 있다. 날개가 활짝 펼쳐지면 새는 가려지고, 부채가 활짝 펼쳐지면 손 뒤에 있는 얼굴은 가려지게 된다. 그러나 부채와 날개는 그것이 활짝 펼쳐질 때만 모든 것을 은폐한다. 그와 반대로 부채와 날개는 접혔을 때 얼굴을 보여 준다. 요컨대 부채와 날개는 접혔을 때 시선의 접근을 허용하여 시선이 그 뒤에 있는 형상을 포착 가능하게 해준다. 그러므로 부채와 날개는 폭로의 수수께끼 같은 양의적인 순간을 형성한다고 말할 수 있을 것이다. 부채와 날개는 보아야 할 사물과 관련해 펼쳐진 베일의 순간을 형성하고 또 동시에 절대적 현시의 순간을 형성하기도 한다.

이처럼 말라르메적 대상들이 노닐고 있는 감추고 보여 주는 양의적 공간은 말라르메의 말들이 위치하고 있는 공간이기도 하다. 말라르메는 자신이 말하고 있는 바를 현시 속에서 봉인하면서 뽐낸다. 말라르메적인 말의 공간은 말이 이야기하는 바를 숨기며 백지의 공간에 접혀 있고, 또 동시에 거리 속에서 스스로 접히는 운동을 통해 부재하는 것을 현시하기도 한다. 말라르메의 말들은 모두가 이런 운동을 한다. 아무튼 이것은 언어의 장소라는 가장 상징적인 의미에서의 말라르메의 책이 하는 운동이고, 또 동시에 말라르메가 생애의 종반부에 빠져들어가 헤어 나올 수 없었던 가장 구체적인 의미에서의 책이 하는 운동인 것이다. 요컨대 부채처럼 펼쳐진 상태에서 모든 것을 보여 주면서 감추고, 접힌 상태에서 모든 것을 감추면서 보여 주는 말라르메가 자신의 언어로 명명하려고 시도했던 이 빈 공간의 운동인 것이다. 그렇기 때문에 책은 책의 불가능성이다. 그렇기 때문에 책이 펼쳐지면 백색의 빈 공간은 봉인되어 버리고, 접히게 되면 모습을 드러내는 것이다. 말라르메의 책은 그 불가능성 속에서 보이지 않는 언어의 공간을 가시화한 것이다.

바로 그렇기 때문에 블랑쇼는 다음과 같이 단언한다.

"중요한 것은 책뿐이다. 그러나 이 책은 여러 장르로부터 멀리 떨어져서 산문·시·소설·증언 등의 여러 항목의 바깥에 존재하는 책이며, 이 항목들 아래 나열되는 것을 거부하고 이 항목들이 자신의 위치를 정하고 형식을 결정하는 힘을 가졌다는 것을 부정하는 것이다. 책은 이미 어떤 장르에 속하는 것이 아니라 그저 문학에 속할 뿐이다. 마치 문학이 그것을 통해서만 쓰인 것에 책이라는 현실성을 부여해 주는 비밀이나 정식을, 일반적인 형태로 미리 소유하고 있기라도 하듯이 말이다. 이렇게 해서 장르가 뿔뿔이 흩어진 뒤에 문학만이 확립되고 있는 것처럼, 문학이 전개하고 모든 문학창조가 이렇게 저렇게 다양화하며 반사하고 있는 신비한 빛 속에서 문학만이 빛나고 있는 것처럼, 바로 여기에 문학의 '본질'이 있는 것처럼 모든 일이 일어나는 것 같다.

그러나 문학의 본질은 모든 본질적 한정을, 문학을 안정시킬 뿐만 아니라 그것을 현실화하는 모든 확립작용을 벗어나는 점에 있다. 문학이란 결코 이미 거기에 있는 것이 아니라, 언제나 반복되어 발견되고 발명되어야 하는 것이다. 뿐만 아니라 문학이라는 말이나 예술이라는 말이 현실의 어떤 것에, 가능한 어떤 것에, 중요한 어떤 것에 상응하고 있는지조차도 확실하지 않은 것이다. 이것은 이미 말해져 온 것이지만 예술가로 산다는 것은 이미 어떤 예술이 있다는 것도, 어떤 세계가 있다는 것도 결코 알 수 없는 것이다. 물론 화가는 미술관에 가고 거기서 회화의 현실성에 대해 어느 정도 의미를 얻을지 모른다. 즉 그는 회화를 알지만 그의 그림은 그를 모른다. 오히려 그는 회화가 불가능하고 비현실적이며, 현실화될 수 없다는 것을 알고 있다. 문학 그 자체를 확인하는 자는 아무것도 확인하고 있지 않다. 문학을 추구하는 자는 숨겨져 있는 것만을 추구하고 있다. 문학을 발견하는 자는 문학 바로 앞에 있는 것을, 보다 나쁜 경우에는 문학 저편에 있는 것을 발견하고 있는 것이다. 그러므로 결국 모든 책이 자신이 사랑하는 것의 본질로서 추구하고 열정적으로 발견하려 하는 것은 문학이 아닌 것이다. 그러므로 모든 책이 오직 문학에만 속해 있다고 말해서는 안 된다. 책 하나하나가 문학에 관해서 절대적인 형태로 판단을 내린다고 말해야 한다. 모든 작품이 그 현실성이나 가치를 문학의 본질에 적합한 힘으로부터뿐만 아니라 이 본질을 드러내고 확립하는 권리로부터 이끌어 내고 있다고 말해서는 안 된다. 왜냐하면 작품이라는 것은 그것을 지탱하고 있는 물음을 결코 자신의 대상으로 삼을 수 없기 때문이다. 만약 그림이 회화를 가시적인 것으로 만들려 한다면 단순한 묘사조차 시작할 수 없을 것이다.

    모든 작가들이 자신은 그 고유한 무지를 통해서 홀로 문학이나 그 미래를 책임지기를 원한다고 느끼고 있는지도 모른다. 이 미래는 단순히 역사적인 물음에 그치는 것이 아니라 역사를 통해 이루어지는 운동이며, 문학은 이 움직임을 통해 필연적으로 그 자신의 바깥을 향해 '가'면서도, 한편으로 그 자신으로, 그 본질적인 상태로 '되돌아가'는 것을 원하고 있는 것이다. 작가로서 존재한다는 것은 이러한 의미에서의 물음에 답한다는 소명일지도 모른다. 작가는 정념과 진실과 제어력으로 이 물음을 유지해 나가는 것을 그 의무로 삼고 있는데, 그는 결코 이 물음을 포착할 수 없으며 이 물음에 답하고자 한다면 더욱더 그러할 것이다. 그는 어차피 작품을 통해 간접적인 답을 줄 뿐인데, 사람들은 결코 작품을 지배할 수 없고 또한 확신을 가질 수도 없다. 작품은 그 자신 이외의 어떤 것에도 답하고자 하지 않고, 그것이 은폐되고 사라지는 장소에서만 예술을 현전시키는 것이다."

* * *

『도래할 책』(1959)에서 블랑쇼는 문학적이자 철학적인 방식으로 책이라는 개념을 정의하고자 한다. 『문학의 공간』(1955)보다 4년 뒤에 출간된 『도래할 책』에서 블랑쇼는 이전에 소묘한 바 있는 개념들을 재검토하고 있지만, 이번에는 프루스트, 아르토, 루소, 주베르, 헤세, 브로흐, 무질, 클로델 등 서구 근대문학에서 빼놓을 수 없는 여러 주요 작가들에 관한 연구를 통해 논의를 전개하고 있다.

블랑쇼는 스스로를 재구성하고 스스로를 생산해 냄으로써 세계를 재정의하려 하는 문학적 경험에 또다시 물음을 던지는 것이다. 그 결과 작가는 도래할 시간성, 도래할 공간에 위치하고 있다. 왜냐하면 작가는 책이라는 수단을 통해 문학을 부재의 지점, 요컨대 자신의 기원이 됨과 동시에 부단히 자신이 다시 시작되는 종말의 지점으로 이끌어 가려고 하기 때문이다. 그래서 글을 쓰는 행위는 모든 안정화를 벗어나려 하는 "도래할 책"을 향해 나아감으로써 가능적인 것들을 재창조하고 생성 속에서 자신을 긍정하려고 한다.

블랑쇼는 문학이 세계에 내재하는 것이 아니라 세계와 분리된 것으로 간주한다. 하이데거와 유사하게 블랑쇼는 예술이 현실 세계의 이면에 존재하는 세계를 구축하는 것이 아니라, 현실세계의 근간을 뿌리째 뽑아 버려 폐허를 발생시킨다고 생각한다. 그러므로 "도래할 책"은 책의 공간 바깥에, 글 쓰는 구체적인 행위의 바깥에 위치하고 있다. 이야기가 말하고 있는 것은 종말의 부재인 것이다. 결과적으로 "모든 것은 끝나 있으며, 모든 것은 다시 시작되고 있다. 이렇게 해서 책은 아마도 그 의미인 생성 속에서 조용히 단언되는 것이며, 그 의미는 원환의 생성 그 자체가 될 것이다. 작품의 종말은 그것의 원천이며, 그 새롭고도 또한 보다 이전의 시작이다. 즉 작품이란 새로 던져진 주사위가, 지배적인 말의 던져짐 그 자체가 되도록 하기 위해 다시 한 번 열린 그 가능성이다. 이 말은 작품이 존재하는 것을 방해함으로써 그 궁극적인 난파를 되돌이키는 것이며, 그 난파 속에서는 언제나 모든 것이 장소의 심연 …… 속으로 이미 사라져 버린 뒤다. 우연도, 작품도, 사유도, 아마도라는 놓이 이외에는 모두 사라져 버리고 없는 것이다." 만남의 구체화, 요컨대 중성적 언어의 도래는 지연될 수밖에 없다. 왜냐하면 도래할 책은 아득하고도 접근 불가능한 시간에 속해 있기 때문이다.

　이렇게 볼 때 푸코가 지적하고 있듯이 블랑쇼는 문학에서의 헤겔이고, 또 동시에 헤겔의 정반대편에 서 있는 자라고 말할 수 있을 것이다. 블랑쇼가 문학의 헤겔이라는 것은 독일, 영국, 프랑스 등 서구 문화에서 중요한 거의 모든 작품들 가운데 블랑쇼가 건드리지 않은 작품은 거의 없다는 사실을 의미한다. 헤겔은 역사의 웅얼거림이 이야기하고 있는 바를 반복했을 뿐만 아니라, 이 웅얼거림을 변형시켜 근대성의 본래적 의미를 창조해 낸 인물이다.

　마찬가지로 블랑쇼는 서구에서 중요한 모든 작품들로부터 무엇인가를 추출해 낸 인물이다. 블랑쇼는 이렇게 추출한 것을 통해 이 작품들과 우리를 연결시켰고, 또 이 작품들이 오늘날 우리의 언어 속에 현전하게 만들기도 했다. 횔덜린, 아르토, 말라르메, 카프카, 프루스트, 블로흐 등 수많은 작가들의 언어가 오늘날 우리의 언어 속에 공존 가능하게 된 것은 블랑쇼 덕분이라고 할 수 있다. 이 점은 19세기에 헤겔이 고대 그리스 철학, 플라톤, 그리스의 조각, 중세의 성당, 『라모의 조카』 등과 다른 수많은 것들을 재활성화시킨 방식과 유사하다고 말할 수 있다.

이렇게 블랑쇼는 문학의 헤겔임과 동시에 헤겔의 반대편에 서 있다. 헤겔이 모든 철학의 내용을 설명했고 또 결국에는 모든 주요한 역사적 경험의 내용을 설명했지만, 그것이 목표로 하는 것은 이 내용을 현재에 내재하는 것으로 만들어 이 역사적 경험들이 우리 자신 안에 현전한다거나 우리가 이 경험들 속에 현전한다는 것을 보여 주기 위한 것이었다. 결국 그에게 주요한 것은 기억이라는 형식하에서 내면화를 경이롭게 통합하는 것이었다.

결국 헤겔은 플라톤주의자이다. 왜냐하면 그에게 있어 세계의 역사는 지식의 기억 속에 존재했기 때문이다. 그러나 블랑쇼는 헤겔과 정반대의 입장을 취한다. 블랑쇼가 세계문학사의 중요한 작품들을 논의하고 그 작품들과 우리의 언어 속에 유입시키는 이유는 우리가 이 작품들을 결코 우리 안에 내재화할 수 없다는 것, 이 작품들이 우리의 바깥에 존재한다는 것, 그것들이 우리의 바깥에서 탄생했다는 것을 보여 주기 위해서이다. 그리고 우리가 이 작품들과 일정한 관계를 설정하고 있다면, 우리로 하여금 그 작품들을 망각하게 하고 우리의 바깥에 방치하게 만드는 필연성 때문이라는 것이다. 조밀한 내재성의 형식을 통해서가 아니라 수수께끼 같은 분산의 형식을 통해서 문학작품의 현전이 이루어진다.

블랑쇼 자신도 이 모든 작품들의 바깥에 위치하고 있다. 블랑쇼는 이 작품들을 자신의 세계나 자신의 주체성 안으로 회수하려고 하지 않았다. 그는 가능한 한 가장 먼 곳에 위치하고 있고 또 이 작품들과 관련한 자신의 외부성을 지시하기 위해 "중립성"이라는 말을 사용했다. 그는 이미 쓰여진 작품들을 자기자신의 주체성 안으로 회수하려 하기보다는 이것들을 망각하려 했고, 그래서 이 작품들은 망각에 입각해 다시 수면 위에 떠오르게 된다. 말을 할 때에도 블랑쇼는 망각에 대해서만 이야기한다. 망각에 입각해 이 작품들을 말하는 블랑쇼와 작품들 간의 관계에서 발생하는 결과는 재현 혹은 기억의 형식 하에서 발생되는 헤겔적 효과와는 정반대이다.

더욱이 블랑쇼는 그가 논의하고 있는 모든 책들의 바깥에 위치하고 있을 뿐만 아니라 모든 문학의 바깥에 위치하고 있다. 이 점에서 블랑쇼는 헤겔과 다르다. 왜냐하면 헤겔은 모든 철학 아니 철학 자체를 자신이 응축하고 있다고 생각했다. 헤겔이 무엇인가로부터 벗어난다 해도 그는 시간, 다시 말해 철학을 파괴하는 것, 철학의 영속성을 파괴하는 것, 철학을 모래알처럼 분산시키는 것의 바깥에 위치했던 것이다. 반면에 블랑쇼는 문학에 대해 논의하는 매 순간 지속적으로 문학의 바깥으로 빠져나갔다. 결국 블랑쇼는 문학의 내부에 있었던 자가 아니라 완전히 바깥에 위치했던 자이다. 오늘날 우리가 문학으로부터 벗어나야 한다는 것, 문학이 속해 있는 근대 부르주아 사회가 규정한 무미건조한 역사적 숙명에 문학을 방치함으로써 문학의 바깥에 위치해야 한다는 것을 깨닫게 되었다면, 그 방법과 길을 제시한 사람은 블랑쇼일 것이다. 블랑쇼는 문학이 무엇인가에 대해 가장 심오한 이야기를 우리에게 들려준다. 문학으로부터 계속 벗어나면서 문학의 바깥에 위치해야 할 필요성을 설명한 사람은 바로 블랑쇼이다.

　블랑쇼는 자신이 논의하는 19세기와 20세기 문학의 공간, 사회적 공간이 되었든지 일상언어의 공간이 되었든지 그 어떤 현실적 공간으로 환원될 수 없는 이 문학의 공간을 완벽하게 정의하였다. 우리는 글쓰기가 놀이인지 투쟁인지 잘 알 수 없지만 블랑쇼는 이 모든 일이 일어나는 "장소 없는 장소"를 완벽하게 규정하였다.

　블랑쇼의 저서들 중 『문학의 공간』(1955)과 『불의 몫』(1949)이라는 시론이 있다. 이 두 책의 제목은 문학의 공간을 가장 잘 정의하고 있다. 한편으로 문학의 공간은 불의 몫이라는 것이다. 달리 말해서 문명이 불 속에 던져 버리는 것, 파괴, 공허, 재로 환원시키는 것, 바로 이것이 문학의 공간이라 불리는 것이다. 다른 한편으로 문학작품들이 나란히 서로의 옆에 정리되는 도서관이라는 위압적인 장소가 있다. 가장 소중한 언어작품들을 완벽하게 보존하는 박물관에 해당하는 이 장소는 영원히 불타고 있는 소각장이다. 이곳에서 작품들은 화재와 파괴와 재속에서 태어나는 것이다. 문학작품들은 이미 타 버린 어떤 것처럼 탄생한다.

　블랑쇼는 바로 이러한 테마를, 『도래할 책』을 비롯한 그의 이론적 시론에서 탁월하게 설명하고 있다. 아마도 이것은 19세기와 20세기 서양사회에서 문학이란 무엇인가를 정의하는 데 가장 탁월하고 근본적인 정의가 아닐까? 하지만 블랑쇼가 기술한 것은 현재에 이르기까지의 문학이 무엇이었는가를 정의하는 것이 아닐까? 이제 문학은 훨씬 보잘것없는 역할을 담당하고 있는 것은 아닐까? 탄생하는 순간에 모든 작품들을 재로 만들었던 이 거대한 불이 꺼져 버린 것은 아닐까?

문학과 문학의 공간은 사회적 순환과 소비의 공간으로 되돌려진 것은 아닐까? 만약 그렇다면 다른 쪽으로 가기 위해, 불 지르고 재로 만들기 위해, 우리의 사회적 공간으로 환원 불가능한 공간으로 들어가기 위해, 문학과는 다른 무엇인가를 실천해야 하지 않을까?

2011년 10월 24일
우이동 연구실에서
옮긴이 심세광

모리스 블랑쇼 연보[*]

1907   9월 22일, 프랑스 손-에-루아르(Saône-et-Loire) 지방의 작은 마을 켕(Quain)에서 출생. 부친이 개인 교습을 하는 교수였던 관계로, 파리에서 엘뵈프(Elbeuf)로, 라 사르트(La Sarthe)에서 샬롱(Chalon)으로 자주 이사를 할 수밖에 없었다.

1923   바칼로레아(대학입학자격시험) 수험. 십이지장 수술 중 발생한 감염사고로 건강이 악화. 그로 인해 대학 입학이 1년 늦어짐. 평생 건강이 매우 좋지 않아 고통받음.

1925   스트라스부르 대학 입학. 전공은 철학과 독문학. 스트라스부르 대학에서 에마뉘엘 레비나스를 만남. 변함없는 우정이 시작되어 함께 독일 현상학을 공부하고, 프루스트와 발레리를 읽음.

1930   소르본에서 회의주의자들에 대한 석사 논문이 통과됨.

1931   생-안(Sainte-Anne)에서 의학을 공부하기 시작함. 그러나 대학보다는 저널리즘에 관심을 갖게 됨. 프랑수아 모리악(François Mauriac)에 대

---

[*] 『마가진 리테레르: 블랑쇼 특집호』(*Magazine littéraire: L'énigme Blanchot*, no. 424, 2003/10월)에 수록된 크리스토프 비딩이 쓴 블랑쇼 연보와 『뢰이 드 뵈프』 블랑쇼 특집호(*L'Œil de bœuf: Maurice Blanchot*, no. 14/15, 1998/05)에 수록된 블랑쇼 연보, 그리고 다른 텍스트를 참조해 작성되었음.

한 평론을 발표(그로서는 처음으로 발표한 글). 티에리 몰니에(Thierry Molnier)가 이끌고 있는 '악시옹 프랑세즈'(Action Française)의 청년 반대파와 특히 가깝게 지내면서, 극우 신문들과 잡지들에 기고함. 소설을 쓰기 시작하나, 틀림없이 여러 번 그 원고들을 폐기함.

1933   정신혁명을 위한 반자본주의·반의회주의·반공산주의가 기본적인 모토들. 동시에 반게르만주의와 반히틀러주의의 입장에 섬. 나치의 수탈을 고발하는 유태인 민족주의자 모임에 가담. 친구 폴 레비가 주관하던 일간지 『르 랑파르』(Le Rempart, '성벽')에 유태인들을 강제수용소에 처음으로 보낸 사건에 항거하는 기사를 씀. 정치에 일종의 정신성을 가져오기 위해 극우노선에 섰지만, 블랑쇼가 지지했던 극우사상은 이상주의(정신주의) 색채가 강했고, 당시의 나치주의와는 관계가 없었다.

1936   부친의 죽음. 장 드 파브레게스(Jean de Fabrèguez)와 티에리 몰니에가 주관하던 월간지 『콩바』(Combat)에 기고함.

1937   『랭쉬르제』(L'Insurgé, 반란자)에 신랄한 정치 기사를 쓰는 동시에 문학 관련 기사를 쓰기 시작함. 그러나 1년 내에 두 가지 모두를 포기. 극우파를 지지하는 정치 기사를 쓰기를 그만둠. 장 폴랑(Jean Paulhan)과 처음으로 만남.

1940   『주르날 드 데바』(Journal des débats, '토론 신문')의 편집자로서, 보르도(Bordeaux)와 이어서 비시(Vichy)에서 파탄에 이를 정도로 약화된 정부를 지켜봄. 이후 모든 논설위원직을 그만둠. 국가에서 재정 지원을 받던 문화단체인 '젊은 프랑스'(Jeune France)에서 '문학'(Littérature)이라는 연구소를 이끎. 12월에 조르주 바타유를 만남.

1941   『주르날 데 데바』에 문학 기사를 쓰기 시작함. 가을에 첫번째 작품인 『토마 알 수 없는 자』 출간. 나치로부터 레비나스의 부인과 딸을 피신시키고, 그녀들에게 보호처를 제공.

1942 소설 『아미나다브』 출간.

1943 디오니스 마스콜로의 요청으로, 『주르날 데 데바』에 실렸던 54편의 텍스트들을 모아 재수록한 평론집 『헛발』을 출간. 마스콜로와의 교제 이후로 블랑쇼는 정치적 관점에서 점점 더 좌익 쪽으로 기울기 시작.

1944 자신이 출생한 집의 담벼락에서 총살형의 위기에 놓였으나, 레지스탕스의 선제공격으로 간발의 차이로 구출됨. 블랑쇼는 이 기적적인 체험 이후로 덤으로 생존하고 있다는 느낌을 갖게 된다. 50년 후 이 체험을 바탕으로 『나의 죽음의 순간』을 쓰게 됨. "죽음 자체와 다르지 않은 이 감정만이, 보다 정확히 말해, 언제나 진행 중인 나의 죽음의 순간이 가져온 이 가벼움의 감정만이 남아 있을 것이다."(『나의 죽음의 순간』)

1946 『라르쉬』(L'Arche, '아치'), 『크리티크』(Critique, '비평'), 『레 탕 모데른』(Les Temps modernes, '현대') 등의 잡지에 기고하고, 여러 문학상 심사에 참여. 전후의 가장 중요한 비평가로 부각. 드니즈 롤랭(Denise Rollin)과의 연인 관계가 시작됨. 파리를 떠나 지중해 지역의 에즈(Eze) 마을에 정착. 그러나 이후에도 자주 파리에 머무름.

1946~1958 글의 형태가 보다 길고 압축적으로 바뀜. 1953년에는 『NNRF』지에 매달 기고를 함. 블랑쇼 고유의 문학의 공간을 창조함("끝날 수 없는 것"l'interminable, "끊임없는 것"l'incessant, "중성적인 것"le neutre, "바깥"le dehors, "본질적 고독"la solitude essentielle). 1955년 『문학의 공간』 출간. 루이-르네 데 포레에 대해 쓴 텍스트의 도입부에 나오는 "작은 방"에서 여러 소설들을 씀. 『하느님』(1948), 『죽음의 선고』(1948) 출간. 『토마 알 수 없는 자』의 훨씬 간결해진 재판본 완성(1950). 『원하던 순간에』(1951), 『나를 동반하지 않았던 자』(1953), 『최후의 인간』(1957) 출간. 1957년 모친 사망.

1958 파리로 돌아옴. 드골 장군의 "쿠데타"에 반대하면서 잡지 『7월 14일』(Le 14 juillet)을 창간한 디오니스 마스콜로에게 다음과 같은 편지를 씀.

"당신에게 저의 동의를 표명하고 싶습니다. 저는 과거도 현재도 받아들일 수 없습니다." 그 잡지 2호에 「거부」(Le Refus)를 발표(『우정』에 재수록). 로베르 앙텔므와 그의 부인인 모니크와 가까워짐. 레지스탕스 활동 중 체포, 정치범으로 독일의 강제수용소에 수감되었던 앙텔므는 기아와 강제노역, 티푸스로 사경을 헤매다 구조되어 생환하였다. 수용소 체험을 기록한 그의 『인류』(L'espèce humaine, 1957)는 블랑쇼를 포함한 많은 사람들에게 충격을 주었고, 블랑쇼는 앙텔므의 이 책에 관한 중요한 글(「파괴될 수 없는 것」L'Indestructible)을 발표한다(『무한한 대화』에 재수록). 또한 마르그리트 뒤라스, 루이-르네 데 포레, 모리스 나도(Maurice Nadeau), 엘리오 비토리니(Elio Vittorini)와 지네타 비토리니(Ginetta Vittorini)와 가까워짐.

1960 알제리에서의 불복종운동을 지지하기 위한 121인의 선언. 블랑쇼는 마스콜로·쉬스테르와 함께 그 선언의 주요 기안자였음. 마스콜로·비토리니와 함께 『국제잡지』를 창간할 계획을 세움. 뷔토르(Butor), 데 포레, 뒤라스, 레리스(Leiris), 나도, 칼비노(Calvino), 파졸리니(Pasolini), 바흐만(Bachmann), 그라스(Grass) 등이 회합에 참석. 샤르, 주네(Genet)와 같은 다른 이들은 원고를 넘김. 4년 후 그 계획이 무산되어 실의에 빠짐.

1962 단상 형식으로 쓴 첫번째 작품 『기다림 망각』 출간. 조르주 바타유 사망. 사라진 친구에게 바치는 「우정」이라는 글을 발표(『우정』에 재수록). "우리가 한 모든 말들은 단 하나를 긍정하는 데에로 나아간다. 즉 모든 것이 지워져야 한다는 것. 우리 안에 있으면서 모든 기억을 거부하는 어떤 것이 이미 따라가고 있는 이 움직임에, 지워져 가는 이 움직임에 주목함으로써만 우리가 충실한 자로 남아 있을 수 있다는 것."(『우정』)

1964 자크 데리다(Jacques Derrida)에게 처음으로 편지를 씀. 계속 이어진 편지 교환의 시작.

1966 잡지 『크리티크』가 그에 대한 최초의 특집호를 발간. 샤르, 콜랭, 드 만(de Man), 푸코, 라포르트, 레비나스, 페페르(Pfeiffer), 풀레(Poulet), 스

타로뱅스키(Starobinski)의 텍스트들이 실림. 푸코의 「바깥의 사유」(La Pensée du dehors)가 특히 반향을 불러일으킴. 엘리오 비토리니의 죽음. '베트남민중 지지 위원회'의 설립에 기여.

1968 68혁명. 거리 시위에 참가하고, 전단지를 만들고, 학생-작가 행동위원회의 회합을 주재함. 익명으로 잡지 『위원회』(Comité)의 창간호이자 마지막 호에 반 이상의 기사를 씀. 그것은 이후에 잡지 『리뉴』 33호(Lignes: avec Dionys Mascolo, du Manifestes des 102 à Mai 68, 1998년 3월)에 마스콜로의 글들과 함께 재수록됨.

1969 후기 사상을 가장 정확하게 보여 주는 주저이자 가장 철학적인 텍스트인 『무한한 대화』 출간. 이 책에는 타자에 대한 고유의 사유가 집약적으로 드러나 있으며, 레비나스, 니체, 바타유, 사뮈엘 베케트(Samuel Beckett), 독일 낭만주의, 사드, 프로이트, 헤라클레이토스, 알베르 카뮈(Albert Camus), 랭보(Rimbaud), 앙토냉 아르토(Antonin Artaud) 등에 대한 논의가 담겨 있음.

1970 여러 이유로 건강 상태가 심각해짐.

1972 파울 첼란(Paul Celan)에 대한 글을 씀. 그것은 나중에 단행본으로 출간됨(『최후에 말해야 할 사람』).

1973 단상 형식으로 쓴 두번째 작품 『저 너머로의 발걸음』 출간.

1978 1월 형 르네(René)와 연인 드니즈 롤랭이 연이어 사망.

1980 단상 형식의 세번째 작품 『카오스의 글쓰기』 출간. 홀로코스트에 대한 반성에서 나온 극적인 철학적 성찰. 이 책에도 블랑쇼의 후기 사상이 잘 나타나 있음.

1983 장-뤽 낭시의 논문 「무위의 공동체」에 대한 화답으로 쓴 『밝힐 수 없는

공동체』를 출간(낭시의 논문 역시 나중에 낭시의 다른 글들을 모아 단행본으로 출간됨). 드물게 글을 쓰게 됨. 소책자들, 재판본들, 서문들, 질문들에 대한 응답들, 공개서한들, 정치적 개입들 등.

1986 『내가 상상하는 대로의 미셸 푸코』 출간.

1990 로베르 앙텔므 사망.

1995 레비나스 사망. 1996년 마르그리트 뒤라스 사망. 1997년 디오니스 마스콜로와 형 르네의 죽음 이후 함께 살아 왔던 형수 볼프(Wolf) 사망.

1996 『의문에 부쳐진 지식인들』 출간. 자신과 동료들에 대해 드러내 놓고 언급한 적이 거의 없었던 블랑쇼가 이 책에서는 자신의 시대와 그 인물들에 대해 상당히 직접적인 견해를 내놓고 있다.

2003 2월 20일 블랑쇼 사망. 4일 후 장례식에서 자크 데리다가 추도문 「영원한 증인」을 낭독함.

2004 파리 퐁피두센터는 1월부터 6월까지 블랑쇼를 추모하기 위한 회합을 주재함.

2007 블랑쇼 탄생 100주년을 기념하여 7월 2일부터 9일까지 스리지-라-살(Cerisy-la-Salle)에서 '콜로그 모리스 블랑쇼'가 열림.

2008 『정치평론 1953~1993』 출간.

모리스 블랑쇼 저작목록

『토마 알 수 없는 자』(*Thomas l'obscur*, Gallimard, 1941 초판, 1950 개정판).
『어떻게 문학이 가능한가?』(*Comment la littérature est-elle possible?*, José Corti, 1942).
『아미나다브』(*Aminadab*, Gallimard, 1942).
『헛발』(*Faux Pas*, Gallimard, 1943).
『하느님』, 정의진 옮김, 그린비 근간(*Le Très-Haut*, Gallimard, 1948).
『죽음의 선고』, 고재정 옮김, 그린비, 2011(*L'Arrêt de mort*, Gallimard, 1948).
『불의 몫』(*La Part du feu*, Gallimard, 1949).
『로트레아몽과 사드』(*Lautréamont et Sade*, Minuit, 1949, 1963 재판).
『원하던 순간에』(*Au moment voulu*, Gallimard, 1951).
『영원한 되풀이』(*Ressassement éternel*, Minuit, 1951).
『나를 동반하지 않았던 자』(*Celui qui ne m'accompagnait pas*, Gallimard, 1953).
『문학의 공간』, 이달승 옮김, 그린비, 2010(*L'Espace littéraire*, Gallimard, 1955).
『최후의 인간』(*Le Dernier homme*, Gallimard, 1957).
『라스코의 짐승』(*La Bête de Lascaux*, G. L. M., 1958. Fata Morgana, 1982 재판).
『도래할 책』, 심세광 옮김, 그린비, 2011(*Le Livre à venir*, Gallimard, 1959).
『기다림 망각』, 박준상 옮김, 그린비, 2009(*L'Attente l'oubli*, Gallimard, 1962).
『무한한 대화』(*L'Entretien infini*, Gallimard, 1969).
『우정』, 박규현 옮김, 그린비 근간(*L'Amitié*, Gallimard, 1971).

『낮의 광기』(*La Folie du jour*, Fata Morgana, 1973).

『저 너머로의 발걸음』, 이재형 옮김, 그린비 근간(*Le Pas au-delà*, Gallimard, 1973).

『카오스의 글쓰기』, 박준상 옮김, 그린비 근간(*L'Écriture du désastre*, Gallimard, 1980).

『카프카에서 카프카로』, 이달승 옮김, 그린비 근간(*De Kafka à Kafka*, Gallimard, 1981).

『이후에』(*Après coup*), Minuit, 1983(『영원한 되풀이』*Le ressassement éternel* 재수록).

『베를린이라는 이름』(*Le Nom de Berlin*, Merve, 1983).

『밝힐 수 없는 공동체』, 박준상 옮김, 문학과지성사, 2005(*La Communauté inavouable*, Minuit, 1983).

『최후에 말해야 할 사람』(*Le Dernier à parler*, Fata Morgana, 1984).

『내가 상상하는 대로의 미셸 푸코』(*Michel Foucault tel que je l'imagine*, Fata Morgana, 1986).

『사드와 레티프 드 라 브르톤』(*Sade et Restif de la Bretonne*, Complexe, 1986).

『로트레아몽에 대하여』(*Sur Lautréamont*, Complexe, 1987. 쥘리앙 그락Julien Gracq과 르 클레지오Le Clézio의 텍스트 포함).

『조에 부스케』(*Joë Bousquet*, Fata Morgana, 1987. 조에 부스케의 블랑쇼에 대한 텍스트 포함).

『다른 곳으로부터 온 어떤 목소리』(*Une voix venue d'ailleurs: sur les poémes de Louis René des Forêts*, Ulysse Fin de Siècle, 1992).

『나의 죽음의 순간』(*L'Instant de ma mort*, Fata Morgana, 1994).

『의문에 부쳐진 지식인들』(*Les Intellectuels en question*, Fourbis, 1996).

『우정을 위하여』(*Pour l'amitié*, Fourbis, 1996).

『앙리 미쇼 또는 갇히기를 거부하기』(*Henri Michaux ou le refus de l'enfermement*, Farrango, 1999).

『정치평론 1958~1993』(*Écrits politiques 1958~1993*, Éditions Lignes &

Manifestes, 2003).

『"토론지"의 문학 시평들: 1941년 4월~1944년 8월』(*Chroniques littéraires du Journal des débats : Avril 1941~août 1944*, Gallimard, 2007).

『정치평론 1953~1993』, 고재정 옮김, 그린비, 2009(*Écrits politiques: 1953~1993*, Gallimard, 2008).

찾아보기

【ㄱ】

개성(personnalité) 71, 87, 146
경험(expérience) 29, 35, 72, 375
   문학의 ~ 394, 406
   시원의 ~ 227
   전체적 ~ 391, 394
   중성(neutralité)의 ~ 395
골렘(Golem) 182~183
공간(espace) 33, 110~111
   객관적 ~ 317
   공통의 ~ 305
   시적인 ~ 446
   작품의 ~ 47
   ~의 공동(空洞) 120
공허 115~116
괴테, 요한 볼프강 폰(Goethe, J. W. von) 56, 62, 65, 190, 200
   『젊은 베르테르의 슬픔』(Die Leiden des jungen Werthers) 56
   ~의 비인칭적 몰락 65
구체(sphère) 42, 47, 101
   ~의 본질 47

글쓰기(écriture) 27, 37, 58
   ~와 시작되는 문학 388
   ~의 경박함 88
   ~의 욕구 320
   ~의 위치 34

【ㄴ】

낭만주의 63, 132, 274
내면독백 228~229, 232, 234~235
내밀성(intimité) 34, 105
네르발, 제라르 드(Nerval, Gérard de) 24, 34, 406
노발리스(Novalis) 336, 339, 342
느에르, 앙드레(Neher, André) 157~158
니체, 프리드리히(Nietzsche, Friedrich Wilhelm) 32, 68, 101, 131~132, 238

【ㄷ】

대화 292
   ~는 드물다 300
   ~ 속의 오해 72
   ~의 무의미함 293

데카르트, 르네(Descartes, René) 431
독자 458
  조작자인 ~ 458
동시성(simultanéité) 26, 31, 119
  감각적 ~ 30
  미술적 ~ 28
  상상적 ~ 26
  시적 ~ 141
뒤라스, 마르그리트(Duras, Marguerite) 291, 301
  『작은 정원』(Le Square) 291, 300
  ~와 대화 301

【ㄹ】

랭보, 아르튀르(Rimbaud, Artur) 169
  『지옥의 계절』(Une saison en Enfer) 18
로브-그리예, 알랭(Robbe-Grillet, Alain) 307, 314
  『엿보는 자』(Le Voyeur) 307~308
  『질투』(La Jalousie) 315
  ~의 맹점 308
  ~의 시선 317
루셀, 레이몽(Roussel, Raymond) 33
루소, 장-자크(Rousseau, Jean-Jacques) 83
  『고백』(Les Confessions) 91~92
  『몽상』(Les Rêveries du promeneur solitaire) 92
  『사회계약론』(Du contrat social) 97
  『에밀』(Émile) 97
  『쥘리』(Julie) 97

리비에르, 자크(Rivière, Jacques) 70~72, 79, 194
릴케, 라이너 마리아(Rilke, R. M.) 60, 71~72, 112

【ㅁ】

만, 토마스(Mann, Thomas) 209, 236, 318
  『마의 산』(Der Zauberberg) 209
  『파우스트 박사』(Doktor Faust) 321
말(parole) 67, 165
  ~의 심연 393
  주인의 ~ 67~68
  중성적인 ~ 402
말라르메, 스테판(Mallarmé, Stéphane) 63, 81, 113~114
  「장례의 건배」(Toast funèbre) 447
  「주사위 던지기」(Un coup de dés) 121~122, 126, 439~441
  『음악과 문예』(La musique et les lettres) 437
  ~의 소네트 449
  ~의 지상의 오르페우스적인 해명 449
말로, 앙드레(Malraux, André) 293
  『알덴부르크의 호두나무』(Les Noyers de l'Altenburg) 295
  『인간의 조건』(La Condition humaine) 293
멜빌, 허먼(Melville, Herman) 21, 24
무(néant) 76
  ~의 가시성(可視性) 136
무의식적 상기(reminiscence) 33, 44

무질, 로베르트(Musil, Robert) 209
　『특성 없는 남자』(Der Mann ohne
　　Eigenschaften) 264
　　~의 아이러니 265, 270
　　~의 중심적 주제 264
　　~적 관념 277
무한(Infini) 184
　~한 운동 25
문예(Lettres) 86
문체(style) 221
문학(littérature) 33, 375
　　~의 공간의 새로운 이해 439
　　~의 사라짐 368
　　~의 진실 93, 184
미술관(Musée) 181, 347, 369

【ㅂ】

바깥(dehors) 32, 158, 465
바르트, 롤랑(Barthes, Roland) 387, 395
　『글쓰기의 영도』(Le Degré zéro de
　　l'écriture) 387, 391, 395
　　~의 글쓰기(écriture) 387
　　~의 문체(style) 387
　　~의 언어체계(langue) 387
발레리, 폴(Valéry, Paul) 87, 106, 121,
발자크, 오노레(Balzac, Honoré de) 209
　『알려지지 않은 걸작』(Le Chef-d'œuvre
　　inconnu) 337
베케트, 사뮈엘(Beckett, Samuel) 235,
395
　『말론 죽다』(Malone meurt) 399

『몰로이』(Molloy) 398
『이름 붙일 수 없는 것』(L'Innommable)
　400~402
변신(métamorphose) 23, 26, 37
보르헤스, 호르헤 루이스(Borges, Jorge
　Luis) 180, 184, 186~188
본래성(authenticité) 93, 95
브로흐, 헤르만(Broch, Hermann) 209
　『1888: 파제노 혹은 낭만주의』
　　(Pasenow oder die Romantik 1888)
　　218
　『1903: 에슈 혹은 무정부주의』(Esch
　　oder die Anarchie 1903) 218
　『1918: 후게나우 혹은 즉물주의』
　　(Huguenau oder die Sachlichkeit 1918)
　　218
　『몽유병자들』(Die Schlafwandler) 214,
　　218, 223
　『베르길리우스의 죽음』(Der Tod des
　　Vergil) 214, 220, 223~224, 232, 234
브르통, 앙드레(Breton, André) 39, 59
　『나자』(Nadja) 18, 352

【ㅅ】

사로트, 나탈리(Sarraute, Nathalie) 211
　~의 현실성 211
사르트르, 장 폴(Sartre, Jean Paul) 209
　『구토』(La nausée) 209
사유(pensée) 70, 75, 233
　~의 상실상태 73
　~하기의 불가능성이라는 사유 72

상상적인 것(L'imaginaire) 12, 37, 40, 189
상징(symbole) 170, 172~173, 180
샤르, 르네(Char, René) 374
세이렌(sirène) 12~15, 27
　~과 오디세우스 사이 22
　~의 노래 13, 20~22, 32
소설(roman) 16~17
　~의 역할 18
　~의 진실성 220
스타로뱅스키, 장(Strarobinski, Jean)
84~85, 87, 93
시간(temps) 29, 32, 35~37, 312
　순수~ 31, 47~48
　~의 공간으로의 변형 312
　~의 바깥 29
시작품(poème) 59, 63, 122, 124, 232

【ㅇ】

아르토, 앙토냉(Artaud, Antonin) 70, 73
　『신경의 추』(Le Pèse-nerfs) 79
　『저승의 배꼽』(L'Ombilic des limbes)
　79
　~와 자크 리비에르의 서신 78
　~의 사유 81
아미엘, 앙리(Amiel, Henri-Frédéric) 108
안젤리크, 피에르(Angélique, Pierre) 362
　『에드와르다 부인』(Madame Edwarda)
　362
　~의 이야기와 스캔들 362~364
알레고리(allégorie) 171, 322
　~적 몽상 182

언어 60, 67~68, 406
　번역 불가능한 ~ 220
　~ 외부의 목소리 237
에페이소디온(Epeisodion) 16
에피소드 18, 245
연기(延期) 51~52
영도(Zéro)의 탐구 381
예언 155
　~자(prophète) 87
　~적인 말 155~158
오디세우스(Odysseus) 15~16, 20~21,
24, 27
오르테가 이 가세트, 호세(Ortega y Gasset,
José) 199, 244
오르페우스(Orphée) 179, 416, 470
운동(mouvement) 25, 38, 61, 140
울프, 버지니아(Woolf, Virginia) 190, 209
　『댈러웨이 부인』(Mrs. Dalloway) 193
　『등대로』(To The Lighthouse) 193, 202
　『막간』(Between The Acts) 193
　『어느 작가의 일기』(Journal) 190
　『파도』(The Waves) 203
　~의 소명(vocation) 197, 203
이미지 33, 180, 182, 233
이야기(récit) 16, 19~20
　순수한 ~ 27, 43
일기 351
　~의 무가치성 355
　~의 함정 354
　자기화(磁氣化)된 장소인 ~ 352
『일리아드』(Iliad) 15

【ㅈ, ㅊ】

작가 410, 413
  독재자인 ~ 415
  마지막 ~ 410
작품 37, 375, 421, 434, 438
  ~의 비정상성 215
제임스, 헨리(James, Henry) 242, 293
  『나사의 회전』(The Turn of the Screw) 243
  『창작노트』(Notebooks) 242, 246
  ~의 주제 244, 247, 250
조이스, 제임스(Joyce, James) 233, 236
  『율리시스』(Ulysses) 233
주네, 장(Genêt, Jean) 404
  『꽃의 노트르담』(Notre-Dame des Fleurs) 404~405
주베르, 조제프(Joubert, Joseph) 99~101, 103, 118~119, 121, 125, 128
  『수첩』(Carnet) 101, 103, 113, 121, 125, 128
    말라르메의 전조적 현전인 ~ 114
    ~의 공간 99
    ~의 내밀성 105, 120
지옥(Enfer) 153, 470
지드, 앙드레(Gide, André) 106, 133
진실(vérité) 36, 90
책(livre) 187
  도래할 ~ 420
  여러 권으로 이루어진 ~ 420
  ~의 계획 438
  저자 없이 존재하는 ~ 430

【ㅋ】

카사레스, 아돌포 비오이(Casares, Adolfo Bioy) 180
  『모렐의 발명』(La invención de Morel) 180
카프카, 프란츠(Kafka, Franz) 293, 296
  『소송』(Der Process) 296
  ~의 대화 299
클로델, 폴(Claudel, Paul) 131
  「메자의 송가」(Cantiques de Mesa) 146
  「성령인 뮤즈」(La Muse qui est la Grâce) 149
  「칸타타」(La Cantate à trois voix) 140
  『동방소견』(Connaissance de l'Est) 143
  『정오의 분할』(Partage de midi) 135
  『황금머리』(Tête d'or) 135, 138
  ~과 무한(Infini) 131, 139, 141~142
  ~의 밤 142, 146
  ~의 회심(回心) 134, 149
  ~적 분할 149, 151

【ㅌ, ㅍ】

타자(autre) 352, 394, 404
프로이트, 지그문트(Freud, Sigmund) 170
  ~적 해석 249
풀레, 조르주(Poulet, Georges) 113, 118
프루스트, 마르셀(Proust, Marcel) 24, 24, 27, 44

『되찾은 시간』(Le Temps retrouvé) 32,
『수첩』(Carnet) 51
『스완네 집 쪽으로』(Du côté de chez Swann) 35
『잃어버린 시간을 찾아서』(À la recherche du temps perdu) 42, 46, 480
『장 상테유』(Jean Santeuil) 41~42, 45~46, 52
~의 네 개의 시간 29

【ㅎ】

허구(fiction) 15, 187
허무성(Nullité) 17
헤겔(Hegel, G. W. F.) 131, 184, 347, 368
헤세, 헤르만(Hesse, Hermann) 318
『데미안』(Demian) 319, 326
『수레바퀴 아래서』(Unterm Rad) 318
『유리알 유희』(Das Glasperlenspiel) 318, 321, 334, 345
『페터 카멘친트』(Peter Camenzind) 325
『황야의 이리』(Der Steppenwolf) 318, 331~333
~ 내면의 미결정성 330
~의 유희 관념 339~340, 347
횔덜린, 요한 프리드리히(Hölderlin, Johann Christian Friedrich) 81, 323
흩어짐(La dispersion) 383, 385